부동산학 전공 및 실무를 위한
민법 및 민사특별법

저자 박재석

서강대학교 법학과 졸업(학과 수석)
서강대학교 공공정책대학원 행정법무학과 졸업(공공정책대학원 전체 수석)
서강대학교 법학박사(일반대학원 전체 수석)
서강대학교 일반대학원 부동산학과(부동산학협동과정) 겸임교수

부동산학 전공 및 실무를 위한
민법 및 민사특별법

발행일	1판 1쇄 2025년 9월 10일
지은이	박재석
펴낸이	박영호
기획팀	송인성, 김선명, 김선호
편집팀	박우진, 김영주, 김정아, 최미라, 전혜련, 박미나
관리팀	임선희, 정철호, 김성언, 권주련
펴낸곳	(주)도서출판 하우
주소	서울시 중랑구 망우로68길 48
전화	(02)922-7090
팩스	(02)922-7092
홈페이지	http://www.hawoo.co.kr
e-mail	hawoo@hawoo.co.kr
등록번호	제2016-000017호

ISBN 979-11-6748-266-2 13360

값 30,000원

* 이 책은 저작권법에 따라 보호받는 저작물이므로 무단 전재와 무단 복제를 금지하며,
  이 책 내용의 전부 또는 일부를 이용하려면 반드시 저작권자와 (주)도서출판 하우의 서면 동의를 받아야 합니다.

부동산학 전공 및 실무를 위한

민법 및 민사특별법

박재석 지음

도서출판 夏雨

머리말

이 교재는 2025학년도 1학기 서강대학교 일반대학원 부동산학과에서 진행한 "민법 및 민사특별법" 강의 내용을 바탕으로 집필한 것입니다. 강의 과정에서 축적된 자료와 설명을 체계적으로 정리하여, 수업을 수강하지 않은 독자들도 본 교재를 통해 동일한 학습 효과를 거둘 수 있도록 구성하였습니다.

민법과 민사특별법은 그 범위가 방대하고, 법리와 판례의 이해가 요구되는 어려운 과목입니다. 그러나 본 교재는 실무와 수험 양측의 관점을 균형 있게 반영하여, 법학을 처음 접하는 부동산학 전공자와 공인중개사, 주택관리사 등 국가 자격시험을 준비하는 수험생들에게 실질적인 도움이 될 수 있도록 다음과 같은 점에 중점을 두었습니다.

첫째, 복잡하고 추상적인 법률 개념들을 **쉽고 명확하게 설명**하는 데 주력하였습니다. 법조문 중심의 학습이 아닌, **사례와 판례 중심의 서술**을 통해 실제 시험에서의 응용력을 높이고자 하였습니다.

둘째, **출제 가능성이 높은 핵심 개념을 우선적으로 제시**하고, 불필요한 이론이나 지나치게 학술적인 논의는 과감히 배제함으로써 수험생의 학습 부담을 줄이고 효율을 높이도록 하였습니다.

셋째, 최근의 기출문제 및 중요 판례를 충실히 반영하고, 핵심 판례에 대해서는 그 배경과 판시사항을 요약함으로써 독자가 실전 감각을 기를 수 있도록 하였습니다.

비록 한 권의 책이지만, 민법과 민사특별법이라는 넓은 학문의 세계에 대한 체계적인 입문서로서의 역할을 충실히 하고자 노력하였습니다. 이 책이 독자 여러분의 학습 여정에 든든한 길잡이가 되기를 바라며, 특히 법률 지식이 낯선 수험생들에게 자신감을 심어주는 책이 되었으면 합니다.

마지막으로 부동산학과에서 강의할 수 있게 배려해주신 학교법인 서강대학교 우재명 이사장님과 조인영 상임이사님, 서강대학교 심종혁 총장님, 송태경 대외부총장님, 부동산학과 이상근 주임교수님, 그리고 부족한 강의를 수강해 준 부동산학과 대학원 원우님들에게 깊이 감사드립니다. 이 책이 누군가의 합격과 성장에 작은 디딤돌이 되기를 기원합니다.

2025년 여름
지은이 박재석

차 례

머리말 • 4

제1편 민법총칙 ──────────────────────── 12

    제1장 권리변동 • 13

        제1절 법률관계 • 13

        제2절 권리와 의무 • 14

        제3절 권리변동의 모습 • 15

    제2장 법률행위 • 17

        제1절 법률행위의 의의와 종류 • 17

        제2절 법률행위의 요건 • 19

        제3절 법률행위의 목적 • 23

        제4절 법률행위의 해석 • 39

    제3장 의사표시 • 41

        제1절 서설 • 41

        제2절 의사표시의 불일치 • 44

        제3절 하자 있는(사기·강박) 의사표시 • 65

        제4절 의사표시의 효력발생시기 • 75

    제4장 법률행위의 대리 • 83

        제1절 서설 • 83

        제2절 대리의 삼면관계 • 86

제3절 대리권 • 88

제4절 대리행위(대리인과 상대방 사이의 관계) • 97

제5절 대리의 효과(본인과 상대방 사이의 관계) • 103

제6절 복대리 • 105

제7절 무권대리 • 108

제8절 표현대리 • 113

제5장 법률행위의 무효와 취소 • 121

제1절 무효와 취소의 비교 • 121

제2절 법률행위의 무효 • 124

제3절 취소 • 130

제6장 조건과 기한 • 139

제1절 조건 • 139

제2절 기한 • 145

제2편 물권법 _____ 152

제1장 물권법 총론 • 153

제1절 물권법의 의의와 성격 • 153

제2절 물권의 객체 • 156

제3절 일물일권주의 • 158

제4절 물권법정주의 • 159

제5절 물권의 효력 • 163

제2장 물권의 변동 • 170

- 제1절 서설 • 170
- 제2절 공시의 원칙과 공신의 원칙 • 171
- 제3절 부동산 물권변동 • 174
- 제4절 부동산물권의 공시방법 • 177
- 제5절 물권의 소멸 • 192

제3장 점유권 • 195

- 제1절 점유권 일반 • 195
- 제2절 점유권의 취득과 소멸 • 205
- 제3절 점유권의 효력 • 208

제4장 소유권 • 215

- 제1절 서설 • 215
- 제2절 상린관계 • 217
- 제3절 소유권의 취득 • 222
- 제4절 소유권에 기한 물권적 청구권 • 231
- 제5절 공동소유 • 235

제5장 용익물권 • 242

- 제1절 용익물권 총설 • 242
- 제2절 지상권 • 244
- 제3절 지역권 • 258
- 제4절 전세권 • 265

제6장 담보물권 • 279

　제1절 담보물권 총설 • 279

　제2절 유치권 • 282

　제3절 저당권 • 289

제3편 채권편 _____ 312

제1장 계약법 총론 • 313

　제1절 계약법 서론 • 313

　제2절 계약의 성립 • 319

　제3절 계약의 효력 • 325

　제4절 계약의 해제 • 337

　제5절 계약의 해지 • 349

제2장 계약법 각론 • 353

　제1절 매매 • 353

　제2절 교환 • 375

　제3절 임대차 • 377

제4편 민사특별법 _____ 400

제1장 주택임대차보호법 • 401

제2장 상가건물임대차보호법 • 420

제3장 집합건물의 소유 및 관리에 관한 법률 • 435

제4장 가등기담보에 관한 법률 • 448

제5장 부동산 실권리자명의 등기에 관한 법률 • 455

제1편
민법총칙

제1편 민법총칙

민법은 사적 자치에 기반한 법 질서를 형성하고, 개인 간의 권리·의무를 규율하는 기본법이다. 민법총칙은 민법 전체에 공통적으로 적용되는 개념과 원칙을 다루며, 그 기초 위에서 물권법, 채권법과 같은 각 편이 구성된다. 본 편에서는 권리의 변동, 법률행위, 의사표시, 법률행위의 대리, 법률행위의 무효와 취소, 조건과 기한 같은 기본 개념을 체계적으로 정리함으로써, 민법 전체를 이해하는 데 필요한 기초를 마련하고자 한다.

제1장 권리변동

권리변동은 법률관계의 출발점으로서, 권리와 의무가 어떻게 발생·이전·변경하는지를 설명한다. 이 장에서는 권리변동의 개념과 구조를 통하여 민법 전체의 논리를 조망할 수 있도록 한다.

제1절 법률관계

I. 법률관계의 의의

(1) **법률관계**란 사람들의 생활 속에서 법의 규율을 받는 관계를 말하며, 이는 곧 권리와 의무의 관계로 구체화된다.
　　예컨대, 甲이 자신 소유의 토지를 乙에게 매도하는 경우, 이 매매계약을 중심으로 권리·의무가 발생하며, 이는 민법 제563조 이하의 규정에 따라 규율된다. 이때 甲은 매매대금 지급을 청구할 수 있는 **권리**를 가지며, 반면 토지 소유권을 이전할 **의무**를 부담한다. 반대로 乙는 토지 소유권 이전을 청구할 **권리**를 가지며, 매매대금을 지급할 **의무**를 부담하게 된다.
(2) 법률관계는 법규범의 강제력에 의해 뒷받침되므로, 의무자가 이를 이행하지 않을 경우 권리자는 **이행청구**나 **손해배상청구**를 할 수 있다.

II. 인간관계의 의의

(1) **인간관계**란 도덕·종교·관습 등 법 외적 기준에 따라 형성되는 생활관계를 말한다. 예컨대, 친구의 생일파티에 참석하기로 약속한 행위와 같은 것은 법률적 구속이 없는 인간관계이다.
(2) 인간관계는 법률과 달리 강제력이 없기 때문에 약속을 이행하지 않아도 법적으로 구속되지 않으며, 법원에 이행을 청구할 수도 없다.

제2절 권리와 의무

I. 권리

권리란 일정한 이익을 향유할 수 있도록 법이 부여한 힘이다. 예컨대, 甲이 소유한 토지를 乙에게 매도한 경우, 甲은 매매대금 청구권을 가진다.

II. 의무

(1) **의무**란 법률에 의해 일정한 행위를 해야 할 구속을 받는 상태를 말한다. 예를 들어, 매도인 甲은 토지 소유권 이전의무를, 매수인 乙는 매매대금 지급의무를 진다.

(2) **의무와 채무의 관계**

대부분의 의무는 채무의 형태로 나타나며, 의무를 이행하지 않을 경우 상대방은 이행청구나 손해배상을 구할 수 있다. 다만, 모든 권리가 대응하는 의무를 가지는 것은 아니며, **일방적 권리**(예: 취소권) 또는 **일방적 의무**(예: 청산인의 공고의무)처럼 권리나 의무가 단독으로 존재하기도 한다.

제3절 권리변동의 모습

I. 권리변동의 원인

1. 법률요건과 법률효과

일정한 법률사실이 결합되어 **법률요건**을 구성하면, 그 결과로써 **법률효과**가 발생한다. 법률요건은 권리변동의 원인이며, 법률효과는 그 결과이다.

2. 예시

(1) 계약의 경우, 청약과 승낙이라는 의사표시가 법률요건을 구성하고, 그에 따라 권리(청구권 등)와 의무가 발생한다.
(2) 불법행위의 경우, 손해를 야기한 행위가 법률요건이 되어, 손해배상청구권이 법률효과로 발생한다.

II. 권리변동의 유형

1. 권리의 발생

(1) **원시취득**은 종래 존재하지 않던 권리를 새롭게 발생시키는 것으로, 건물 신축에 따른 소유권 취득 등이 이에 해당한다.
(2) **승계취득**은 타인의 권리를 계승하는 것으로, 특정승계(매매 등)와 포괄승계(상속 등), 설정적 승계(지상권 설정 등)로 구분된다.

2. 권리의 변경

(1) 주체의 변경은 승계취득에 따른 권리자 변경이다.
(2) 내용의 변경은 질적·양적 변경으로 나뉜다.
(3) 작용의 변경은 권리의 효력이나 기능에 변화가 있는 경우를 말한다.

3. 권리의 소멸

(1) **절대적 소멸**은 권리가 완전히 소멸하는 경우이며, 예를 들어 채권의 변제, 소유권의

포락 등이 있다.

(2) **상대적 소멸**은 권리가 승계되면서 전주에게는 소멸하는 경우이다.

III. 법률사실의 분류

1. 용태와 사건

법률사실은 사람의 의사에 따른 **용태**와 외부적 사건으로 나뉘며, 용태는 다시 **의사적 용태**와 **관념적 용태**로 구분된다.

2. 행위의 적법성에 따른 분류

법률사실은 **적법행위**와 **위법행위**로 구분되며, 적법행위 중 **의사표시**는 법률행위로, **표현행위 · 사실행위**는 준법률행위로 분류된다.

제2장 법률행위

법률행위는 당사자의 의사에 따라 법률효과를 발생시키는 행위를 말한다. 이 장에서는 법률행위의 개념과 종류, 법률행위의 요건, 목적, 해석 등을 이해하게 된다.

제1절 법률행위의 의의와 종류

I. 법률행위의 의의

1. 정의
법률행위란 **의사표시를 필수 요소로 하여 일정한 법률효과의 발생을 목적으로 하는 법률요건**이다. 이는 법률이 개인의 의사에 따라 효과를 인정해주는 사적 자치 원칙의 표현이다.

2. 개념적 특징
법률행위는 당사자의 의사에 따라 권리의 발생·변경·소멸이 이루어지며, 계약 외에도 단독행위, 합동행위 등을 포괄하는 **법기술상의 추상 개념**이다.

II. 법률행위의 종류

1. 의사표시 수에 따른 구분
(1) **단독행위**: 하나의 의사표시로 성립하는 법률행위로, 유언, 상속포기 등이 이에 해당한다.
(2) **계약**: 양방의 대립된 의사표시의 합치로 성립하며, 매매·임대차 등 다양한 형태가 있다.
(3) **합동행위**: 동일 방향의 복수 의사표시로 성립하며, 사단법인 설립 등이 이에 속한다.

2. 효력에 따른 구분
(1) **채권행위**는 채권 발생을 목적으로 하며,

(2) **물권행위**는 직접 물권변동을 목적으로 하고,
(3) **준물권행위**는 권리의 처분을 위한 법률행위이다.

3. 방식에 따른 구분
(1) **요식행위**는 일정한 방식이 요구되며,
(2) **불요식행위**는 형식에 구애받지 않고 효력이 인정된다.

4. 출연 여부에 따른 구분
(1) **유상행위**는 쌍방의 대가관계가 존재하고,
(2) **무상행위**는 일방적인 재산이전만 있는 행위이다.

5. 주종관계에 따른 구분
(1) **주된 행위**는 독립적 효력을 가지며,
(2) **종된 행위**는 주된 행위에 부종하여 효력을 가진다. 예컨대, 저당권설정계약은 금전대차계약의 종된 행위이다.

6. 신탁행위
(1) **민법상 신탁행위**는 권리이전이 수반되지만 내외적 소유권 분리가 존재하며,
(2) **신탁법상 신탁행위**는 재산권 이전과 수탁자의 관리·처분권이 모두 인정되는 법률관계이다.

제2절 법률행위의 요건

I. 의의

1. 법률행위가 법률효과를 발생하기 위해서는 **성립요건**을 갖춘 다음 **효력요건**을 갖추어야 한다.
   (1) **성립요건**이란 법률행위가 성립하여 **존재하기 위한 최소한의 요건**으로, 이를 갖추지 못한 경우 법률행위는 부존재로 취급된다. 따라서 성립요건을 결여한 법률행위에는 무효나 취소에 관한 민법 규정이 적용될 여지가 없다.
   (2) **효력요건**이란 일단 성립한 법률행위가 무효나 취소되지 않고 **유효하게 인정되기 위한 요건**을 의미한다. 법률행위가 성립요건을 갖추었더라도 효력요건을 결여하면 **무효**가 되거나 **취소할 수 있는 법률행위**가 된다.

2. 즉, 법률행위의 **성립과 불성립의 문제**는 법률행위의 **유효·무효·취소의 문제에 선행**한다.

II. 법률행위의 성립요건과 효력요건

1. 일반적 성립요건과 일반적 효력요건

	일반적 성립요건 (성립 ↔ 불성립)	일반적 효력요건 (유효 ↔ 무효 또는 취소)
당사자	법률행위의 주체인 당사자가 존재해야 한다. (예: 매도인, 매수인의 존재)	당사자가 **권리능력, 의사능력, 행위능력**을 갖추어야 한다.
목적	법률행위의 **목적**[1])이 존재해야 한다. (예: 재산권을 취득하고자 하는 목적)	목적이 **확정성, 가능성, 적법성, 사회적 타당성**을 갖추어야 한다.
의사표시	의사표시가 존재해야 한다. (예: 청약과 승낙의 의사표시가 존재)	의사표시가 **의사와 표시가 일치**하고, **하자가 없어야 한다.**

2. 특별 성립요건과 특별 효력요건

구분	특별 성립요건	특별 효력요건
의의	개별적인 법률행위에서 법률이 그 성립을 위해 특별히 추가하는 요건	일반적 효력요건 이외에 개별 법률행위에서 법률 규정이나 당사자 간 특약에 의해 특별히 요구되는 요건
예시	① 유언에서 일정한 방식을 갖추어야 하는 경우 ② 혼인행위에서 혼인신고가 필요한 경우 ③ 요물계약에서 물건의 인도	① 대리행위에서 대리권의 존재 ② 조건부 법률행위에서 조건의 성취 ③ 기한부 법률행위에 있어서 기한의 도래 ④ 토지거래허가구역 내의 토지거래계약에서 관할 관청의 허가
주의사항	-	농지취득자격증명은 농지매매계약의 효력발생요건이 아님[2] → 농지를 취득하는 자가 등기를 신청할 때 첨부해야 하는 등기서류에 불과함

3. 법률행위의 **성립요건**은 유효를 주장하는 자가 입증해야 하며, **효력요건**은 무효나 취소를 주장하는 자가 그 부존재를 입증해야 한다.

4. 무효인 법률행위와 취소할 수 있는 법률행위 구분

구분	무효인 법률행위	취소할 수 있는 법률행위
의의	법률행위가 성립하였으나 처음부터 아무 효력이 없는 법률행위	일단 유효하게 성립하지만, 일정 요건 하에서 취소하면 처음부터 무효가 되는 법률행위
예시	① 의사무능력자의 법률행위 ② 확정가능성이 없는 법률행위 ③ 원시적 불능인 법률행위	① 제한능력자의 법률행위 ② 착오에 의한 의사표시 ③ 사기에 의한 의사표시

---

[1] 구분해야 할 개념으로 **"목적물"**이 존재하지 않아도 법률행위는 성립할 수 있다(예: 고용계약)
[2] 대법원 2008. 2. 1. 선고 2006다27451 판결

	④ 강행규정(효력규정)에 위반한 법률행위 ⑤ 반사회질서의 법률행위 ⑥ 불공정한 법률행위 ⑦ 비진의표시(상대방이 악의 또는 과실이 있는 경우) ⑧ 통정허위표시	④ 강박에 의한 의사표시
주의사항	⑦과 ⑧은 상대적 무효, ② · ③ · ④는 상대적 취소에 해당	취소 후에는 처음부터 무효로 간주됨

III. 당사자의 능력

1. 권리능력

(1) 의의
- **권리와 의무의 주체**가 될 수 있는 **자격**을 말한다.

(2) 권리능력의 주체
① **자연인**: 생존(출생부터 사망)하는 동안 권리능력이 인정된다.
② **법인**: 법인 설립등기를 한 때부터 해산할 때까지 권리능력이 발생한다.

2. 의사능력

(1) 의의
① **의사능력**이란, 자신의 행위가 어떤 법률적 효과를 발생시키는지를 인식할 수 있는 정신적 능력을 말한다. 다시 말해, 자신의 행위로 인해 권리 · 의무의 변동이 생긴다는 사실을 이해하고 판단할 수 있는 능력을 의미한다.
② 정상적인 의사결정을 할 수 없는 상태를 **의사무능**이라 하며, **유아**나 **만취자** 등이 이에 해당한다.

(2) 의사무능력자의 법률행위
① 의사무능력자가 한 법률행위는 **무효**이다.

② 예를 들어, 의사무능력자가 **매매계약**을 체결한 경우, 계약은 성립할 수 있으나 법률상 효력이 발생하지 않으며, 당사자 간의 권리·의무도 인정되지 않는다.

3. 행위능력

(1) 의의
① **행위능력**이란 <u>**단독으로 완전히 유효한 법률행위를 할 수 있는 능력**</u>을 말하며, 이러한 능력이 없는 자를 **제한능력자**라고 한다.
② **제한능력자**는 법률행위 시 보호가 필요하며, 민법은 제한능력자 보호를 위한 제도를 두고 있다.

(2) 제한능력자의 유형
① <u>**미성년자**</u>: 만 19세 미만의 자로, 친권자(부모)가 **법정대리인**이 된다.
② <u>**피한정후견인**</u>: 질병, 장애, 노령, 그 밖의 사유로 인한 **<u>정신적 제약으로 사무를 처리할 능력이 부족한 자</u>**로, 법원의 **한정후견개시 심판**을 받아 **한정후견인**이 법정대리를 한다.
③ **피성년후견인**: 질병, 장애, 노령, 그 밖의 사유로 인한 **<u>정신적 제약으로 사무를 처리할 능력이 지속적으로 결여된 자</u>**로, 법원의 **성년후견개시 심판**을 받아 **성년후견인**이 법정대리를 한다.
④ **피특정후견인**: 후견이 필요하지만 사무 처리 능력이 심각하게 부족하지 않은 자로, **<u>일시적 또는 특정한</u> 법률행위**에 대해 후견인의 도움을 받는다.

(3) 제한능력자의 법률행위
① 제한능력자가 단독으로 한 법률행위는 **<u>취소</u>할 수 있는 법률행위**이다.
② 예를 들어, 미성년자가 단독으로 **매매계약**을 체결한 경우, 계약은 일단 성립하지만 **미성년자 측에서 취소할 수 있다.**

제3절 법률행위의 목적

I. 의의

(1) **법률행위의 목적**이란 법률행위를 하는 자가 **법률행위를 통해 달성하고자 하는 법률효과**로서, 법률행위의 **내용**을 의미한다.
  - 예시: 매매계약의 목적은 소유권의 이전과 대금의 지급이다.
(2) 법률행위의 목적은 아래 **네 가지 사항을 충족**해야 한다.
  ① 목적은 <u>확정</u>할 수 있어야 한다.
  ② 목적은 <u>실현</u> 가능해야 한다.
  ③ 목적은 <u>적법</u>해야 한다.
  ④ 목적은 <u>사회적 타당성</u>이 있어야 한다.

II. 목적의 확정(확정가능성)

1. 의의
  ① 법률행위의 목적은 <u>법률행위 당시(계약 당시)에 확정되어 있거나, 확정할 수 있는 방법과 기준</u>이 정해져 있어야 한다.
  ② 법률행위 성립 당시 반드시 확정될 필요는 없으나, <u>이행기까지 확정될 수 있어야</u> 한다.
  ③ 목적의 확정성은 **법률행위의 해석을 통해 판단**되며, 해석을 통해서도 <u>목적을 확정할 수 없는 경우 그 법률행위는 무효</u>이다.

2. 관련 판례: 매매계약과 목적의 확정
  ① 대판 96다26176 판결: 매매 목적물과 대금은 계약 체결 당시 반드시 확정될 필요는 없으며, <u>사후에라도 특정할 수 있는 방법과 기준이 정해져 있으면 유효</u>하다.
  ② 대판 2018다223054 판결: 계약 체결 당시 매매 목적물과 대금이 구체적으로 특정될 필요는 없으나, <u>매도인과 매수인은 반드시 특정되어야</u> 한다.

III. 목적의 가능

1. 의의
(1) 법률행위의 효력이 발생하기 위해서는 **법률행위 당시 그 목적이 실현 가능해야 한다**.
(2) 목적의 실현 가능 여부는 **사회 통념**에 따라 결정되며, 단순한 **물리적 가능성**이 아닌 **사회통념상으로 실현 가능한지 여부**가 중요하다.
(3) **불능**은 확정적이어야 하며, 일시적으로 불가능하더라도 **추후 실현 가능성이 많다면** 불능이 아니다.
(4) 법률행위의 불능 여부는 **법률행위 성립 당시를 기준**으로 판단한다.

2. 원시적 불능
(1) **원시적 불능**이란 **법률행위 성립 당시부터** 이미 목적이 실현 불가능한 경우를 말한다.
   - 예시: **매매계약 체결 전에 건물이 이미 전부 멸실된 경우**, 그 매매계약은 **무효**이다.
(2) 원시적 불능이 있는 경우, 해당 법률행위는 무효이며, 계약 체결 시 상대방이 이를 알지 못했다면 **계약체결상의 과실책임**이 발생할 수 있다.

3. 후발적 불능
(1) **후발적 불능**이란 법률행위 성립 당시에는 이행이 가능했지만, **이행 전에 이행 불능이 된 경우**를 말한다.
   - 예시: 매매계약 체결 후 건물이 멸실된 경우.
(2) 후발적 불능이 발생하더라도, **법률행위 자체는 유효**하다.
(3) 후발적 불능이 발생한 원인에 따라 법적 효과가 달라진다.
   - 채무자의 **귀책사유(고의·과실)가 있는 경우** → **채무불이행(이행불능) 책임**이 발생하며, 상대방은 **계약 해제 및 손해배상 청구**가 가능하다.
   - 채무자의 **귀책사유가 없는 경우** → **위험부담의 문제**가 발생한다.

4. 일부 불능
   - 법률행위의 목적 일부가 실현 불가능한 경우로서,
   - 원칙적으로 **전부 무효**이나,

- 불능 부분이 없어도 법률행위를 했으리라고 인정되는 경우, **나머지 부분은 유효**하다.

IV. 목적의 적법성

1. 의의
(1) 법규는 **임의규정**과 **강행규정**으로 구분된다.
- **임의규정**: 당사자의 의사에 의해 적용을 배제하거나 변경할 수 있는 규정.
- **강행규정**: 당사자의 의사와 관계없이 언제나 적용되는 규정으로, 이를 위반한 법률행위는 무효가 될 수 있다.

2. 강행규정과 법률행위의 효력
(1) 강행규정의 유형
① **효력규정**: 위반하면 처벌을 받을 뿐만 아니라, **사법상의 효력도 무효**가 된다.
② **단속규정**: 위반하면 처벌은 받지만, **사법상의 효력은 무효가 아니다.**

(2) 효력규정
① 규정 위반 시 법률행위가 <u>무효</u>로 되는 규정이며, <u>추인(사후 승인)에 의해 유효화될 수 없다.</u>
② 관련 사례 및 판례
　1) 토지거래허가구역 내의 토지거래계약
　　- 관할관청의 허가를 받아야만 효력이 발생하며, 허가 전에는 <u>**물권적·채권적 효력이 모두 무효**</u>이나.
　2) <u>**공인중개사 자격 없이 체결한 중개수수료 약정**</u>
　　- <u>**전부 무효**</u>이다.[3]
　3) <u>**부동산 중개업법상 초과 중개수수료 약정**</u>
　　- 법정 한도를 <u>초과한 부분은 무효</u>이다.[4]

---

[3] 대법원 2010. 12. 23. 선고 2008다75119 판결
[4] 대법원 2007. 12. 20. 선고 2005다32159 전원합의체 판결

4) 법정이율 초과 이자 약정
   - 연 25%를 초과하는 부분은 무효이다.

(3) 단속규정
   ① 단속규정 위반은 처벌의 대상이 될 뿐, 법률행위의 효력 자체에는 영향을 미치지 않는다.
   ② 관련 사례 및 판례
      1) 무허가 음식점의 음식 판매행위, 무허가 숙박영업행위 → 처벌은 가능하지만 법률행위는 유효하다.
      2) 등기 없이 제3자에게 전매하는 행위(중간생략등기) → 형사처벌 대상이지만, 전매계약 자체는 무효가 아니다.[5]
      3) 주택법상 전매제한 규정을 위반한 전매계약 → 매수인은 분양사업주체에게 대항할 수 없지만, 전매계약 자체는 유효하다.[6]
      4) 공인중개사법상 개업공인중개사가 직접 거래하는 행위 → 금지되지만, 거래 자체는 무효가 아니다.[7]
      5) 공인중개사 자격 없는 자가 우연한 기회에 단 1회 중개한 경우 중개보수 약정 → 유효[8]

V. 목적의 사회적 타당성

제103조【반사회질서의 법률행위】 선량한 풍속 기타 사회질서에 위반한 사항을 내용으로 하는 법률행위는 무효로 한다.

제746조【불법원인급여】 불법의 원인으로 인하여 재산을 급여하거나 노무를 제공한 때에는 그 이익의 반환을 청구하지 못한다. 그러나 그 불법원인이 수익자에게만 있는 때에는 그러하지 아니하다.

---

[5] 단, 토지거래허가규정에 위반하여 경료된 중간생략등기는 무효다.
[6] 대법원 1997. 6. 27. 선고 95다47343 판결
[7] 대법원 2017. 2. 3. 선고 2016다259677 판결
[8] 대법원 2012. 6. 14. 선고 2010다86525 판결

1. 의의

(1) 민법은 강행법규를 직접 위반하지 않더라도, **해당 법률행위의 내용이 건전한 사회윤리나 공공질서에 위배될 경우 그 법률행위를 무효**로 보고 있다(민법 제103조). 어떤 법률행위가 사회질서에 반하는지 여부는, **행위의 성립 시점을 기준**으로 판단해야 하며, 그 이행 시기나 이후에 밝혀진 사정은 일반적으로 고려되지 않는다.

- 관련 판례
  - 매매계약 체결 당시 정당한 대가를 지급하고 목적물을 매수한 경우, 이후 그 목적물이 범죄행위로 취득된 것임을 알게 되었다고 하더라도, 해당 매매계약은 반사회질서 행위로 무효가 되지 않는다.[9]

(2) 만약 법률행위에 붙은 **조건 자체가 사회질서에 반하는 것이라면**, 단지 그 조건만 무효가 되는 것이 아니라 그 **법률행위 전체가 무효**가 된다는 점에 유의해야 한다. "선량한 풍속 또는 사회질서"에 위반되는지 여부는 시대 상황, 사회 통념, 가치관의 변화 등에 따라 달라질 수 있는 상대적인 개념으로, 법전에 구체적으로 유형화해 명시하는 것은 불가능하다.

2. 반사회질서행위의 유형

(1) 인륜에 반하는 행위

① 중혼 금지(민법 제810조)에 반하는 법률행위는 무효이다. 따라서 첩계약은 처의 동의 유무에 관계없이 무효이다.[10]
  - 부첩 관계 유지를 대가로 재산권을 첩에게 증여하는 계약 → **무효**
  - 부첩 관계의 종료를 해제조건으로 한 증여계약 → **무효**
  - 부첩 관계를 단절하면서 생활비를 지급하는 계약 → **유효**
  - 판례: **부첩 관계 단절과 자녀 양육을 위한 금전 지급 약정은 유효하다.**[11]

② 혼인 예약 시 동거를 거부하는 경우 일정한 금전을 지급하기로 한 약정, **부부가 동거하지 않기로 하는 계약은 무효**다.

---

9) 대법원 2001. 11. 9. 선고 2001다44987 판결
10) 대법원 1960. 9. 29. 선고 60다302 판결
11) 대법원 1980. 6. 24. 선고 80다458 판결

(2) 정의관념에 반하는 행위

① 형사법규에 저촉되어 **범죄가 되는 행위를 목적으로 하는 계약**
- 예시: <u>범죄 행위 포기를 대가로 금전을 지급하는 계약</u>, 법정에서 허위 진술을 하는 대가로 금전을 교부하기로 한 계약
- 판례
  - <u>수사기관에서 허위진술을 하는 대가로 작성된 각서에 기한 급부의 약정은 반사회질서 법률행위로 무효</u>[12]
  - <u>공무원의 직무와 관련하여 특별한 청탁을 하고, 그 대가로 부동산을 양도하거나 금전을 지급하기로 한 약정은 무효</u>[13]

② **불법한 행위를 하지 않을 것을 조건으로 금전을 지급키로 하는 약정은 무효**(구민법 제132조)

③ 증인은 진실을 증언할 의무가 있기 때문에, **소송에서 증언의 대가로 금전을 지급하기로 한 계약이 통상 용인될 수 있는 수준을 초과하면 무효다.**[14]

④ **이중매매**
- 제2매수인이 **적극적으로 가담**하여 이루어진 부동산의 이중매매는 무효다.
- 이미 제3자에게 매도된 부동산임을 알면서도 매도인의 배임행위에 적극 가담하여 저당권을 설정하는 행위도 무효다.

⑤ 보험금을 부정 취득할 목적으로 체결한 보험계약은 무효다.[15]

⑥ **형사사건에서 성공보수약정**은 변호사 직무의 공공성을 저해하고, 사법제도에 대한 신뢰를 현저히 떨어뜨릴 위험이 있어 사회질서 위반으로 무효다.[16] 단, 민사사건의 성공보수약정은 유효하다.

(3) 개인의 자유를 극도로 제한하는 행위

① **절대로 이혼하지 않겠다는 각서를 쓰는 행위**는 신분행위의 의사결정을 구속하는 것으로서 무효이다.[17], 간호사나 승무원을 채용하면서 근무 기간 동안 절대 혼인하

---

[12] 대법원 2001. 4. 24. 선고 2000다71999 판결
[13] 대법원 1971. 10. 11. 선고 71다1645 판결
[14] 대법원 1994. 3. 11. 선고 93다40522 판결
[15] 대법원 2005. 7. 28. 2005다23858 판결
[16] 대법원 2015. 7. 23. 선고 2015다200111 전원합의체 판결

지 않을 것을 정한 약관도 동일한 이유로 무효다.

② <u>정당한 범위에서 영업을 금지하는 계약은 유효하나, 기간과 구역이 정해지지 않은 영업금지 약정은 영업의 자유나 그 밖의 거래활동을 극도로 제한하는 것으로 무효다.</u> 다만, 해외 연수 후 일정 기간 회사에 근무하지 않으면 해외 파견 비용을 반환해야 한다는 약정은 유효하다.[18]

(4) 생존에 기초가 되는 재산을 처분하는 행위
- 사찰이 그 존립에 필요한 재산인 임야를 처분하는 법률행위는 무효이다.[19]

(5) 도박 등 사행적인 행위
① 도박자금을 제공할 목적으로 체결한 금전소비대차계약은 무효다.
② 도박채무 변제를 위해 부동산을 양도하는 계약도 무효다.
③ 도박채무의 변제를 위하여 채무자로부터 부동산의 처분을 위임받은 채권자가 그 부동산을 제3자에게 매도한 경우
- 도박채무 부담행위 및 그 변제약정은 사회질서에 위반되어 무효이나,
- 부동산 처분에 관한 대리권을 수여한 행위 자체는 무효가 아니므로, 제3자가 매수한 행위까지 무효라고 할 수 없다.[20]

(6) 동기의 불법
① 동기의 불법이란, 법률행위 자체는 사회질서에 위반되지 않지만, 그 <u>동기가 반사회적이면 무효가 될 수 있는 경우</u>를 의미한다.
- **예시**: 마약 밀매를 위해 창고 임대차계약을 체결한 경우
② 원칙적으로 동기의 불법이 있다고 하여 모든 법률행위가 반사회질서 행위로 무효가 되는 것은 아니다.
- 그러나, 불법 동기가 법률행위 당시 <u>표시되거나</u> <u>상대방이 이를 인식한 경우</u>, 법률행위는 반사회질서 행위로서 <u>무효</u>다.[21]

---

17) 대법원 1969. 8. 19. 선고 69므18 판결
18) 대법원 1982. 6. 22. 선고 82다카90 판결
19) 대법원 1970. 3. 31. 선고 69다2293 판결
20) 대법원 1995. 7. 14. 선고 94다40147 판결

(7) 반사회질서에 해당하지 않는 판례

① **강제집행을 면할 목적으로** 부동산에 <u>허위의 근저당권설정등기를</u> 경료하는 행위도 특별한 사정이 없는 한 반사회적 법률행위가 아니다.[22]

② 법률행위 성립과정에서 **강박**이라는 불법적 방법이 사용된 때, 그 강박에 의한 의사표시의 하자나 의사의 흠결을 이유로 그 효력을 논할 수는 있을지언정 반사회 질서의 법률행위로 무효는 아니다.[23]

③ <u>양도소득세를 회피할 목적으로</u> 실제 거래대금보다 낮은 금액으로 계약서를 작성(<u>통정허위표시</u>)하여 <u>매매계약을</u> 체결한 행위는 반사회적 법률행위가 아니다.[24]

④ <u>강제집행을 면할 목적으로</u> 부동산을 <u>명의신탁</u>하는 것은 반사회적 법률행위가 아니다.[25]

⑤ <u>조세포탈목적</u>으로 부동산을 명의신탁한 경우, 그 명의신탁은 부동산실명법 위반으로 무효인 것이지 반사회질서의 법률행위로서 무효로 되지는 않는다.[26]

⑥ 반사회적 행위로 조성된 <u>비자금을</u> 소극적으로 은닉하기 위하여 임치하는 행위는 반사회적 법률행위가 아니다.[27]

⑦ <u>부정행위를 용서받는 대가로 손해배상을 하고, 가정에 충실할 것을 서약하며 처에게 부동산을 양도하되, 부부관계가 유지되는 동안 처가 이를 임의로 처분할 수 없도록 한 약정은 유효</u>하다.[28]

3. 반사회질서행위의 효과

(1) 절대적 무효

① 반사회질서의 법률행위는 <u>절대적·확정적 무효</u>이며, <u>누구에게나 그 무효를 주장</u>할 수 있다.

---

21) 대법원 2001. 2. 9. 선고 99다38613 판결
22) 대법원 2004. 5. 28. 선고 2003다70041 판결
23) 대법원 1994. 5. 4. 선고 94다34432 판결
24) 대법원 1991. 5. 14. 선고 91다6627 판결
25) 대법원 2004. 5. 28. 선고 2003다70041 판결
26) 대법원 1991. 9. 13. 선고 91다16334, 16341(반소) 판결
27) 대법원 2001. 4. 10. 선고 2000다49343 판결
28) 대법원 1992. 10. 27. 선고 92므204, 211(병합) 판결

② 따라서, 당사자는 <u>선의의 제3자에게도 무효를 주장할 수 있으며(대항할 수 있으며),
선의의 제3자 또한 유효를 주장할 수 없다.</u>

(2) 무효행위의 추인 및 전환 불가
① 반사회질서의 법률행위는 <u>추인(사후 승인)하더라도 유효로 될 수 없다.</u>
② 또한, <u>다른 유효한 법률행위로 전환할 수도 없다.</u>

(3) 불법원인급여
① 반사회질서의 법률행위는 무효이므로, <u>아직 이행되지 않은 경우 상대방은 이행을
청구할 수 없으며, 채무자는 이행할 필요가 없다.</u>
② 이미 이행이 완료된 경우, 급여자는 부당이득반환을 청구할 수 없다.(민법 제746조)
③ 다만, <u>불법원인이 수익자(급여를 받은 상대방)에게만 있거나 상대방의 불법성이 현
저히 큰 경우에는 예외적으로 급여자가 반환을 청구할 수 있다.</u>

VI. 부동산 이중매매

1. 의의
① 부동산 이중매매란, 매도인이 동일한 부동산을 제1매수인과 매매계약을 체결하고
<u>중도금 또는 잔금을 수령한 후</u>, 다시 제2매수인과 매매계약을 체결하여 <u>제2매수인
명의로 소유권이전등기를 해주는 경우</u>를 말한다.
② 그러나, <u>계약금계약의 경우 제1매수인이 중도금을 지급하기 전에는 계약금의 배액을 상
환하고 계약을 해제할 수 있으므로, 이 경우에는 이중매매의 법리가 적용되지 않는다.</u>
③ 예시:
- 매도인 **甲**이 매수인 乙에게 자신의 토지를 매도하고 잔금까지 수령하였으
나, 乙 **명의로 이전등기를 하지 않고 있던 중**, 해당 토지를 다시 丙에게
매도하여 丙 **명의로 소유권이전등기를 경료한 경우**

2. 이중매매가 유효한 경우의 법률관계
(1) <u>원칙적으로 이중매매는 유효</u>
① 사적자치의 원칙상, <u>제2매수인(丙)이 악의라 하더라도, 매도인(甲)과 제2매수인(丙)</u>

사이의 이중매매 계약은 유효하다.
② 판례도 제2매수인이 부동산이 이미 제3자에게 매각된 사실을 알았다고 하더라도, 해당 매매계약이 반사회적 법률행위(민법 제103조)에 해당한다고 단정할 수 없다고 본다.[29]

(2) 제1매매계약(甲과 乙 사이의 계약)의 법률관계
① 제1매매계약은 매도인(甲)의 귀책사유로 인해 이행불능이 되었으므로, 제1매수인(乙)은 최고 없이 계약을 해제할 수 있다.
② 제1매수인(乙)은 매도인(甲)에게 채무불이행(이행불능)에 따른 손해배상을 청구할 수 있다.
③ 손해배상의 산정 시기는, 제2매수인(丙) 앞으로 소유권이전등기가 경료된 때를 기준으로 한다.
④ 만약 甲의 행위가 불법행위의 요건을 갖춘 경우, 제1매수인(乙)은 불법행위책임도 물을 수 있다.

3. 제2매수인이 적극 가담한 경우 이중매매(제2매매계약)는 무효
 (1) 이중매매가 무효가 되는 요건
① 이중매매 계약이 무효가 되기 위해서는, 매도인의 배임행위와 제2매수인의 적극적 가담이 있어야 한다.
② 제2매수인이 단순히 매도인이 다른 사람에게 매매 목적물을 매도한 사실을 알고 있었다는 것만으로는 부족하다.
③ 제2매수인이 매도 사실을 알고도 적극적으로 매도를 요청하여 매매계약이 이루어진 경우, 반사회질서행위로 무효가 된다.[30]

 (2) 무효가 된 경우의 법률관계
① 불법행위 책임
  • 제2매수인(丙)이 매도인(甲)의 배임행위에 적극 가담하여 불법행위가 성립하면,

---

29) 대법원 2009. 9. 10. 선고 2009다23283 판결
30) 대법원 1994. 3. 11. 선고 93다55289 판결

제1매수인(乙)은 직접 제2매수인(丙)을 상대로 채권 침해에 따른 불법행위 책임을 물어 손해배상을 청구할 수 있다.

② 불법원인급여 적용
- 부동산 이중매매가 반사회적 법률행위로 무효인 경우, 이를 이행하였더라도 불법원인급여(민법 제746조)에 해당하므로, 매도인(甲)은 제2매수인(丙)에게 소유권 반환을 청구할 수 없으며, 제2매수인(丙)도 매도인(甲)에게 매매대금 반환을 청구할 수 없다.

③ 채권자 대위권 행사 가능
- 제1매수인(乙)은 직접 제2매수인(丙)에게 등기 말소를 구할 수는 없지만, 매도인(甲)에 대한 자신의 소유권이전등기청구권을 보전하기 위해, 매도인을 대위하여 제2매수인(丙)에 대해 등기 말소를 청구할 수 있다.

④ 채권자취소권 행사 불가
- 제1매수인(乙)의 "소유권이전등기청구권"은 금전채권이 아닌 특정물채권이기 때문 자신의 소유권이전등기청구권을 보전하기 위해 채권자취소권을 행사할 수 없다.

⑤ 진정명의회복에 따른 소유권이전등기 청구 불가
- 진정명의회복 청구는 "소유권자"만 할 수 있는 것이므로, 아직 소유권을 이전받지 못한 제1매수인(乙)은 직접 제2매수인(丙)을 상대로 진정명의회복을 원인으로 한 소유권이전등기를 청구할 수 없다.

(3) 제3자(전득자)와의 법률관계
① 부동산 이중매매가 반사회적 법률행위에 해당하는 경우, 이중매매계약은 절대적으로 무효이다.
② 따라서, 당해 부동산을 제2매수인(丙)으로부터 다시 취득한 제3자는, 설사 제2매수인(丙)이 해당 부동산의 소유권을 유효하게 취득한 것으로 믿었다 하더라도(善意), 소유권을 취득할 수 없다.

(4) 대리인이 부동산을 이중매매한 경우
① 이중매매 계약이 반사회적 법률행위에 해당하는지 여부는 대리인을 기준으로 판단한다.
② 따라서, 본인(甲)이 선의라 하더라도 무효이다.

4. 부동산 이중양도 법리의 확장

① <u>저당권설정, 취득시효, 임대차계약, 명의신탁, 증여 등의 법률행위에서도 배임행위에 적극 가담한 경우, 이중매매의 법리가 확장 적용될 수 있으며, 이러한 행위는 반사회적 법률행위로 <u>무효</u>가 된다.

② 부동산이 매매된 사실을 알면서도 제3자가 매도인에게 저당권 설정을 요청하여 저당권등기를 한 경우, 이는 사회질서에 반하는 행위로서 무효이다.

③ 부동산 소유자가 자신의 부동산에 대해 취득시효가 완성된 사실을 알고, 이를 제3자에게 처분한 경우, 제3자가 소유자의 이러한 불법행위에 적극 가담하였다면, 해당 처분 행위는 사회질서에 반하는 행위로서 무효이다.[31]

④ 부동산에 임대차계약이 이미 체결된 사실을 알면서도 요청하여 이중으로 임대차계약을 체결한 경우, 이는 사회질서에 반하는 행위로서 무효이다.

⑤ 명의신탁에서, 수탁자로부터 부동산을 취득한 제3자는 선의·악의와 관계없이 소유권을 취득할 수 있다. 그러나, 제3자가 수탁자에게 매도를 요청하거나 담보 제공을 적극 권유하는 등 배임행위에 적극 가담한 경우에는 소유권을 취득하지 못한다.[32]

VII. 불공정한 법률행위 (폭리행위)

> 제104조 (불공정한 법률행위)
> 당사자의 궁박, 경솔 또는 무경험으로 인하여 현저하게 공정을 잃은 법률행위는 무효로 한다.

1. 의의

- 불공정한 법률행위란, 당사자가 궁박, 경솔 또는 무경험으로 인해 급부와 반대급부 사이에 현저하게 공정을 잃은 법률행위로 <u>민법 제104조의 폭리행위는 반사회적 법률행위(민법 제103조)의 일종이며, 무효</u>이다.

---

31) 대법원 1995. 6. 30. 선고 94다52416 판결
32) 대법원 1991. 4. 23. 선고 91다6221 판결

2. 불공정한 법률행위의 적용 요건(법률행위 당시를 기준)

(1) 객관적 요건

① <u>급부와 반대급부 사이에 현저한 불균형</u>이 있어야 한다.
- 불균형 여부는 **거래상의 객관적 가치**를 기준으로 판단하며, 당사자의 주관적 가치에 의해서는 결정되지 않는다.
- 구체적·개별적 사안에서 <u>사회 통념에 따라 판단해야 한다.</u>

② 불균형 여부를 판단하는 <u>기준 시점은 법률행위 성립 시(계약 체결 시)</u>이며, 이행기가 기준이 아니다.

(2) 주관적 요건

① 피해자가 <u>궁박, 경솔 또는 무경험 상태</u>에 있었으며, <u>폭리자가 이를 알고 이를 이용하려는 의사(폭리행위의 악의)</u>가 있어야 한다.

② **궁박(窮迫)**: 벗어날 길이 없는 어려운 상태로, **경제적 궁박뿐만 아니라 정신적·심리적·신체적 궁박도 포함**된다.

③ **경솔(輕率)**: 의사를 결정할 때 그 행위의 결과나 장래에 관하여 일반인이 가지는 고려 없이 충동적으로 결정하는 심적 상태를 의미한다.

④ **무경험(無經驗)**: 특정 영역의 경험 부족이 아닌, <u>일반적인 사회경험(생활체험)이 불충분한 것</u>을 의미한다.

⑤ <u>궁박, 경솔, 무경험 중 하나만 존재하더라도 불공정한 법률행위가 성립할 수 있다</u> (즉, 궁박 또는 경솔 또는 무경험 중 하나면 충분하다).

⑥ 대리인을 통해 법률행위를 하는 경우:
- 궁박 여부는 본인을 기준으로 판단하며,
- <u>경솔·무경험 여부는 대리인을 기준</u>으로 판단한다.

⑦ 폭리자는 피해자의 <u>궁박·경솔·무경험 상태를 알고 이를 이용하려는 의사(폭리를 취하려는 의사)</u>가 있어야 한다.
- 따라서, 폭리의사가 없는 경우, 설사 <u>과실이 있더라도 불공정한 법률행위는 성립하지 않는다.</u>

⑧ 궁박, 경솔 또는 무경험 여부는 <u>법률행위 당시(계약 체결 시)를 기준</u>으로 판단하며, <u>이행기가 기준이 아니다.</u>

(3) 입증책임

① 급부와 반대급부 사이에 현저한 불균형이 존재한다고 하여, 피해자의 궁박·경솔·무경험 상태가 자동으로 추정되지는 않는다.

② 따라서, 불공정한 법률행위의 무효를 주장하는 자가 다음 사항을 모두 입증해야 한다.
- 자신이 법률행위 당시 궁박·경솔 또는 무경험 상태에 있었음을 입증해야 한다.
- 상대방(폭리자)이 이러한 사정을 알고 있었음을 입증해야 한다.
- 급부와 반대급부 간에 현저한 불균형이 존재했음을 입증해야 한다.

3. 적용 범위

(1) 불공정한 법률행위가 적용되지 않는 경우

① 증여계약이나 기부행위와 같이 대가 관계 없이 일방이 상대방에게 급부하는 무상계약은 공정성 여부를 논할 수 없으므로, 불공정한 법률행위(민법 제104조)가 적용되지 않는다.

② 경매에서 경락가격이 경매 부동산의 시가보다 현저히 저렴하더라도, 불공정한 법률행위가 성립할 여지가 없다.[33]

(2) 단독행위에도 적용 가능

① 대가관계를 전제로 할 수 있는 단독행위의 경우에도 불공정한 법률행위(민법 제104조)가 적용될 수 있다.

② 사례: 채권 포기 행위 판례[34]

---

33) 경매는 "법률행위"에 의한 권리변동이 아니라 "법률의 규정"에 의한 권리변동이다.
34) 대법원 1975. 5. 13. 선고 75다92 판결 : 채무자인 회사가 남편의 징역을 면하기 위하여 부정수표를 회수하려면 물품 외상대금 중 금 100만원을 초과하는 채권에 대한 포기서를 써야 된다는 강압적인 요구를 하므로 사회적 경험이 부족한 가정부인이 경제적, 정신적 궁박상태 하에서 구속된 자기 남편을 석방 구제하는 데에는 위 수표의 회수가 필요할 것이라는 일념에서 회사에 대한 물품 잔대금 채권이 얼마인지조차 확실히 모르면서 보관중이던 남편의 인감을 이용하여 남편을 대리하여 위임장과 포기서를 작성하여 준 채권 포기행위는 거래관계에 있어서 현저하게 균형을 잃은 행위로서 사회적 정의에 반하는 불공정한 불법행위로 보는 것이 상당하다.

4. 불공정한 법률행위의 효과

(1) 절대적 무효

① 불공정한 법률행위는 절대적 무효이므로, 아직 이행되지 않은 경우에는 이행할 필요가 없다.

② 이미 이행된 경우, 피해자는 급부한 것의 반환을 청구할 수 있으나, 폭리자는 반환을 청구할 수 없다.
- 폭리자는 불법원인급여(민법 제746조)에 해당하여 급부 반환을 청구할 수 없다.

③ 불공정한 법률행위는 절대적 무효이므로, 선의의 제3자에게도 무효를 주장할 수 있다(대항할 수 있다).

④ 불공정한 법률행위는 무효행위의 추인(사후 승인)에 의해 유효로 될 수 없으며, 철회할 수도 없다.

⑤ 불공정한 법률행위로서 무효인 경우에도 무효행위의 전환에 의해 다른 법률행위로서 효력을 가질 수는 있다.
- 사례: 시가 5억원의 부동산을 乙이 甲의 궁박한 상태를 이용하여 1억원이라는 헐값으로 매매하여 불공정한 법률행위로 판단되어 계약이 무효가 되는 경우라도, 甲이 원래부터 乙에게 재산을 증여하려는 의사가 있었고, 계약 내용이 증여 요건을 충족한다면 증여 계약으로 전환될 수 있음.

⑥ 매매계약이 불공정한 법률행위가 무효라고 판단된 경우, 특별한 사정이 없는한 해당 계약과 관련하여 사법적 구제를 받지 못하도록 하는 부제소 합의도 무효다.[35]

(2) 관련 판례

① 교통사고 피해자와 가해자 간의 손해배상 합의 사건[36]

□ 판결 요지
- 농촌에서 농사만 짓던 피해자 가족(유족)이 가장을 잃고 경제적·정신적으로 궁박한 상태였음.
- 사고 발생 1주일 만에 가해자 측과 손해배상 합의를 체결하였으나, 유족은 손해배상 금액이 얼마가 적정한지조차 모르는 무경험한 상태였음.

---

[35] 대법원 2011. 4. 28. 선고 2010다106702 판결
[36] 대법원 1979. 4. 10. 선고 78다2457 판결

- 실제 받을 수 있는 손해배상금의 1/8도 안 되는 금액을 합의금으로 수령하였고, 그 대가로 가해자 및 사용자에게 민·형사상 책임을 묻지 않기로 하는 합의를 체결함.
- ➡ 법원 판단: 피해자가 무경험·궁박 상태에서 현저하게 불공정한 합의를 체결한 것으로, 민법 제104조에 따라 무효

② 부동산 헐값 매매 사건[37]

□ 판결 요지
- 농촌에 거주하는 79세된 노인으로부터 한국감정원의 감정가격의 30%에도 미치지 못하는 가격으로 토지 매매계약을 체결함.
- 계약금으로 매매대금의 3분의 1 이상을 지급하였으며, 매매계약 다음날 중도금을 지급하여 계약금과 중도금을 합한 액수가 매매대금의 80%에 해당.
- ➡ 법원 판단: 이 계약은 불공정한 법률행위로 판단될 수 있어, 민법 제104조에 따라 무효

③ 고소 협박을 통한 재산 교환 사건[38]

□ 판결 요지
- 원고(피해자)의 아들이 피고 소유의 가옥에 무단 침입한 일이 있었음.
- 피고는 이를 근거로 주거침입죄로 고소하겠다고 협박하면서, 원고에게 "자신의 재산(255만 원 상당)을 60~100만 원 상당의 피고 소유 가옥과 교환하라"고 강요함.
- 원고는 고령의 섬 주민으로, 사회적 경험이 부족한 상태였으며,
- 자식이 형사처벌을 받을까 걱정하는 궁박한 상황에서 불리한 조건의 교환 계약을 체결함.
- ➡ 법원 판단: 궁박한 상태에서 강요에 의해 이루어진 교환계약으로, 민법 제104조에 따라 무효

---

37) 대법원 1992. 2. 25. 선고 91다40351 판결
38) 대법원 1980. 6. 24. 선고 80다358 판결

제4절 법률행위의 해석

I. 의의

① 법률행위의 해석은 법률행위의 의미와 내용을 명확히 하는 것으로, 당사자가 표현한 <u>의사표시를 해석</u>하여 그 법적 효과를 확정하는 과정이다.
② 법률행위 해석은 법률행위의 성립 여부뿐만 아니라, 그 효력을 판단하기 위해서도 필요하다.
③ 숨은 불합의(당사자 간 의사 합치가 인정되지 않는 경우)의 경우, 계약은 불성립하므로 착오 취소의 문제가 발생하지 않는다.

II. 법률행위의 해석방법

1. 자연적 해석
(1) <u>표의자의 진정한 의사</u>(내심적 효과의사)를 밝히기 위한 해석방법이다.
① 자연적 해석은 표시된 문구에 구속되지 않고, 표의자의 진정한 의사를 탐구하여 해석하는 것이 원칙이다. 따라서 의사표시의 해석에 있어 당사자의 <u>진정한 의사(진의)</u>를 상대방이 <u>알고 있는 경우</u> 내심적 의사대로 해석하는 방식이 <u>자연적 해석</u>이다.
② 표시행위뿐만 아니라, 계약 체결의 전후 사정을 종합적으로 고려하여 당사자의 실제 의사를 밝힌다.
③ 자연적 해석을 통해 <u>그 표시가 무엇을 양 당사자의 의사가 일치하는 때에는 진의대로 해석하므로 착오 취소의 문제가 발생하지 않는다.</u>

(2) 적용 범위: <u>상대방 없는 단독행위</u>, <u>오표시무해의 원칙</u>, <u>신분행위</u>에 자연적 해석방법이 적용된다.

(3) 오표시무해의 원칙
① 당사자 간 의사 합치가 있는 경우, 그 <u>표시가 잘못되었더라도 법률효과는 당사자의 의사에 따라 발생한다</u>는 법리다.

② 예시:
- 매도인 甲과 매수인 乙이 A토지를 매매하기로 합의하였으나, 계약서에 착오로 B토지를 기재한 경우
- 당사자가 합의한 바는 A토지의 매매이므로, A토지에 대한 계약은 성립하고, B토지에 대한 계약은 성립하지 않는다.[39]
- 乙은 A토지에 대해 **소유권이전등기청구권** 행사가 가능하다.
- 설사 B토지에 대한 소유권이전등기가 이루어졌더라도, 이는 원인 없이 경료된 것이므로 **무효**이다.
- A토지는 당사자 **쌍방의 내심의 의사가 일치했기때문에** 착오를 이유로 취소할 수 없고, B토지는 매매계약이 성립하지 않았기 때문에 **착오를 이유로 계약을 취소할 수 없다.**
- 제3자인 丙이 B토지에 대한 소유권이전등기를 받았더라도, 부동산 소유권을 취득할 수 없다.

2. 규범적 해석

① 상대방의 시각에서 **표시행위의 객관적·규범적 의미**를 탐구하는 해석 방법이다. 따라서 당사자의 진정한 의사(진의)를 상대방이 모르는 경우, 외부로 표시된 행위에 의하여 추단된 의사를 기준으로 해석하는 방법이 규범적 해석이다.

② 대표적으로 상대방이 있는 의사표시에 적용된다. 그러나 1) 신분행위, 2) 상대방 없는 단독행위, 3) 상대방이 표의자의 진의를 알고 있는 경우에는 규범적 해석이 적용되지 않는다.

3. 보충적 해석

① 당사자가 명확히 정하지 않은 사항에 대해 분쟁이 발생한 경우, **당사자의 가정적 의사**를 통해 법률행위를 보충하는 해석 방법이다.

② 보충적 해석에서 고려하는 가상의 의사란, 당사자의 실제 의사나 주관적 의사가 아니라, 계약의 목적, 거래관행, 적용법규, 신의칙 등에 비추어 **객관적으로 추인되는 정당한 이익조정 의사**를 말한다.[40]

---

[39] 대법원 1993. 10. 26. 선고 93다2629, 2636(병합) 판결

제3장 의사표시

의사표시는 법률행위의 가장 핵심적인 요소로, 당사자의 내심 의사와 표현 행위를 중심으로 구성된다. 본 장에서는 의사표시의 개념과 의사표시와 표시의 불일치(비진의표시, 통정허위표시, 착오로 인한 의사표시)와 하자 있는 의사표시(사기·강박)에 대해 학습한다.

제1절 서설

I. 의의

의사표시는 일정한 법률효과를 발생시키기 위한 의사를 외부에 표시하는 행위로서, 법률행위의 핵심 요소이다.

II. 의사표시의 구성 요소

① 의사표시는 '**의사**'와 '**표시**'라는 두 가지 요소로 이루어진다.
② 의사적 요소에는 행위의사, 효과의사, 표시의사가 포함된다.
- **행위의사**: 행위를 한다는 인식 (예: 최면 상태에서는 행위의사가 없어 의사표시가 성립하지 않는다).
- **효과의사**: 특정한 법률효과를 발생시키려는 의사 (예: 토지를 매수하고자 하는 의사).
- **표시의사**: 자신의 의사를 외부에 알리려는 의사 (예: 손을 들거나 서면으로 의사를 밝히는 행위).

③ **표시행위**
- **명시적 표시**: 언어, 서면, 행동 등으로 직접 표현하는 경우
- **묵시적 표시**: 특정한 행위를 통해 의사를 추단할 수 있는 경우 (예: 버스에 탑승하면 승차 계약이 성립하는 것).

---

40) 대법 2006. 11. 23. 선고 2005다13288 판결

III. 의사표시 이론

① 의사표시는 내심적 효과의사와 외부적 표시로 이루어지며, 의사와 표시가 일치하지 않는 경우 어느 요소를 중시할 것인지에 따라 해석이 달라질 수 있다.
② 의사표시의 해석과 관련하여 의사주의, 표시주의, 절충주의라는 세 가지 이론이 존재한다.

1. 의사주의

① 의사주의는 표의자의 내심적 효과의사를 중시하는 입장이다.
② 표의자가 자신의 의도와 다르게 표시를 하였더라도, 내심적 의사가 실제로 존재하지 않으면 그 의사표시는 무효가 된다.
- 예: 매도인이 '10억원'이라고 기재하려 했으나, 실수로 '1억원'으로 잘못 기재하여 청약한 경우 → 내심적으로 1억원에 매도할 의사가 없으므로 해당 청약은 무효라는 입장이다.

③ 이 이론은 표의자의 보호를 강조하지만, 상대방의 신뢰보다는 표의자의 의사에 초점을 맞춘다는 단점이 있다.

2. 표시주의

① 표시주의는 의사표시의 외형적 표현을 중시하는 입장이다.
② 내심적 의사가 표시된 내용과 다르더라도, 외부적으로 표현된 내용에 따라 법률효과가 결정된다.
③ 이 이론은 거래의 안정성을 보호하는 데 중점을 둔다.

3. 절충주의(우리 민법의 태도)

① 우리 민법은 의사주의와 표시주의를 절충한 입장을 취한다.
② 의사와 표시의 불일치 유형별로 다르게 해결한다.
- 진의 아닌 의사표시: 표시된 대로 유효하나, 상대방이 진의가 아님을 알았거나 알 수 있었으면 무효(민법 제107조).
- 허위표시(통정허위표시): 당사자가 의도적으로 허위로 표시한 경우 무효(민법 제108조).

- **착오에 의한 의사표시**: 일정 요건을 충족하면 취소 가능(민법 제109조).
- **사기 또는 강박에 의한 의사표시**: 표의자가 기망당했거나 강박당한 경우 취소 가능(민법 제110조).

③ 결론적으로, 우리 민법은 특정 상황에서는 표시된 내용을 우선시하고, 특정 상황에서는 표의자의 내심적 의사를 보호하는 방식으로 운영된다.

제2절 의사표시의 불일치

I. 진의 아닌 의사표시(비진의표시)

> 제107조 (진의 아닌 의사표시)
> ① 의사표시는 표의자가 진의 아님을 알고 한 것이라도 그 효력이 있다. 그러나 상대방이 표의자의 진의 아님을 알았거나 이를 알 수 있었을 경우에는 무효로 한다.
> ② 진의 아닌 의사표시의 무효는 선의의 제3자에게 대항하지 못한다.

1. 의의
① 진의 아닌 의사표시란, <u>표의자가 자신의 내심적 효과의사와 다르다는 사실을 알고 있으면서도 외부적으로 그와 다른 의사표시를 하는 경우</u>를 말한다.
② 이는 표의자가 자신의 표시행위가 진의와 다르게 이해될 수 있음을 인식한 상태에서 이루어진다는 점에서 특징적이다.
③ 비진의 의사표시에서 진의란 '<u>특정한 내용의 의사표시를 하고자 하는 표의자의 생각</u>'을 말하는 것으로 '<u>표의자가 진정으로 마음속에서 바라는 사항</u>'을 뜻하는 것은 <u>아니다.</u>[41]
④ 비진의표시는 표의자가 상대방과 '통정'하여 허위로 의사표시를 한 경우(통정허위표시)와 구별된다. 즉, <u>상대방과 합의 없이 표의자가 스스로 진의와 다른 의사표시를 하는 경우</u>에 해당한다.

2. 요건
① 의사표시의 존재
  - 표의자가 일정한 법률효과를 발생시키는 것으로 볼 수 있는 의사표시를 하여야 한다.
  - 그러나 단순한 농담이나 배우의 연기처럼 법률효과를 발생시키려는 의도가 없는

---

[41] 대법원 1993. 7. 16. 선고 92다41528 판결

경우는 의사표시로 인정되지 않는다.
② 진의와 표시의 불일치
- 표의자의 내심적 효과의사와 외부적으로 표현된 의사표시가 일치하지 않아야 한다.
③ 표의자의 인식
- 표의자는 자신의 진의와 표시가 다르다는 점을 인식하고 있어야 한다.
- 만약 이를 인식하지 못한 경우라면 착오로 인한 의사표시 문제가 될 수 있다.
④ 표의자의 동기나 이유는 불문한다.
- 예를 들어, 상대방을 안심시키기 위해 거짓으로 의사표시를 한 경우에도 비진의 표시로 인정될 수 있다.

3. 효과

(1) 원칙
① 비진의표시는 원칙적으로 표시된 대로 효력이 발생하여 유효하다.
② 즉, 표의자의 내심적 의사와 표시된 내용이 다르더라도, 외부적으로 표현된 법률행위가 원칙적으로 인정된다.
- 예: A는 회사와 연봉 협상을 진행하면서, 실제로는 퇴직할 의사가 없으면서도 **연봉 인상을 요구하려는 목적으로 퇴직서를 제출함. 하지만 회사 측에서 퇴직서를 수리하면 퇴직의 효력이 발생하며,** "나는 단지 협상용으로 제출한 것"이라고 주장해도 인정되지 않음.

(2) 예외
① 표의자의 진의가 아님을 상대방이 알았거나, 알 수 있었던 경우(즉, 악의 또는 과실이 있는 경우)에는 그 의사표시는 무효가 된다(즉, 상대방이 선의이고 과실이 없는 경우에는 유효하다).
② 상대방이 악의 또는 과실이 있었음을 주장·입증할 책임은 의사표시의 무효를 주장하는 자에게 있다.

(3) 제3자에 대한 효력
① 설사 비진의표시가 무효로 인정되더라도, 표의자는 그 무효로 선의의 제3자에게 대항할 수 없다(상대적 무효).

- 즉, 제3자가 선의라면 비진의표시를 주장할 수 없으며, 법률행위는 유효하게 존속한다(무과실은 불요).
② 제3자가 선의인지 여부는 무효를 주장하는 측에서 입증해야 하며, 원칙적으로 제3자는 선의로 추정된다.
③ 선의의 제3자로부터 다시 전득한 자는, 비록 전득자가 악의라 하더라도 보호받는다.

4. 적용범위
    ① 단독행위
        - 비진의표시는 상대방이 있는 단독행위뿐만 아니라, 상대방 없는 단독행위(예: 유언)에도 적용된다.
        - 다만, 상대방 없는 단독행위에서는 의사표시를 무효로 주장할 상대방이 없으므로, 항상 유효한 법률행위가 된다.
    ② 공법행위
        - 공법행위(예: 공무원의 사직원 제출)는 민법상의 진의 아닌 의사표시 규정을 준용하지 않는다.
        - 따라서, 표의자가 사직서를 제출하면 내심적으로 퇴직 의사가 없더라도 사직의 효력이 발생한다.
    ③ 가족법상의 행위
        - 혼인, 입양과 같은 신분 행위는 당사자의 진의를 절대적으로 존중하므로, 민법 제107조(비진의표시)가 적용되지 않는다.
    ④ 대리행위와의 관계
        - 대리인이 진의와 다르게 의사표시를 한 경우, 원칙적으로 대리인의 의사가 기준이 된다.
        - 따라서, 대리권이 남용된 경우에는 비진의 의사표시에 관한 민법 제107조를 유추 적용하여 원칙적으로 유효이지만, 대리인의 비진의를 상대방이 알았거나 알 수 있었을 때에만 비진의표시의 무효가 인정될 수 있다. 가령 대리인이 대리권을 남용하여 본인의 부동산을 상대방에게 사용대차하게 해주겠다고 비진의 의사표시를 하는 경우 상대방이 이를 알았거나 알 수 있었을 경우 무효가 된다.

5. 관련 판례

① 근로자가 <u>회사의 방침</u>에 따라 사직서를 제출하고, 회사가 이를 받아들여 퇴직 처리를 하였다가 즉시 재입사하는 형식을 취한 경우, 사직원 제출은 비진의표시에 해당한다. 이 경우 <u>회사가 근로자의 진의를 알고 있었다면 퇴직의 효력은 발생하지 않는다.</u>[42]

② <u>공무원이 사직서를 제출하여 의원면직 처분이 이루어진 경우</u> → 비록 사직할 의사가 없었다 하더라도, <u>민법 제107조는 공법행위에 준용되지 않으므로 사직의 효력이 발생한다.</u>[43]

③ <u>대출 명의를 빌려준 경우</u> → 법률상 또는 사실상의 장애로 인해 자신의 명의로 대출을 받을 수 없는 자를 위해 대출 채무자로 명의를 빌려준 경우, 이는 <u>채무부담의 의사가 없는 것이라고는 할 수 없으므로 비진의표시에 해당하지 않는다.</u>[44]

④ 학교법인이 '사립학교법상 제한 규정' 때문에 그 <u>교직원의 명의를 빌려 甲으로부터 금원을 차용한 경우</u> → 甲이 이러한 사정을 알고 있었다 하더라도, <u>교직원들의 대출의사는 유효하다.</u>[45] 즉, 교직원들은 자신의 명의로 대출 의사를 표시한 것이므로, 대출계약은 법적으로 인정된다.

⑤ 타인 명의를 이용한 대출 약정이 이루어진 경우 → 동일인 대출한도를 회피하기 위해 타인 명의로 대출 약정을 체결한 경우, 이는 비진의표시가 아니라 통정허위표시에 해당하여 무효이다.[46]

⑥ 강박에 의해 증여 의사표시를 한 경우 → <u>강박을 받았더라도 표의자가 증여의사표시를 한 이상, 내심의 효과의사가 결여되었다고 볼 수 없다.</u>[47]

---

[42] 대법원 1988. 5. 10. 선고 87다카2578 판결
[43] 대법원 1997. 12. 12. 선고 97누13962 판결
[44] 대법원 1996. 9. 10. 선고 96다18182 판결
[45] 대법원 1980. 7. 8. 선고 80다639 판결
[46] 대법원 2001. 5. 29. 선고 2001다11765 판결
[47] 대법원 2002. 12. 27. 선고 2000다47361 판결

II. 통정허위표시

> 제108조 (통정한 허위의 의사표시)
> ① 상대방과 통정한 허위의 의사표시는 무효로 한다.
> ② 통정한 허위의 의사표시의 무효는 선의의 제3자에게 대항하지 못한다.

1. 의의

① 통정허위표시란, 표의자가 상대방과 합의하여 진의와 다른 의사표시를 하는 경우를 말하며, 이를 '가장행위'라고도 한다.
② 예를 들어, 채권자의 강제집행을 회피하기 위해 부동산을 타인에게 허위로 매도하는 경우가 이에 해당한다.
③ 통정허위표시는 표의자가 상대방과 '통정'하여 허위표시를 한다는 점에서 비진의표시(진의 아닌 의사표시)와 구별된다.
④ 은닉행위와 가장행위의 구별
  - 세금 탈루 등을 목적으로 증여를 매매로 가장하는 경우 → 매매는 가장행위(허위표시)이므로 무효이며, 증여는 은닉행위로서 유효하다.
  - 즉, 법률적으로는 증여가 유효하므로, 수증자는 유효하게 소유권을 취득한다.
  - 따라서, 제3자는 선의·악의를 불문하고 해당 부동산의 소유권을 취득할 수 있다.

2. 요건

① 의사표시의 존재
  - 표의자가 일정한 법률효과를 발생시키는 외형적 의사표시를 하여야 한다.
② 의사와 표시의 불일치
  - 표의자의 내심적 효과의사와 외부적으로 표현된 의사표시가 일치하지 않아야 한다.
  - 즉, 법률행위의 실질이 존재하지 않으며, 이는 외부적으로 나타난 행위가 진정한 의사와 다름을 의미한다.
③ 표의자의 인식
  - 표의자는 자신의 표시행위가 진의와 다르다는 점을 알고 있어야 한다.

- 만약 이를 인식하지 못한 경우라면, 이는 단순한 착오 문제로 취급될 수 있다.
④ 상대방과의 통정(합의)
- 표의자가 상대방과 사전에 합의하여 허위의 의사표시를 한 경우여야 한다.
- 표의자의 진의를 상대방이 단순히 알기만 하는 것은 불충분하며, 반드시 적극적인 합의가 있어야 한다.

3. 당사자 사이의 효력

① 허위표시는 당사자 사이에서는 언제나 무효이다(상대적 무효).
- 즉, 당사자 간에는 법률적 효력이 발생하지 않으며, 상대방이 이행을 요구할 수 없다.
- 예를 들어, 가장매매의 경우, 가장매수인은 매도인에게 소유권 이전을 요구할 수 없다.

② 이미 이행된 경우, 부당이득반환청구 가능
- 가장행위에 따라 부동산을 이전한 경우라도, 이는 무효이므로 원래 상태로 복구할 수 있다.
- 따라서, 가장매수인은 매도인에게 부당이득반환청구를 할 수 있다.

③ 불법원인급여가 적용되지 않음
- 통정허위표시는 반사회적 행위(민법 제103조)에 해당하지 않으므로, 불법원인급여(민법 제746조)가 적용되지 않는다.
- 따라서, 반환을 청구할 수 있으며, 반환을 거부할 수 없다.

④ 채권자의 채권자취소권 행사 가능
- 채무자가 허위표시를 통해 재산을 은닉하려는 목적이 있음을 채권자가 입증하면, 채권자취소권(채무자 회피 방지권)을 행사할 수 있다.
- 예: 채무자 甲이 강제집행을 피하기 위해 부동산을 가장매매로 乙에게 이전한 경우, 채권자 A는 채권자취소권을 행사하여 가장매매를 취소할 수 있다.

⑤ 허위표시의 철회와 추인
- 허위표시는 당사자 간에 철회할 수 있으나, 철회가 제3자에게 영향을 미칠 수는 없다.
- 또한, 허위표시가 무효임을 당사자가 알고 추인한 경우, 이는 새로운 법률행위를 한 것으로 간주된다.

4. 제3자에 대한 효력

① 허위표시의 무효는 선의의 제3자에게 대항할 수 없다(상대적 무효).
- 즉, 선의의 제3자는 허위표시로 인해 설정된 외형적 법률관계를 기초로 권리를 취득할 수 있다.

② 제3자는 선의이면 보호되며, 무과실일 필요는 없다.
- 제3자는 진의를 몰랐다면 보호받을 수 있으며, 과실이 있는 경우에도 선의이면 보호된다.

③ 제3자의 선의는 추정되므로, 허위표시가 무효를 주장하는 자가 제3자가 악의를 입증해야 한다.

④ 제3자가 악의라 하더라도, 그로부터 전득한 자가 선의라면 보호된다.
- 즉, 전득자가 선의이면 보호받으며, 허위표시의 무효를 주장할 수 없다.

5. 제3자의 범위

(1) 제3자의 개념

① 제3자란, 허위표시의 당사자 및 그 포괄승계인을 제외한 자로서, 허위표시에 의해 형성된 외형적 법률관계를 기초로 실질적으로 새로운 법률상 이해관계를 맺은 자를 의미한다.

② 즉, 허위표시에 의해 설정된 외형적 권리를 신뢰하고, 그에 근거하여 법률적 행위를 한 자가 보호 대상이 된다.

(2) 제3자에 해당하는 경우

다음과 같은 경우, 선의의 제3자에게 허위표시의 무효를 주장할 수 없으며, 선의의 제3자는 보호받을 수 있다.

제3자 유형	설명
가장양도의 양수인으로부터 다시 매수한 자	가장행위를 통해 부동산을 취득한 자로부터 다시 매수한 경우
가장양도의 양수인으로부터 지상권, 전세권, 저당권 등을 설정받은 자	가장매매를 통해 부동산을 취득한 자가 제3자에게 해당 권리를 설정해 준 경우
가장양도의 양수인에 대한 압류채권자	가장양수인 명의의 재산을 압류한 채권자
가장저당권의 실행으로 경락받은 자	허위로 설정된 저당권이 경매로 진행되었고, 제3자가 경락받은 경우
가장전세권 위에 저당권을 취득한 자	허위 전세권을 신뢰하여 저당권을 취득한 경우
가장매매에 기한 대금채권의 양수인	가장매매의 매매대금채권을 양수한 자
허위표시에 의해 취득자가 파산한 경우, 파산관재인	파산절차에서 가장행위로 취득한 자가 파산했을 때, 파산관재인이 제3자에 해당
가장채무를 보증하고 그 보증채무를 이행하여 구상권을 취득한 보증인	가장행위로 설정된 채무에 대해 보증을 선 후, 이를 이행하고 구상권을 취득한 자

(3) 제3자에 해당하지 않는 경우

다음과 같은 경우는 제3자로 인정되지 않으며, 따라서 선의·악의를 불문하고 허위표시의 무효를 주장당할 수 있다.

제3자가 아닌 자 유형	설명
<u>가장양도의 양수인의 상속인</u>	허위표시의 양수인이 사망하여 그 재산을 상속받은 경우
대리인이 가장매매를 한 경우, 본인	본인은 대리인을 통해 법률행위를 한 것이므로 제3자에 해당하지 않음

제3자를 위한 계약에서 제3자(수익자)	제3자를 위한 계약에서 단순한 수익자의 경우
채권의 가장양도에 있어서의 채무자	채권을 허위로 양도한 경우, 채무자는 제3자로 인정되지 않음
저당권 가장포기 시 후순위저당권자	가장행위를 통해 저당권을 포기한 경우, 후순위 저당권자는 제3자로 보호받을 수 없음
가장양수인의 일반채권자	가장행위를 통해 취득한 재산을 대상으로 한 일반채권자는 보호되지 않음
차주와 통정하여 가장소비대차계약을 체결한 금융기관으로부터 그 계약을 인수한 자	금융기관이 가장행위를 인지하고 계약을 인수한 경우

6. 적용범위

① 계약 및 상대방 있는 단독행위
- 통정허위표시는 계약뿐만 아니라 상대방 있는 단독행위에서도 인정될 수 있다.

② 상대방 없는 단독행위는 적용되지 않음
- 상대방 없는 단독행위(예: 유언)는 '통정'이 존재할 수 없으므로 적용되지 않는다.

③ 신분행위 및 공법행위에는 적용되지 않음
- 혼인, 입양과 같은 신분행위에는 허위표시가 적용되지 않으며, 공법행위에서도 인정되지 않는다.

7. 관련 판례

(1) 통정허위표시와 금융거래

① 대출 한도 제한 회피를 위한 가장대출의 무효
- 동일인 대출 한도를 회피하기 위해 실질적 주채무자가 제3자를 형식상의 주채무자로 내세웠고, 금융기관도 이를 양해한 경우, 실질적인 당사자는 금융기관과 실질적 주채무자이다.
- 따라서 제3자 명의의 대출약정은 통정허위표시에 해당하는 무효의 법률행위이다.

② 주채무자 명의와 통정허위표시 불인정
- 금융기관이 동일인의 여신한도를 회피하기 위해, 실질적 주채무자가 아닌 제3자

를 명목상의 주채무자로 하는 소비대차 계약을 체결한 경우,
- **제3자가 직접 금융기관을 방문하여 대출 약정서에 주채무자로 서명·날인하였다면, 이는 본인이 대출계약의 주채무자로서 의사를 표시한 것**으로 본다.
- 따라서 특별한 사정이 없는 한, 진의와 표시의 불일치가 있다고 보기 어렵다.

(2) 파산절차와 허위표시의 효력
- 파산자가 상대방과 통정하여 허위의사표시에 의해 성립된 가장채권을 보유하다가 파산이 선고된 경우, 파산관재인은 **제3자에 해당한다.**
- 단, 선의·악의는 파산관재인이 아니라 **총파산채권자를 기준으로 판단해야 하므로**, 파산관재인이 악의라 하더라도 파산채권자 전원이 악의가 아닌 한 **선의의 제3자로 보호받는다.**[48]

(3) 명의신탁과 허위표시
- 종중이 탈법 목적 없이 보유 부동산을 타인에게 명의신탁하면서, 명의수탁자가 이를 임의로 처분할 경우를 대비해 종중 명의로 **소유권이전등기청구권 보전을 위한 가등기를 설정**한 경우, 이러한 가등기는 통정허위표시에 해당하지 않으므로, **무효라고 볼 수 없다.**[49]

III. 착오로 인한 의사표시

> 제109조 (착오로 인한 의사표시)
> ① 의사표시는 법률행위의 내용의 중요부분에 착오가 있는 때에는 취소할 수 있다. 그러나 그 착오가 표의자의 중대한 과실로 인한 때에는 취소하지 못한다.
> ② 착오로 인한 의사표시의 취소는 선의의 제3자에게 대항하지 못한다.

---

48) 대법원 2006. 11. 10. 선고 2004다10299 판결
49) 대법원 1997. 9. 30. 선고 95다39526 판결

1. 의의

① **착오로 인한 의사표시란**, 표의자가 자신의 의사와 표시가 **불일치함을 알지 못한 채 한 의사표시를 의미**한다.

② 이는 **비진의표시(표의자가 의사와 표시의 불일치를 알고 있는 경우)** 와 구별되며, 표의자가 자신의 착오를 인식하지 못한 상태에서 행한 법률행위라는 점이 특징이다.

③ 단, **표의자의 내심적 의사에 상대방이 동의한 경우**, 실질적으로 의사의 합치가 인정되므로 **착오를 이유로 한 취소는 허용되지 않는다.**
  - 예를 들어, 매매 당사자가 특정 부동산(A토지)의 지번을 착오로 잘못 기재하여 계약서에 B토지를 표시한 경우, 양 당사자가 원래 A토지를 매매하려는 의사가 있었던 것이라면 계약은 A토지에 대해 성립한 것으로 보며, 착오를 이유로 취소할 수 없다.

④ 유사 개념과의 구별
  - **숨은 불합의**: 당사자 간 의사의 합치가 전혀 이루어지지 않은 경우로, 애초에 계약 자체가 성립하지 않으므로 착오의 문제로 볼 수 없다.
  - **오표시무해의 원칙**: 표의자가 표시를 잘못하였으나 **상대방이 실제 의도를 이해한 경우**, 표의자의 내심 의사대로 계약이 성립하므로 착오로 인한 취소 문제가 발생하지 않는다.
  - **사자(使者)의 착오**: 표의자가 직접 표시한 것이 아니라, **제3자를 통해 전달되는 과정에서 발생한 착오로**, 중개인이 표의자의 의사와 다르게 전달한 경우(**표시기관의 착오**)나, 우체국에서 편지를 잘못 배달하여 상대방이 다른 내용으로 인식한 경우(**전달기관의 착오**)는 착오로 인한 취소 문제가 아니라 부도달의 문제이다(법률행위의 불성립).

2. 착오의 유형

(1) 표시상의 착오

① 의의
  - 표의자가 의사를 표시하는 과정에서 **표시 자체를 잘못한 경우**를 의미한다.
  - 예를 들어, 매매계약서에 1,000만원을 기재해야 하는데 100만원으로 잘못 기재한

경우, 단순한 오기나 오타 등이 이에 해당한다.

② **법적 효과**
- 표시상의 착오가 발생한 경우, **착오로 인한 의사표시의 취소 여부가 문제될 수 있다.**

(2) 내용(의미)의 착오

① 의의
- 표의자가 표시 행위 자체는 정확하게 하였으나, **그 의미를 잘못 이해한 경우**를 의미한다.
- 예를 들어, 달러와 파운드를 혼동하여 1,000파운드 대신 1,000달러로 기재한 경우나, 가짜를 진품으로 알고 매수한 경우가 해당된다.

② **법적 효과**
- 표시는 정확하게 이루어졌지만, 그 내용에 대한 오해가 발생한 경우 **착오로 인한 취소가 문제될 수 있다.**

(3) 동기의 착오

① 의의
- 법률행위를 하게 된 **동기에 표의자가 착오를 일으킨 경우**를 의미한다.
- 예를 들어, 인근에 KTX역이 개통될 것으로 잘못 알고 토지를 고가로 매입한 경우가 이에 해당한다.

② **법률행위의 착오와 동기의 착오 비교**

구분	법률행위의 착오	동기의 착오
① 의사와 표시의 일치 여부	의사와 표시가 **일치하지 않음**	의사와 표시가 **일치함**
② 동기의 외부 표현 여부	표의자의 의사가 표시에 의해 표출됨	동기가 외부에 전혀 표출되지 않음
③ 취소 가능 여부	법률이 보호하는 착오라면 취소 가능	원칙적으로 취소 불가 (예외적으로 취소 가능)

- **동기는 법률행위의 외부적 요소**(즉, 표의자가 법률행위를 하게 된 이유)에 해당한다.
- 따라서 동기의 착오는 원칙적으로 법률행위의 착오가 될 수 없어 **취소할 수 없다**.
- 만약 취소를 허용하면, 표의자의 **잘못된 판단을 상대방에게 전가하는** 결과가 되어 거래의 안정성이 해쳐질 위험이 있다.

③ 통설(부정설)과 판례
- 동기는 법률행위의 외부적 요소이므로 원칙적으로 착오로 인한 취소를 인정하지 않는다.
- 다만, 다음 두 가지의 경우 동기의 착오도 예외적으로 취소가 가능하다.

(a) <u>동기가 상대방에게 표시되었거나, 상대방이 이를 알고 있었던 경우</u>
   - 계약 체결 과정에서 동기의 착오가 계약 내용으로 포함된 경우에는 당연히 동기의 착오로 취소가 가능하다.
   - 법률행위의 동기를 당해 의사표시의 내용으로 삼을 것을 상대방에게 표시하고 의사표시의 해석상 법률행위의 내용으로 되어 있다고 인정되면 충분하고, 당사자들 사이에 별도로 그 동기를 의사표시의 내용으로 삼기로 하는 <u>합의까지 이루어질 필요는 없다.</u>
   - 예: 매도인이 매수인의 토지 매입 목적(건축 목적)을 <u>알고 있었음에도</u> 중요한 정보를 제공하지 않은 경우

(b) <u>상대방이 착오를 유발한 경우</u>(즉, 상대방의 유도 또는 제공된 정보로 인해 착오가 발생한 경우)
   - 상대방이 착오를 유발할 만한 정보를 제공한 경우 취소 가능
   - 예: 공무원이 토지를 국가 귀속 재산이라고 잘못 설명하여 소유자가 국가에 증여한 경우, 채무자의 신용상태를 잘못 전달받고 보증계약을 체결한 경우

④ 동기의 착오 관련 주요 판례

판례	내용	취소 여부
① 매도인이 목적물의 시가를 몰라서 시가보다 낮게 매도한 경우	매도인은 시가를 모르고 낮은 가격에 매도했으나, 시가 차이만으로는 계약을 취소할 수 없음.	취소 불가

② 매수인이 벽돌공장을 바로 지을 수 있을 것으로 잘못 알고 토지를 매수한 경우	벽돌공장 설립을 위해서는 복잡한 절차가 필요했으나 이를 몰랐음.	취소 불가 (동기가 계약 내용이 아님)
③ 보증인이 주채무자의 신용상태에 착오한 경우	보증제도는 본질적으로 채권자의 위험을 인수하는 것이므로, 신용상태에 대한 착오는 취소 사유가 아님.	취소 불가
④ 공무원이 "이 토지는 국가 귀속 재산"이라고 잘못 알려서 소유자가 국가에 증여한 경우	공무원의 잘못된 정보 제공으로 인해 증여가 이루어짐.	취소 가능 (상대방이 착오를 유발함)
⑤ 공무원이 법령을 오해하여 토지를 국가에 증여하도록 한 경우	마찬가지로 공무원의 오해로 인해 토지 증여가 이루어짐.	취소 가능
⑥ 공무원의 말만 믿고 매매계약을 체결한 경우	매매대상이 포함되었다는 공무원의 말을 믿고 계약했으나, 실제로는 포함되지 않음.	취소 가능
⑦ 채무자가 과거 연체가 없었다는 채권자의 말을 믿고 신용보증을 선 경우	채권자의 정보 제공이 착오를 유발함.	취소 가능
⑧ 보험회사가 약관 설명 의무를 위반하여 고객이 착오에 빠져 보험계약을 체결한 경우	보험사가 약관을 제대로 설명하지 않아 고객이 잘못된 정보를 바탕으로 계약함.	취소 가능

3. 착오에 의한 취소의 요건
(1) 법률행위 내용의 중요부분에 관한 착오
① 중요부분의 판단 기준
- 법률행위의 내용 중에서도 **중요한 부분에 관한 착오만이 취소 사유로 인정된다.**
- 판례는 **착오로 인해 표의자가 경제적 불이익을 입은 것이 아니라면 법률행위의 내용의 중요 부분의 착오는 아니라고 본다.**

② 통설과 판례는 객관적 기준과 주관적 기준을 병행하여 판단한다.
  (a) **주관적 기준**: 표의자가 그러한 착오가 없었다면 의사표시를 하지 않았을 정도로 중요한 것.
  (b) **객관적 기준**: 일반인도 표의자의 처지에 있었다면 그러한 의사표시를 하지 않았을 정도로 중요한 것.

(2) 법률행위 내용의 중요부분 착오 유형

다양한 착오 유형 중에서도 **법률행위 내용의 중요부분의 착오**에 해당하는 유형을 정리하면 다음과 같다.

① 동일성의 착오
  (a) **표의자가 특정한 물건이나 사람을 특정하였으나, 실제의 물건이나 사람이 표의자가 생각한 것과 다른 경우**를 의미한다.
  (b) **판례 예시**
   - 甲이 채무자란이 백지로 된 근저당권 설정 계약서를 받고, 채무자가 乙인 것으로 알고 서명했으나 실제로는 丙이 채무자로 되어 근저당권 설정 등기가 이루어진 경우, 이는 **동일성 착오**에 해당한다.

② 성질의 착오
  (a) **법률행위의 대상이 되는 사람 또는 물건의 성질에 대한 착오**를 의미한다.
   - 예: 신용할 수 없는 사람을 신용할 수 있다고 믿고 돈을 빌려주는 경우.
   - 예: 모조품을 진품으로 알고 매수하는 경우.
  (b) **동일성의 착오와의 차이**
   - 동일성의 착오는 법률행위의 대상 자체가 다르지만,
   - 성질의 착오는 동일성이 유지된 상태에서 **성질에 대한 오해**가 있는 경우이다.
  (c) **통설적 견해**
   - 성질의 착오는 **동기의 착오**로 보며, 이는 상대방에게 표시되었거나 법률행위의 내용이 된 경우에만 취소할 수 있다.
  (d) **관련 판례**
   - 토지 1,389평을 전부 경작할 수 있는 농지로 알고 매수하였으나, 측량 결과 600평이 하천을 이루고 있는 경우 → **성질의 착오에 해당하여 취소 가능**
   - 인접 대지의 경계선을 착각하여 경계선을 설정하고 담장을 설치하기로 합의한

경우 → **법률행위 내용의 중요부분의 착오**에 해당하여 취소 가능
- 특정한 사용 목적을 위해 토지를 매수하였으나, **법령상의 제한으로 목적대로 사용할 수 없게 된 경우** → 이러한 목적이 계약 내용에 명확히 포함되지 않았다면 동기의 착오에 해당하여 취소 불가

③ 법률의 착오
(a) **법률행위의 결과로 발생하는 법률효과에 대한 오해**를 의미한다.
- 예: 민법은 매도인이 일정한 경우 담보책임을 부담한다고 규정하는데, 매도인이 목적물의 하자에 대해 책임을 지기로 합의한 경우에만 담보책임이 발생한다고 잘못 이해한 경우.

(b) **학설의 대립**
- **통설**: 법률의 착오도 **법률행위 내용의 착오**로 본다.
- **소수설**: 법률효과는 당사자의 의사와 관계없이 법이 정하는 것이므로 **취소 사유가 될 수 없다**는 견해.

(c) **관련 판례**
양도소득세가 부과될 것인데도 부과되지 않을 것으로 오인하고 계약을 체결한 경우 → **취소 가능**

④ 계산의 착오
(a) **표의자가 계산의 기초를 표시하지 않고 총액만 표시한 경우** → 동기의 착오로서 취소 불가
(b) **계산의 기초를 표시한 경우** → 내용의 착오로서 취소 가능

⑤ 서명·날인의 착오
(a) **문서를 잘못 읽고 서명·날인한 경우** → 내용의 착오로서 취소 가능
(b) **문서를 전혀 읽지 않고 서명·날인한 경우** → 착오에 해당하지 않음
- 이유: 문서의 내용대로 효력이 발생하는 것을 감수한 것으로 보기 때문.
(c) **다른 문서로 착각하고 서명·날인한 경우** → 표시상의 착오로서 취소 가능

⑥ 당사자 쌍방에 공통된 동기의 착오
(a) **계약 당사자 양쪽이 동일한 동기에 의해 착오를 한 경우**

- 학설에 따라 다음과 같은 해결 방법이 제시된다.
  - ⓐ **주관적 행위기초론**: 계약 내용을 수정하도록 요구하고, 상대방이 거절하면 계약을 해제할 수 있도록 한다.
  - ⓑ **법률행위의 보충적 해석**: 계약의 가정적 의사를 확정하여 착오를 해소하는 방법.
  (b) **판례의 태도**
  동일한 착오로 인한 계약의 경우 착오를 이유로 취소를 인정한 사례도 있고, 보충적 해석을 통해 해결한 사례도 있어 **통일된 입장은 아님**.
  (c) **관련 판례**
  - 양도소득세가 부과될 것이라는 계산을 바탕으로 매매계약을 체결했으나, 후에 세액이 더 부과된 경우 → **착오를 이유로 취소 가능**

⑦ 소유권 귀속의 착오
  (a) 타인의 소유일지라도 매매의 대상이 될 수 있으므로, 매매 목적물의 소유권에 대한 착오는 법률행위 내용의 중요부분의 착오에 해당하지 않는다.
  (b) 임대차 계약에서도 임대인이 소유자일 필요는 없으므로, 임대인이 소유자일 것이라는 전제하에 계약을 체결했더라도 중요부분 착오로 인정되지 않는다.

(3) 표의자에게 중과실이 없을 것

① **중대한 과실이란** 표의자의 직업, 행위 유형에 비추어 보통 요구되는 주의를 현저히 게을리한 경우를 의미한다.
② 표의자에게 경과실이 있는 경우에는 취소할 수 있지만, **중과실이 있는 경우에는 취소할 수 없다.**
③ 다만, <u>상대방이 표의자의 중대한 과실을 알고 이용한 경우에는 취소할 수 있다.</u>

〈중과실 관련 판례〉

사례	판단 기준	중과실 여부	결과
공장을 짓기 위해 토지를 매수했으나, 건축 가능 여부를 확인하지 않은 경우	관할관청에 건축 가능 여부를 확인할 의무가 있음에도 불구하고 이를 확인하지 않은 것은 중대한 과실	중과실 인정	착오 취소 불가

부동산중개업자의 실수로 매수인이 매매 목적물을 잘못 인식한 경우	매수인이 스스로 잘못한 것이 아니라, 부동산중개업자의 잘못으로 착오가 발생한 경우	중과실 없음	착오 취소 가능
공인중개사 없이 토지거래를 하고, 토지대장 등을 확인하지 않은 경우	기본적인 서류 확인 없이 거래한 것은 중대한 과실에 해당	중과실 인정	착오 취소 불가
고려청자로 알고 매수했으나, 진품이 아닌 것으로 밝혀진 경우	일반 개인 소장자는 출처 조회나 전문 감정을 받지 않는 것이 일반적이므로 중대한 과실로 보기 어려움	중과실 없음	착오 취소 가능

(4) 입증책임

① 착오가 존재하며, 그 착오가 법률행위 내용의 중요부분에 해당한다는 점은 착오를 주장하는 표의자가 입증해야 한다.

② 반면, 표의자에게 중대한 과실이 있다는 점은 유효를 주장하는 상대방이 입증해야 한다.

4. 착오로 인한 의사표시의 효과

(1) 당사자 사이의 효과

① 원칙적으로 착오로 인한 의사표시는 유효하지만, 법률행위의 중요한 부분에 착오가 있는 경우 표의자는 이를 취소할 수 있다.

② 취소가 이루어지면 법률행위는 소급적으로 무효가 된다.

③ 취소의 제한

- 다음과 같은 경우에는 착오를 이유로 한 취소가 인정되지 않는다.

(a) 법률에서 착오 취소를 배제하는 규정을 두고 있는 경우(예: 화해계약에 관한 민법 제733조).

(b) 당사자 간 합의로 착오로 인한 취소를 배제하는 특약을 둔 경우, 착오가 있더라도 당사자는 취소를 주장할 수 없다.

(2) 제3자에 대한 효과

① 선의의 제3자에게 대항할 수 없음

- 착오로 인한 취소는 <u>선의의 제3자에게 대항할 수 없다</u>(민법 제109조 제2항).
- 즉, 제3자가 착오로 인해 이루어진 법률행위에 의해 새로운 권리를 취득한 경우, 제3자가 선의라면 취소로 인해 영향을 받지 않는다. 이러한 원칙은 허위표시의 무효가 선의의 제3자에게 대항할 수 없는 것과 동일한 논리로 적용된다.

② 제3자의 보호 요건
- 제3자가 선의이기만 하면 보호받을 수 있으며, <u>무과실까지 요구되지는 않는다</u>. 제3자의 선의는 추정되므로, <u>제3자가 악의임을 입증해야 하는 책임은 취소를 주장하는 자에게 있다.</u>

(3) 취소자의 불법행위책임 여부

① 착오로 인해 계약이 체결되었고, 이를 취소함으로써 상대방이 손해를 입었다면, 취소자가 불법행위책임을 부담하는가?

② 판례는 <u>착오로 인한 취소는 위법행위가 아니므로, 불법행위책임이 성립하지 않는다고 본다.</u>
  • 이유 : 민법 제109조는 표의자가 과실로 착오에 빠져 계약을 체결한 경우에도 취소를 허용하고 있으므로, 이를 위법행위로 평가할 수 없기 때문.

③ 따라서, 착오를 이유로 계약을 취소한 표의자는 상대방에게 불법행위책임을 지지 않는다.

5. 착오의 적용 범위

(1) 일반적 적용 범위
- 착오는 원칙적으로 모든 종류의 의사표시 및 법률행위에 적용된다.

(2) 가족법상의 행위에 대한 적용 제한
- <u>가족법상의 행위는 당사자의 의사가 절대적으로 존중되어야 하므로 착오에 의한 취소가 인정되지 않는다.</u>

(3) 공법행위에 대한 적용 제한
- <u>공법행위에는 원칙적으로 착오 규정이 적용되지 않는다.</u> 소송행위에서도 절차의 안정성과 명확성이 요구되므로 착오를 이유로 취소할 수 없다.

(4) 거래 안전을 위한 제한
- <u>정형적인 거래 행위</u>에서는 거래의 안전이 강하게 요구되므로 착오 취소가 제한된다.
- 예: 상법상 회사 설립 후 주식을 인수한 자는 착오를 이유로 그 인수를 취소할 수 없다(상법 규정).

(5) 화해계약에 대한 제한
- 화해는 당사자가 사실에 반하는 가능성을 감수하면서 서로 양보하여 분쟁을 종결하는 것이므로, <u>원칙적으로 착오를 이유로 취소할 수 없다.</u>

6. 착오와 다른 제도와의 관계

(1) 착오와 사기의 관계

① 개념적 차이
- <u>사기에 의한 의사표시는 타인의 기망행위로 인해 표의자가 동기에 착오를 일으켜 의사표시를 한 경우</u>를 의미하며, 표의자의 의사결정의 자유가 침해된 것을 이유로 취소할 수 있다.
- 반면, <u>착오는 표의자의 의사와 표시가 불일치하는 경우</u>를 의미한다.

② 사기와 착오의 경합 가능성
- <u>착오가 상대방의 기망행위로 인해 발생한 경우, 표의자는 착오 또는 사기를 선택하여 주장할 수 있다.</u>

(2) 착오와 담보책임

① 착오와 담보책임의 차이
- 착오와 담보책임은 적용 범위, 요건, 효과, 행사 기간에서 차이가 있다.
- 매매계약에서 목적물에 하자가 존재하여 담보책임이 발생하는 경우, 그 하자가 착오 요건도 충족하는 때에는 담보책임과 착오 취소권이 경합하는지가 문제된다.

② 판례: <u>착오 취소와 담보책임의 경합을 긍정한다.</u>
- 예: 단원 김홍도의 그림을 2억 원에 매수한 후 감정 결과 위작으로 밝혀진 사안에서, 매수인은 착오를 이유로 매매계약을 취소하고 지급한 매매대금의 부당이득 반환을 청구하였다. 이에 대해 매도인은 담보책임의 제척기간이 경

과하였고, 담보책임이 문제되는 경우에는 따로 착오 취소를 주장할 수 없다고 항변하였다.

- 이에 대해 대법원은 "**착오 취소 제도와 매도인의 하자담보책임 제도는 취지가 다르고 요건과 효과도 구별되므로, 매매계약 내용의 중요한 부분에 착오가 있는 경우, 매수인은 담보책임과 무관하게 착오를 이유로 매매계약을 취소할 수 있다**"고 판시하였다.[50]

(3) 착오와 해제의 경합(해제 후 착오 취소 가능 여부)

- 판례는 매도인이 매수인의 중도금 지급 채무 불이행을 이유로 매매계약을 적법하게 해제한 후에도, 매수인은 착오를 이유로 매매계약을 취소할 수 있다고 한다.[51]
- 이는 계약 해제의 효과로 인해 매수인이 손해배상책임을 부담하거나 계약금 반환이 거절되는 불이익을 방지하기 위한 것이다.
- 즉, 매도인이 계약을 해제하여 법률행위가 소멸한 후에도, 매수인은 착오 취소를 통해 계약 자체를 무효로 돌릴 수 있다.[52]

---

50) 대법원 2018. 9. 13. 선고 2015다78703 판결
51) 계약이 해제되면 법률행위는 소멸하지만, 계약이 존재했던 사실은 남아 있고, 착오 취소는 법률행위가 애초에 무효였다고 주장하는 것이므로, 해제된 계약도 착오 취소의 대상이 될 수 있다는 것이다. 즉, 판례에 따르면 해제와 착오 취소는 법적 성격이 다르며, 해제된 계약이라도 착오 취소를 통해 무효로 만들 수 있다는 것이다.
52) 대법원 1991. 8. 27. 선고 91다11308 판결

제3절 하자 있는(사기·강박) 의사표시

> 제110조 (사기, 강박에 의한 의사표시) ① 사기나 강박에 의한 의사표시는 취소할 수 있다.
> ② 상대방 있는 의사표시에 관하여 제3자가 사기나 강박을 행한 경우에는 상대방이 그 사실을 알았거나 알 수 있었을 경우에 한하여 그 의사표시를 취소할 수 있다.
> ③ 전2항의 의사표시의 취소는 선의의 제3자에게 대항하지 못한다.

I. 의의

1. 개념

(1) 사기 또는 강박에 의한 의사표시란, 표의자가 타인의 부당한 간섭(사기 또는 강박)에 의해 **의사결정의 자유를 침해당한 상태에서 한 의사표시**를 말한다.

(2) 이는 **표의자의 진의(의사)와 표시가 일치**하지만, **의사결정 과정에 하자가 있어** 자유의사에 기초하지 못했다는 점에서 하자 있는 의사표시로 보아, **취소할 수 있는 의사표시**로 규정된다.

(3) 착오와의 차이점은 착오는 **표의자 자신의 오류**로 인한 반면, 사기·강박은 **타인의 위법한 개입**에 의해 자유의사가 침해된 것이다.

II. 사기에 의한 의사표시

1. 개념

(1) 사기에 의한 의사표시란, **표의자가 타인의 기망행위에 의해 착오에 빠지고**, 그 착오를 바탕으로 의사표시를 한 경우를 말한다.

(2) **경제적 손해의 발생은 요건이 아니며**, 오로지 기망 → 착오 → 의사표시라는 **인과관계**가 성립하면 족하다.

2. 요건

(1) 사기자의 고의 (2단의 고의)
① **기망의 고의**: 상대방을 속여 착오에 빠뜨리려는 의도
② **표시유도의 고의**: 그 착오를 이용해 의사표시를 유도하려는 의도
③ 이 두 가지 고의가 모두 요구되므로, **과실에 의한 기망은 사기에 해당하지 않는다.** 따라서 타인의 과실에 의한 기망으로 인해 착오에 빠져 의사표시를 한 경우, 사기를 이유로 취소할 수 없다.

(2) 기망행위의 존재
① **적극적 기망**: 허위사실의 진술 등으로 사실과 다른 관념을 갖도록 하는 행위
② **소극적 기망(부작위)**: 고지의무가 있음에도 **침묵**이나 **부작위**하여 착오를 유발한 경우
③ 부작위가 기망행위가 되기 위한 요건
　(a) 당사자 사이의 **신의칙상 고지의무**가 존재할 것
　(b) **거래상 통념상 고지의 필요성**이 인정되는 경우
　(c) 예:
　　• 무허가 건물임을 알리지 않은 경우
　　• 도시계획 편입 사실을 은폐한 경우
　　• 쓰레기매립장 인접 사실을 은폐한 분양자의 경우

(3) 기망행위의 위법성
① **일반적 과장광고 등은 위법성이 없지만**, 상대방의 의사결정에 중대한 영향을 미치는 기망은 **신의칙 위반**으로 위법성이 인정된다.
② 위법성 판단 기준은 **개별적·구체적 사안에 따라** 이루어진다.
③ 판례 예시
　(a) 광고나 선전에서 <u>다소의 과장이나 허위가 수반되는 것</u>은 일반적인 상거래 관행에 비추어 <u>위법하다고 할 수 없지만</u>, <u>현저한 과장광고나 사회적으로 용인될 수 있는 상술의 정도를 넘어선 경우</u> 위법한 것으로, <u>할인판매가 끝났음에도 계속 동일 가격으로 판매한 대형마트의 변칙 세일은 기망행위에 해당</u>한다고 판시하였다.[53]

---

53) 대법원 1993. 8. 13. 선고 92다52665 판결

ⓑ 공동묘지는 주거환경에 중대한 영향을 미치며, 분양계약 체결 여부 및 가격에 영향을 줄 수 있는 사항이므로, **아파트 분양자가 단지 인근에 공동묘지가 조성되어 있는 사실을 고지하지 않은 경우, 이는 부작위에 의한 기망행위에 해당한다.**[54]

ⓒ 일반적으로 매매거래에서 매수인은 목적물을 염가로 구입할 것을 희망하고, 매도인은 목적물을 고가로 처분하기를 희망하는 이해상반의 지위에 있다.[55] 따라서 **국가가 환매할 수 있는 토지를 甲이 乙에게 매도한 사안에서, 매매 당시 乙은 환매 예정 사실을 알고 있었지만 甲는 이를 모르고 乙에게 싼 가격에 매도한 경우, 乙은 甲에게 그 사실을 고지할 법적 의무는 없다고 보았다**(즉, 乙의 침묵은 기망행위가 아니며, 사기에 해당하지 않는다).[56]

ⓓ 상가 분양 시, 첨단 오락타운을 조성하고 전문경영인에 의한 위탁 경영을 통하여 **일정 수익을 보장**한다는 광고는 **위법한 기망행위로 보기 어렵다**고 판시한 사례[57]

(4) 기망과 의사표시 간의 인과관계

① 표의자가 **기망으로 인해 착오에 빠졌고, 그 착오로 인해 의사표시를 하게 되었는지 여부**

② 인과관계는 **표의자의 주관적 동기에 기초한 것이어도 족하다.**

③ 단, **기망이 없었더라도 동일한 의사표시를 했을 것**이라면, 사기 요건 불충족으로 **취소할 수 없다.**

III. 강박에 의한 의사표시

1. 의의

(1) 강박에 의한 의사표시란, 표의자가 상대방 또는 제3자의 강박행위로 인해 **공포심을 갖고, 그 해악을 피하기 위해 마지못해 의사표시를 한 경우**를 말한다. 이 경우 표의자의 의사와 표시 내용은 일치[58]하므로 외형상 정상적인 의사표시로 보이지만, **의사**

---

54) 대법원 2007. 6. 1. 선고 2005다5812, 5829, 5836 판결
55) 대법원 2014. 4. 10. 선고 2012다54997 판결
56) 대법원 1984. 4. 10. 선고 81다239 판결
57) 대법원 2001. 5. 29. 선고 99다55601, 55618 판결
58) 가령 강박에 의해 증여하는 경우, B는 강박 때문에 억지로라도 '증여하겠다'는 마음을 형성했고,

결정의 자유가 침해된 상태에서 이루어진 점에서 하자가 있는 것으로 평가된다. 따라서 민법은 이러한 의사표시에 대해 **취소권을 인정**하고 있다.

(2) 강박과 궁박의 구분

구분	강박 (민법 제110조)	궁박 (민법 제104조)
관련 조문	민법 제110조 (사기·강박에 의한 의사표시)	민법 제104조 (불공정한 법률행위)
의의	타인의 해악 고지로 인해 **공포심을 느껴** 어쩔 수 없이 한 의사표시	경제적·심리적 위기 상태(궁박)에서 공정성을 현저히 잃은 법률행위
전형적 상황	협박, 위협, 생명·신체에 대한 위협 등으로 인해 어쩔 수 없이 계약	궁지에 몰려 급하게 돈이 필요한 상황에서 부당한 조건으로 계약 체결
표시와 진의	**표시와 진의는 일치함** (예: "증여한다"는 표시를 실제 하였으나, 원해서 한 것은 아님)	**표시와 진의는 일치함** (실제로 팔겠다고 표시했지만 매우 불리한 조건)
의사결정의 자유	**타인의 강박행위로** 자유의사 침해	외부 압력보다는 **자기 궁지에 의해** 제한된 의사결정
하자 주체	**타인**(상대방 또는 제3자)의 부당한 개입	**자기 상태**(궁박·무경험 등)와 상대방의 **기회 악용**
요건 요약	① 강박행위와 공포심 유발 ② 위법성 ③ 인과관계	① 궁박·경솔·무경험 중 하나 존재 ② **현저하게 공정을 잃은 법률행위**일 것
법률행위의 효과	**취소 가능** (표의자가 취소 의사표시해야 함)	**당연 무효** (처음부터 효력 없음)
제3자 보호 여부	선의의 제3자에게 **대항 불가** (민법 제110조 제3항)	제3자에게도 **무효 주장 가능** (제3자 선의·악의 불문)
예시	B가 A에게 "계약 안 하면 가족에게 해코지하겠다"고 협박해 계약을 체결한 경우	A가 병원비를 마련하기 위해 시가 1억인 부동산을 B에게 3천만 원에 급히 매도한 경우

그 형성된 의사에 따라 표시도 하였기 때문에 "마음속에서 형성된 의사 = 표시한 내용"이기 때문에 형식적으로는 의사와 표시가 일치하는 것이다. 주의할 점은 여기서 **"의사(진의)"**는 **표의자가 진정으로 마음속에서 바라는 사항(증여하고 싶지 않은 마음)**이 아니라 **특정한 내용의 의사표시를 하고자 형성된 의사(어쩔 수 없이 증여하겠다는 마음)**라는 것이다.

2. 요건

(1) 강박자의 고의(2단의 고의)

① 강박자가 해악을 고지하여 **표의자에게 공포심을 일으키려는 고의**를 가지고 있어야 한다.
② 아울러, **그 공포심으로 하여금 표의자가 의사표시를 하도록 유도하려는 고의**가 있어야 한다.
③ 즉, '2단의 고의'가 요구되며, 단순한 과실로는 강박이 성립하지 않는다.

(2) 강박행위

① 강박행위란 **공포심을 유발할 수 있는 일체의 행위**를 포함하며, 장차 **해악을 가하겠다는 고지를 통해 표의자를 압박하는 행위**를 의미한다.
② 그 방법에는 적극적인 위협뿐만 아니라 **부작위(행동하지 않는 것)도 포함**될 수 있다.
③ 강박의 정도는 **표의자가 자유로운 의사결정을 하지 못할 정도로 공포심을 느낄 수 있어야 하며,**
④ **공포심이 극심하여 의사결정 능력 자체가 상실된 경우에는 의사표시는 무효**가 된다.[59] 이 경우에는 선의의 제3자도 보호받을 수 없다.
⑤ 관련 판례
  - 변호사의 실수로 패소한 사실에 대해 **사무실에서 농성**하고 **관계기관에 진정하겠다는 협박**을 가해 손해배상 조로 **약속어음을 작성하게 한 경우**: 협박과 공갈로 **의사결정의 자유를 박탈**한 것으로 **강박행위에 해당**[60]
  - 상대방에게 **각서에 서명·날인할 것을 강력히 요구**한 경우: 의사결정의 자유를 박탈할 정도가 아니므로 **강박행위로 볼 수 없다.**[61]

(3) 위법한 강박행위

① 강박행위는 사회통념상 **신의성실의 원칙에 반하여 위법한 것이어야** 한다.
② 즉, **해악의 고지를 통해 달성하려는 목적이 부정하거나, 그 수단이나 방법이 부**

---

[59] 대법원 1992. 11. 27. 선고 92다7719 판결
[60] 대법원 1972. 1. 31. 선고 71다1688 판결
[61] 대법원 1979. 1. 16. 선고 78다1968 판결

절할 경우 위법성이 인정된다(수단과 목적이 둘 중 하나라도 부적절한 경우 위법성이 인정된다).
③ 예:
(a) <u>목적이 위법한 경우</u>: 부정한 이득을 취득할 목적으로 불법행위를 한자를 고발하겠다고 하는 것도 위법한 강박이 된다.[62]
(b) <u>수단이 부적절한 경우</u>: 정당한 채권을 회수하려는 목적이지만, 이를 위해 **폭력을 행사하거나 가족에게 위해를 가하겠다고 협박**하는 경우도 위법한 강박이 된다.

(4) 인과관계
① 강박행위로 인해 **표의자가 실제로 공포심을 느꼈고**,
② 그 공포심이 **의사표시에 결정적인 영향을 주었음이 인정되어야** 한다.
③ 이 인과관계는 객관적인 기준뿐 아니라 표의자의 주관적인 상황을 기준으로 판단해도 무방하다.

IV. 사기·강박에 의한 효과

1. 상대방의 사기·강박의 경우
① **의사표시의 상대방이 사기나 강박을 한 경우**, 표의자는 민법 제110조 제1항에 따라 해당 의사표시를 <u>취소할 수 있다.</u>
② 이 경우 상대방의 위법한 간섭으로 인해 표의자의 의사결정의 자유가 침해된 것이므로, 상대방의 귀책사유를 고려할 필요 없이 **원칙적으로 무조건 취소가 가능하다.** 다만, **취소가 있기 전까지는 해당 법률행위는 유효하게 존재**한다.
③ 아울러, <u>사기·강박이 **불법행위의 요건을 충족하는 경우에는**, 의사표시의 취소와 동시에 불법행위에 기한 손해배상청구권을 행사할 수 있다.</u>
④ 그러나 이 경우 <u>부당이득반환청구권과 손해배상청구권은 중첩적으로 행사할 수 없고, 선택적으로 행사</u>해야 한다.

---

[62] 대법원 2000. 3. 23. 선고 99다64049 판결

2. 제3자의 사기·강박

(1) 상대방이 있는 의사표시의 경우

① 제3자가 사기 또는 강박을 하여 표의자가 상대방 있는 의사표시를 한 경우, 상대방이 그 사실을 알았거나 알 수 있었을 때에만 의사표시의 취소가 가능하다(민법 제110조 제2항).

② 이는 상대방이 제3자의 행위에 **무관한 경우까지 법률효과를 부정하는 것은 부당하므로**, 선의의 상대방을 보호하려는 취지이다.

③ 민법 제110조 제2항의 '제3자'란 상대방과 법률적으로 독립된 제3의 인물을 의미하며, 상대방과 일정한 관계가 있는 자는 **제3자에 해당하지 않는다.** 또한, 대리인과 같이 상대방과 법률상 동일시되는 자는 제3자가 아니므로, 그 경우 상대방이 몰랐다고 하더라도 기망이나 강박이 인정되면 취소할 수 있다.

　- 예를 들어, 甲의 대리인 A가 상대방 乙에게 사기를 하여 계약이 체결된 경우, 甲이 선의·무과실이라고 하더라도 乙은 **계약을 취소할 수 있다.**

④ 반면, 상대방의 단순한 피용자(예: 직원)가 사기나 강박을 한 경우에는 그 자는 제3자로 인정되며, 이 경우 상대방이 선의·무과실이면 **취소할 수 없다.**

(2) 상대방이 없는 의사표시의 경우

① 유언, 상속포기, 재단법인 설립행위 등과 같이 **상대방이 없는 의사표시**에서 제3자가 사기나 강박을 한 경우, 표의자는 상대방의 인식 여부와 무관하게 **자유롭게 취소할 수 있다.**

② 이는 **보호되어야 할 상대방이 존재하지 않기 때문**에, 표의자의 의사결정의 자유가 침해되었음을 이유로 언제든지 취소를 인정하는 것이다.

3. 선의의 제3자 보호

(1) 선의의 제3자에게 대항하지 못함

① 사기 또는 강박에 의한 의사표시의 취소는 선의의 제3자에게 대항할 수 없다.

② 여기서 '제3자'란, **취소의 대상이 되는 법률행위를 기초로 하여 새롭게 이해관계를 맺은 자**를 말한다.

③ 이는 민법 제110조 제3항에 따른 것으로, **허위표시의 무효가 선의의 제3자에게 대항할 수 없는 것과 같은 이치**로 해석된다.

(2) 제3자의 범위

① 판례는 '**제3자**'의 **범위를 넓게 인정**한다.
- (a) 예를 들어, 매매계약이 사기를 이유로 취소되었더라도, 매수인 명의의 등기를 말소하지 않은 상태에서 **제3자가 선의로 해당 목적물을 매수**하였다면, 그 제3자는 보호받는다.
- (b) 이와 관련하여, 대법원은 "취소를 주장하는 자와 양립하지 않는 법률관계를 맺은 시점이 취소 전인지 후인지 불문하고, 선의의 제3자에게는 취소로써 대항할 수 없다"고 판시하였다.63)

② 따라서, **선의의 제3자가 이미 이해관계를 맺었거나, 이후 법률관계에 들어왔다 하더라도 외관이 남아있는 이상 그 보호는 인정된다.**

(3) 제3자의 선의 추정

① 민법은 **제3자의 선의를 추정**하므로, 취소를 주장하는 자는 제3자가 **악의였음을 입증해야 한다.**64)

② 단순히 주의의무를 다하지 않았다는 사정만으로는 악의를 인정할 수 없으며, 제3자가 사기 또는 강박의 존재를 알았거나 알 수 있었는지에 관한 명백한 증거가 필요하다.

4. 적용 범위

(1) 적용 제외 대상

① 민법 제110조는 원칙적으로 모든 법률행위에 적용되지만, **다음과 같은 경우에는 적용이 제한된다.**
- (a) **가족법상의 행위**: 혼인, 입양, 인지 등과 같은 **신분행위**는 당사자의 내심이 절대적으로 중시되므로, 민법 제110조가 **직접 적용되지 않는다.** 이러한 행위는 별도의 특칙(예: 민법 제816조 등)에 따른다.
- (b) **정형적 거래행위**: 상법상 정형화된 거래질서를 보호할 필요가 크므로, 예외적으로 **사기·강박에 의한 취소가 제한될 수 있다.**

---

63) 대법원 1975. 12. 23. 선고 75다533 판결
64) 대법원 1970. 11. 24. 선고 70다2155 판결

- 예: **회사 성립 후 주식인수에 관한 상법 규정**
(c) **소송행위 및 공법행위**: 소송상의 의사표시나 행정처분은 **민법상 법률행위가 아니므로**, 사기·강박에 의한 의사표시 규정이 적용되지 않는다.
- 예: **소송상 화해, 행정처분** 등은 그 절차의 안정성과 공익 보호를 이유로 적용 배제

5. 다른 제도와의 관계
(1) 사기·강박과 불법행위와의 관계
① 사기 또는 강박에 의한 법률행위가 <u>동시에 위법하고 고의·과실이 인정되며 손해가 발생했다면</u>, 민법 제750조 이하에 따라 **불법행위가 성립할 수 있다**. 이 경우, 표의자는 다음 중 하나를 선택하여 권리를 행사할 수 있다.
 (a) **의사표시를 취소하고 부당이득반환청구권을 행사**하거나
 (b) **불법행위로 인한 손해배상청구권을 행사**할 수 있다.
② 즉, <u>피해자는 반드시 계약을 취소하지 않더라도 불법행위를 이유로 손해배상을 청구할 수 있다.</u>
- 예: 제3자의 기망으로 인해 계약이 체결된 경우, 그 제3자에게 직접 **불법행위책임**을 물을 수 있다.
③ <u>두 청구권은 병존하지만, 중첩적으로 행사할 수는 없다.</u> 즉, 하나의 사건에 대해 동시에 두 청구권을 모두 행사하는 것은 허용되지 않는다.

(2) 사기와 착오의 경합 가능성 여부
① 판례의 태도
 (a) 사건의 개요
 - 보증보험회사(C)는 A회사의 채무를 보증하며 A에게 **연대보증인**을 세우도록 요청함.
 - A회사의 임원들이 **보증계약서를 신원보증서**라고 속여, D(매형의 직장동료)에게 서명을 받음. D는 <u>신원보증인 줄 알고 서명</u>했으나, <u>사실은 **연대보증계약**</u>이었음.
 - 나중에 D는 "**사기와 착오**가 있었다"며 보증계약을 취소하고, 보증채무가 없다고 주장함.

(b) 대법원의 판단
- **사기에 의한 의사표시**는 "의사와 표시가 일치하지만, 기망행위로 동기에 착오가 생긴 경우"를 말함(**의사와 표시가 일치하면 → 사기**).
- **착오에 의한 의사표시**는 "의사와 표시가 **일치하지 않는 경우**"를 말함(**의사와 표시가 불일치하면 → 착오**).
- D는 **신원보증을 하겠다는** 의사로, **연대보증계약서**에 서명했으므로, 의사와 표시가 **불일치**.→ 따라서 <u>착오에 의한 의사표시</u>에 해당함.
- 제3자의 기망행위로 착오가 생겼더라도, 이는 사기(민법 제110조 2항)로 처리할 수 없고, **착오**로만 다툴 수 있음. 이를 **표시상의 착오**에 해당한다고 판단하였고, **<u>착오에 의한 취소는 인정되지만, 사기를 이유로 한 취소는 인정되지 않는다고 판시</u>**하였다.[65]

② 실무상 적용
- 표의자가 제3자의 기망행위에 의해 착오에 빠졌다고 하더라도, 그것이 **표시상의 착오**로 귀결되고, 상대방이 기망에 관여하지 않았다면, 사기가 아니라 착오로 판단하여야 하며, 이 경우 **민법 제110조가 아닌 제109조에 따라 취소 여부를 판단**하게 된다.

---

[65] 대법원 2005. 5. 27. 2004다43824 판결

제4절 의사표시의 효력발생시기

> 제111조 (의사표시의 효력발생시기)
> ① 상대방이 있는 의사표시는 상대방에게 <u>도달한 때</u>에 그 효력이 생긴다.
> ② 의사표시자가 그 통지를 발송한 후 사망하거나 제한능력자가 되어도, 의사표시의 효력에는 영향을 미치지 아니한다.

I. 의의

의사표시의 효력발생시기란 **의사표시가 언제부터 법적 효력을 발생하는지**를 결정하는 시점을 의미한다.

의사표시는 **상대방 있는 의사표시**와 **상대방 없는 의사표시**로 구분되며, 양자의 효력발생시기는 다르게 취급된다.

1. 상대방 없는 의사표시의 효력발생시기

(1) **상대방 없는 의사표시**란 수령할 특정 상대방이 없는 단독행위로, <u>**표시행위가 완료된 때에 효력이 발생**한다(표백주의)</u>.

(2) 예외적으로 다음과 같이 **개별법에서 효력발생시기를 명시한 경우**도 있다.
   ① **유언**: 유언자의 **사망 시**에 효력 발생.
   ② **재단법인의 설립**: **주무관청의 허가**를 받아야 효력 발생.
   ③ **상속의 포기**: 상속이 개시된 때로 **소급하여 효력 발생**.

2. 상대방 있는 의사표시의 효력발생시기

(1) 상대방 있는 의사표시의 경우에는 다음과 같은 문제가 발생한다.
   ① 언제부터 의사표시가 **효력을 발생하는지**
   ② 상대방의 소재를 모르는 경우에는 어떻게 의사표시를 할 것인지
   ③ 상대방이 제한능력자인 경우에도 효력이 발생하는지

(2) 민법은 위와 같은 문제를 해결하기 위해 **총칙편에서 원칙과 예외를 규정**하고 있다.

II. 의사표시 효력발생시기에 관한 입법주의

1. 표백주의(表白主義)
(1) **표의자가 자신의 의사를 외부에 표시한 때**에 그 효력이 발생한다고 보는 입장이다.
(2) **상대방 없는 의사표시**에 적용되며, 자기완결적 구조로 작동한다.
(3) 예: **유언**, 재단법인 설립 등

2. 발신주의(發信主義)
(1) 의사표시가 **발신(예: 우편 발송)된 때**에 효력이 발생하는 입장이다.
(2) 계약법 등 특수한 규정에서 예외적으로 인정되며, 도달 전이라도 효력이 발생할 수 있다.

3. 도달주의(到達主義) ★ 원칙
(1) 의사표시가 **상대방의 지배권에 속하는 영역에 도달**하고, 상대방이 **현실적으로 내용을 인식할 수 있는 상태**에 이르렀을 때 **효력이 발생**한다.
(2) 민법 제111조에 따라, 상대방 있는 의사표시의 원칙적 효력발생시점이다.
(3) 예: 편지가 수령인의 우편함에 들어가거나, 이메일이 수신된 경우 등

4. 요지주의(了知主義)
(1) **상대방이 실제로 그 내용을 인식(了知)한 때**에 효력이 발생하는 입장이다.
(2) 학설이나 특별법상 인정되며, 현대 통신수단의 발달에 따라 논의되고 있으나,) 우리 민법은 이를 채택하지 않는다.

5. 임의규정
- 의사표시 효력발생시기에 관한 규정은 법률의 특별한 규정이 없는 한 당사자 사이에 달리 정할 수 있다.

III. 상대방 있는 의사표시의 도달주의 원칙

1. 도달의 개념과 요건

(1) 도달의 의의
- ① "도달"이란 의사표시가 상대방의 생활관계 내에 들어가 상대방이 그 내용을 알 수 있는 객관적 상태에 놓이게 된 것을 의미한다.
- ② 상대방이 현실적으로 내용을 인식할 필요는 없고, 사회통념상 요지 가능한 상태에 있으면 충분하다.

(2) 도달의 방식과 사례별 판단
- ① 통지 수단: 우편물, 등기우편, 문자, 이메일 등으로 도달이 가능
- ② 도달 인정 사례
  - ⓐ 등기우편(또는 내용증명우편)이 정상적으로 발송되었고 반송되지 않은 경우 특별한 사정이 없는 한 그 무렵에 소달되었다고 본다.[66][67]
  - ⓑ 상대방 또는 동거 가족·사용인 등이 수령한 경우, 예를 들어, 가정집에 거주하는 가족이 의사표시를 대신 수령한 경우에도 상대방에게 도달한 것으로 추정
  - ⓒ 상대방이 정당한 사유 없이 고의로 수령을 거절한 경우(예: 편지 수령을 거부한 경우, 수화기를 귀에 대고 전화를 수신하고도 고의로 표의자의 말을 안 듣거나 안 들리는 척하는 경우)
  - ⓓ 문서가 상대방의 우편함 또는 주거에 정상적으로 송달된 경우
- ③ 도달 부정 사례
  - ⓐ 문서를 상대방 주머니에 몰래 넣은 경우
  - ⓑ 상대방의 가정부가 문서를 수령한 직후 곧바로 이를 회수한 경우
  - ⓒ 수신인이 누구인지 명확하지 않아 문서를 개봉하지 않은 경우

---

66) 대법원 2007. 12. 27. 선고 2007다51758 판결
67) 등기우편으로 발송되었다 하더라도 수취인이나 그 가족이 해당 주민등록지에 전입신고만 되어 있고 실제 거주하고 있지 않다면 도달하였다고 추정할 수 없다.

2. 도달주의의 입증책임

(1) 도달주의에 따른 **입증책임**은 의사표시의 **도달을 주장하는 자**에게 있다.
(2) 등기우편이 아닌 **보통우편**의 경우에는 도달이 추정되지 않으므로, 상대방이 실제로 수령했음을 입증해야 한다.
(3) **내용증명**이나 배달확인 가능한 통지 수단이 일반적으로 사용된다.

3. 도달주의의 효과

(1) 의사표시의 철회
① 의사표시가 상대방에게 도달하면 표의자는 이를 철회할 수 없다. 즉, 상대방에게 **도달하기 전에는 의사표시를 철회할 수 있다**.
② 철회의 의사표시는 적어도 **원래 의사표시와 동시에 도달**해야 유효하다.

(2) 표의자의 사망 또는 제한능력
① 상대방에게 도달되기 전이라면 의사표시는 철회할 수 있으나,
② 일단 도달된 이후에는 표의자가 **사망**하거나 **제한능력자**가 되어도 **의사표시의 효력에는 영향을 미치지 않는다**(민법 제111조 제2항).

(3) 불착 또는 연착의 효과
① 의사표시가 불착되거나 늦게 도달한 경우, 그 **불이익은 원칙적으로 표의자**가 부담한다.
② 이는 도달주의의 원칙에 따른 것으로, 상대방 보호를 위한 것이다.

4. 도달주의의 적용범위

(1) 격지자와 대화자 **모두에게 도달주의가 원칙적으로 적용**된다.
 ① 격지자: 시간적·공간적으로 떨어져 있는 자 간의 의사표시
 ② 대화자: 전화·대면 등의 직접 대화를 통한 의사표시[68]
(2) **예외적으로** 격지자 간 계약에 있어 승낙의 통지는 발신주의가 적용된다.

---

[68] 격지자와 대화자의 구별은 **장소가 아닌 시간 개념을 기준**으로 한다. 따라서 전화나 화상전화와 같은 의사표시에 있어 대화자 사이의 거리가 멀더라도 같은 시간에 이루어지기 때문에 대화자간의 의사표시가 된다.

IV. 상대방 있는 의사표시의 발신주의 예외 인정

1. 의의
(1) 원칙적으로 **상대방이 있는 의사표시**는 도달주의를 따르지만, **일부 예외적으로 발신주의**가 인정되는 경우가 존재한다.
(2) 발신주의란 **의사표시가 상대방에게 도달하기 이전이라도, 일단 발신된 때에 그 효력이 발생하는 것**을 의미한다.

2. 발신주의가 적용되는 경우
(1) **무권대리인의 상대방의 최고에 대한 본인의 확답** (민법 제131조)
 - 상대방이 무권대리에 대하여 본인에게 **상당한 기간을 정하여 추인 여부의 확답을 최고한 경우, 본인의 추인 또는 거절의 확답은 그 발신으로써 효력이 발생**한다.
(2) **제한능력자의 상대방의 최고에 대한 확답** (민법 제15조)
 - 제한능력자와 체결된 계약에 대해 상대방이 일정한 기간을 정하여 **법정대리인의 동의를 최고한 경우, 제한능력자 측의 확답(동의 또는 거절)은 그 발신으로 효력이 발생**한다.
(3) **채무인수에서 채무자의 최고에 대한 채권자의 확답** (민법 제455조)
 - 병존적 채무인수에서 채무자가 **채권자에게 확답을 최고한 경우**, 채권자의 확답도 발신으로써 효력을 가진다.
(4) **사원총회의 소집** (민법 제71조)
 - 총회 소집은 1주간 전에 그 회의의 목적사항을 기재한 통지를 발송해야 한다.
(5) **격지자 간 계약에서 승낙의 의사표시**
 - 민법 제531조는 격지자 간 계약에서 **청약에 대한 승낙은 그 통지를 발송한 때에 계약이 성립**한다.

3. 발신주의의 법적 효과
(1) 발신된 시점부터 효력이 발생하므로, 도중에 우편물이 분실되거나, 상대방에게 도달되지 않더라도 **효력에는 영향이 없다**.
(2) 다만, **특정 요건**을 충족해야 발신주의가 적용된다.
 - 예: 발신은 법정기한 내에, 상대방에게 의사표시가 곧 도달할 것으로 기대할 수 있

는 적정한 방식으로 이루어져야 한다.

V. 의사표시의 수령능력과 공시송달

1. 의사표시의 수령능력

> 제112조 (제한능력자에 대한 의사표시의 효력) 의사표시의 상대방이 의사표시를 받은 때에 제한능력자인 경우에는 의사표시자는 그 의사표시로써 대항할 수 없다. 다만, 그 상대방의 법정대리인이 의사표시가 도달한 사실을 안 후에는 그러하지 아니하다.

(1) 의의
  ① 수령능력이란, 상대방이 도달된 의사표시의 내용을 이해하고 이에 법적으로 대응할 수 있는 능력을 말한다.[69]
  ② 따라서 상대방이 의사표시의 내용을 인지하지 못할 수준이라면, 의사표시의 효력이 발생하지 않는 것으로 본다.

(2) 제한능력자의 수령능력
  ① 민법은 모든 제한능력자를 원칙적으로 의사표시의 수령무능력자로 본다.
  ② 그러나, 법정대리인의 허락을 받아 제한능력자가 단독으로 영업을 하는 경우에는 그에 관한 의사표시의 수령능력이 인정된다.

(3) 의사표시의 효력
  ① 제한능력자가 의사표시를 수령한 경우, 표의자는 그 의사표시의 효력을 주장할 수 없다. 이는 제한능력자의 보호를 위한 규정이다.
  ② 다만, 제한능력자가 도달을 주장하는 것은 가능하며, 표의자가 법정대리인에게 의

---

[69] 수령능력은 단순히 문서를 받는 능력이 아니라, 그 내용의 의미를 인식하고 법적으로 대응할 수 있는 수준의 이해력을 말한다. 수령능력이 없는 미성년자가 동거하는 부모의 등기 우편이나 내용증명 등을 받아 부모에게 전해주는 것은 가능하며, 이러한 경우 그 부모에 대해 의사표시가 도달했다고 할 수 있다.

사표시를 하였고, 법정대리인이 이를 인지한 경우에는 그때부터 효력이 발생한다.
③ 이 경우에도 효력 발생 시점은 **법정대리인이 안 때부터**이며, 도달 시점으로 소급하지 않는다.
④ 표의자가 직접 법정대리인에게 의사표시를 한 경우에는, 그 도달 시에 효력이 발생한다.
⑤ 제한능력자가 단독으로 유효한 법률행위를 할 수 있는 경우에는, 그 범위 내에서 의사표시의 수령능력이 인정된다.

(4) 적용범위

① 이 규정은 **특정 상대방이 있는 의사표시에 한정되어 적용되며**, 상대방이 없는 의사표시나 공시송달에 의한 의사표시, 발신주의에 따른 의사표시에는 적용되지 않는다.
② 또한, 제한능력자가 맺은 계약 또는 단독행위에 관해서는, **그 상대방이 선의일 경우**, 제한능력자에 대하여 철회나 거절의 의사표시를 할 수 있도록 하는 **특례규정이** 따로 마련되어 있다(민법 제16조).

2. 의사표시의 공시송달

> 제113조 (의사표시의 공시송달) 표의자가 과실 없이 상대방을 알지 못하거나 상대방의 소재를 알지 못하는 경우에는 의사표시는 민사소송법 공시송달의 규정에 의하여 송달할 수 있다.

(1) 의의

① 공시송달이란, <u>표의자가 과실 없이 상대방을 알지 못하거나 그 소재를 알 수 없는 경우</u>, 민사소송법의 공시송달 규정에 따라 의사표시를 송달하는 제도를 말한다.
② 이는 상대방에게 의사표시를 직접 전달할 수 없는 경우, **법원의 도움을 받아 간접적으로 송달한 것으로 보게 하는 제도**이다.

(2) 요건

– 공시송달이 허용되기 위해서는 **표의자가 상대방을 알지 못하거나, 상대방의 소재를 알지 못해야 하며**, 이에 대해 **표의자에게 과실이 없어야 한다**.[70] 예컨대, 상대방이

사망하여 상속인이 누구인지 알 수 없거나, 상대방이 누구인지는 알지만 현재 주소를 알지 못하는 경우가 이에 해당한다.[71]

(3) 공시송달의 방법
① 의사표시의 공시송달은 **민사소송법에 정한 공시송달의 방식에 따라야 한다.**
② 공시송달은 **법원 사무관 등이 송달 서류를 보관한 뒤, 다음과 같은 방법 중 하나로 공시함으로써 이루어진다.**
  (a) 법원 게시판에의 게시
  (b) 관보·공보 또는 신문에의 게재
  (c) 전자통신매체를 이용한 공시
③ 이러한 방법을 통해 공시가 이루어지면, **상대방이 실질적으로 이를 수령하지 않더라도 송달된 것으로 본다.**

(4) 효력 발생 시기
① **최초의 공시송달은 공시일로부터 2주가 경과한 때에 효력이 발생한다.**
② 같은 당사자에 대한 추가적인 공시송달은 공시 다음 날부터 효력이 발생한다.
③ **외국**에서의 공시송달의 경우에는 공시일로부터 **2개월**이 지나야 효력이 발생한다.

---

70) 알지 못한 사유에 대한 입증 책임은 표의자에게, 알지 못한 것에 대해 표의자에게 과실이 있다는 입증 책임은 상대방에게 있다는 것이 통설이다.
71) 법정대리인이 존재하는 경우 법정대리인에게 의사표시를 하면 되기 때문에 공시송달이 허용되지 않는다.

제4장 법률행위의 대리

대리는 타인의 이름으로 법률행위를 하는 제도이다. 이 장에서는 대리권의 발생, 범위, 소멸 및 복대리, 협의의 무권대리, 표현대리 문제 등을 중심으로 대리제도의 구조를 체계적으로 설명한다.

제1절 서설

I. 대리제도의 의의

1. 대리의 개념
(1) 대리란 대리인이 **본인을 위하여 본인의 이름으로** 법률행위를 함으로써, **그 법률효과가 직접 본인에게 귀속되는 제도**를 말한다.
(2) 즉, 대리인은 법률행위의 **표시자**가 되며, 본인은 **법률효과의 귀속 주체**가 된다.
(3) 예를 들어, A가 B에게 부동산을 매수하도록 대리권을 부여하여, B가 C와 매매계약을 체결한 경우, **그 효과는 A에게 귀속된다.**

2. 대리의 기능
(1) **사적 자치의 확장 기능**: 본인이 직접 법률행위를 하지 않고도 대리인을 통하여 법률효과를 발생시킬 수 있으므로, 사적 자치의 범위를 확장할 수 있다.
(2) **사적 자치의 보충 기능**: 제한능력자(예: 미성년자 등)가 대리인을 통하여 법률행위를 할 수 있도록 함으로써 사적 자치를 보완한다.

II. 대리가 인정되는 범위

1. 법률행위
(1) 대리는 **의사표시를 포함하는 법률행위**에 대하여 인정된다.
(2) **사실행위**(예: 물건의 습득, 발견 등)나 **불법행위**에 대해서는 대리가 인정되지 않는다.

(3) **신분행위**(예: 혼인, 이혼, 인지, 유언 등)에 대해서는 대리가 허용되지 않는다.

2. 법률행위 외의 행위

(1) **준법률행위** 중에서는 의사의 통지 및 관념의 통지에 한하여 대리가 유추적용될 수 있다.
(2) **채무의 이행**은 비록 법률행위는 아니지만, 특별한 규정에 따라 대리가 인정된다(민법 제520조).

III. 대리와 유사 제도와의 구별

구분	개념	대리와의 차이점
대표	법인의 기관이 법인의 이름으로 법률행위	대표자는 법인의 일부로서 법인의 행위로 직접 효과 발생
사자	단순한 의사전달자 (심부름꾼)	<u>사자는 의사결정의 주체가 아니며, 의사능력도 불필요</u>
재산관리인	법원이 선임한 대리인	특정 목적에 한정된 대리권을 갖는 경우에 해당함[72]

IV. 대리의 종류

구분	유형	개념	주요 특징
성립 원인에 따른 분류	임의대리	본인의 <u>수권행위</u>에 의해 성립	- 위임계약 등으로 성립함 복임권(원칙적으로 X) 대리권 수여표시 표현대리 O 권한을 넘은 표현대리 O 대리권 소멸 후의 표현대리 O

---

[72] 상속재산관리인, 유언집행자가 그 예이다. 통설은 법정대리인으로 본다.

	법정대리	<u>법률 규정</u>에 의해 성립	- 친권자, 후견인 등이 대리인 복임권(원칙적으로 O) 대리권 수여표시 표현대리 X 권한을 넘은 표현대리 O 대리권 소멸 후의 표현대리 O
작용 방향에 따른 분류	능동대리	대리인이 의사표시를 하는 경우	현명주의 적용 (민법 제114조)
	수동대리	대리인이 의사표시를 수령하는 경우	상대방이 본인을 위한 것임을 인식하면 족함
대리권 유무에 따른 분류	유권대리	적법한 대리권에 의해 이루어진 대리	행위의 효과가 본인에게 귀속됨
	무권대리	대리권 없이 한 대리행위	원칙적으로 본인에게 효과 없음
	☐ 협의의 　무권대리	대리권 없이 대리행위	본인의 추인으로 유효화 가능
	☐ 표현대리	외관상 대리권 존재 + 본인 책임 인정 요건 충족	상대방 보호 위해 본인이 책임짐 (민법 제125조~129조)

제2절 대리의 삼면관계

1. 의의
(1) 대리는 단순히 **본인과 대리인 간의 관계**에 그치지 않고, **본인·대리인·상대방** 간의 **삼면적 법률관계**를 형성한다.
(2) 이와 같은 대리의 법률관계는 **대리권, 대리행위, 대리효과**라는 세 가지 측면에서 고찰된다.

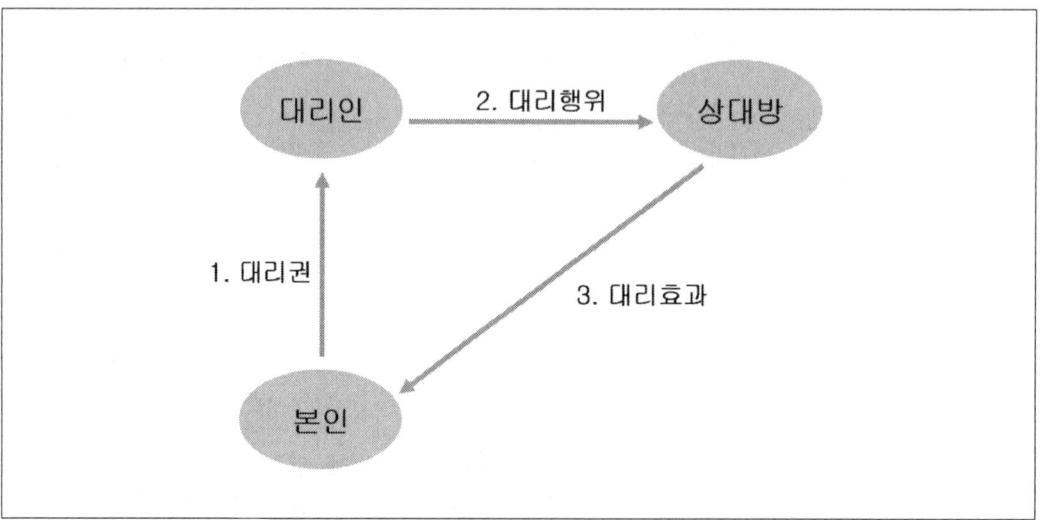

2. 대리권(本人 ↔ 대리인)
(1) **대리권**이란 대리인이 본인을 대신하여 법률행위를 할 수 있는 **법률상의 권한**을 말한다.
(2) 대리권은 다음과 같은 방법으로 발생한다.
   ① **임의대리**: 본인의 <u>수권행위</u>에 의하여 발생한다.
   ② **법정대리**: <u>법률 규정</u>에 의해 일정한 자에게 **당연히 부여**된다.
(3) 대리권은 본인의 의사에 따라 설정되거나, 법률에 따라 정해지므로 **대리인의 권리가 아니라 법적 지위로 보는 견해**가 다수설이다.
(4) 대리권이 없는 자가 대리행위를 한 경우, 이는 **무권대리**가 되며, 본인이 이를 **추인**하지 않으면 그 행위는 **무효**가 된다.

3. 대리행위(대리인 ↔ 상대방)

(1) **대리행위**란 대리인이 본인을 위하여 상대방과 법률행위를 하는 것을 의미한다.
(2) 대리인은 반드시 **현명주의**에 따라 본인을 위한 행위임을 표시해야 한다.
  ① 즉, 대리인은 자신의 명의가 아니라 **본인의 명의로 행위**해야 한다.
  ② 상대방이 본인을 위한 행위임을 알고 있거나 알 수 있었던 경우에는 명시하지 않아도 무방하다.
(3) 대리인은 행위의 **주체**이지만, 행위의 **효과는 본인에게 귀속**된다.
(4) 대리권이 없음에도 불구하고 외관상 대리권이 있는 것처럼 보인 경우에는 **표현대리**의 문제가 발생할 수 있다.

4. 대리효과(본인 ↔ 상대방)

(1) **대리효과**란 대리행위의 결과로서 본인과 상대방 사이에 **직접 법률효과가 발생하는 것**을 말한다.
(2) 이는 대리제도의 본질로, 대리인은 **단순한 중개자**에 불과하며, 그 법률효과는 **전적으로 본인에게 귀속**된다.
(3) 대리인이 대리권 내에서 본인을 위하여 행위한 경우, **계약의 성립, 권리·의무의 발생 등 모든 효과는 본인에게 귀속된다.**
(4) 따라서 행위에 따른 책임 역시 대리인이 아닌 **본인이 부담하게 된다.**

제3절 대리권

제1관 대리권의 의의와 발생원인

I. 대리권의 의의와 성질

(1) **대리권**이란 대리인이 **본인의 이름으로 의사표시를 하거나**, 또는 **의사표시를 수령하여 본인에게 직접 귀속시킬 수 있는 법률상 지위 또는 자격**을 의미한다.
(2) 대리권은 '권리'가 아닌 '권한' 또는 '자격'으로 본다. 즉, 대리인은 본인의 이익을 위해 법률행위를 수행할 수 있는 권한을 가지지만, 이를 자신의 권리로 주장할 수는 없다.

II. 대리권의 발생원인

1. 법정대리권

(1) **법정대리**란 본인의 선임과 무관하게 **법률의 규정**에 따라 대리권이 부여되는 경우를 말한다.
(2) 법정대리의 대표적인 예는 다음과 같다.
   ① **친권자**, 한정후견인, 성년후견인의 대리권
   ② 부부 간의 **일상가사에 대한 대리권**
   ③ 부재자재산관리인, 상속재산관리인, 유언집행자 등에게 인정되는 대리권

2. 임의대리권

(1) **수권행위**
   ① 임의대리권은 본인이 대리인에게 대리권을 수여하는 **수권행위**에 의해 발생한다.
   ② 수권행위는 **상대방 있는 단독행위**로, 상대방이 이에 반대할 수 없는 **비출연행위**이다.
   ③ 수권행위는 **불요식행위**로서, 문서·구두·명시적 또는 **묵시적 의사표시** 등 어떤 방식으로도 가능하다.

(2) 수권행위와 기초적 내부관계의 구별
① 대리권은 수권행위에 의해 발생하며, 기초적 내부관계(위임, 고용, 도급 등)와는 개념상 구별된다.
② 예를 들어, 영업사원으로 고용된 자는 영업 관련 대리권을 수여받을 수 있지만, 운전기사로 고용된 자는 별도의 수권행위가 없으면 영업과 관련한 대리권을 가지지 못한다.
③ 또한, 내부관계가 종료되면 **수권행위 역시 실효되어 임의대리권도 소멸**된다.

제2관 대리권의 범위

I. 법정대리권의 범위

법정대리권의 범위는 **법률의 규정에 의해 정해지며**, 이는 **강행규정의 성격**을 가진다. 예컨대, **친권자 또는 후견인의 대리권, 유언집행자의 권한, 부재자 재산관리인의 관리행위** 등은 각각 법률에 의해 그 범위가 명확하게 규정된다.

II. 임의대리권의 범위

1. 수권행위의 해석에 의한 결정
(1) 임의대리권의 범위는 본인의 **수권행위의 해석에 따라 개별적으로 판단**된다.
(2) 다음과 같은 행위는 특별한 사정이 없는 한 **대리권의 범위에 포함**된다.
  ① **부동산 매매계약을 체결할 권한이 있는 대리인은, 매매대금을 수령할 권한도 당연히 포함된다.**
    → 따라서 대리인이 중도금이나 잔금을 수령하고 본인에게 전달하지 않았다 하더라도, 상대방의 지급의무는 소멸한다.
  ② **매매계약 체결과 이행에 관해 포괄적으로 대리권을 수여받은 경우**, 매매대금 지급기일의 연기 등 이행소건의 조성도 가능하다.
  ③ **부동산 처분에 필요한 서류(인감증명서, 위임장 등)를 교부받은 경우**, 해당 부동산 처분에 관한 대리권이 부여된 것으로 본다.
(3) 반대로 다음과 같은 행위는 **대리권의 범위를 초과한 것으로서 특별한 수권이 필요하다.**

① 대여금의 영수 권한만을 가진 대리인이 채무의 일부를 면제하는 행위
② 부동산을 매수할 권한만 수여받은 대리인이 이를 처분하는 행위
③ 예금계약 체결 권한만을 가진 대리인이 해당 예금을 담보로 대출을 받거나 처분하는 행위
④ 계약 체결 권한만 수여받은 대리인이 그 계약을 해제하거나 상대방의 해제의사표시를 수령하는 행위
⑤ 강제경매절차에서 입찰 권한이 있다고 하여, 경락허가 후 신청취하에 동의할 권한까지 인정되는 것은 아니다.

3. 법률상 보충 규정

> 제118조【대리권의 범위】권한을 정하지 아니한 대리인은 다음 각호의 행위만을 할 수 있다.
> 1. 보존행위
> 2. 대리의 목적인 물건이나 권리의 성질을 변하지 아니하는 범위에서 그 이용 또는 개량하는 행위

(1) 수권행위에서 대리권의 범위를 명확히 정하지 않은 경우, 민법 제118조에 따라 대리인은 다음의 행위만 할 수 있다.
  ① **보존행위**: 재산의 가치를 유지하기 위한 행위
     → 예: 가옥 수선, 권리소멸시효의 중단, 미등기 부동산의 보존등기, 기한 도래 채무의 변제, 부패물건의 처분, 채권추심 등
  ② **이용행위**: 재산으로부터 수익을 얻는 행위
     → 예: 금전의 이자부 대여, 목적물의 임대 등
  ③ **개량행위**: 사용가치 또는 교환가치를 증가시키는 행위
     → 예: 무이자채권을 이자채권으로 변경, 목적물에 설정된 제한물권 제거 등

(2) 다만, 이용 및 개량행위는 물건이나 권리의 성질을 변경하지 않는 범위 내에서만 허용된다.
  ① 예금을 인출하여 주식을 매입하거나, 타인에게 대여하는 행위는 허용되지 않는다.

② 경작지를 대지로 변경하는 행위도 허용되지 않는다.

4. 대리권의 범위를 초과한 행위의 법적 효과
(1) 대리인이 수권의 범위를 초과한 경우, **해당 행위는 원칙적으로 무권대리**에 해당한다.
(2) 그러나 표현대리의 요건을 충족하는 경우, 대리인의 행위에 대해 **상대방을 보호하기 위해 일정한 효력을 인정할 수 있다.**

제3관 대리권의 제한

I. 자기계약과 쌍방대리의 금지

> 제124조【자기계약, 쌍방대리】대리인은 본인의 허락이 없으면 본인을 위하여 자기와 법률행위를 하거나 동일한 법률행위에 관하여 당사자 쌍방을 대리하지 못한다. 그러나 채무의 이행은 할 수 있다.

1. 의의
(1) **자기계약**이란 대리인이 한편으로는 본인을 대리하면서, 다른 한편으로는 자기 자신이 상대방이 되어 본인과 계약을 체결하는 것을 말한다.
(2) **쌍방대리**란 대리인이 본인을 대리함과 동시에 상대방도 대리하여, 동일한 법률행위에서 쌍방 당사자를 모두 대리하는 것을 말한다.
(3) 이 두 행위는 이해충돌의 우려로 인해 원칙적으로 금지된다.

2. 예외적으로 허용되는 경우
(1) 본인의 사전 또는 사후 허락이 있는 경우
(2) 단순한 확정된 채무의 이행행위
(3) 거래 관행상 허용되는 경우 – 예: 주식의 명의개서, 법무사의 등기신청 등
(4) 다만, **다툼이 있는 채무, 기한 미도래 채무, 항변권이 있는 채무, 대물변제** 등은 허용되지 않는다.

3. 제124조를 위반한 경우의 효과

(1) 위반한 행위는 **확정적 무효**가 아니라 **무권대리행위**에 해당한다.

(2) 따라서 본인이 **사후 추인**하면 유효하게 될 수 있다.

4. 적용범위

(1) 자기계약과 쌍방대리의 금지는 **임의대리**뿐만 아니라 **법정대리에도 적용**된다.

(2) 다만, **임의규정**이므로 당사자의 **약정으로 배제**할 수 있다.

5. 특칙 - 친권자·후견인의 이해상반행위

(1) **민법 제921조**는 친권자와 자녀 사이에 이해상반행위가 있는 경우, 법원에 **특별대리인의 선임을 청구**하도록 정하고 있다.

(2) **이해상반행위**는 행위의 **객관적 성질**에 따라 판단하며, 친권자의 주관적 의도는 고려하지 않는다.

(3) 친권자의 이해상반행위는 **특별대리인이 대리**하여야 하며, 그렇지 않으면 **무권대리**가 된다.

6. 특칙 - 법인의 경우

(1) 법인의 대표이사가 법인과 **이해상반되는 거래**를 하는 경우, 대표권이 제한된다.

(2) 이 경우 **법원이 선임한 특별대리인**이 법인을 대표하게 되며, **민법 제64조**는 제124조에 대한 **특칙**이다.

II. 각자대리의 원칙

> 제119조【각자대리】대리인이 수인인 때에는 각자가 본인을 대리한다. 그러나 법률 또는 수권행위에 다른 정한 바가 있는 때에는 그러하지 아니하다.

1. 원칙 - 각자대리

(1) 민법 제119조는 <u>대리인이 수인인 경우</u>, 원칙적으로 <u>각자가 단독으로 대리할 수 있음</u>을 규정한다.

(2) 이는 본인의 의사와 거래의 편의를 반영한 규정이다.

2. 예외 - 공동대리
(1) **법률의 특별한 규정 또는 수권행위**에 의해 **공동으로만 대리할 수 있도록 정한 경우**, 공동대리가 요구된다.
(2) 공동대리의 취지는 **대리인 간의 상호 견제**를 통해 본인을 보호하기 위한 것이다.

3. 공동대리의 방식
(1) 공동대리에서의 '공동'은 **의사결정의 공동**을 의미한다.
(2) 대리인 전원의 **의사합치**가 있으면, 그 중 1인이 단독으로 의사표시를 해도 유효하다.
(3) 단, 대리인 전원이 단독 대리권을 **포괄적으로 위임**하는 것은 허용되지 않는다.

4. 수동대리의 경우
(1) 공동대리의 제한은 **수동대리에는 적용되지 않는다**는 것이 통설이다.
(2) 따라서 **공동대리인 중 1인만이 의사표시를 수령해도 유효**하다.

5. 위반 시의 효과
- 공동대리를 요하는 경우에 대리인 1인만이 대리행위를 한 경우, **무권대리**가 된다.

III. 대리권의 남용

1. 의의
- 대리권 남용이란, 대리인이 **대리권의 범위** 내에서 행위하였으나, **본인을 위한 것이 아닌 자기 또는 제3자의 이익을 위한 배임적 행위**를 말한다.

2. 성립요건
(1) 대리인이 대리권의 범위 내에서 행위할 것
(2) 대리인이 본인을 위한 것이 아니라 자기 또는 제3자의 이익을 위한 목적일 것
(3) 상대방이 그 사실을 **알았거나 알 수 있었을 것**

3. 효과

(1) 대리인의 대리행위는 **원칙적으로 유효**하나,

(2) **상대방이 배임 사실을 알았거나 알 수 있었을 경우**, 본인은 해당 행위에 대해 **효력을 부인**할 수 있다.

(3) 이는 민법 제107조 단서를 **유추적용**한 것이다.

제4관 대리권의 소멸

I. 대리권의 소멸사유

1. 법정대리와 임의대리에 공통되는 소멸사유

> 제127조【대리권의 소멸사유】 대리권은 다음 각 호의 어느 하나에 해당하는 사유가 있으면 소멸된다.
> 1. 본인의 사망
> 2. 대리인의 사망, 성년후견의 개시 또는 파산

(1) **본인의 사망**
  ① 본인이 사망하면 대리권은 소멸한다.
  ② 이는 법정대리에서는 대리의 필요가 없어졌기 때문이고, 임의대리에서는 **본인과 대리인 간의 신임관계**가 소멸되었기 때문이다.
  ③ 본인이 **실종선고**를 받은 경우에도 사망한 것으로 간주되므로, 대리권은 소멸한다.

(2) **대리인의 사망, 성년후견 개시 또는 파산**
  ① 대리인이 사망하면 대리권은 소멸하며, 상속되지 않는다.[73]
  ② 대리인이 된 이후에 **성년후견 개시 또는 파산선고**를 받은 경우에도 대리권은 소멸한다.

---

[73] 임의대리의 경우 대리인이 사망하면 그 상속인이 대리권을 승계하는 것으로 당사자간 약정하는 것은 유효하다고 해석된다.

③ 이는 본인에게 **예상치 못한 손해를 초래할 우려가 있기** 때문이다.
④ 단, **한정후견 개시나 특정후견 개시는 대리권 소멸사유가 아니다.**

(3) 예외적 존속 인정
① 본인의 사망 후에도 대리권이 유효하도록 한 약정은 **임의대리의 경우 유효**하다.
② 본인 또는 대리인이 사망한 경우라도 **급박한 사정이 있으면,**[74] **그 업무를 계속 처리할 필요가 있는 범위에서 대리권은 존속**한다.
③ **상행위에 기초한 위임**이나 **소송대리권** 등은 본인의 사망으로 인해 소멸하지 않는다.

2. 임의대리에 특유한 소멸사유

> 제128조【임의대리의 종료】법률행위에 의하여 수여된 대리권은 전조의 경우 외에 그 원인 된 법률관계의 종료에 의하여 소멸한다. 법률관계의 종료 전에 본인이 수권행위를 철회한 경우에도 같다.

(1) 원인된 법률관계의 종료
① 임의대리권은 이를 수여한 기초적 내부관계(예: 위임, **고용** 등)가 종료하면 소멸한다.
② 이는 **대리권이 내부관계를 전제로 부여되었기 때문**이다.
③ 예를 들어, 위임계약이 해지되거나 수임인이 사망·파산하거나 성년후견 개시를 받은 경우, 위임관계가 종료되고 대리권도 소멸한다.
④ **민법 제128조**는 이를 명문으로 규정하고 있으며, 이는 **임의규정**이므로 **계약으로 달리 정할 수 있다.**

(2) 수권행위의 철회
① 본인은 **수권행위를 언제든지 철회**할 수 있으며, 이로써 대리권은 소멸한다.
② **철회는 명시적·묵시적으로 가능**하고, 단독행위로 이루어진다.
③ 다만, **수권 철회를 하지 않기로 한 특약이 있는 경우** 또는 대리권이 대리인의 이익을 위해 수여된 경우에는 철회가 제한된다.

---

74) 민법 제691조(위임종료시 긴급처리) 참조

④ 예: 채무자가 채권자에게 제3채무자에 대한 채권추심권을 부여한 경우, 채무자는 임의로 이를 철회할 수 없다.

3. 법정대리에 특유한 소멸사유

(1) **법률의 규정에 따른 소멸**
  ① 법정대리권은 **법원의 재산관리인 교체, 법정대리권 상실 선고, 법원의 허가를 받은 사퇴** 등에 따라 소멸한다.
  ② 또한 **본인의 성년, 성년후견 또는 한정후견 종료 심판** 등으로 인해 **법정대리의 전제가 되는 사정이 사라지면,** 대리권은 소멸한다.

제4절 대리행위(대리인과 상대방 사이의 관계)

I. 대리의사의 표시 – 현명주의

> 제114조【대리행위의 효력】① 대리인이 그 권한 내에서 본인을 위한 것임을 표시한 의사표시는 직접 본인에게 대하여 효력이 생긴다.

1. 의의
(1) **현명주의**란, 대리인이 그 권한 내에서 **본인을 위한 것임을 표시해야** 대리행위의 효과가 **직접 본인에게 귀속되는 원칙**을 말한다.
(2) 이는 상대방 보호와 법률관계의 명확성을 위한 것으로, 민법 제114조 제1항에 규정되어 있다.

2. "본인을 위한 것"임의 의미
(1) "본인을 위한 것"이란, **법률효과를 본인에게 귀속시키려는 의사를 말하며, 본인의 이익을 도모하는 행위라는 의미는 아니다.**
(2) 따라서 대리인이 본인의 이익과 무관하게 또는 자신의 이익을 위하여 행위했더라도, **표면상 본인을 위한 것임을 표시했다면 유효한 대리행위로 성립한다.**
(3) 다만, 상대방이 대리인이 **배임 행위임을 알았거나 알 수 있었던 경우**에는, **대리권 남용 이론**에 따라 그 효과는 본인에게 귀속되지 않는다.

3. 현명의 방식
(1) 현명은 반드시 명시적일 필요는 없으며, **묵시적으로도 인정**될 수 있다.
(2) 예컨대 "A의 대리인 B" 또는 "건물 소유자의 대리인"이라는 표현은 현명의 방식으로 충분하다.
(3) **본인의 이름이 명시되지 않더라도**, 주변 사정상 **본인을 위한 행위임이 명백한 경우에는 현명이 된 것으로 본다.**
(4) 대리인이 **계약서에 본인의 이름을 쓰고 본인의 인장을 사용한 경우**도 대리행위로 인

정될 수 있다.
(5) **판례는** 매매위임장을 제시한 뒤 계약서에 대리인의 이름만을 기재한 경우에도, **통상 소유자를 대리한 매매로 보아야 한다고** 판시하였다.

4. 현명이 없는 경우의 효과

> 제115조【본인을 위한 것임을 표시하지 아니한 행위】대리인이 본인을 위한 것임을 표시하지 아니한 때에는 그 의사표시는 자기를 위한 것으로 본다. 그러나 상대방이 대리인으로서 한 것임을 알았거나 알 수 있었을 때에는 전조 제1항의 규정을 준용한다.

(1) 대리인이 **본인을 위한 것임을 표시하지 않은 경우**, 그 의사표시는 **대리인 자신을 위한 것으로 간주된다.**
(2) 이 경우 대리인은 계약의 당사자가 되며, **착오를 이유로 한 의사표시 취소는 허용되지 않는다.**
(3) 그러나 상대방이 대리인으로서 한 것임을 알았거나 알 수 있었을 경우, 민법 제114조 제1항이 **준용되어** 그 법률행위는 **본인에게 효력이 있다.**

5. 현명주의의 예외

(1) **수동대리**(상대방의 의사표시를 수령하는 경우)에서는, 상대방이 **본인을 위한 표시를 해야 하므로** 현명주의가 적용되지 않는다.
(2) **상행위의 대리** 또는 **일상가사대리의 경우, 현명하지 않아도 본인에게 효력이 있다.** 이는 상법 제11조 등 특별규정에 따른 것이다.

II. 대리행위의 하자

> 제116조【대리행위의 하자】① 의사표시의 효력이 의사의 흠결, 사기, 강박 또는 어느 사정을 알았거나 과실로 알지 못한 것으로 인하여 영향을 받을 경우에 그 사실의 유무는 대리인을 표준하여 결정한다.
> ② 특정한 법률행위를 위임한 경우에 대리인이 본인의 지시에 좇아 그 행위를 한 때에는 본인은 자기가 안 사정 또는 과실로 인하여 알지 못한 사정에 관하여 대리인의 부지를 주장하지 못한다.

1. 일반적인 경우: 대리인을 기준으로 판단

(1) **원칙**
　① 대리인은 본인의 의사를 전달하는 자가 아니라 자신의 판단으로 의사표시를 하는 자이므로, 의사표시의 하자는 대리인을 기준으로 판단한다.
　② 대리행위의 하자로 인해 취소 또는 무효의 사유가 발생한 경우, **그 효과는 본인에게 귀속**된다.
　③ 임의대리인이 취소를 하려면 본인의 별도 수권이 필요하다.

(2) **사기·강박의 판단 기준**
　① 상대방이 대리인을 사기·강박한 경우
　　→ 대리인을 기준으로 하여 취소 여부가 결정되며, 본인은 대리행위를 취소할 수 있다.
　② 대리인이 상대방을 사기·강박한 경우
　　→ 대리인은 본인과 동일시되므로, 상대방은 본인의 악의 여부와 무관하게 의사표시를 취소할 수 있다.
　③ 상대방이 본인을 사기·강박한 경우
　　→ 대리인이 이를 몰랐을 경우, **본인은 취소할 수 없다.**

(3) **기타 하자 있는 행위의 유형**
　① **비진의표시**: 대리인이 진의 아닌 의사표시를 하더라도, 상대방이 이를 알았거나 알

수 있었을 경우 **무효**이다.
② **허위표시**: 대리인이 상대방과 통정하여 허위표시를 한 경우, **행위는 무효**이며 본인도 보호받지 못한다.
③ **착오**: 착오의 유무 및 중대한 과실 여부는 **대리인을 기준**으로 판단하되, 착오가 법률행위의 **중요 부분**에 해당하는지는 **본인을 기준**으로 판단한다.
④ **불공정한 법률행위**:
- '경솔·무경험'은 대리인을 기준으로 판단하며,
- '**궁박**'은 **본인을 기준으로 판단**한다.

⑤ **반사회질서행위**: 대리인이 배임행위에 적극 가담하였다면, 본인이 몰랐더라도 **해당 행위는 무효**이다.

2. 예외: 본인을 기준으로 판단

(1) 특정한 법률행위의 위임이 있는 경우
① **본인의 지시에 따라** 대리인이 법률행위를 한 경우, 본인은 **자신의 악의 또는 과실을 이유로 대리인의 선의를 주장할 수 없다.**
② 이는 악의의 본인이 선의의 대리인을 이용하여 책임을 회피하는 것을 방지하기 위한 규정이다.
③ 예: 매수에 관한 **지시**를 받은 대리인이 선의라고 하더라도, 본인이 목적물의 하자를 알고 있었거나 과실로 알지 못한 경우, **본인은 하자담보책임을 주장할 수 없다.**

(2) 제116조 제2항의 '지시'의 의미
→ 엄격한 특별 지시가 필요한 것은 아니며, **문제된 부분이 본인의 의사에 의해 결정된 경우**를 의미한다.

III. 대리인의 능력

1. 대리인의 능력

> 제117조【대리인의 행위능력】 대리인은 행위능력자임을 요하지 아니한다.

(1) 의사능력 요건
① 대리인은 반드시 **의사능력을 갖추어야 한다**. 의무무능력자의 행위는 무효이므로, 의사능력이 없는 자는 대리인이 될 수 없다.
② 따라서, **제한능력자라도 의사능력만 있다면 대리행위를 할 수 있다.**

(2) 제한능력자인 대리인의 대리행위
① 본인은 대리인이 **제한능력자임을 이유로 대리행위를 취소할 수 없다.**
② 그러나 대리인이 **의사능력이 없는 경우에는 그 대리행위는 무효이다.**

(3) 기초적 내부관계(위임계약)에서의 제한능력자
① 제한능력자인 대리인은 **자신의 제한능력을 이유로 위임계약을 취소할 수 있다.**
② 본인은 대리인의 제한능력을 이유로 **위임계약을 취소할 수 없다.** 본인은 취소권자가 아니므로, 단순한 **해지**만 가능하다.

2. 법정대리에서의 적용 여부

(1) 민법 제117조는 임의대리뿐 아니라 법정대리에도 적용된다.
(2) 그러나 특정한 법정대리(예: **후견인, 유언집행자**)의 경우에는 **능력자 요건이 명문으로 규정**되어 있다.
(3) 그 외의 경우(예: 부재자재산관리인 등)에는 **제한능력자도 법정대리인이 될 수 있다는 견해가 타당하다.** 민법이 명문으로 능력 요건을 정한 경우를 제외하면, **제한능력자도 법정대리인이 될 수 있다.**

3. 본인과 대리인의 행위 경합

(1) **임의대리의 경우**, 본인이 수권을 하였더라도 **직접 법률행위를 할 수 있다.**

(2) 법정대리의 경우에도 본인은 법률행위를 할 수 있으며, 법정대리인은 그것을 취소할 수 있을 뿐이다.
(3) 대리인과 본인이 각자 법률행위를 한 경우, **양자 간 행위가 경합할 수 있다.**
　① **처분행위의 경우, 누가 먼저 등기나 인도를 갖추었는지**에 따라 효력이 결정된다.
　　예: 대리인이 먼저 매도한 후, 본인이 같은 물건을 매도한 경우, **본인의 매도행위는 무효이다.**
　② **본인과 대리인이 각기 다른 상대방과 계약을 체결한 경우, 양 계약은 모두 유효하다.** 그러나 **본인은 하나의 계약만 이행할 수 있으므로**, 이행하지 못한 상대방에게는 **채무불이행에 따른 손해배상책임**을 부담한다.

제5절 대리의 효과(본인과 상대방 사이의 관계)

I. 대리행위의 효과

1. 대리효과의 귀속 원칙

(1) 직접효과 귀속
① 대리행위의 **법률효과는 직접 본인에게 귀속된다**. 즉, 대리인이 한 의사표시는 내부적으로 대리인에게 먼저 귀속되었다가 본인에게 전이되는 것이 아니라, **곧바로 본인에게 직접 귀속되는** 것이다.
② 이는 민법 제114조 제1항이 정하는 '직접대리'의 원칙이며, **간접대리**[75]와 구별된다.

(2) 귀속효과의 범위
① 본인에게 귀속되는 법률효과에는 다음과 같은 내용이 포함된다.
  (a) **주된 법률효과**:
  - 매매계약 체결 시 생기는 **재산권의 취득, 대금지급의무** 등
  (b) **부수적 법률효과**:
  - 그 법률행위로 인해 발생할 수 있는 **해제권, 취소권, 손해배상책임 등**을 포함한다.
  - 예컨대, 주택의 매수에 관한 대리의 경우, **소유권이전청구권이나 등기청구권**이 본인에게 귀속된다.

(3) 대리인의 귀책사유로 인한 효과
① 대리인의 귀책사유로 인해 채무불이행이 발생하고 상대방이 계약을 해제한 경우, **계약해제의 효과, 원상회복의무, 손해배상책임** 등은 모두 **본인에게 귀속된다.**
② 이는 대리행위에서 발생한 모든 **법률상 책임을 본인이 부담함**을 의미한다.

---

[75] 간접대리는 자기 명의로 계약을 체결하지만, 타인의 계산으로 행위하는 제도를 말한다. 이는 민법 제114조가 말하는 직접대리와는 구별된다. 간접대리의 대표적 사례는 위탁매매(상법 제101조 이하)로, 위탁매매란, 타인의 계산으로 자기 이름으로 유가증권이나 물건을 영업적으로 매매하는 것으로 위탁매매인이 자기 이름으로 타인을 위해 주식을 매수매도하는 행위가 대표적이다.

(4) 대리인의 책임 불인정
　① 대리인은 법률행위의 주체가 아니므로, 대리행위로 인해 권리나 의무를 직접 취득하지 않는다.
　② 단, 대리인의 불법행위는 대리행위가 아니므로, 일반적으로 본인에게 책임이 귀속되지 않는다.
　③ 다만, 본인과 대리인이 사용자와 피용자의 관계에 있다면, 사용자책임(민법 제756조)이 인정될 수는 있다.

II. 본인의 능력

1. 권리능력 요건
(1) 권리능력 필요성
　① 대리행위의 효력은 본인에게 귀속되므로, 본인은 최소한 권리능력을 갖추어야 한다.
　② 본인에게 권리능력이 없다면, 그 대리행위는 무효가 된다.

2. 의사능력 및 행위능력 불요
(1) 의사·행위능력의 불요성
　① 본인은 직접 의사표시를 하거나 법률행위를 하지 않으므로, 의사능력이나 행위능력을 갖출 필요는 없다.
　② 그러나, 임의대리의 경우 수권행위는 본인의 단독행위이므로, 수권 당시에는 본인에게 행위능력이 요구된다.
　③ 따라서 제한능력자인 본인이 수권행위를 한 경우, 그 수권행위는 추후 취소의 대상이 될 수 있다.

제6절 복대리

I. 의의와 성질

1. 의의
(1) **복대리**란, 대리인이 그 권한 내의 행위를 수행하기 위하여 <u>자기 이름으로 선임한 **본인의 대리인**</u>을 말한다.
(2) 대리인이 복대리인을 선임할 수 있는 권한을 **복임권**, 복대리인을 실제로 선임하는 행위를 **복임행위**라고 한다.

2. 법적 성질
(1) **복대리인은 본인의 대리인**이며, 대리인의 대리인이 아니다.
(2) 복대리인은 대리인이 자신의 이름(책임)으로 선임한 자로, <u>**복임행위는 대리행위가 아니다.**</u>
(3) 복대리인은 본인의 이름으로 대리행위를 하며, <u>**항상 임의대리인**</u>이다.
(4) **대리인의 대리권이 소멸하면 복대리인의 권한도 당연히 소멸**한다.
(5) 복대리인의 선임에도 불구하고 **대리인의 대리권은 소멸하지 않고 여전히 유효**하다.

II. 대리인의 복임권과 책임

1. 임의대리인의 복임권 및 책임

제120조【임의대리인의 복임권】 대리권이 법률행위에 의하여 부여된 경우에는 대리인은 본인의 승낙이 있거나 부득이한 사유 있는 때가 아니면 복대리인을 선임하지 못한다.
제121조【임의대리인의 복대리인선임의 책임】 ① 전조의 규정에 의하여 대리인이 복대리인을 선임한 때에는 본인에게 대하여 그 선임감독에 관한 책임이 있다.
② 대리인이 본인의 지명에 의하여 복대리인을 선임한 경우에는 그 부적임 또는 불성실함을 알고 본인에게 대한 통지나 그 해임을 태만한 때가 아니면 책임이 없다.

(1) **원칙적으로 임의대리인은 복임권이 없다.**
(2) 예외적으로 **본인의 승낙**이 있거나, **부득이한 사유**가 있는 경우에만 복대리인을 선임할 수 있다.
(3) 예외적으로 임의대리인이 복대리인을 선임한 경우, **선임·감독에 과실이 있다면 본인에게 손해배상 책임**을 진다(과실책임).
(4) 본인의 지명에 따라 복대리인을 선임한 경우, 대리인은 복대리인의 부적임 또는 불성실함을 알고도 통지 또는 해임을 하지 않은 때에만 책임을 진다.

2. 법정대리인의 복임권 및 책임

> 제122조【법정대리인의 복임권과 그 책임】 법정대리인은 그 책임으로 복대리인을 선임할 수 있다. 그러나 부득이한 사유로 인한 때는 전조 제1항에 정한 책임만이 있다.

(1) 법정대리인은 원칙적으로 복임권을 가진다.
(2) 복대리인의 선임·감독에 **과실이 없어도 손해에 대해 책임을 진다(무과실책임).**
(3) 단, **부득이한 사유로 복대리인을 선임한 경우에는 선임·감독상의 과실이 있는 경우에만 책임**을 진다(과실책임).
(4) 법정대리인이 선임한 복대리인도 법률상 **임의대리인**으로 본다.

III. 복대리인의 지위

> 제123조【복대리인의 권한】 ① 복대리인은 그 권한 내에서 본인을 대리한다.
> ② 복대리인은 본인이나 제3자에 대하여 대리인과 동일한 권리의무가 있다.

1. 대리인과의 관계

(1) 복대리인은 대리인의 **감독**을 받으며, 대리인의 대리권에 의존한다.
(2) 따라서 **복대리권은 대리권의 범위를 넘을 수 없고, 대리권이 소멸하면 복대리권도 소멸**한다.

2. 제3자(상대방)와의 관계

(1) 복대리인은 본인의 대리인이므로, 본인의 이름으로 법률행위를 하고 그 효과는 본인에게 직접 귀속된다.
(2) 민법 제123조 제2항은, **복대리인은 제3자에 대하여 대리인과 동일한 권리·의무를** 가진다고 규정한다.
(3) 따라서 **현명주의**, 대리행위의 하자, 표현대리, 무권대리 등에 관한 규정이 동일하게 **적용**된다.

3. 본인과의 관계

(1) 복대리인은 본인에 대해 **대리인과 동일한 권리·의무**를 가진다.
(2) 즉, 선관주의의무, 수령물의 인도 의무, 비용상환청구권, 보수청구권 등을 가진다.
(3) 이는 복대리인이 본인을 직접 대리하는 법률관계에 기반한 것으로, **복대리인과 본인 사이에도 내부 법률관계(위임, 고용 등)가 성립**한다.

IV. 복대리인의 복임권

(1) 복대리인은 임의대리인이므로, 원칙적으로 복임권이 없다.
(2) 예외적으로 본인의 승낙이 있거나 부득이한 사유가 있는 경우에는 복대리인을 다시 선임할 수 있다(통설, 판례).

V. 복대리권의 소멸

(1) 대리권의 일반적인 소멸 사유가 있으면 복대리권도 소멸한다.
  (a) 본인의 사망
  (b) 복대리인의 사망, 성년후견 개시, 파산 등
(2) **대리인의 대리권이 소멸하면**, 이에 기초한 **복대리권도 소멸**한다.
(3) 대리인과 복대리인 사이의 **수권관계가 철회**되는 경우에도 복대리권은 소멸한다.

제7절 무권대리

I. 무권대리의 의의 및 종류

1. 의의
(1) **무권대리**란 대리인이 <u>대리권 없이 본인을 대리하여 법률행위</u>를 하는 것을 말한다.
(2) 무권대리에는 **협의의 무권대리**와 **표현대리**가 포함된다.
(3) 협의의 무권대리의 경우, 본인의 **추인이 없는 한 그 행위는 무효**이다.
(4) 표현대리는 본인의 추인이 없더라도, 일정한 요건이 충족되면 **상대방이 주장함으로써 본인에게 책임이 귀속되는 경우**이다.

2. 무권대리 행위가 무효인 경우
(1) 무권대리 행위 자체가 강행규정에 위반되어 무효인 경우
   ① 본인이 추인하더라도 그 행위는 유효로 될 수 없다.
   ② 무권대리인의 책임도 발생하지 않는다.
   ③ 표현대리의 적용도 배제된다.

3. 무권대리의 유형
(1) <u>협의의 무권대리</u>
   ① <u>본인을 보호하기 위한 제도</u>이다.
   ② 본인이 추인하지 않으면 행위는 무효이고, 무권대리인은 일정한 책임을 진다.

(2) **표현대리**
   ① 본인의 신뢰 유발에 기초하여 <u>상대방을 보호하기 위한 제도</u>이다.
   ② 다음 세 가지 형태가 있다.
      (a) 제125조: **대리권 수여의 표시에 의한 표현대리**
      (b) 제126조: **권한을 넘은 표현대리**
      (c) 제129조: **대리권 소멸 후의 표현대리**

II. 협의의 무권대리

1. 본인과 상대방 사이의 효과

> 제130조【무권대리】 대리권 없는 자가 타인의 대리인으로 한 계약은 본인이 이를 추인하지 아니하면 본인에 대하여 효력이 없다.
> 제133조【추인의 효력】 추인은 다른 의사표시가 없을 때에는 계약시에 소급하여 그 효력이 생긴다. 그러나 제3자의 권리를 해하지 못한다.
> 제132조【추인, 거절의 상대방】 추인 또는 거절의 의사표시는 상대방에 대하여 하지 아니하면 그 상대방에 대항하지 못한다. 그러나 상대방이 그 사실을 안 때에는 그러하지 아니하다.

(1) **원칙: 본인의 추인이 있어야 유효**
  ① 무권대리행위는 본인의 **추인**이 없는 한 효력이 없다(민법 제130조).
  ② 다만, **본인이 추인을 하면 소급하여 계약 시점부터 유효**하게 된다(제133조).
  ③ 단, **제3자의 권리를 해하지 못한다.**

(2) **추인의 요건과 효과**
  ① 추인은 상대방에 대한 단독행위로서 본인의 일방적 의사표시로 이루어진다.
    • 명시적 또는 **묵시적으로 가능**하며, 형식에 제한이 없다.
    • **일부에 대한 추인이나 조건을 붙인 추인은 상대방의 동의가 없는 한 무효**이다.
  ② 추인의 상대방은 **상대방, 무권대리인 또는 특별승계인 모두 가능**하다.
  ③ **무권대리인에게 한 추인은 상대방이 이를 알기 전까지는 상대방에게 주장할 수 없다**(제132조).
  ④ 효과는 원칙적으로 **계약 시점에 소급하여 효력**이 발생한다.
    • 단, "**제3자의 권리를 해하지 못한다**"는 제한이 있으며, 계약 당사자의 특약이 있는 경우에도 소급효가 제한된다.

(3) **추인거절**
  ① 본인이 **추인할 의사가 없음을 명시**하면, 추인거절로서 **확정적 무효**가 된다.

② 이후에는 **다시 추인할 수 없다.**
③ 추인거절의 방식과 상대방은 추인과 동일하다.

(4) 상속과 무권대리

① **무권대리인이 본인을 상속한 경우**, 신의칙상 **추인을 거절할 수 없다.**
- 금반언 원칙상 자기 행위의 무효를 주장할 수 없다.

② **본인이 무권대리인을 상속한 경우**에는 추인을 거절할 수 있다.
- 이 경우 **무권대리인의 책임만 상속**되며, 계약 이행책임까지는 부담하지 않는다.

2. 상대방의 보호

(1) 상대방의 최고권(선·악 불문)

> 제131조【상대방의 최고권】대리권 없는 자가 타인의 대리인으로 계약을 한 경우에 상대방은 상당한 기간을 정하여 본인에게 그 추인 여부의 확답을 최고할 수 있다. 본인이 그 기간 내에 확답을 **발하지 아니한** 때에는 추인을 **거절**한 것으로 본다.

① 상대방은 본인에게 **상당한 기간을 정하여 추인 여부를 최고**할 수 있다.
② 본인이 기한 내에 **확답하지 않으면 추인 거절로 간주**된다.
③ **발신주의 적용**, 최고는 선악 불문하고 가능하다.

(2) 상대방의 철회권(선의만)

> 제134조【상대방의 철회권】대리권 없는 자가 한 계약은 본인의 추인이 있을 때까지 상대방은 본인이나 그 대리인에 대하여 이를 철회할 수 있다. 그러나 계약 당시에 상대방이 대리권 없음을 안 때에는 그러하지 아니하다.

① 상대방이 **선의인 경우**, 본인의 **추인 전까지 철회**할 수 있다.
② 무권대리인이 추인을 받았더라도, **상대방이 그 사실을 몰랐다면** 철회는 유효하다.
③ 철회는 본인 또는 무권대리인에게 할 수 있다.
④ 철회의 효과: **무권대리행위는 확정적으로 무효**가 되며, 이후 본인은 추인할 수 없

고, 무권대리인의 책임도 면제된다.

3. 무권대리인의 책임

제135조【무권대리인의 상대방에 대한 책임】① 타인의 대리인으로 계약을 한 자가 그 대리권을 증명하지 못하고 또 본인의 추인을 얻지 못한 때에는 상대방의 선택에 좇아 계약의 이행 또는 손해배상의 책임이 있다.
② 상대방이 대리권 없음을 알았거나 알 수 있었을 때 또는 대리인으로 계약한 자가 행위능력이 없는 때에는 전항의 규정을 적용하지 아니한다.

(1) 요건
① <u>대리권이 없음을 증명하지 못하고, 본인의 추인을 받지 못한 경우</u>
② <u>상대방이 선의·무과실이며, 무권대리인이 행위능력자일 것</u>
③ 입증책임: 상대방이 위 요건을 주장하면, 무권대리인이 **악의 또는 과실의 존재를 입증**해야 책임을 면할 수 있다.

(2) 내용
① <u>**계약 이행책임**</u> 또는 <u>**손해배상책임**</u> 중 <u>**상대방의 선택**</u>에 따른다.
- 이행책임은 법정의무로서 계약상 책임은 아니다.
- 손해배상은 이행이익 기준이다.

② <u>**무과실 책임**</u>이므로, 고의나 과실이 없어도 책임을 진다.
③ 시효는 상대방이 선택권을 행사할 수 있는 때부터 진행하며, 일반 소멸시효 규정이 적용된다.

(3) 무권대리인이 책임을 지지 않는 경우
① 상대방이 <u>**악의 또는 중과실**</u>인 경우
② 무권대리인이 <u>**제한능력자**</u>인 경우

(4) 본인과 무권대리인 사이의 관계
① 본인이 추인하면 **사무관리, 부당이득, 불법행위** 등이 성립할 수 있다.
② 본인이 추인하지 않으면 **법률관계가 성립하지 않는다.**

4. 단독행위의 무권대리

> 제136조【단독행위와 무권대리】 단독행위에는 그 행위 당시에 상대방이 대리인이라 칭하는 자의 대리권 없는 행위에 동의하거나 그 대리권을 다투지 아니한 때에 한하여 전 6조의 규정을 준용한다. 대리권 없는 자에 대하여 그 동의를 얻어 단독행위를 한 때에도 같다.

(1) 상대방 없는 단독행위
- 소유권 포기, 재단법인 설립행위 등은 <u>본인의 추인 여부와 무관하게 **항상 무효**</u>이다.

(2) 상대방 있는 단독행위
① **능동대리**: 상대방이 무권대리인의 행위에 동의하거나 대리권을 다투지 않은 경우
  - 무권대리 규정이 준용되어, 본인의 추인 시 유효
  - 다만, 철회권이나 무권대리인의 책임 인정은 해석상 제한됨
② **수동대리**: 상대방이 무권대리인의 동의를 받아 단독행위를 한 경우
  - 본인의 추인 시 유효, 그렇지 않으면 확정적 무효
  - 무권대리인의 책임은 능동대리와 동일하게 해석됨

제8절 표현대리

I. 표현대리 일반

1. 의의
표현대리란 대리권이 없는 자가 대리인으로서 행위하였음에도 불구하고, 일정한 요건을 갖춘 경우 **본인이 그 행위의 효과를 부담하는 제도**이다.

2. 성립요건
(1) **대리권의 외관 존재**: 대리인에게 대리권은 없지만, **대리권이 있는 것처럼 보이는 외관이 존재**해야 하며, 이는 다음 세 가지 유형으로 나뉜다.
   ① 대리권 수여의 표시(제125조)
   ② 권한을 넘은 표현대리(제126조)
   ③ 대리권 소멸 후의 표현대리(제129조)

(2) **외관 형성에 대한 본인의 관여**: 본인의 **표시, 묵인, 방치 등의 사정**이 외관 형성에 기여했어야 한다.

(3) **상대방의 신뢰 보호가치**:
   ① 제125조: 상대방의 **선의·무과실** 요구됨
   ② 제126조 및 129조: 상대방의 **정당한 이유** 요구됨

(4) **대리행위 자체의 유효성**: 표현대리가 성립하려면 대리행위 자체는 **무효가 아니어야 하며, 행위 자체가 위법하거나 강행규정에 반하는 경우에는 성립할 수 없다.**

3. 성질
(1) **법정책임**: 표현대리는 본인의 과실 여부와 관계없이 법률에 의해 본인에게 책임을 지우는 **법정책임**이다.
(2) **무권대리의 일종**: 표현대리는 **여전히 무권대리에 해당**하며, 상대방이 이를 주장해야만 효력이 발생한다.

4. 표현대리의 효과

(1) 본인의 책임
① 표현대리가 성립한 경우, 본인은 해당 법률행위에 따른 모든 법률효과를 직접 부담하여야 한다.
② 민법 제125조 및 제126조는 "책임이 있다"고 표현하고, 제129조는 "대항하지 못한다"고 규정하고 있으나, 실질적으로는 모두 본인이 법률행위의 효과를 부담한다는 점에서 동일한 의미를 가진다.
③ 본인은 표현대리행위에 따라 상대방에게 권리의무를 부담하게 되며, 자신이 원치 않는 법률효과로 인해 손해를 입은 경우에는 표현대리인에게 위임계약상의 책임이나 불법행위책임을 물을 수 있다.

(2) 표현대리는 상대방의 주장에 의해 성립함
① 표현대리는 상대방이 주장하여야만 성립하며, 본인이 이를 주장할 수는 없다.
② 표현대리가 성립한 경우, 상대방은 본인에게만 책임을 물을 수 있으며, 표현대리인에게는 무권대리인의 책임을 물을 수 없다.
③ 표현대리가 성립한 이후라도, 상대방이 이를 철회하여 무효로 만든 경우에는, 본인은 더 이상 그 행위를 추인할 수 없다.
④ 상대방이 표현대리를 명시적으로 특정하지 않더라도, 제125조, 제126조 또는 제129조의 요건에 해당하는 사실을 주장한 경우에는, 그에 대한 주장으로 간주하여 심리할 수 있다.
⑤ 소송상 표현대리의 주장 여부는 당사자의 처분에 따라야 하므로, 상대방이 이를 주장하지 않는 이상 법원이 직권으로 판단할 수는 없다.

5. 보호대상
표현대리에 의해 보호되는 자는 **직접 대리행위를 한 상대방**에 한하며, **전득자(전후 양도인)**는 보호 대상이 아니다.

II. 대리권 수여의 표시에 의한 표현대리

> 제125조【대리권수여의 표시에 의한 표현대리】제3자에 대하여 타인에게 대리권을 수여함을 표시한 자는 그 대리권의 범위 내에서 행한 그 타인과 그 제3자 간의 법률행위에 대하여 책임이 있다. 그러나 제3자가 대리권 없음을 알았거나 알 수 있었을 때에는 그러하지 아니하다.

1. 의의

대리권 수여의 표시에 의한 표현대리란, 본인이 타인에게 실제로는 대리권을 부여하지 않았음에도 불구하고, 제3자에게 대리권을 부여한 것처럼 **표시**한 경우, 그 **표시된 범위 내에서 해당 자가 행한 대리행위의 효과를 본인에게 귀속시키는 제도**를 말한다. 이는 대리권의 '성립에 관한 외관'이 존재하는 경우에 해당한다.

이 제도는 본인이 직접 대리인에게 대리권을 수여하지 않았지만, 본인의 언동이나 외부 표시로 인해 제3자가 정당하게 대리권의 존재를 믿고 거래한 경우, 그 신뢰를 보호하여 거래의 안전을 도모하고자 하는 데 그 목적이 있다.

2. 성립요건

대리권 수여의 표시에 의한 표현대리가 성립하기 위해서는 다음의 네 가지 요건을 충족해야 한다.

(1) 본인의 대리권 수여 표시

① 본인이 제3자(대리행위의 상대방)에게 일정인(표현대리인)에게 대리권을 수여하였다고 **표시**하였어야 한다.
② 표시의 방식에는 제한이 없으며, 명시적이든 **묵시적이든 가능**하다. 서면(위임장 등), 구두, 명함, 직함 사용 등을 통해 사회통념상 대리권 부여가 인정될 수 있다.
③ 본인이 직접 제3자에게 **표시**한 것이 아니더라도 표현대리인을 통해 전달하거나 신문광고 등의 방식으로 불특정 다수인에게 공시한 경우도 가능하다.
④ 한편, 본인이 이미 한 대리권 수여의 표시를 철회하려면, 원칙적으로 표시와 동일한 방식으로 **철회의 의사표시**를 제3자에게 알려야 한다.

(2) 표시된 대리권의 범위 내에서의 행위
   ① 표현대리인이 표시된 **대리권의 범위 내에서** 대리행위를 하였어야 한다.
   ② 그 범위를 초과한 행위는 원칙적으로 제126조의 '권한을 넘은 표현대리'로 다루어지며, 이 제도는 적용되지 않는다.

(3) 표시를 받은 제3자와의 거래일 것
   ① 대리행위는 **표시를 받은 바로 그 제3자**와 이루어져야 한다.
   ② 본인이 특정인을 상대로 표시한 경우, 그 외의 제3자(표시를 우연히 인지한 자 등)와의 거래에는 본조가 적용되지 않는다.
   ③ 반대로, 불특정 다수인을 상대로 대리권을 수여하였다고 표시한 경우에는 누구와의 거래이든 본조가 적용될 수 있다.

(4) 제3자의 선의 및 무과실
   ① 제3자는 대리권이 실제로 존재하지 않는 사실을 **알지 못하였고, 또 알 수 없었던 경우**여야 한다.
   ② 즉, 선의(善意)이고 무과실(無過失)일 것이 요구된다.
   ③ 그 입증책임은 본인이 부담하며, 본인이 상대방의 악의 또는 유과실을 주장하는 경우 이를 증명해야 한다.

3. 적용범위

(1) 임의대리에만 적용됨
   ① 제125조는 본인이 타인에게 '대리권을 수여'했다는 점을 전제로 하므로, 원칙적으로 **임의대리에만** 적용된다.
   ② **법정대리**의 경우에는 본인이 대리인을 **선임하지 않으며**, 표시행위를 하지 않기 때문에 본조의 적용이 부정된다.

(2) 제한능력자 보호와 충돌 시 적용 배제
   ① 대리권 수여의 표시가 **제한능력자의 법적 보호**를 침해하는 결과가 될 경우, 본조는 적용되지 않는다.

② 예컨대, 미성년자인 본인이 타인에게 대리권을 수여한 것처럼 외관을 형성했더라도, 그 수권행위가 후에 취소되어 **소급하여 무효**가 된 경우, 상대방이 본조를 주장하는 것은 **제한능력자 보호 원칙에 반하게 되어 허용되지 않는다.**

III. 권한을 넘은 표현대리

> 제126조【권한을 넘은 표현대리】대리인이 그 권한 외의 법률행위를 한 경우에 제3자가 그 권한이 있다고 믿을 만한 정당한 이유가 있는 때에는 본인은 그 행위에 대하여 책임이 있다.

1. 의의

① 권한을 넘은 표현대리란 **대리인이 일정한 기본 대리권은 가지고 있으나, 그 범위를 초과한 행위**를 한 경우로서, 상대방이 그 **권한이 있다고 믿을 만한 정당한 이유가 있는 경우**에 본인이 책임을 지는 제도이다.

② 이는 **기본적인 대리권의 존재를 전제로 하여, 그 범위를 넘어선 법률행위**에 대해 **본인의 귀책사유 없이도** 본인에게 그 **법률효과가 귀속되도록 하는** 무권대리의 일종이다.

③ 예컨대, 1억 원 한도 내에서 채무부담 권한을 수여받은 대리인이 3억 원의 차용계약을 체결한 경우가 이에 해당한다.

2. 성립요건

(1) 기본대리권의 존재

① 대리인이 적어도 일정한 범위에서 유효한 대리권(기본대리권)을 보유하고 있어야 한다.

② 다음과 같은 경우들이 기본대리권으로 인정될 수 있다.

    (a) **공법상 행위의 위임**: 등기신청, 인감도장 교부 등

    (b) **일상가사대리권**: 부부 일방의 타방 배우자에 대한 일정 행위

    (c) **표현대리권**: 제125조, 제129조에 의한 표현대리 범위 내

    (d) **복대리권**: 복임권이 없는데 복대리인을 선임한 경우

(e) **법정대리권**: 친권자나 후견인의 법정대리권

(2) 권한을 넘은 대리행위일 것
① 대리행위가 **기본대리권의 범위를 초과한** 행위여야 한다.
② **대리권의 존재와 범위는 동종 여부와 무관**하며, 공법상 권한으로부터 사법상 행위가 파생되는 경우도 포함된다.
③ 대리인은 반드시 **현명행위**(본인을 위한 것임을 표시한 행위)를 하여야 하며, **본인의 이름을 도용한 경우**에는 표현대리가 성립하지 않는다.

(3) 상대방에게 정당한 이유가 있을 것
① 상대방이 **선의 및 무과실로 대리권의 존재를 믿은 경우**여야 한다.
② '정당한 이유'의 유무는 **대리행위 당시**를 기준으로 **객관적으로 판단**하여야 하며, 행위 이후의 사정은 고려되지 않는다.
③ 입증책임은 **표현대리 성립을 주장하는 자**, 즉 상대방에게 있다.

3. 적용범위

(1) **임의대리 및 법정대리 모두에 적용**된다.
① 부부 일방의 일상가사대리권을 초과한 행위에 대해 상대방에게 정당한 이유가 있으면 표현대리가 성립한다는 것이 판례의 태도이다.
② 후견감독인의 동의를 받지 않은 후견인의 부동산 처분행위에 대해서도 정당한 이유가 인정되면 표현대리가 성립할 수 있다.

(2) 그러나 **민법의 보호 대상인 제한능력자 본인에 불리한 결과를 초래하는 경우에는 표현대리 적용을 배제해야 한다는 견해**도 존재한다.
→ 제한능력자 보호를 위해 **민법의 강행규정의 취지**를 우선해야 하기 때문이다.

IV. 대리권 소멸 후의 표현대리

> 제129조【대리권소멸 후의 표현대리】 대리권의 소멸은 선의의 제3자에게 대항하지 못한다. 그러나 제3자가 과실로 인하여 그 사실을 알지 못한 때에는 그러하지 아니하다.

1. 의의
(1) 개념
① 본래 **대리권이 존재하였으나 그 후에 소멸된 경우**에, 대리인이 대리권이 여전히 존재하는 것처럼 대리행위를 한 경우, 상대방이 선의이고 과실이 없다면 본인은 그 행위에 대해 책임을 지게 된다.
② 이는 대리권의 "존속의 외관"을 보호하는 제도이며, 대리인이 대리권 소멸 후에도 대리인으로서 행위를 하는 경우, 본인은 선의·무과실의 상대방에 대하여 책임을 진다.

2. 성립요건
(1) 기존에 존재하던 대리권이 소멸하였을 것
① 본래 유효한 대리권이 있었으나, 대리행위 시점에는 그 대리권이 이미 소멸되어 있어야 한다.
② 따라서 처음부터 대리권이 존재하지 않았던 경우에는 본 조가 적용되지 않으며, 대리권 수여 표시의 외관이 있는 경우에는 제125조에 따른 표현대리가 문제될 수 있다.

(2) 기존 대리권의 범위 내에서 대리행위를 하였을 것
① 소멸된 대리권이 원래 부여받았던 권한의 범위 내에서 행위가 이루어졌어야 한다.
② 만약 그 범위를 초과한 경우에는 제126조(권한을 넘은 표현대리)가 적용된다.

(3) 상대방이 선의이고 과실이 없을 것
① 상대방은 대리권이 소멸된 사실을 알지 못하였고, 또한 이를 알지 못한 데 과실이 없어야 한다.
② 상대방의 악의 또는 과실 여부에 대한 입증책임은 원칙적으로 본인에게 있다.[76]

3. 적용범위

(1) <u>임의대리 및 법정대리 모두 적용된다.</u>
① 대리권이 소멸된 이후의 행위에 대해 상대방이 선의·무과실이라면, 표현대리가 성립할 수 있다.
② 판례도 법정대리에 대해 본 조를 적용한 사례가 있으며, 예컨대 미성년자의 법정대리인이 성년이 된 이후에도 대리행위를 한 경우, 표현대리를 인정하였다.

(2) 제한능력자의 보호와의 관계
① 표현대리 제도의 적용이 제한능력자 보호에 반하는 결과를 초래하는 경우에는 적용이 제한되어야 한다.
② 예컨대 후견감독인의 동의가 필요한 자에 대해, 동의 없이 이루어진 행위가 표현대리에 해당한다고 보는 것은 제한능력자 보호 원칙에 반할 수 있다.
③ 따라서 제한능력자 보호가 우선되는 경우에는 본 조의 적용을 제한함이 타당하다.

(3) 복대리의 경우
① 대리인이 대리권이 소멸된 후 복대리인을 선임하고, 복대리인이 행위한 경우에도 표현대리가 인정될 수 있다.
② 이 경우에도 상대방이 복대리인이 적법한 권한을 가진 것으로 믿을 만한 정당한 이유가 있어야 하며, 그 신뢰에 과실이 없어야 한다.
③ 판례는 복대리인이 대리행위를 하였고, 상대방이 그 권한 소멸 사실을 알지 못했으며, 신뢰할 만한 이유가 있다면 표현대리가 성립한다고 본다.

---

76) 학설상, 선의는 상대방이 입증하고, 과실은 본인이 입증해야 한다는 견해도 있다. 본 조 문언이 선의와 무과실을 나누어 규정하고 있는 점에 비추어 타당한 학설이다.

제5장 법률행위의 무효와 취소

법률행위가 일정한 사유로 인해 효력이 없는 경우, 이를 무효 또는 취소라 한다. 본 장은 무효와 취소의 개념, 요건, 효과 등을 정리하여 법률관계의 안정성과 공평을 조화롭게 이해하도록 돕는다.

제1절 무효와 취소의 비교

I. 의의

1. 법률행위의 불성립, 무효 및 취소

(1) **불성립(부존재)**

법률행위가 성립요건을 갖추지 못한 경우에는 법률행위로서 **불성립(또는 부존재)** 상태가 된다. 예컨대 의사표시가 도달하지 않아 계약이 성립하지 않은 경우가 이에 해당한다.

(2) **무효 또는 취소 가능한 법률행위**

법률행위의 <u>성립요건은 갖추었으나,</u> 효력요건을 결한 **불완전한 법률행위**는 무효 또는 취소의 대상이 된다. 예를 들어, **불법적인 목적에 의한 계약은 무효**이고, **강박에 의해 체결된 계약은 취소**할 수 있다.

II. 무효와 취소의 개념

1. 무효

(1) **무효**란, 법률행위가 성립하였더라도 <u>**처음부터 당연히 효력이 발생하지 않는 것**</u>을 말한다.
(2) 무효인 법률행위는 **특정인의 주장 여부와 관계없이 처음부터 효력이 없다.**
(3) 무효인 법률행위는 **효력 발생 전에는 이행의무가 없고, 효력 발생 후에는 부당이득반환의 문제가 된다.** 다만, 불법원인급여에 해당하는 경우에는 반환청구가 허용되지 않는다.

2. 취소

(1) **취소**란, 일단 유효하게 성립한 법률행위에 대해, **취소권자의 의사표시에 따라 소급적으로 무효로 되는 것**을 말한다.
(2) 따라서, **취소 전까지는 유효하지만, 취소가 있으면 처음부터 무효로 간주된다.**
(3) 취소된 법률행위에 대해서는 **이미 이행한 급부는 부당이득으로 반환**되어야 한다.

III. 무효와 취소 사유 및 차이점

구분	무효	취소
주요 사유	■ 절대적 무효 사유 - 의사무능력자의 법률행위 - 강행법규 위반 법률행위 - 반사회질서 행위 (제103조) - 불공정한 법률행위 (제104조) - 급부가 원시적 불능인 법률행위 - 불법조건이 부가된 법률행위	■ 절대적 취소 사유 - 제한능력자의 행위 (제5조, 제10조 등)
	■ 상대적 무효 사유 - 진의 아닌 의사표시(제107조) - 통정한 허위의 의사표시(제108조)	■ 상대적 취소 사유 - 착오에 의한 의사표시 (제109조) - 사기 또는 강박에 의한 의사표시 (제110조)
개념	본질적 하자로 처음부터 효력 없음	유효하게 성립하였으나, 취소로 소급하여 무효
법적 효과	- 무효행위는 처음부터 당연히 효력 없음 - 이미 이행한 급부는 부당이득으로 반환(단, 불법원인급여는 예외)	- 취소 시 처음부터 무효로 간주 - 이미 이행한 급부는 부당이득으로 반환 - 단, 제한능력자는 **현존이익 범위** 내에서 반환 책임
주장권자	누구든지 주장 가능	취소권자만 행사 가능
추인 가능성	- 원칙적으로 불가. 단, 무효임을 알고 추인한 경우에는 새로운 법률행위로 인정됨. - 법정추인제도 없음	- 추인하면 유효 확정. 법정추인제도 존재
제척기간	없음 (항상 주장 가능)	있음 (추인할 수 있는 날로부터 3년, 법률행위 한 날로부터 10년)
하자 치유 여부	치유되지 않음	제척기간 도과 시 유효로 확정

IV. 무효와 취소의 경합

1. 무효사유와 취소사유의 **경합이 가능한지 여부**는 통설 및 판례 모두 **긍정**하고 있다.
2. 판례 및 사례
   (1) **제한능력자가 의사무능력 상태에서 법률행위를 한 경우**
      → 의사무능력에 따른 무효사유와 제한능력자에 따른 취소사유가 경합함.
   (2) 토지거래허가를 받지 못한 유동적 무효 상태에서도 사기 등을 이유로 취소 가능[77]

V. 무효 또는 취소의 법적 효과

무효나 취소된 법률행위는 당사자 간 권리·의무가 발생하지 않으며, 이미 이행된 급부는 부당이득으로 반환하여야 한다. 다만, **제한능력자의 경우에는 현존이익의 한도에서만 반환의무가 있다**(민법 제141조).

---

[77] 대판 97다36118

제2절 법률행위의 무효

I. 무효의 일반

1. 무효의 정의

법률행위의 무효란 법률행위가 성립하였으나, **처음부터 효력요건을 갖추지 못하여 당연히 법률행위의 효력이 발생하지 않는 것**을 말한다.

2. 무효의 종류

구분	의의 및 설명	예시 또는 요건
절대적 무효	누구에게나 주장할 수 있는 무효	① 의사무능력자의 법률행위 ② 강행법규 위반 법률행위 ③ 반사회질서 법률행위 ④ 불공정한 법률행위 ⑤ 급부가 원시적 불능인 법률행위 ⑥ 불법조건이 부가된 법률행위
상대적 무효	선의의 제3자에 대해서는 무효 주장 불가	① 비진의표시 ② 통정허위표시
전부무효	법률행위 전체가 무효인 경우	-
일부무효	일부에만 무효사유가 있는 경우 (원칙: 전부무효 / 예외: 잔여부분 유효)	■ 요건: ① 분할 가능성 ② 당사자의 가정적 의사
확정적 무효	처음부터 효력이 없는 것으로 확정되는 무효	① 의사무능력자의 법률행위 ② 강행법규 위반 법률행위 ③ 반사회질서 법률행위 ④ 불공정한 법률행위 ⑤ 급부가 원시적 불능인 법률행위 ⑥ 불법조건이 부가된 법률행위 ⑦ 물권법정주의 위반
유동적 무효 (불확정적 무효)	현재는 무효이나 추후 추인이나 허가 등 일정 요건 충족 시 유효한 것으로 될 수 있는 것	① 토지거래허가를 받지 않은 매매 ② 무권대리행위

3. 무효의 효과

(1) **법률효과 미발생**: 채권행위 → 채무불발생, 물권행위 → 물권이전 의무가 없다.
(2) **이행 전이면 이행할 필요 없고**, 이행 후이면 **부당이득** 반환청구가 가능하다.
    단, 예외적으로 반사회질서행위 등은 불법원인급여(제746조)로 반환청구 불가
(3) 무효는 누구든 주장 가능하다(귀책 있는 자도 주장 가능).
(4) 판례: 무효인 법률행위는 그 법률행위가 성립한 당초부터 당연히 효력이 발생하지 않는 것이므로, 무효인 법률행위에 따른 법률효과를 침해하는 것처럼 보이는 위법행위나 채무불이행이 있다고 하여도 법률효과의 침해에 따른 손해는 없는 것이므로 그 **손해배상을 청구할 수는 없다.**[78]

II. 일부무효 법리

> 제137조【법률행위의 일부무효】법률행위의 일부분이 무효인 때에는 그 전부를 무효로 한다. 그러나 그 무효부분이 없더라도 법률행위를 하였을 것이라고 인정될 때에는 나머지 부분은 무효가 되지 아니한다.

1. 원칙

일부분이 무효이면 **전부 무효**이다.

2. 예외

무효부분이 없더라도 나머지를 했을 것이라 인정되면 잔여부분은 유효하다.

3. 요건

(1) 행위가 **가분**일 것
(2) 무효부분 제거 시에도 **잔여부분에 대한 의사**가 인정될 것

---

[78] 대법원 2003. 3. 28. 선고 2002다72125 판결

4. 관련 판례

매매계약이 일부무효인 경우, 무효인 부분이 없더라도 계약을 유지하고자 할 경우에는 그에 상응한 자신의 채무는 이행하는 것이 옳고 그렇게 하지 아니하면 이행지체의 책임을 진다.[79]

III. 무효행위의 전환

> 제138조【무효행위의 전환】무효인 법률행위가 다른 법률행위의 요건을 구비하고 당사자가 그 무효를 알았더라면 다른 법률행위를 하는 것을 의욕하였으리라고 인정될 때에는 다른 법률행위로서 효력을 가진다.

1. 의의

무효인 법률행위가 **다른 유효한 법률행위의 요건을 갖추고**, 당사자가 그 무효를 알았더라도 그 유효한 법률행위를 하였을 것으로 인정되면, **그 무효행위는 다른 법률행위로 전환되어 효력을 인정받을 수 있다**.

2. 요건

(1) 무효인 법률행위가 있을 것
(2) 다른 유효한 법률행위 요건을 충족할 것
(3) 당사자가 그 무효를 알았더라면 그 법률행위를 하였을 가정적 의사 인정

3. 예시 및 판례

(1) 매매 대금 과다로 불공정한 법률행위에 해당 → 적정가격의 매매계약으로 전환[80]
(2) 무효 출생신고 → 입양신고로 전환[81]

---

79) 대법원 1992. 4. 14 선고 91다43527 판결
80) 대법원 2010. 7. 15. 선고 2009다50308 판결
81) 대법원 2000. 6. 9. 선고 99므1633 판결

IV. 무효행위의 추인

> 제139조【무효행위의 추인】 무효인 법률행위는 추인하여도 그 효력이 생기지 아니한다. 그러나 당사자가 그 무효임을 알고 추인한 때에는 새로운 법률행위로 본다.

1. 의의

무효인 법률행위는 원칙적으로 추인하더라도 유효로 될 수 없지만, 무효임을 알고 추인한 경우에는 그 시점부터 새로운 법률행위로 간주된다.

2. 효과

(1) 추인은 새로운 법률행위를 창설하므로 비소급적으로 유효하게 된다.
(2) 추인의 방식은 명시적·묵시적[82], 서면·구두 등 형식에 제한이 없다.
(3) 추인으로 인해 새로운 법률행위가 성립되더라도, 기존의 무효 사유가 해소되어야 유효한 법률행위가 된다.
(4) 따라서 강행법규 위반, 반사회질서, 불공정행위 등은 추인으로도 유효화될 수 없다.

V. 토지거래허가구역 내에서의 유동적 무효

1. 의의

(1) 「국토의 계획 및 이용에 관한 법률」에 따르면, 토지거래허가구역 내의 토지에 대한 유상계약(매매·교환·사용대차 등)은 관할관청의 허가를 받아야 효력이 발생한다.
(2) 허가 전의 계약은 물권적 효력뿐 아니라 채권적 효력도 발생하지 않는 무효이다. 그러니 허가를 받을 것을 전제로 체결한 계약은,
  ① 허가를 받으면 소급하여 유효하게 되고,
  ② 불허가가 확정되면 확정적으로 무효가 되므로,
  ③ 허가 전까지는 유동적 무효 상태에 있는 것이다.[83]

---

82) 대법원 2014. 2. 13. 선고 2012다112299,112305 판결
83) 대법원 1999. 6. 17. 선고 98다40459 전원합의체 판결

2. 유동적 무효 상태의 계약상 효력

(1) 계약상의 이행청구권: 행사 불가

유동적 무효 상태에서는 법률효력이 발생하지 않으므로, 당사자는 매매계약에 기초한 **소유권이전등기청구나 대금지급청구를 할 수 없다**. 따라서 매수인은 허가가 있을 것을 조건으로 소유권이전등기청구를 할 수 없고, 매도인도 대금청구를 할 수 없다.

(2) 채무불이행 책임의 부정

유동적 무효 계약은 이행의무 자체가 없으므로 **채무불이행의 문제는 발생하지 않는다**. 따라서 ① 손해배상청구, ② 채무불이행을 이유로 하는 해제와 같은 청구는 모두 허용되지 않는다.

(3) 부당이득반환청구

유동적 무효 상태에서는 **이미 지급한 계약금·중도금 등에 대한 부당이득반환청구도 허용되지 않는다**. 다만 불허가 결정으로 확정적으로 무효가 된 경우에는 반환청구 가능하다.[84]

(4) 계약금 관련 법률관계

허가 전 계약금 교부자는 **계약 무효를 주장하여 반환을 청구할 수 없다**. 다만, 다음과 같은 경우 **해약금에 의한 해제는 유효하게 인정될 수 있다**.

① 계약금만 수수된 상태에서
② 허가 전 유동적 무효 상태라도
③ 이행기 전이면 **계약금의 배액을 상환하고 계약을 해제할 수 있다**.

3. 토지거래허가절차 협력의무

(1) 협력의무 존재

유동적 무효 상태라 하더라도 **당사자 간에는 허가신청에 협력할 의무**가 있다. 이는 계약의 효력발생을 위해 전제가 되는 **사전행위로서의 협력의무**이다.

(2) 협력의무 불이행 시 조치

상대방은 **협력의무 이행을 청구할 수 있으며**, 이의 불이행에 대해 **손해배상청구도 가능하다**. 그러나 **협력의무 불이행만으로 계약을 일방적으로 해제할 수는 없다**.[85]

---

84) 대법원 1995. 4. 28. 선고 93다26397 판결
85) 대법원 1999. 6. 17. 선고 98다40459 전원합의체 판결

(3) 협력의무 이행청구권 보호 수단

협력의무 이행청구권은 소송상 청구 가능하며, 매수인은 피보전권리로 하여 매매목적물에 대해 처분금지가처분 신청도 가능하다.[86]

(4) 동시이행관계 불인정

협력의무와 매매대금 지급의무는 **동시이행관계에 있지 않다.** 매도인은 매수인이 잔금을 지급하지 않았다는 이유로 협력을 거절할 수 없다.[87]

(5) 채권자대위권 대상

매수인이 가지는 협력의무 이행청구권은 **채권자대위권의 대상이 된다.**[88]

4. 확정적 무효와 확정적 유효

(1) 확정적 무효의 경우

다음과 같은 사유가 있는 경우, 매매계약은 확정적으로 무효가 된다.
① 불허가 처분이 내려진 경우
② 당사자가 허가신청을 아예 하지 않기로 명시적으로 합의한 경우
③ 처음부터 허가를 잠탈할 목적의 계약인 경우
④ 착오·사기·강박 등 하자 있는 의사표시에 의한 계약
⑤ 허가가 정지조건인데, 조건 불성취가 이미 확정된 경우

(2) 확정적 유효의 경우

다음과 같은 사유가 발생하면 계약은 소급하여 유효하게 확정된다.
① 관할관청의 허가 처분을 받은 경우
② 허가구역 해제 또는 기간 만료 후 재지정이 없는 경우
③ 허가구역 해제 이후에 다시 허가구역으로 재지정되는 경우 해제로 이미 확정적 유효가 되었기 때문에 다시 허가를 받지 않아도 된다.

---

86) 대법원 1998. 12. 22. 선고 98다44376 판결
87) 대법원 1996. 10. 25. 선고 96다23825 판결
88) 대법원 2013. 5. 23. 선고 2010다50014 판결

제3절 취소

I. 취소의 의의

1. 개념
(1) **취소란** 법률행위가 외형상 유효하게 성립하였지만, 일정한 **하자가 있는 경우**에, 일정한 자가 일방적으로 이를 무효로 돌릴 수 있도록 하는 제도를 말한다.
(2) **취소의 효과는 소급적으로 무효**가 되는 것이며, 이로 인해 당초부터 법률행위가 없었던 것과 같은 법적 결과를 발생시킨다.
(3) 민법 제140조 이하에서는 취소의 요건과 효과 등에 관해 규정하고 있으며, 제한능력자, 착오, 사기, 강박 등을 사유로 하여 취소할 수 있다고 명시되어 있다.

2. 취소 가능한 법률행위의 특징
(1) **취소 전까지는 일단 유효하게 인정되며**, 취소권자가 이를 행사하지 않는 한 효력은 유지된다. 따라서 상대방의 권리를 보호하기 위해 **소급 무효**의 원칙이 적용되면서도 **유동적 유효** 상태를 거친다.
(2) 예를 들어, 미성년자가 단독으로 체결한 계약은 취소되기 전까지 유효하게 간주되며, 그 효력을 부정하려면 법정대리인의 취소 또는 본인의 취소가 필요하다.

II. 취소와 구별되는 개념

1. 철회와의 구별
철회란 아직 효력이 발생하지 않은 의사표시에 대해 그 효력을 발생하지 않도록 하는 의사표시를 의미한다. 즉, **성립하지 않은 상태의 의사표시에 대한 철회**이며, 일단 유효하게 성립된 법률행위를 취소하는 것과는 구별된다.
 - 예: 이메일, 우편 발송 후 수령 전 철회

2. 해제와의 구별
해제는 계약에만 적용되며, 주로 채무불이행이나 약정해제권에 의해 성립된 계약의 효력을 **장래를 향해 소멸시키는** 제도이다. 가령 매매계약에서 약정된 기한 내에 대금을 미지급하여 해제하는 것이 대표적인 예이다.

반면, **취소는 계약뿐 아니라 모든 법률행위에 적용 가능하며**, 그 효력은 소급하여 무효가 된다.

III. 취소권

1. 취소권의 의의

취소권은 형성권의 일종으로, 일방적인 의사표시만으로 기존의 법률행위를 소급하여 무효화할 수 있는 **상대방 있는 단독행위**이다. 따라서 법원의 판단 없이도 직접 효력을 발생시킬 수 있다.

2. 취소권자 (민법 제140조)

> 제140조【법률행위의 취소권자】취소할 수 있는 법률행위는 제한능력자, 착오로 인하거나 사기·강박에 의하여 의사표시를 한 자, 그의 대리인 또는 승계인만이 취소할 수 있다.

(1) 제한능력자
제한능력자가 단독으로(법정대리인의 동의 없이) **직접 취소**할 수 있으며, 이 경우 **법정대리인도 함께 취소권을 갖는다**.

(2) 의사표시에 하자가 있는 자
착오, 사기, 강박 등에 의해 의사표시를 한 자는 이를 스스로 취소할 수 있다.

(3) 대리인
제한능력자 또는 하자 있는 의사표시를 한 자의 대리인도 취소권을 행사할 수 있다. 단, **임의대리인은 별도의 수권이 필요**하다.

(4) 승계인
포괄승계인은 당연히 취소권을 승계하며, 특정승계인도 일정 요건 하에 취소권을 행사할 수 있다.

3. 취소권의 행사

> 제142조【취소의 상대방】 취소할 수 있는 법률행위의 상대방이 확정한 경우에는 그 취소는 그 상대방에 대한 의사표시로 하여야 한다.

(1) 취소는 **상대방에게 일방적으로 하는 의사표시**로 족하며, 소송 등의 절차는 필요하지 않다.
(2) 특별한 형식은 요구되지 않으며, **명시적이든 묵시적이든 모두 가능**하다. 다만, **제3자에게 직접 취소의 의사표시를 하는 것은 인정되지 않는다.**
(3) 법률행위가 가분적인 경우에는 **일부 취소도 가능**하나, 요건이 충족되지 않으면 전부 취소의 효과가 발생한다.

IV. 취소의 효과

> 제141조【취소의 효과】 취소된 법률행위는 처음부터 무효인 것으로 본다. 다만, 제한 능력자는 그 행위로 인하여 받은 이익이 현존하는 한도에서 상환(償還)할 책임이 있다.

1. 소급적 무효

(1) 민법 제141조는 "취소된 법률행위는 처음부터 무효인 것으로 본다"고 규정하고 있다. 이는 취소가 있으면 해당 법률행위는 **처음부터 존재하지 않았던 것으로 간주된다**는 의미이다.
(2) 이러한 소급효는 **법률행위의 효력을 소멸시키는 취소의 독특한 성질**이며, 무효와 달리 **취소권자의 의사표시가 있어야만 그 효과가 발생**한다.
(3) 다만, 취소의 소급효에도 예외가 있다. **착오·사기·강박으로 인한 취소의 경우**, 상대방이 제3자에게 권리를 이전한 경우에는 그 **제3자가 선의일 때는 효력을 주장할 수 없다.** 즉, 이러한 경우에는 **상대적 무효**로서 제한이 있다.
(4) 반면, 제한능력을 이유로 한 취소의 경우에는 **상대방이 선의든 악의든 관계없이 제3자에게 대항할 수 있으므로, 절대적 무효**의 성질을 갖는다.

2. 부당이득의 반환

(1) 취소가 이루어지면 법률행위는 소급하여 무효가 되므로, 그에 따른 급부는 **법률상 원인 없이 이루어진 이익**으로 간주된다.
(2) 이로 인해 이미 이행된 급부는 부당이득으로 반환되어야 하며, 민법 제741조 이하의 규정(부당이득)이 적용된다.
(3) 반환 의무의 범위는 당사자의 **선의·악의**에 따라 달라진다.
　① **선의의 수익자**는 받은 이익이 **현존하는 한도**에서만 반환하면 된다.
　② 반면 **악의의 수익자**는 받은 이익에 **법정이자를** 붙여 반환하고, 손해가 발생한 경우 그 손해까지도 배상해야 한다.

3. 제한능력자에 대한 특칙

(1) 제한능력자가 한 법률행위를 취소한 경우, **그가 받은 이익이 현존하는 한도**에서만 반환의무를 부담한다. 이는 민법 제141조 단서의 내용이다.
(2) 이때 **수익자의 선의·악의를 불문**하고 보호하는 점에서, **일반적인 부당이득 반환의 규정과 구별**된다.
(3) 제한능력자가 받은 금전을 생활비나 학비 등으로 사용하여 **다른 재산의 소비를 면한 경우, 그로 인한 재산 유지분을 현존이익으로 간주**한다.
(4) 반대로 금전을 **유흥비나 사치비 등으로 사용하여 아무런 잔존이익이 없는 경우에는 반환 의무가 발생하지 않는다.**
(5) **현존이익의 존재 여부는 취소 시를 기준으로 판단**하며, 그 이후의 소비는 고려하지 않는다.
(6) 입증책임에 관해서는, 제한능력자가 받은 이익은 **현존하는 것으로 추정**되므로, **현존하지 않음을 주장하는 자가 이를 입증**하여야 한다.

V. 취소할 수 있는 법률행위의 추인(취소하지 않겠다는 의사표시)

> 제143조【추인의 방법, 효과】① 취소할 수 있는 법률행위는 제140조에 규정한 자가 추인할 수 있고 추인 후에는 취소하지 못한다.
> ② 전조의 규정은 전항의 경우에 준용한다.

> 제144조【추인의 요건】 ① 추인은 취소의 원인이 소멸된 후에 하여야만 효력이 있다.
> ② 전항은 법정대리인 또는 후견인이 추인하는 경우에는 적용하지 아니한다.

1. 의의

(1) **추인**이란 취소할 수 있는 법률행위에 대해 **취소하지 않고 그대로 유효하게 하겠다는 의사표시**를 말한다.

(2) 추인이 이루어지면 해당 법률행위는 **처음부터 유효한 것으로 확정**된다. 다시 말해, 더 이상 취소할 수 없게 된다.

(3) 따라서 추인은 **취소권을 포기하는 효과**를 가지며, 단독행위로서의 **형성권**에 해당한다.

2. 추인의 요건

(1) 추인권자

① 추인은 **취소권자**만이 할 수 있다.

② 즉, 제한능력자, 착오자, 사기·강박을 당한 자, 그 대리인 또는 승계인이 추인권자이다.

(2) 취소원인의 종료

① 추인은 반드시 **취소사유가 종료된 이후에만 효력이 있다.**
  (a) **제한능력자는 능력자가 된 이후에만** 추인이 가능하다.
  (b) 착오자 또는 사기·강박을 당한 자는 **그 상태를 벗어난 후** 추인을 할 수 있다.

② 다만, 법정대리인이나 후견인의 경우에는 취소사유가 종료되지 않아도 추인이 가능하다.

(3) 취소권의 존재를 인식할 것

① 추인은 **취소할 수 있는 법률행위임을 알고**, 이를 취소하지 않겠다는 의사표시를 하여야 한다.

② **취소사유가 있다는 사실을 알지 못하고 단순히 채무를 이행한 경우에는 추인이 성립하지 않는다.**

4. 추인의 방식

(1) 추인은 반드시 **재판상 청구일 필요는 없고, 일방적 의사표시로 족**하며, 형식도 자유롭다.
(2) **명시적 추인뿐만 아니라 묵시적 추인도 가능**하다.
   – 예: 제한능력자인 미성년자 甲이 부모의 동의 없이 휴대폰을 할부로 구입한 뒤, 성년이 된 후에도 그 휴대폰을 계속 사용하고 요금을 내고 있었다면, 이는 묵시적으로 그 계약을 추인한 것으로 간주될 수 있다.

5. 추인의 효과

(1) 추인이 이루어지면 해당 법률행위는 **확정적으로 유효한** 것으로 간주된다.
(2) 따라서, **한 번 추인하면 더 이상 취소할 수 없다.**
(3) 또한, 여러 개의 취소사유가 경합하는 경우, **하나의 사유에 대한 추인으로도 전체 취소권이 소멸**한다. 단, **다른 사유를 몰랐던 경우에는 그 사유를 근거로 다시 취소할 수 있다.**

VI. 법정추인

제145조【법정추인】취소할 수 있는 법률행위에 관하여 전조의 규정에 의하여 추인할 수 있는 후에 다음 각호의 사유가 있으면 추인한 것으로 본다. 그러나 이의를 보류한 때에는 그러하지 아니하다.

1. 전부나 일부의 이행
2. 이행의 청구
3. 경개
4. 담보의 제공
5. 취소할 수 있는 행위로 취득한 권리의 전부나 일부의 양도
6. 강제집행

---

1. 의의

(1) 법정추인이란, **취소할 수 있는 법률행위에 대하여 취소권자가 일정한 행위를 한 경우**, 그 의사표시의 유무와 무관하게 **법률의 규정에 따라 추인을 한 것으로 간주하는 제도**를 말한다.

(2) 이는 **묵시적 추인의 특별한 형태**로, 법률관계를 조속히 확정하고 불필요한 분쟁을 방지하기 위해 민법이 추인 의사를 추정하는 것이다.

2. 요건

(1) 추인 요건의 성립

법정추인은 반드시 **취소의 원인이 종료된 이후에** 아래 각 호에 해당하는 **법정추인사유**가 발생해야 성립한다.

(2) 법정추인에 해당하는 행위

① **전부 또는 일부의 이행**
   - 취소권자가 스스로 이행하거나 상대방의 이행을 수령한 경우

② **이행의 청구**
   - 예: 매도인이 매수인에게 대금지급을 청구하는 경우

③ **경개**
   - 원래 채무를 새로운 채무로 변경하는 행위
   - 예: 甲(갑)은 착오에 의해 A회사와 1,000만원의 용역계약을 체결하였고, 이 계약은 취소할 수 있는 법률행위에 해당한다. 그러나 이후 甲은 A회사와 협의하여 기존 용역계약의 대금 1,000만원을 새로운 내용(예: 900만원 일시불 지급)으로 변경하는 새로운 계약을 체결한 경우가 이에 해당한다.

④ **담보의 제공**
   - 예: 채무자가 담보를 제공하거나, 채권자가 담보를 수령한 경우

⑤ **권리의 전부 또는 일부의 양도**
   - 취소할 수 있는 법률행위로 취득한 권리를 제3자에게 양도하거나 권리를 설정한 경우

⑥ **강제집행**
   - 채무자의 재산에 대해 취소할 수 있는 법률행위를 원인으로 강제집행이 이루어진

경우

(3) 이의의 보류가 없을 것
추인사유에 해당하는 행위를 하면서도, **"취소권은 여전히 유효하다"**는 이의의 보류가 있었다면 법정추인이 성립하지 않는다.

(4) 추인의사의 존재 불요
법정추인은 취소권자가 **추인의사를 가지거나 취소권의 존재를 인식했는지 여부와 무관하게** 일정한 사유가 있으면 당연히 성립한다.

3. 효과
법정추인이 성립하면 **취소할 수 있는 법률행위는 확정적으로 유효**하게 되며, 더 이상 이를 취소할 수 없게 된다. 이는 임의추인과 동일한 법적 효과를 가진다.

VII. 취소권의 소멸

> 제146조【취소권의 소멸】 취소권은 추인할 수 있는 날로부터 3년 내에 법률행위를 한 날로부터 10년 내에 행사하여야 한다.

1. 취소권의 소멸 사유
(1) 취소권의 행사 또는 포기
- 취소권을 행사하면 법률행위는 소급하여 무효가 되며, 더 이상 그 권리를 행사할 수 없다.
- 추인은 취소권의 포기로 간주되어, 추인 이후에는 취소할 수 없다.

(2) 법정추인의 발생
- 제145조의 각호에 해당하는 법정추인 사유가 발생하면, 취소권은 소멸한다.

(3) 제척기간의 경과
- 일정 기간이 지나면 취소권은 소멸하며, 그 이후에는 더 이상 취소할 수 없다.

2. 취소권의 단기소멸(제척기간)

(1) 민법 제146조

취소권은 **추인할 수 있는 날로부터 3년**, 또는 **법률행위를 한 날로부터 10년** 내에 행사하지 않으면 소멸한다.

※ 두 기간 중 **먼저 도래하는 날**을 기준으로 취소권은 소멸한다.

(2) "추인할 수 있는 날"의 의미
- 이는 취소의 원인이 종료된 날을 말한다.
- 예:
  - 미성년자가 성년이 된 날
  - 사기·강박·착오에서 벗어난 날

(3) 제척기간의 법적 성질
- 취소권의 행사기간은 소멸시효가 아닌 **제척기간**이므로,
  - 재판에서 당사자의 주장 없이도 **법원이 직권으로 판단**해야 한다.[89]
  - 중단이나 정지의 규정은 적용되지 않으며, 기간이 지나면 권리는 당연히 소멸한다.

---

89) 대법원 1996. 9. 20. 선고 96다25371 판결

제6장 조건과 기한

조건과 기한은 법률행위의 효력 발생 또는 소멸 시점을 정하는 부관이다. 이 장에서는 그 개념과 효과, 적용 사례를 통하여 법률행위의 탄력성과 통제를 함께 고찰한다.

제1절 조건

I. 조건의 의의

(1) 조건이란 법률행위의 **효력의 발생 또는 소멸**을 **장래의 불확실한 사실**에 의존하게 하는 **부관**을 말한다.
(2) 조건은 **법률행위의 성립요건이 아니라 효력요건**에 해당하며, 특별한 효력요건으로서 작용한다.
(3) 조건이 성립하기 위해서는 **의사표시 일반 원칙**에 따라 **조건의 의사와 외부적 표시**가 있어야 하며, 단순한 내심의 동기만으로는 법률행위의 조건으로 인정되지 않는다.
(4) 조건은 **당사자의 의사에 따라 임의로 부가된 것**이어야 하며, **법률에 의해 부가된 법정조건은 '조건'에 해당하지 않는다.**
(5) 조건은 반드시 **장래의 불확실한 사실**이어야 하며, **과거 사실이나 장래의 확실한 사실(기한)은 조건이 될 수 없다.**

II. 조건의 종류

1. 정지조건(효력발생조건)과 해제조건(효력소멸조건)

> 제147조【조건성취의 효과】① 정지조건 있는 법률행위는 조건이 성취한 때로부터 그 효력이 생긴다.
> ② 해제조건 있는 법률행위는 조건이 성취한 때로부터 그 효력을 잃는다.
> ③ 당사자가 조건성취의 효력을 그 성취 전에 소급하게 할 의사를 표시한 때에는 그 의사에 의한다.

(1) 정지조건(효력발생조건)

① 정지조건부 법률행위는 **조건이 성취된 때부터 그 효력이 발생한다**(제147조 제1항).
② 조건이 성취되지 않으면 효력이 발생하지 않으므로 **무효로 확정된다**.
③ **예시**: "변호사 시험에 합격하면 내 자동차를 증여하겠다."는 약정은 정지조건부 증여로서, **조건 성취 전에는 무효**이나 **성취되면 유효**가 된다.
④ **소유권유보 특약**의 경우에도 대금이 모두 지급되었을 때에는 그 정지조건이 완성되어 별도의 의사표시 없이 목적물의 소유권이 매수인에게 이전된다.[90]

(2) 해제조건(효력소멸조건)

① 해제조건부 법률행위는 **조건이 성취된 때부터 그 효력이 소멸한다**(제147조 제2항).
② 조건이 성취되지 않으면 효력은 유지되므로 **유효로 확정된다**.
③ **예시**: 자동차를 미리 증여하고 변호사 시험에 떨어지면 자동차 증여 효력을 상실하기로 한 약정은 해제조건부 증여로서, **조건 성취 전에는 유효**하지만 **성취되면 효력이 소멸**한다.

2. 수의조건과 비수의조건

(1) 수의조건

① 수의조건이란 **조건 성취 여부가 일방 당사자의 의사에만 의존**하는 경우를 말한다.
② 수의 조건 중 **순수수의조건은 무효**이나, 비순수수의조건(당사자 일방의 의사+사실상태)은 유효하다.
③ **예시**:
  (a) "내 마음이 동하면 내 자동차를 주겠다." → **순수수의조건으로 무효**
  (b) "내가 유럽으로 장기 출장을 가게 되면 내 자동차를 사용대차 해주겠다." → **비순수수의조건으로 유효**

(2) 비수의조건

① 조건 성취 여부가 당사자의 일방적 의사 외의 **객관적 사실 또는 제3자의 의사**에 의존하는 경우를 말한다.

---

[90] 대법원 1996. 6. 28. 선고 96다14807 판결

② **우성조건**: 조건 성취 여부가 당사자의 의사와 무관한 경우
③ **혼성조건**: 당사자 의사와 제3자의 의사 모두에 의존하는 경우
④ **예시**:
ⓐ "비가 오면 계약을 해제한다." → **우성조건, 유효**
ⓑ "법원이 승인하면 계약을 해제한다." → **혼성조건, 유효**

III. 조건성취의 효과

1. 기본 효과
(1) 정지조건이 성취되면 <u>그 시점부터 법률행위의 효력이 발생</u>한다.
(2) 해제조건이 성취되면 <u>그 시점부터 법률행위의 효력이 소멸</u>한다.

2. 효력의 소급 여부
(1) 원칙적으로 **조건성취의 효과는 소급하지 않는다**(제147조 제3항).
(2) 다만, 당사자가 **소급효를 명시**한 경우에는 인정되며, 이로 인해 **제3자의 권리를 해할 수는 없다**.

V. 가장조건

> 제151조【불법조건, 기성조건】① 조건이 선량한 풍속 기타 사회질서에 위반한 것인 때에는 그 법률행위는 무효로 한다.
> ② 조건이 법률행위의 당시 이미 성취한 것인 경우에는 그 조건이 정지조건이면 조건 없는 법률행위로 하고 해제조건이면 그 법률행위는 **무효**로 한다.
> ③ 조건이 법률행위의 당시에 이미 성취할 수 없는 것인 경우에는 그 조건이 해제조건이면 조건 없는 법률행위로 하고 정지조건이면 그 법률행위는 무효로 한다.

(1) **가장조건**이란 <u>외형상 조건처럼 보이나 실질적으로는 조건이 아닌 것</u>을 말한다.
(2) 민법 제151조는 다음과 같은 유형을 규정하고 있다.
① **불법조건**: 선량한 풍속 기타 사회질서에 반하는 조건이 부가된 경우, **법률행위 전체**

가 **무효**가 된다.
② **기성조건**: 법률행위 당시 이미 성취된 조건.
  (a) 정지조건이면 조건 없는 법률행위로서 **유효**.
  (b) 해제조건이면 **무효**가 된다.
③ **불능조건**: 법률행위 당시 **성취 불가능한 조건**.
  (a) 정지조건이면 **무효**.
    - **예시**: "서쪽에서 해가 뜨면 내 자동차를 주겠다."는 정지조건은 **불능조건으로 무효**이다.
  (b) 해제조건이면 조건 없는 법률행위로 **유효**하다.

VI. 조건을 붙일 수 없는 법률행위

1. 의의
(1) **조건을 붙인 법률행위는 그 효력의 발생이나 존속이 장래의 불확실한 사실에 의존하게 되므로, 법률행위의 효력이 매우 불안정**하게 된다.
(2) 이러한 **불안정성은 상대방이나 제3자의 이익을 침해할 우려가 있으므로**, 일정한 법률행위에는 조건을 붙이는 것이 허용되지 않는다.
(3) 조건을 붙일 수 없는 법률행위에 조건을 붙인 경우, **법률행위 전체가 원칙적으로 무효**가 된다.

2. 원칙적으로 조건을 붙일 수 없는 행위
(1) **신분행위**: 혼인, 입양, 인지, 상속포기 등
(2) **단독행위**: 취소, 해제, 해지, 추인, 상계 등

3. 예외적으로 조건이 허용되는 경우
(1) 상대방의 동의가 있는 경우
(2) **상대방에게만 이익을 주는 경우**: 예컨대 채무면제, 유증 등

VII. 조건부 권리와 보호

> 제148조【조건부권리의 침해금지】 조건 있는 법률행위의 당사자는 조건의 성부가 미정한 동안에 조건의 성취로 인하여 생길 상대방의 이익을 해하지 못한다.
>
> 제149조【조건부권리의 처분 등】 조건의 성취가 미정한 권리의무는 일반규정에 의하여 처분, 상속, 보존 또는 담보로 할 수 있다.
>
> 제150조【조건성취, 불성취에 대한 반신의행위】 ① 조건의 성취로 인하여 불이익을 받을 당사자가 신의성실에 반하여 조건의 성취를 방해한 때에는 상대방은 그 조건이 성취한 것으로 주장할 수 있다.
>
> ② 조건의 성취로 인하여 이익을 받을 당사자가 신의성실에 반하여 조건을 성취시킨 때에는 상대방은 그 조건이 성취하지 아니한 것으로 주장할 수 있다.

1. 조건성취 전의 권리 상태

(1) 조건부 법률행위의 당사자는 **조건 성취를 기대하는 기대권 상태**에 놓이게 된다.
(2) 이 기대권은 **법률상 권리로 인정되며**, 가등기 등으로 보호될 수 있다(제149조).
(3) 다만, 조건 성취 전에는 **이행청구나 등기청구는 불가능**하다.

2. 조건부 권리의 침해금지

(1) 조건부 권리는 성취 전이라도 법적으로 보호되며,
(2) 상대방은 **조건 성취 가능성이 있는 동안** 그 권리를 해할 수 없다(제148조).

3. 조건성취의 의제

(1) 조건 성취로 **불이익을 받을 당사자가 신의성실에 반하여 조건 성취를 방해한 경우**, 상대방은 **조건이 성취된 것으로 의제**할 수 있다(제150조 제1항).
(2) 이 경우, 의사표시에 의한 **형성권 행사**가 필요하다.

4. 조건불성취의 의제

조건 성취로 **이익을 받을** 당사자가 신의성실에 반하여 인위적으로 조건을 성취시킨 경우, 상대방은 **조건이 성취되지 않은 것으로** 의제할 수 있다(제150조 제2항).

VIII. 입증책임

(1) 조건이 부가되었음을 주장하는 자가 조건의 존재를 입증해야 한다.
(2) 정지조건부 법률행위에서 조건이 성취되었음을 주장하는 자가 이를 입증해야 한다.
(3) 조건이 있는 법률행위임을 전제로 권리를 주장하는 자가 조건의 존재 및 성취 여부를 모두 입증해야 한다.

제2절 기한

I. 기한의 의의

1. 개념
(1) 기한이란 법률행위의 **효력의 발생 또는 소멸, 또는 채무의 이행**을 장래에 발생할 것이 **확실한 사실에 의존**하게 하는 법률행위의 부관을 의미한다.
(2) 조건과 마찬가지로 장래의 사실을 전제로 하지만, 그 사실이 **반드시 발생할 것이라는 점에서 조건과 구별**된다.
(3) 기한은 **법률행위의 성립과 무관하게 효력에만 영향을 미치는** 요소이며, 법률의 규정에 의한 기한(예: 시효, 제척기간)은 여기에 포함되지 않는다.

2. 기한이 아닌 경우의 예
(1) 예컨대, "본건 토지를 임차인에게 매도할 때까지 임대한다"는 임대차계약에서,
- 매도 여부는 **불확실한 사실**이므로 이는 **기한이 아니라 조건**에 해당한다.

II. 기한의 종류

1. 시기와 종기
(1) **시기**: 법률행위의 **효력 발생** 또는 채무 **이행 개시**를 장래 확실한 사실에 의존시키는 것을 말한다.
예: "2025.4.1.부터 임대한다."
(2) **종기**: 법률행위의 **효력 소멸**을 장래 확실한 사실에 의존시키는 것이다.
예: "2026.12.31.까지 임대한다."

2. 확정기한과 불확정기한
(1) **확정기한**: 발생 시기가 명확하게 정해져 있는 기한
예: "성년이 되면 내 자동차를 주겠다."
(2) **불확정기한**: 시기가 불명확하지만 **장래에 반드시 발생할 것이 확실한 경우**
예: "甲의 부친이 사망하면 내 집을 사용대차 해주겠다."

(3) **불확정기한과 조건의 구별**
  ① 특정 사실이 발생하지 않으면 **이행할 필요가 없다면** → **조건**
  ② 그 사실이 발생하지 않더라도 결국 **이행해야 한다면** → **불확정기한**
  ③ 판례: 정리회사 甲 주식회사의 관리인 乙이 丙에 대하여 2000. 12. 4.부터 2000. 12. 8.까지 희망퇴직신청을 하는 경우에는 회사정리계획 인가결정일로부터 1개월 이내에 평균임금 3개월분의 퇴직위로금을 지급하겠다는 의사표시는 회사정리계획인가를 조건으로 정한 것이 아니라 불확정한 사실의 도래를 변제기로 정한 것이고, 따라서 회사정리절차가 폐지되어 정리계획인가를 받을 수 없는 것으로 확정되었으므로 그 때에 기한이 도래하였다고 판단한 것은 옳다.[91]

III. 기한의 도래

(1) **기한의 도래**란 기한으로 정한 **장래 확실한 사실이 현실적으로 발생**한 것을 의미한다.
(2) 불확정기한의 경우, 그 사실의 실현이 불가능하게 된 때에도 기한이 도래한 것으로 본다.[92]
(3) 기한이 도래하지 않았더라도 기한이익의 포기 또는 상실이 있으면 기한이 도래한 것으로 본다.

IV. 기한부 법률행위의 효력

제152조【기한도래의 효과】① 시기 있는 법률행위는 기한이 도래한 때로부터 그 효력이 생긴다.
② 종기 있는 법률행위는 기한이 도래한 때로부터 그 효력을 잃는다.

1. 기한 도래 전

(1) **기한부 권리도 법률상 권리이므로** 처분, 상속, 보존 및 담보 설정이 가능하다(민법 제

---

91) 대법원 2003. 8. 19. 선고 2003다24215 판결
92) 대법원 2007. 5. 10. 선고 2005다67353 판결

149조 유추).

(2) 단, 기한 도래 전에는 이행청구는 할 수 없고, 기대권 상태에 불과하다.

2. 기한 도래 후

(1) 시기 있는 법률행위는 **기한이 도래한 때부터 효력이 발생**한다.
(2) 종기 있는 법률행위는 **기한이 도래한 때부터 효력을 상실**한다.
(3) **소급효는 절대적으로 인정되지 않으며**, 당사자 간 특약으로도 소급효는 허용되지 않는다.
   - 예: 2025년 4월 1일 계약을 체결하면서 "이 임대차계약의 효력은 2025년 6월 1일부터 발생한다."라고 계약(시기부 법률행위)하고, "기한이 도래하면 계약의 효력이 소급하여 2025년 4월 1일부터 발생한 것으로 본다"는 특약이 추가한 경우, 법률상 기한의 효력은 소급하지 않으며, 당사자 간의 특약으로도 소급효를 인정할 수 없다. 따라서 위 특약에도 불구하고 임대차계약의 효력은 2025년 6월 1일부터만 발생한다.

V. 기한의 이익과 포기

> 제153조【기한의 이익과 그 포기】① 기한은 채무자의 이익을 위한 것으로 추정한다.
> ② 기한의 이익은 이를 포기할 수 있다. 그러나 상대방의 이익을 해하지 못한다.

1. 개념

(1) **기한의 이익**이란, 기한이 도래하지 않은 동안 **당사자가 가지는 이익**을 말한다.
(2) 일반적으로 **기한의 이익은 채무자를 위한 것으로 추정**된다(민법 제153조 제1항).
(3) 예외적으로 채권자도 이익을 가지는 경우가 있다.

2. 기한의 이익 귀속 예시

(1) 채무자만 기한이익을 가지는 경우
- 예: 무이자 소비대차
  → A가 B에게 무이자로 1년간 1,000만 원을 대여한 경우, B(차주)는 1년간 이자를 부

담하지 않으며, 변제기 전에는 법적으로 변제 의무가 없다. 이 경우 기한은 오로지 채무자인 B에게 유리한 효력정지기간이므로, 채무자만 기한의 이익을 가진다.

(2) 채권자만 기한이익을 가지는 경우
- 예: 무상임치계약
→ A가 B에게 일정한 물건을 1년간 무상으로 보관해달라고 임치한 경우, B(임치인)는 원칙적으로 임치 기간 내에는 반환을 요구할 수 없고, 채권자 A(수치인)만이 임치 기간 내에 물건을 자유롭게 반환할 수 있다.

(3) 채권자와 채무자 모두가 이익을 가지는 경우
- 예: 이자부 소비대차
→ A가 B에게 이자를 받고 금전을 대여한 경우, A(채권자)는 변제기까지 이자를 받을 수 있는 이익을 가지며, B(채무자)는 변제기 전에는 법적으로 변제할 의무가 없기 때문에 이행을 유예받는 이익을 가진다. 이와 같이 이자부 소비대차에서는 기한이 양 당사자 모두에게 이익이 되는 것으로 보아, 특별한 사정이 없는 한 쌍방이 기한의 이익을 가진다고 본다.

3. 기한이익의 포기
(1) 기한이익은 이를 가지는 자가 **일방적으로 포기할 수 있다.**
(2) 다만, **상대방의 이익을 해치지 않아야** 하며, 침해한 경우에는 손해배상 책임이 있다.
(3) 포기하면 **기한이 도래한 것과 같은 효과가** 발생한다.
(4) 쌍방이 기한의 이익을 가지는 경우, **상대방에 대한 손해배상과 함께 포기할 수 있다.**

VI. 기한이익의 상실

> 제388조【기한의 이익의 상실】채무자는 다음 각호의 경우에는 기한의 이익을 주장하지 못한다.
> 1. 채무자가 담보를 손상, 감소 또는 멸실하게 한 때
> 2. 채무자가 담보제공의 의무를 이행하지 아니한 때

1. 요건

(1) 민법 제388조에 따라, 다음의 경우 채무자는 **기한이익을 주장할 수 없다.**

　① 담보를 손상, 감소, 멸실하거나
　② 담보 제공 의무를 이행하지 않았거나
　③ 파산한 경우
　④ 당사자 간의 특약이 있는 경우

2. 효과 및 특약

(1) 기한이익을 상실하면, 채권자는 기한 도래 전이라도 변제를 청구할 수 있다.
(2) 단, 기한이익 상실로 인해 자동으로 기한이 도래하는 것이 아니라, 채권자가 **변제를 청구함으로써 기한이 도래한다.**
(3) 판례는 이를 **형성권적 기한이익 상실 특약으로 추정**한다.[93]

---

[93] 대법원 2002. 9. 4. 선고 2002다28340 판결

제2편

물권법

제2편 물권법

물권법은 물건에 대한 지배권을 규율하며, 대외적 효력을 중시하는 법 영역이다. 본 편에서는 물권의 성립과 변동, 물권의 종류와 효력 등을 중심으로 소유권, 용익물권, 담보물권을 다룬다.

제1장 물권법 총론

물권법 총론은 물권 일반에 관한 기본 원칙을 다룬다. 물권의 특성, 일물일권주의, 물권법정주의, 물권의 객체, 물권의 일반적 효력 등에 대한 이해를 바탕으로 후속 장에서 다룰 물권의 종류를 명확히 할 수 있다.

제1절 물권법의 의의와 성격

I. 물권법의 의의

1. 사적 소유와 헌법, 그리고 물권법
(1) 중세 봉건사회에서는 토지를 국가 또는 제후·영주가 소유하고, 일반인은 토지를 소유할 수 없었다.
(2) 근대 시민혁명을 통해 사적 소유가 보장되었으며, 자유민주주의 국가에서는 **소유권 절대의 원칙**에 따라 **사유재산제도**를 인정하게 되었다.
(3) 사회주의 국가에서는 사유를 부정하고, **국가소유 또는 집체소유**만을 인정한다.
(4) 우리나라 헌법 제23조 제1항은 **사유재산권의 보장**을 명시하고 있으며, 이를 구체화하는 법률이 바로 물권법이다.

2. 물권의 개념과 의의
(1) 물건은 **동산과 부동산**으로 나뉘며, 우리 민법은 토지와 건물을 **별개의 부동산**으로 취급한다.
(2) 물건은 경제적 가치를 가지므로, 이를 지배하기 위한 **법적 권리로서의 물권**이 필요하다.
(3) **물권**이란 일정한 물건을 직접 지배함으로써 <u>배타적 이익</u>을 얻는 권리이며, 제3자에게도 주장할 수 있는 <u>절대권</u>이다.
(4) 물권은 <u>소유권</u>(전면적 지배권)과 **제한물권, 점유권**으로 나뉜다. 제한물권은 다시 용익물권(지상권, 지역권, 전세권)과 **담보물권**(유치권, 질권, 저당권)으로 구분된다.
(5) 물권은 민법상 **8종의 물권**으로 한정되며, 이는 <u>물권법정주의</u>에 따른 것이다.

3. 물권과 채권의 관계

(1) 민법은 크게 **재산법과 가족법**으로 나뉘며, 재산법은 다시 **물권법과 채권법**으로 구성된다.
(2) 물권법은 **소유권 중심**, 채권법은 **계약 중심**으로 발전하였다.
(3) 물권의 변동은 일반적으로 계약을 원인으로 하므로, 물권법과 채권법은 밀접하게 연결되어 있다.
(4) 특히 **담보물권**은 채권의 담보수단으로서 존재하며, 채권법과 물권법의 교차점에 해당한다.

II. 물권법의 성격

1. 지배권

물권은 특정 물건을 <u>직접 지배</u>함으로써 <u>배타적 지배</u>를 가능하게 하는 권리이다.

2. 절대권

물권은 제3자에게도 주장할 수 있는 대외적 효력을 가진다. 이는 특정 상대방에게만 주장할 수 있는 채권과 대비된다.

3. 배타성

물권은 동일한 물건에 대해서는 동일한 물권이 중복하여 성립할 수 없다. 하나의 물건에는 하나의 동일한 물권만 성립할 수 있다.

4. 양도성

물권은 **재산권**이므로, 원칙적으로 **양도 가능**하다.

5. 강행규정성

(1) 물권법은 공시제도와 대외적 효력을 기초로 하므로, **임의규정보다 <u>강행규정이 원칙</u>**이다.
(2) 예외적으로 **임의규정이 허용되는 경우**도 존재한다.
　① **관습법상 법정지상권**은 당사자의 특약에 따라 **포기 가능**하다.
　② **전세권**은 물권이지만 **양도금지특약**이 유효하다.

③ **유치권의 발생을 배제하는 특약**도 유효하다.

④ **저당권의 효력 범위**는 설정행위에 따라 제한 가능하다.

6. 비보편성

(1) 채권법은 국제적으로 통일적이나, 물권법은 각국의 역사와 사회적 배경에 따라 **비보편적**이다.

(2) 예컨대 일본 민법에는 **영소작권**[94]· **부동산질권** · **선취특권**[95] 등이 있으나, 한국 민법에는 존재하지 않고 대신 **전세권**이라는 독자적인 제도가 있다.

7. 물권과 채권의 비교

구분	물권	채권
관계	사람과 물건	사람과 사람
성질	특정 물건에 대한 **지배권**	특정인에 대한 **청구권**
효력	대세적 효력 (절대권)	대인적 효력 (상대권)
규율 방식	강행규정 중심	임의규정 중심
권리창설방식	법정주의 적용 (물권법정주의)	계약자유의 원칙 적용

---

[94] 영소작권(永小作權, えいこさくけん)은 타인의 토지에 농업·임업 등의 목적으로 사용·수익할 수 있는 권리로서, 반영구적인 권리이다. 즉, 남의 땅을 농사짓기 위해 빌려 쓰되, 단기적인 임자가 아니라 일종의 물권으로서 반영구적·세습 가능한 사용권이라는 것이 특징이다

[95] 선취특권(先取特權, せんしゅとっけん)은 특정한 채권자가 다른 채권자에 우선하여 채권을 만족받을 수 있는 법정 담보물권이다. 즉, 다른 채권자들보다 먼저 우선변제를 받을 수 있는 권리로서, 법률에 의해 당연히 발생하는 담보물권이다.

제2절 물권의 객체

I. 의의

(1) **물권의 객체**란, 물권이 귀속하거나 지배할 수 있는 대상으로서, 일반적으로 **현존하는 특정의 독립된 물건**을 의미한다.
(2) 민법은 **물권의 객체로 원칙적으로 '물건'만을 인정**하며, 그 외의 권리는 예외적인 경우에만 물권의 객체가 될 수 있다.

II. 물건의 개념과 분류

1. 물건의 개념

> 제98조【물건의 정의】본법에서 물건이라 함은 유체물 및 전기 기타 관리할 수 있는 자연력을 말한다.

민법 제98조에 따르면, **유체물 및 전기 기타 관리할 수 있는 자연력**을 물건이라 한다. 무체물이나 권리 자체는 물건이 아니며, 따라서 일반적으로 물권의 객체가 될 수 없다.

2. 부동산과 동산의 구별

> 제99조【부동산, 동산】① 토지 및 그 정착물은 부동산이다.
> ② 부동산 이외의 물건은 동산이다.

(1) 물건은 **부동산**과 **동산**으로 구별된다.
(2) **부동산**은 **토지와 그 정착물**(건물 등)이며, **동산**은 이에 해당하지 않는 모든 유체물을 말한다.
(3) 우리 민법은 **건물을 토지의 구성부분으로 보지 않고, 독립된 부동산으로 본다.**
(4) 예: 토지 위에 무단으로 건물을 신축한 경우에도 **건물은 토지에 부합하지 않으며**, 건물 신축자가 건물 소유권을 취득한다.

3. 토지와 건물의 단위성
(1) **토지는 1필**, **건물은 1동** 단위로 존재하여야 **소유권의 객체가 된다.**
(2) 1필 토지의 일부나 1동 건물의 일부는 소유권의 객체가 될 수 없다.

4. 수목의 법적 취급
(1) 수목은 원칙적으로 **토지의 구성부분**으로서 독립된 물건이 아니다.
(2) 예외적으로 다음의 경우에는 독립된 물권의 객체가 된다.
   ① **입목**: 『입목에 관한 법률』에 따라 **등기된 경우**, 독립한 **부동산으로 보아 소유권, 저당권, 양도담보의 객체**가 된다.
   ② **명인방법을 갖춘 수목**: **소유권과 양도담보의 객체**가 되지만, 저당권의 객체는 될 수 없다.
   ③ **경작된 농작물**: 적법한 경작권 없이 타인의 토지를 **무단 경작한 경우에도**, **성숙한 농작물이 독립된 물건으로 존재**하면, **경작자가 그 소유권**을 가진다.
   ④ **미분리의 과실**: **명인방법을 갖춘 경우**, **독립된 물건**으로서 물권의 객체가 될 수 있다.

제3절 일물일권주의

I. 의의

일물일권주의란 하나의 물권은 하나의 독립된 물건에 대해서만 성립할 수 있다는 원칙이다. 이는 물권의 공시 가능성과 거래 안전을 확보하기 위한 물권법의 기본 원리이다.

II. 내용

1. 기본 원칙
(1) 하나의 물건 위에 동일한 내용의 물권은 중복하여 성립할 수 없다.
(2) 물건의 일부나 구성부분에는 물권이 성립할 수 없다.
(3) 여러 개의 물건 전체에 하나의 물권을 설정할 수 없다.

2. 예외
(1) 부동산의 일부에 대한 물권 성립
  ① 지상권, 지역권, 전세권 등 용익물권은 부동산의 일부에도 성립 가능하다.
  ② 유치권은 점유만으로 성립하므로, 부동산 일부에도 성립할 수 있다.
(2) 건물의 일부에 대한 물권 성립
  ① 구분소유권이 성립 가능한 경우, 건물의 일부는 독립된 물건으로 취급되어 소유권·전세권의 객체가 될 수 있다.
(3) 집합물에 대한 예외
  ① 입목, 공장재단, 광업재단 등은 법률상 하나의 물건으로 간주되어 저당권 등을 설정할 수 있다.

제4절 물권법정주의

I. 의의 및 근거

1. 의의
물권법정주의란 **물권의 종류와 내용을 당사자가 임의로 창설하거나 변경할 수 없고**, 반드시 **법률 또는 관습법에 의해서만 인정**되어야 한다는 원칙을 말한다. 이를 **물권한정주의**라고도 한다.

2. 입법취지
(1) 물권은 배타성과 절대성을 가지므로, 제3자에게도 그 효력을 주장할 수 있다. 따라서 물권의 종류와 내용은 **사전에 공시될 수 있어야** 하며, 일정한 방식으로 획일화되어야 거래 안전이 확보된다.
(2) 당사자가 자의적으로 새로운 물권을 창설할 경우, **공시 방법 마련의 어려움**과 **제3자의 법적 불안정**이 초래되므로, 물권의 법정주의가 필요하다.
(3) 이에 반해 채권은 당사자 간의 계약에 의해 자유롭게 형성되므로 사적 자치가 보장된다.

3. 법적 근거
(1) 민법 제185조는 "물권은 **법률** 또는 **관습법**에 의하지 아니하면 이를 창설하지 못한다"고 하여 물권법정주의를 선언하고 있다.
(2) 이 조항은 **강행규정**으로, 이를 위반한 법률행위는 무효이다.

II. 내용

1. 종류강제와 내용강제
(1) **종류강제**: 법률이나 관습법에 정해지지 않은 새로운 물권을 당사자의 약정만으로는 창설할 수 없다.
  - 예: 관습상의 공원이용권, 온천권, 사도통행권 등은 물권으로 인정되지 않는다.
(2) **내용강제**: 법률이 정한 물권의 내용과 다른 내용으로 약정하는 것도 허용되지 않는다.

- 예: 전세권 설정계약에서 전세금 지급 없이 전세권을 설정하는 것은 무효이다.

2. 물권의 성립 근거

(1) 물권은 **법률** 또는 **관습법**에 의하여만 성립한다.
(2) 행정명령이나 조례 등은 법률이 아니므로 물권을 창설할 수 없다.
(3) **관습법에 의한 물권 인정은 보충적 효력**만을 가지며, 이미 법률이 규정한 사항과 다른 내용의 물권을 관습법으로 창설할 수는 없다.

III. 물권의 종류

1. 민법상 물권

구분			물권	설명
본권	전면적 지배권		소유권	물건을 완전하게 지배하여 사용, 수익, 처분할 수 있는 권리
	제한 물권	용익 물권	지상권	타인의 토지에 건물이나 수목 등을 소유하기 위해 사용하는 권리
			전세권	타인의 부동산을 일정 기간 사용하고 그 대가로 전세금을 지급하는 권리
			지역권	자기 토지의 편익을 위해 인접 토지를 제한적으로 이용할 수 있는 권리
		담보 물권	저당권	채권자가 채권을 담보하기 위해 채무자 소유 부동산에 설정하는 권리
			질권	채무자가 인도한 동산 또는 권리를 담보로 하여 채권을 확보하는 권리
			유치권	타인의 물건을 적법하게 점유한 자가 그 물건을 유치할 수 있는 권리
점유권				물건을 사실상 지배하고 있는 자에게 인정되는 권리

2. 특별법상 인정되는 물권

① 입목저당권 (입목에 관한 법률)
② 공장재단저당권 (공장 및 광업재단저당법)
③ 가등기담보권 (가등기담보 등에 관한 법률)
④ 광업권 (광업법)
⑤ 어업권 (수산업법)

3. 관습법상 인정되는 물권

① <u>관습법상 법정지상권</u>
② <u>분묘기지권</u>
③ <u>동산 양도담보권</u>

4. 관습법상 물권으로 인정되지 않는 사례

① **온천권** – 온천에 관한 권리를 관습법상의 물권이라고 볼 수 없다.[96]
② **근린공원이용권** – 도시공원법상 근린공원으로 지정된 공원은 일반 주민들이 다른 사람의 공동 사용을 방해하지 않는 한 자유로이 이용할 수 있지만 그러한 사정만으로 인근 주민들이 누구에게나 주장할 수 있는 공원이용권이라는 배타적인 권리를 취득하였다고는 할 수 없다.[97]
③ **관습상의 사도통행권** – 관습상의 사도통행권 인정은 물권법정주의에 위배된다.[98]
④ **미등기 무허가 건물 양수인의 소유권 주장** – 미등기 무허가건물의 양수인이라 할지라도 그 소유권이전등기를 경료받지 않는 한 건물에 대한 소유권을 취득할 수 없고, 그러한 건물의 취득자에게 소유권에 준하는 관습상의 물권이 있다고 볼 수 없다.[99]

---

96) 대법원 1970. 5. 26. 선고 69다1239 판결
97) 대법원 1995. 5. 23. 선고 94마2218 결정
98) 대법원 2002. 2. 26. 선고 2001다64165 판결
99) 대법원 1999. 3. 23. 선고 98다59118 판결

IV. 물권법정주의 위반의 효과: 절대적 무효

(1) 위반한 경우의 법률행위는 <u>절대적 무효</u>이다.

(2) 무효인 법률행위는 채권적 효력도 발생하지 않으며, 계약 위반에 따른 책임도 문제되지 않는다.

제5절 물권의 효력

I. 물권의 우선적 효력

1. 물권과 채권의 관계

(1) 원칙
물권은 채권에 우선한다. 물권은 배타성과 절대성을 가지므로, 같은 목적물에 대해 채권과 물권이 경합할 경우, 물권자가 우선적 지위를 갖는다.

(2) 예외
① **등기된 임차권**은 대항력이 있어, 후에 성립한 물권보다 우선한다.
② **주택임차권**은 인도 및 주민등록 요건을, **상가임차권**은 인도 및 사업자등록 요건을 갖춘 경우 후에 성립하는 물권에 대항할 수 있다.
③ **법률에 의해 예외적으로 채권에 우선하는 특권**이 인정되기도 한다.
  - 예: 주택임대차보호법상 소액보증금, 근로기준법상 임금 우선 특권 등.

2. 물권 상호 간의 우선관계

(1) 동일 종류의 물권 간
시간적으로 먼저 성립한 물권이 우선한다.
- 예: 1순위 저당권자가 2순위 저당권자보다 먼저 우선변제 받는다.

(2) 이질적 물권 간
① **제한물권은 소유권에 우선**하지 않는다.
② 제한물권 상호 간에는 **선순위권이 후순위권에 우선**한다.
  - 예: 지상권이 먼저 설정되었다면, 후에 설정된 저당권은 지상권에 대항할 수 없다.

II. 물권적 청구권

1. 의의
물권이 **침해되거나 침해될 염려가 있는 경우**, 물권자는 그 **침해의 제거** 또는 **예방을 청구**할 수 있는 권리를 가진다. 이는 물권의 본질인 **지배권**을 실현하기 위한 수단적 권리이다.

2. 종류

(1) 물권적 반환청구권

목적물에 대한 **점유를 침탈**당한 경우, 물권자는 **그 점유의 회복**을 청구할 수 있다.
- 예: A 소유 토지에 B가 무단 건축 → 토지의 반환 청구

(2) 물권적 방해제거청구권

점유의 전부 박탈은 아니지만 **소유권 등의 행사에 장애가 있는 경우** 그 제거를 청구할 수 있다.
- 예: B가 A의 토지에 물건 적치 → 제거 청구

(3) 물권적 방해예방청구권

현재 침해는 없지만 **현실적 위험성이 있는 경우**, 침해 예방 또는 **손해배상 담보**를 청구할 수 있다.
- 예: 옆집에서 건축하면서 축대 붕괴 우려 → 공사중지 또는 구조보강, 손해배상의 담보를 청구

3. 법적 성질

(1) 물권적 성질

① 물권의 효력에서 **파생된 권리**로, **물권과 분리 양도할 수 없고**, 물권이 이전·소멸하면 물권적 청구권도 함께 소멸한다.
② **물권적 청구권은 채권보다 우선**한다.

(2) 채권적 성질

특정인에게 일정한 행위를 청구하는 형태이므로, 그 점에서 채권과 유사하다.

(3) 소멸시효

물권이 존속하는 한, **물권적 청구권은 독립적으로 소멸시효에 걸리지 않는다.**
단, **점유권에 기한 청구권**은 행사기간 1년의 **제척기간**이 적용된다.

4. 점유권에 기한 물권적 청구권(점유보호청구권)

> 제204조【점유의 회수】① 점유자가 점유의 침탈을 당한 때에는 그 물건의 반환 및 손해의 배상을 청구할 수 있다.
> ② 전항의 청구권은 침탈자의 특별승계인에 대하여는 행사하지 못한다. 그러나 승계인이 악의인 때에는 그러하지 아니하다.
> ③ 제1항의 청구권은 침탈을 당한 날로부터 1년 내에 행사하여야 한다.
>
> 제205조【점유의 보유】① 점유자가 점유의 방해를 받은 때에는 그 방해의 제거 및 손해의 배상을 청구할 수 있다.
> ② 전항의 청구권은 방해가 종료한 날로부터 1년 내에 행사하여야 한다.
> ③ 공사로 인하여 점유의 방해를 받은 경우에는 공사착수 후 1년을 경과하거나 그 공사가 완성한 때에는 방해의 제거를 청구하지 못한다.
>
> 제206조【점유의 보전】① 점유자가 점유의 방해를 받을 염려가 있는 때에는 그 방해의 예방 또는 손해배상의 담보를 청구할 수 있다.
> ② 공사로 인하여 점유의 방해를 받을 염려가 있는 경우에는 전조 제3항의 규정을 준용한다.

(1) 점유물반환청구권
① **의의**: 점유자가 **점유의 침탈을 당한 경우에만** 행사할 수 있는 권리이다.
② **행사 요건**:
- **침탈은 점유자의 의사에 반하여 물건을 탈취당한 경우**에 해당한다.
- **기망 등에 의한 인도**는 침탈이 아니므로 반환청구 불가하다.
- **침탈자의 선의의 특별승계인**에 대해서는 반환청구가 인정되지 않으며, **악의의 승계인**에게만 청구할 수 있다.

③ **행사 기간**:
- 점유자가 침탈을 당한 날로부터 **1년 이내**에 소를 제기해야 하며, 이는 **출소기간**에 해당한다.

(2) 간접점유자의 점유물반환청구권
　① **원칙**: 직접점유자가 제3자에 의해 침탈당한 경우, 간접점유자도 **점유물반환청구권**을 행사할 수 있다.
　② **절차 요건**:
　　- 간접점유자는 **먼저 직접점유자에게 반환청구**를 해야 하며, 직접점유자가 반환을 받지 못하거나 반환을 원하지 않을 경우에만 스스로 반환을 청구할 수 있다.
(3) 간접점유의 침탈 기준
　- 직접점유자가 임의로 제3자에게 **점유를 이전한 경우**에는 간접점유자의 점유가 침탈된 것이 아니므로 **청구 불가**하다. 이 경우 **간접점유권은 소멸**하며, 간접점유자는 제3자에게 반환청구권을 행사할 수 없다.

5. 소유권에 기한 물권적 청구권

> 제213조【소유물반환청구권】 소유자는 그 소유에 속한 물건을 점유한 자에 대하여 반환을 청구할 수 있다. 그러나 점유자가 그 물건을 점유할 권리가 있는 때에는 반환을 거부할 수 있다.
> 제214조【소유물방해제거, 방해예방청구권】 소유자는 소유권을 방해하는 자에 대하여 방해의 제거를 청구할 수 있고 소유권을 방해할 염려있는 행위를 하는 자에 대하여 그 예방이나 손해배상의 담보를 청구할 수 있다.

(1) **소유물반환청구권(제213조)**
　소유자는 소유물에 대해 반환을 청구할 수 있으나, 점유자가 **정당한 점유권원**이 있으면 거부할 수 있다.
(2) **소유물방해제거 및 방해예방청구권(제214조)**
　방해의 제거 및 방해 예방 또는 손해배상의 담보를 청구할 수 있다.
(3) **소유권에 기한 물권적 청구권의 준용**
　<u>지상권, 지역권, 전세권, 저당권에도 소유권에 기한 준용된다. 단 **점유를 요하지 않는 지역권과 저당권에는 방해제거 청구권과 방해예방청구권만 인정되고 반환청구권은 인정되지 않는다.**</u>

(4) 소유권에 기한 물권적 청구권이 인정되지 않는 경우
- 유치권은 점유를 기초로 하기 때문에 점유권에 기한 반환청구권만 인정된다.
- 임차권은 채권이므로 물권적 청구권은 인정되지 않지만, 등기된 임차권의 경우 제한적으로 **방해제거청구권**이 인정될 수 있으며, 점유하는 경우에는 **점유권에 기한 물권적 청구권**이 가능하다.

6. 청구권자 및 상대방
(1) 청구권자
① <u>현재의 물권자만</u>이 물권적 청구권을 행사할 수 있다.
즉, 물권을 보유하고 있는 자만이 물권적 청구권의 주체가 될 수 있다.
② <u>소유권을 상실한 전(前) 소유자는 더 이상 물권자가 아니므로 불법점유자에 대하여 방해제거청구권을 행사할 수 없다.</u>
- 예: 소유자인 甲이 불법점유자 乙을 상대로 소를 제기한 후, 소유권을 丙에게 양도한 경우, 소유권과 함께 물권적 청구권도 丙에게 이전되므로 甲은 더 이상 청구할 수 없고, 丙만이 행사할 수 있다.
③ <u>등기 없이 건물을 매수한 미등기 양수인은 직접 물권적 청구권을 행사할 수 없다.</u>
이는 소유권을 아직 취득하지 못했기 때문이며, **관습상 소유권에 준하는 물권도 인정되지 않는다.**
다만, 매도인의 소유권에 기한 물권적 청구권을 대위하여 행사할 수는 있다.
④ 물권적 청구권은 소유권과 불가분적으로 결합된 권리이므로,
　(a) 소유권과 분리하여 물권적 청구권만을 양도하거나,
　(b) 전(前) 소유자에게 이를 유보하는 특약을 하는 것은 모두 무효이다.
⑤ 정당한 물권자가 아닌 자는 청구권자가 될 수 없다.
- 예: 명의신탁자가 외형상 소유권자인 명의수탁자 대신 청구할 수는 없다.

(2) 청구 상대방
① <u>현재 물건을 침해하거나 방해 상태를 지배하고 있는 자만이 청구의 상대방이 될 수 있다.</u> 즉, 물권적 청구권은 현재 침해 상태를 유지하고 있는 자에 대해서만 행사할 수 있다.
② 초기의 침해자가 현재 점유하지 않는 경우에는, 그를 상대로 반환청구나 인도청구

를 할 수 없다.
- 예: 乙이 甲의 물건을 침해한 뒤 丙에게 점유를 이전한 경우, 현재 점유자인 **丙에게 청구**하여야 한다.
③ 직접점유자와 간접점유자는 청구 상대방이 될 수 있으나, **단순한 점유보조자**(예: 종업원, 점유 지휘에 종속된 자 등)는 점유자가 아니므로 상대방이 될 수 없다.
④ 상대방이 임차권, 유치권, 지상권, 동시이행항변권 등 <u>적법한 권원에 의해 점유하는 경우에는 그에 대해 물권적 청구권을 행사할 수 없다.</u>
⑤ 청구의 상대방은 현실적으로 목적물을 점유하고 있어야 한다.
따라서, **불법점유자라도 이미 제3자에게 목적물을 인도한 경우에는**, 그 자를 상대로 인도 또는 명도청구를 할 수 없고, **현재 점유자를 상대로 하여야 한다.**
⑥ 불법점유의 경우라도, 점유자와 처분권자가 분리되어 있는 경우, 청구 대상은 점유자와 처분 권한자 각각에게 내용에 따라 구분하여 행사해야 한다.
- 예: 무단 건축한 건물에 대해 건물 소유자가 丙이고, 건물 점유자가 丁인 경우,
  (a) 철거청구는 **소유자인 丙에게**,
  (b) 퇴거청구는 **점유자인 丁에게** 각각 청구하여야 한다.

7. 물권적 청구권과 타 청구권의 관계
(1) 계약상 청구권과의 경합
임차계약 종료 후 명도를 요구하는 경우, **물권적 청구권과 계약상 반환청구권이 병존 가능**하다.
(2) 부당이득반환청구권과의 경합
불법 점유자가 점유를 통해 이익을 얻은 경우, 물권자는 **물권적 청구권과 부당이득 반환청구권**을 함께 행사할 수 있다.
(3) 불법행위에 의한 손해배상청구권과의 경합
① 침해자가 <u>고의 또는 과실</u>이 있는 경우: 두 권리 병존
② <u>고의·과실 없는 경우</u>: 물권적 청구권만 인정, **손해배상 청구 불가**

8. 물권적 청구권의 행사에 따른 비용
(1) 원칙적으로 침해자가 비용을 부담한다.
(2) 상대방의 귀책사유 유무와 관계없이 그 부담이 인정된다.

9. 유형별 사례 정리

사실관계	청구권 내용
A 소유 토지에 B가 무단 건물 신축	철거 및 토지 인도 가능, 건물 퇴거 청구는 불가
A 소유 토지에 B가 무단 건물 신축한 후 C에게 매도	C는 현재 점유자 → C에게 철거 청구 가능
A 소유 토지에 B가 무단으로 건물을 신축하고 C에게 임대	B에게 철거 청구, C에게는 퇴거 청구 가능
A 소유 토지에 B가 무단으로 건물을 신축하여, A가 B를 상대로 철거 소송 중 A가 토지를 C에게 양도	A는 청구권 없고, 원고변경신청을 하여 C만 철거 청구 가능
A가 건물 미등기 상태로 B에게 매도했으나, C가 불법점유	미등기 양수인 B는 직접 청구 불가, A의 소유권에 기한 물권적 청구권을 대위 행사 가능
A의 토지를 B에게 명의신탁, C가 무단 점유	명의수탁자 B만 물권적 청구권 행사 가능

제2장 물권의 변동

물권은 일정한 요건과 방식에 따라 취득, 변경 또는 소멸된다. 이 장에서는 물권변동의 원칙과 공시방법, 물권의 소멸 등에 대해 구체적으로 고찰한다.

제1절 서설

I. 물권변동의 의의

물권변동이란 **물권의 발생, 변경, 소멸**을 말하며, 민법 제186조는 "물권의 득실변경은 등기하여야 그 효력이 생긴다"고 하여 물권변동의 일반 원칙을 선언하고 있다.

II. 물권변동의 원인

1. 법률행위에 의한 물권변동

당사자의 의사에 의한 물권의 변동
- 예: **매매, 교환, 증여** 등

2. 법률의 규정에 의한 물권변동

법률의 규정에 의하여 **당연히** 물권이 변동되는 경우
- 예: **상속, 수용, 법원의 판결, 경매** 등

제2절 공시의 원칙과 공신의 원칙

I. 공시의 원칙

1. 의의
공시의 원칙이란, **물권은 외부에서 인식 가능한 표상(공시방법)을 통해서만 그 변동의 효력이 발생할 수 있다는 원칙**을 말한다. 물권은 본질적으로 **절대적 지배권**이므로, 제3자에게 명확히 인식되어야 한다. 이는 **물권의 배타성과 거래 안전성**을 확보하기 위한 제도적 장치이다.

2. 공시방법
(1) **부동산물권: 등기**를 통해 공시된다.
(2) **동산물권**: 점유(인도)를 통해 공시된다.
(3) 예외적 공시방법:
   ① **수목**: 「입목에 관한 법률」상 **입목등기** 또는 **관습법상 명인방법**
   ② **미분리의 과실**: 관습법상 **명인방법**으로 공시 가능
   ③ **자동차·건설기계 등 특수동산**: 등록을 통한 공시 인정
   ④ **동산의 간이인도, 점유개정, 반환청구권의 양도**: 인도로 간주되나 실질적인 점유변동이 없어 공시수단으로는 **불완전한 측면**이 있다.

3. 공시의 원칙 실현방식
(1) <u>성립요건주의(형식주의)</u>
   ① 의의: 물권변동의 <u>성립 자체를 위해 공시방법이 필요</u>하다는 입장이다. 우리 민법이 채택하고 있는 원칙이다.
   ② 적용: 민법 제186조는 "부동산에 관한 법률행위로 인한 물권의 득실변경은 등기하여야 효력이 생긴다"고 규정하여, <u>등기를 성립요건으로 명시</u>하였다.
   ③ 효과: 당사자 사이에 계약이 성립되었더라도 <u>등기를 하지 않으면 물권변동의 효력이 발생하지 않는다.</u>
   ④ 주의점(불법말소의 경우): 등기는 <u>효력 발생 요건일 뿐, 존속 요건은 아니다</u>. 따라서 **등기가 불법 말소되더라도 물권 자체는 소멸하지 않는다.**

- 예: 甲 소유 부동산에 설정된 저당권이 불법말소된 후 매매를 통해 乙에게 소유권이 이전된 경우에도, 저당권은 여전히 유효하다. 이 경우, 말소회복등기청구의 상대방은 말소 당시 소유자(甲)이며, 현재 소유자(乙)가 아니다.

(2) 대항요건주의(의사주의)
① **의의**: **계약만으로 물권변동의 효력은 발생**하지만, 제3자에게 **그 권리를 주장하려면 공시(등기)가 필요**하다는 입장이다(프랑스, 일본 등에서 채택).
② 우리 민법의 일부 적용 예
- 채권적 권리관계: 임차권, 공유물분할약정, 신탁, 환매특약 등
- 효과: 당사자 사이에서는 유효하지만, **제3자에 대한 대항력 확보를 위해 등기가 필요**하다.

II. 공신의 원칙

1. 의의
공신의 원칙이란, 공시방법(등기·점유 등)이 <u>실체적 권리관계와 일치하지 않더라도, 이를 신뢰한 제3자는 보호되어야 한다는 원칙</u>을 말한다. 즉, 등기상 권리자가 실제 권리자가 아니더라도 제3자가 이를 선의로 신뢰했다면 그 제3자를 보호하고 물권을 취득하게 한다는 취지이다.

2. 우리 민법의 태도
(1) <u>**부동산물권**: 공신의 원칙을 인정하지 않음</u>
① 따라서 **등기를 믿고 거래한 제3자**라 하더라도, <u>**무권리자**가 설정한 등기에 기반한 소유권이전은 효력이 없다.</u>
② 진정한 권리자 보호를 우선시함.
(2) **동산물권**: 공신의 원칙을 인정함
① 대표적으로 **선의취득제도**가 존재
② 동산은 거래가 빈번하고 점유는 공시수단으로 미흡하므로, **거래의 안전**을 위해 제3자 보호가 우선됨

3. 관련 사례

(1) 부동산 등기 공신력 부정 사례
- 무효인 소유권이전등기에 기반한 **근저당권 설정등기**는 무효이며, 그에 기초한 **경매 절차의 경락자**는 소유권을 취득하지 못한다.

(2) 무권리자의 등기행위 예시
① 甲의 부동산에 대해 무권리자 乙이 **위조된 서류로 본인 명의로 등기** 후 丙에게 매도하고 등기 이전
② 이 경우 丙은 진정한 권리자가 아니므로 **소유권을 취득할 수 없으며**, 甲은 乙과 丙 모두에게 **등기말소청구** 또는 丙에 대해 **진정명의회복을 원인으로 한 소유권이전등기청구** 가능

III. 공시의 원칙과 공신의 원칙 비교

구분	공시의 원칙	공신의 원칙
의의	물권변동은 외부에 인식 가능한 표상이 있어야 효력 발생	공시내용이 실체와 달라도 제3자의 신뢰는 보호됨
기능	물권의 배타성 실현과 거래 안전 확보	거래의 안전성 강화
공시방법	- 부동산: 등기 - 동산: 점유(인도)	동산에만 공신력 인정(선의취득 등)
우리 민법의 태도	부동산과 동산 모두에 공시의 원칙 인정	**동산에만 공신의 원칙 인정**, 부동산은 부정

제3절 부동산 물권변동

I. 법률행위에 의한 부동산 물권변동(등기를 요하는 부동산 물권변동)

> 제186조【부동산물권변동의 효력】부동산에 관한 법률행위로 인한 물권의 득실변경은 등기하여야 그 효력이 생긴다.

(1) **소유권이전**

매매, 교환, 증여, 특정유증에 의한 소유권이전은 반드시 **이전등기**를 하여야 효력이 발생한다.

(2) **제한물권 설정 및 이전**

지상권, 지역권, 전세권, 저당권 등의 설정이나 이전은 설정등기 또는 이전등기가 필요하다.

(3) **공유물 협의분할 및 조정조서**

공유물에 대한 협의분할 또는 조정조서가 성립된 경우에도 **등기하여야 효력이 발생**한다.[100]

(4) **이행판결에 의한 물권변동**

이행을 명하는 **확정판결**을 받더라도 **등기 없이 물권이 이전되지 않는다**.

(5) **화해조서 작성의 경우**

화해조서에 소유권이전 내용이 포함되어 있어도 **등기하여야 소유권을 취득한다**.

(6) **물권의 포기(공유지분 또는 합유지분의 포기)**

공유지분의 포기는 법률행위로서 상대방 있는 단독행위에 해당하므로, 부동산 공유자의 공유지분 포기의 의사표시가 다른 공유자에게 도달하더라도 이로써 곧바로 공유지분 포기에 따른 물권변동의 효력이 발생하는 것은 아니고, 다른 공유자는 자신에게 귀속될 공유지분에 관하여 소유권이전등기청구권을 취득하며, 이후 민법 제186조에 의하여 **등기를 하여야 공유지분 포기에 따른 물권변동의 효력이 발생**한다.[101]

---

100) 대법원 2013. 11. 21. 선고 2011두1917 전원합의체 판결
101) 대법원 2016. 10. 27. 선고 2015다52978 판결

II. 법률규정에 의한 부동산 물권변동

> 제187조【등기를 요하지 아니하는 부동산물권취득】 상속, 공용징수, 판결, 경매 기타 법률의 규정에 의한 부동산에 관한 물권의 취득은 등기를 요하지 아니한다. 그러나 등기를 하지 아니하면 이를 처분하지 못한다.

1. 원칙: 등기 없이 효력이 발생

(1) **상속**

상속개시와 동시에 등기 없이도 상속인에게 소유권이 이전된다. **포괄유증도** 동일하게 적용된다.

(2) **공용징수(수용)**

수용기일에 등기 없이도 물권변동이 발생한다.

(3) **형성판결에 의한 물권변동**

- 예: 공유물분할 판결은 확정되면 **등기 없이도 물권변동의 효력이 발생한다.**

(4) **경매**

대금 완납 시점에 소유권을 취득한다. 등기는 처분을 위한 형식적 요건에 불과하다.

(5) 기타 법률의 규정에 의한 물권변동

① **신축건물에 대한 원시취득**

자기의 비용과 노력으로 신축한 건물은 보존등기 없이도 소유권 취득이 가능하다.[102]

② **혼동에 의한 물권 소멸**

- 예: 저당권자가 채권자와 채무자가 동일인이 되는 경우 → **말소등기 없이도 소멸한다.**

③ **존속기간 만료에 의한 용익물권 소멸**

전세권 등의 용익물권은 기간이 만료되면 **말소등기 없이 소멸한다.**

---

[102] 대법원 2005. 7. 15. 선고 2005다19415 판결

④ 피담보채권의 소멸로 인한 저당권 소멸

채권이 소멸하면 **저당권도 자동으로 소멸**한다.

⑤ 법정지상권

법정지상권 성립 시 **등기 없이도 제3자에게 대항이 가능**하다.

⑥ 전세권의 법정갱신

갱신된 전세권은 **등기 없이도 제3자에 대항이 가능**하다.

⑦ 소유권 복귀의 경우

매도인이 매수인에게 이전등기를 해준 뒤 계약이 **해제·취소·조건 성취** 등으로 무효가 된 경우 → 소유권은 등기 없이 복귀된다.

⑧ 전유부분 취득에 따른 공용부분 지분 취득

아파트와 같은 구분소유 건물의 경우, 전유부분 취득 시 **등기 없이도 공용부분에 대한 지분을 자동으로 취득**한다.

2. 예외: 점유취득시효

제245조【점유로 인한 부동산소유권의 취득기간】① 20년간 소유의 의사로 평온, 공연하게 부동산을 점유하는 자는 등기함으로써 그 소유권을 취득한다.

- 점유취득시효 완성은 민법상 "법률의 규정에 의한 취득"이지만, <u>민법 제245조에 의해 등기를 요하는 예외적 취득 방식</u>이다. 따라서, 점유취득시효가 완성되어도 **등기를 하지 않으면 물권 취득의 효력이 발생하지 않는다**.

제4절 부동산물권의 공시방법

I. 부동산등기

1. 의의
법률행위에 의한 부동산물권변동은 등기를 하여야 효력이 발생한다(민법 제186조).
반면, 법률의 규정에 의한 부동산물권변동은 등기를 요하지 않지만, 이를 처분하려면 먼저 등기를 하여야 한다(민법 제187조).
여기서 말하는 '등기'란 「부동산등기법」에서 정한 요건과 절차에 따른 등기를 의미한다.

2. 부동산등기의 정의
(1) 등기부란 전산정보처리조직에 의해 입력·처리된 등기정보자료를 대법원규칙에 따라 편성한 기록부를 말한다.
(2) 등기관은 등기사항을 전산상 기록함으로써 등기를 수행하며, 그 기록행위 또는 그 자체를 '부동산등기'라 한다.

3. 등기부와 대장의 구별 및 관계
(1) 등기부
① **종류**: 토지등기부와 건물등기부로 구분되며, 이는 토지와 건물이 별개의 부동산으로 취급되기 때문이다.
② **물적 편성주의**: 등기부는 1필의 토지 또는 1개의 건물에 대해 1개의 등기기록을 둔다. 이를 '부동산 1등기기록주의' 또는 '물적 편성주의'라 하며, 인적 편성주의(소유자 중심)와 구별된다.
③ **예외**: 구분건물(예: 아파트)의 경우에는 1동의 건물에 대하여는 표제부만 두고, 전유부분마다 표제부·갑구·을구를 각각 둔다.

(2) 대장
① **종류**: 토지대장, 임야대장, 건축물대장이 있으며, 이는 등기부와 달리 과세 목적으로 작성된다.
② **소관**: 등기부는 등기소(법원 소속)에서 담당하나, 대장은 국토교통부 산하 지적소관

청에서 관리한다.
③ **작성방식**: 등기부는 **신청주의**, 대장은 **직권등록주의**에 따른다.

4. 등기기록의 구성

(1) **기본 구조**: 등기기록은 다음의 3부분으로 구성된다.
① **표제부**: 부동산의 **표시사항**을 기록한다.
② **갑구**: 소유권 및 소유권 관련 사항을 기록한다.
③ **을구**: 소유권 이외의 권리 및 그 변동사항을 기록한다.

(2) **편성 단위**

원칙적으로 1필의 토지 또는 1동의 건물마다 1개의 등기기록을 둔다. **구분건물은** 각 전유부분마다 별도의 등기기록을 둔다.

5. 등기기록의 내용

(1) **표제부**

토지 또는 건물의 물리적 표시사항을 기록한다.
- 예: 지목, 면적, 위치, 구조, 층수 등

(2) **갑구 – 소유권 관련**

소유권과 소유권 관련 권리변동이 기록된다.
- 기록 예시:
  (a) **소유권보존등기**
  (b) **소유권이전등기**
  (c) **소유권변경·말소·회복등기**
  (d) **소유권이전청구권에 관한 가등기**, 담보가등기
  (e) **소유권 처분제한 등기** (압류, 가압류, 가처분, 경매개시결정 등)
  (f) **환매특약등기**, 신탁등기

(3) **을구 – 제한물권 및 기타 권리**

소유권 이외의 물권 또는 권리와 그 변동사항이 기록된다.

- 기록 예시:
    ⓐ **지상권, 지역권, 전세권, 저당권, 권리질권, 임차권 등**
    ⓑ 이들 권리의 **설정, 이전, 변경, 말소, 말소회복**
    ⓒ **처분제한등기, 가등기**

II. 부동산등기의 종류

1. 등기의 종류

구분	등기 종류	내용
기능에 따른 분류	사실의 등기	등기부의 표제부에 기재. 부동산의 위치, 면적, 용도 등 사실관계를 기재.
	권리의 등기	등기부의 갑구·을구에 기재. 소유권 및 기타 물권에 관한 등기. (소유권보존·이전, 저당권 등)
효력에 따른 분류	종국등기	물권변동의 효력이 발생하는 등기. 예: 기입등기, 변경등기, 말소등기 등
	예비등기	장래의 본등기를 위한 등기. 예: **가등기**
형식에 따른 분류	주등기	독립된 순위번호를 부여받아 이루어지는 일반적인 등기
	부기등기	기존 주등기에 종속되어 순위와 효력을 공유하는 등기. 예: 권리변경·명의변경 등

2. 가등기

(1) 의의

① **가등기**란, 본등기를 할 수 있는 요건을 아직 갖추지 못한 경우에 장차 본등기를 할 수 있도록 <u>등기순위를 보전</u>하기 위해 미리 하는 등기이다.

② 가등기는 주로 **채권적 청구권**, 특히 **정지조건부·기한부 청구권**이나 **장래 확정될 청구권**의 보전을 목적으로 한다.

③ 가등기는 **물권적 청구권을 보전하기 위한 수단으로는 허용되지 않는다.**[103]

④ 가등기는 **채권적 청구권을 보전**하기 위한 제도로서, 본등기가 이뤄지기 전까지는

실체법상 아무런 권리변동의 효력을 갖지 않는다.

(2) 종류
① **청구권보전의 가등기**: 매매 등 계약에 기한 **소유권이전청구권**을 보전하기 위한 것.
② **담보가등기**: 채권담보를 목적으로 하며, 「가등기담보 등에 관한 법률」의 규율을 받는다.

(3) 요건
가등기를 하기 위해서는 다음 중 하나에 해당하는 요건이 충족되어야 한다.
① **권리의 설정·이전·변경·소멸에 관한 청구권**이 존재할 것
② 청구권이 **정지조건부 또는 기한부일 것**
③ 청구권이 **장래 확정될 예정일 것**

(4) 절차
① **공동신청**이 원칙: 가등기권리자와 가등기의무자가 함께 신청
② **예외적 단독신청 가능**: 가등기의무자의 **승낙서**가 있거나, **법원의 가처분명령**이 있을 때

(5) 본등기 전 가등기의 효력
① 가등기는 본등기 전까지는 **실체법상 아무런 권리 변동 효력이 없다**.[104]
② 소유권이전청구권 보전을 위한 가등기가 있다 하여, 소유권이전등기를 청구할 **어떤 법률관계가 있다고 추정되지 아니한다**.[105]

(6) 본등기 후의 효력
① 가등기에 기해 본등기를 하면, 그 **본등기의 순위는 가등기 당시로 소급**한다(순위보전 효력).

---

103) 대법원 1982. 11. 23. 선고 81다카1110 판결
104) 대법원 2001. 3. 23. 선고 2000다51285 판결
105) 대법원 1979. 5. 22. 선고 79다239 판결

② 가등기 이후에 된 등기로서 가등기에 의하여 보전되는 권리를 침해하는 등기(예: 압류, 저당권 등)는 본등기 시에 **등기관이 직권으로 말소**한다(부동산등기법 제92조).
③ 본등기의 효력 발생 시기는 가등기 시가 아니라 **본등기 시점**이다.
④ 본등기의 신청은 **가등기 당시의 등기의무자**를 상대로 해야 한다. 가등기 이후 제3자가 취득하였더라도, 본등기는 그 제3자가 아닌 가등기의무자와 공동신청해야 한다.

(7) 가등기된 권리의 양도 및 부기등기

① 가등기된 청구권은 **양도 가능**하다. 이 경우, **부기등기** 방식으로 양수인이 권리를 이전받을 수 있다.[106]
② 과거에는 권리이전이 불가능하다고 보았으나, 현재 판례는 **양도성 인정**하고 있으며, 부기등기 형식을 통해 **등기 상 효력**을 인정받는다.
③ 다만, 양수인이 본등기를 청구하기 위해서는 **가등기의무자와 공동으로 본등기 신청**해야 하며, 기존 당사자 변경에 관한 동의는 별도로 필요하다.

II. 등기청구권

1. 의의

(1) **등기청구권**이란 등기권리자가 등기의무자에 대해 **등기절차에 협력할 것을 청구하는 사법상 권리**를 말한다.
(2) 이에 대응되는 개념으로 **등기신청권**은 등기공무원에 대하여 등기를 신청할 수 있는 **공법상 권리**를 의미하며, 양자는 서로 구별된다.
(3) 등기청구권은 그 **발생 원인에 따라 채권적청구권**일 수도 있고 **물권적 청구권**일 수도 있다.
(4) **채권적청구권인 경우**에는 **소멸시효 10년**에 걸리며, 양도 시에는 **채권양도의 요건**(채무자에 대한 통지 등)을 따라야 한다.
(5) **물권적 청구권인 경우**에는 **소멸시효가 적용되지 않으며**, 물권의 양도행위로서 등기청구권도 **자유로운 양도가 가능**하다.

---

[106] 대법원 1998. 11. 19. 선고 98다24105 전원합의체 판결

2. 채권적 등기청구권

(1) 의의

채권적 등기청구권이란 **물권을 취득하기 위한 청구권으로서, 아직 물권을 취득하지 못한 상태에서 발생하는 권리**를 의미한다.

(2) 주요 사례

① **매매, 교환, 증여 등의 계약**으로 인한 소유권이전등기청구권
② **저당권 설정계약에 따른 저당권 설정등기청구권**
③ **중간생략등기**에서 최종양수인이 최초양도인에게 청구하는 등기청구권
④ **가등기의 본등기청구권**
⑤ **환매권자나 임차권자의 등기청구권**
⑥ **점유취득시효완성에 의한 등기청구권**

(3) 소멸시효

① 원칙적으로 **10년의 소멸시효**에 걸린다.
② **점유를 수반하지 않는 경우**는 10년 동안 등기청구를 하지 않으면 권리가 소멸된다.
③ 부동산의 **매수인이 매매목적물을 인도받아 사용수익하고 있는 경우에는 그 매수인의 이전등기청구권은 소멸시효에 걸리지 아니한다.**[107]
④ **점유자가 제3자에게 처분하고 점유를 승계해준 경우에도 소멸시효에 걸리지 않는다.**

3. 물권적 등기청구권

(1) 의의

이미 물권을 취득한 권리자가 **권리관계를 현실화하기 위해 등기 정리를 청구하는 권리**로서, 물권과 운명을 같이하며 소멸시효의 대상이 아니다.

(2) 주요 사례

① 계약의 해제, 해지, 취소 등에 따른 말소등기청구권

---

107) 대법원 1992. 7. 24. 선고 91다40924 판결

② 법정지상권자의 지상권설정등기청구권
③ 위조문서에 의해 설정된 등기에 대한 말소등기청구권
④ 유효한 명의신탁 해지 시의 말소등기청구권
⑤ 진정명의회복을 원인으로 한 이전등기청구권
⑥ 근저당권 설정 후 부동산 소유권이 이전된 경우, 근저당권설정자인 종전의 소유자도 피담보채무의 소멸을 이유로 근저당권설정등기의 말소를 청구할 수 있다.[108]

III. 미등기 부동산매수인의 지위

1. 소유권 미취득
미등기 매수인은 소유권이전등기를 경료하지 않으면 소유권을 취득할 수 없다.

2. 채권적 청구권 보유
매수인의 등기청구권은 채권적 청구권으로서 10년의 소멸시효에 걸린다.
단, 매수인이 부동산을 인도받아 점유하고 있는 경우에는 시효에 걸리지 않는다.

3. 점유·사용권
등기를 하지 않았더라도 토지를 인도받은 매수인은 점유·사용권을 갖는다.
따라서 매도인은 매수인으로부터 다시 매수한 자나 임차인에게 소유권에 기한 물권적 청구권을 행사할 수 없다.[109]

4 물권적 청구권 행사 불가
등기를 하지 않은 매수인은 소유권에 기한 물권적 청구권은 행사할 수 없으며, 점유권에 기한 물권적 청구권(예: 명도청구권)은 행사할 수 있다.
또한, 매도인을 대위하여 소유권에 기한 물권적 청구권을 행사할 수 있다.

---

[108] 대법원 1994. 1. 25 선고. 93다16338 전원합의체 판결
[109] 대판 97다42823

5. 과실수취권

잔금을 완납한 매수인은 **과실수취권**을 가진다.

6. 매수인의 전매와 시효 중단 여부

매수인이 부동산을 제3자에게 처분하고 점유를 승계해준 경우에도, 그 처분 자체가 적극적 권리행사이므로 시효는 중단된다.

IV. 중간생략등기

1. 의의

중간생략등기란 부동산의 소유권이 甲 → 乙 → 丙으로 순차적으로 이전되는 경우, **중간자(乙)의 명의로 소유권이전등기를 생략하고, 최초양도인(甲)으로부터 최종양수인(丙) 명의로 직접 이전등기를 경료하는 것**을 말한다.

2. 단속규정 여부

(1) 중간생략등기를 금지하는 규정은 단속규정에 불과하므로, 이를 위반한 중간생략등기도 **실체관계에 부합하면 유효**하다.[110]
(2) 따라서 중간생략등기의 합의가 없었다는 사유만으로 그 등기를 무효라고 할 수 없다.[111]

3. 중간생략등기의 효력

(1) **이미 경료된 중간생략등기는 실체관계에 부합하는 한 유효**하다.
(2) 미등기건물 매수인이 **직접 자기 명의로 보존등기를 경료한 경우**, 실체관계에 부합하면 유효하고 소유권을 취득한다.
(3) 상속인이 상속등기 없이 제3자에게 **직접 피상속인 명의로부터 이전등기를 경료한 경우에도**, 실체관계에 부합하면 유효하다.

---

110) 대판 92다39112
111) 대판 79다847

4. 중간생략등기의 합의와 청구권

(1) 직접청구권의 성립 요건

<u>최종 양수인이 최초 양도인에게 **직접 소유권이전등기를 청구하기 위해서는**</u> 다음의 세 가지 **당사자 사이에** 모두 **합의가 있어야 한다.** 이러한 합의는 반드시 동시에 이루어질 필요는 없고, **순차적으로 성립해도 무방**하다.[112]

① 최초매도인(甲)과 중간취득자(乙) 간의 합의
② 중간취득자(乙)와 최종양수인(丙) 간의 합의
③ 최초매도인(甲)과 최종양수인(丙) 간의 합의

(2) 합의 없는 경우의 효과

① 중간생략등기에 대한 3자 합의가 없는 경우, <u>**최종 양수인은 중간자의 소유권이전등기청구권을 대위 행사**할 수 있을 뿐</u>이다.
② **중간자의 소유권이전등기청구권이 소멸하는 것은 아니며, 중간자에 대한 매도인의 이전등기의무도 그대로 존속**한다.

(3) 합의가 있더라도 등기청구 제한 사유

① 甲, 乙, 丙 전원이 합의한 경우에도,
ⓐ 甲이 乙와 매매대금을 인상하는 계약을 새로 체결하였고,
ⓑ 그 대금이 지급되지 않은 경우에는,
→ **甲은 丙의 등기청구를 거절할 수 있다.**
② 甲과 乙 사이의 매매계약이 **취소, 해제, 또는 해제조건 성취** 등으로 실효되면, 甲은 丙의 등기청구를 거절할 수 있다.
③ 중간자인 乙이 자신의 등기청구권을 丙에게 **양도하고 이를 甲에게 통지**하였다 하더라도, 甲의 **동의가 없으면** 丙은 甲에게 직접 등기를 청구할 수 없다.

5. 토지거래허가구역 내의 중간생략등기

(1) 토지거래허가구역 내에서 중간생략등기 합의가 있었다 하더라도, 실제로는 매매계약이 이루어진 것이 아니기 때문에 허가 없이 경료된 등기는 **무효**이다.[113]

---

112) 대판 95다15575

(2) 이는 등기가 직권말소의 대상이 되지는 않더라도, 법률상 효력은 발생하지 않는다.

V. 무효등기의 유용

1. 의의
(1) **무효등기의 유용**이란, 등기원인이 없거나 무효·취소·해제 등의 사유로 말소되어야 할 <u>무효인 등기가 말소되지 않은 상태에서 후에 그 등기에 부합하는 실체관계가 발생한 경우</u>, 그 등기를 그대로 이용하여 유효한 등기로 인정하려는 것을 말한다.
(2) 다시 말해, 원래는 무효였던 등기라도 나중에 실체관계가 생긴 경우, 새로운 등기를 하지 않고 기존 등기를 그대로 유지하면서 **유효한 등기로 인정**받고자 하는 것이다.
(3) 무효등기의 유용은 등기유용의 **합의가 있었고, 그 이전에 등기상 이해관계 있는 제3자가 존재하지 않을 경우**에만 허용된다.

2. 유용의 인정 범위
(1) **사항란 등기**의 유용은 일정 요건 아래 허용된다.
   ① 예를 들어, <u>가장매매에 기한 소유권이전등기는 무효이나, **후에 실제 매매계약이 성립되면, 그 무효등기를 유용할 수 있다.**</u>
   ② 무효인 **담보가등기**나 **저당권 설정등기** 역시, 후에 실질적 담보계약이 체결되고 그 전에 제3자가 나타나지 **않았다면**, 이를 유용하여 유효하게 만들 수 있다.
   ③ 무효인 가등기를 유효한 가등기로 **전환하기로 하는 합의**는 그 합의 시점부터 효력이 발생하며, 등기 시점으로 소급하지 않는다.

(2) **유용의 효력 발생 시점**
   ① <u>유용은 소급효가 없다.</u> 즉, 무효등기 당시로 소급하여 유효한 것으로 보지 않고, 유용의 합의가 이루어진 때부터 유효하게 된다.
   ② 따라서, 유용합의 전에 **등기상 이해관계를 가진 제3자**가 이미 존재한다면, 그 등기를 유효로 볼 수 없다.

---

113) 대판 97다33218

3. 유용의 제한 및 불허되는 경우

(1) 표제부 등기의 유용은 허용되지 않는다.
① 예컨대, 멸실된 건물의 소유권보존등기를, 후에 **신축된 건물의 보존등기로 유용**하려는 것은 허용되지 않는다.
② 이는 등기부가 서로 다른 독립된 부동산에 대한 것이며, 위법한 등기이용으로 **중복등기 및 물권충돌** 우려가 크기 때문이다.

(2) 이해관계 있는 제3자가 있는 경우 유용 불허
① 등기유용의 합의가 이루어지기 전 **등기상 이해관계 있는 제3자가 등장했다면, 그 합의는 해당 제3자에게 효력을 주장할 수 없다.**
② 예컨대, 근저당권 설정등기를 유용하려는 중, 이미 가압류나 다른 설정등기가 이루어진 경우라면, **후행의 등기유용은 무효**이다.

4. 관련 판례

(1) 가등기의 유용
① 매매예약에 의한 가등기 후, 예약완결권이 소멸하면 가등기는 효력을 상실한다. 그러나 새로운 매매예약에 따라 그 가등기를 유용하기로 합의하고, **이에 따라 부기등기를 경료하였다면, 그 부기등기를 근거로 유효하게 주장할 수 있다.**
② 단, 부기등기 전에 제3자가 등기상 이해관계를 가진 경우에는 유용을 주장할 수 없다.[114]

(2) 근저당권 설정등기의 유용
① 원인무효로 된 근저당권 설정등기를, 후에 새로운 담보계약에 따라 부기등기함으로써 유용하는 것은 원칙적으로 허용된다.
② 그러나 유용합의 이전에 가등기권자가 있는 경우에는 근저당권설정등기 유용에 관한 합의는 가등기권자에 대한 관계에 있어서 그 효력이 없으며 그 범위 내에서 위 등기는 실체관계에 부합치 아니하는 무효의 등기다.[115]

(3) 소유권보존등기의 유용 불허

---

114) 대법원 1989. 10. 27. 선고 87다카425 판결
115) 대법원 1974. 9. 10. 선고 74다482 판결

① 멸실된 건물의 보존등기를 이용하여, **새로 신축한 건물의 보존등기로 유용**하는 것은 무효이다.[116]
② **새로 신축된 건물**은 법적으로 **다른 부동산**이므로, 별도의 보존등기를 거쳐야 한다.

VI. 중복등기

1. 의의 및 발생 배경

(1) **중복등기**란 하나의 부동산에 대해 **2개 이상의 등기기록이 존재**하고, 그 각 기록에 소유권 보존등기가 중복되어 있는 경우를 말한다. 이는 「1부동산 1등기기록 원칙」에 위반된다.

(2) 중복등기의 대표적 발생 원인은 다음과 같다.
  ① 등기부 멸실에 따른 회복등기 중복
  ② 등기 착오로 별도 보존등기 신청
  ③ 과거 한국전쟁 이후의 대규모 회복등기
※ 주의: **동일 등기기록 내의 중복등기**는 중복등기에 해당하지 않음

2. 중복등기의 효력

(1) 등기명의인이 동일한 경우
  ① **선등기만 유효, 후등기는 실체관계와 무관하게 무효**이다.
  ② 후등기에 기초한 소유권이전등기, 경락 등도 모두 무효
  ③ 따라서 **무효인 후등기에 기한 등기부취득시효도 성립하지 않는다**.[117]

(2) 등기명의인이 다른 경우
  ① **선등기가 유효**한 경우 → **후등기는 실체관계에 부합하더라도 무효**
  ② 후등기에 기초한 소유권이전등기 역시 **소유권 취득 불가능**
    → 판례: "1부동산 1등기기록주의" 하에서 무효

---

116) 대법원 1980. 11. 11. 선고 80다441 판결
117) 대법원 1996. 10. 17. 선고 96다12511 전원합의체 판결

③ 단, **선등기가 원인무효**이고 후등기가 **실체관계에 부합**하면 후등기 유효 (판례 입장: **절충설**)
→ 이 경우, 선등기의 무효는 후등기 명의인이 **입증**해야 함.

VII. 등기의 효력

1. 창설적 효력

(1) 권리변동적 효력

부동산물권의 변동은 법률행위(예: 매매 등)에 해당하는 경우 **등기가 있어야** 효력이 발생한다(민법 제186조). 즉, **등기는 물권변동의 효력발생요건**이다.

(2) 순위확정적 효력

같은 부동산에 복수의 권리가 등기된 경우에는 **등기한 순서**에 따라 권리의 우열이 결정된다(민법 제177조).
- 예: 소유권이전등기 후 저당권 설정등기 → 소유권자가 우선함.

(3) 대항요건적 효력

지상권, 전세권, 저당권 등의 제한물권과 임차권, 환매권 등 부동산을 목적으로 하는 채권의 경우, **일정한 사항이 등기되지 않으면 제3자에게 대항할 수 없다.**
- 예: 임차권의 존속기간, 전세권의 전세금, 저당권의 채권최고액 등.

2. 일반적 효력

(1) 등기의 추정력

① 의의

등기는 그 등기와 같은 **실체적 권리관계가 존재함을 법률상 추정**한다. 따라서 등기된 권리의 유효성을 부정하려면 **그 무효를 주장하는 자가 입증**해야 한다.

② 범위

(a) **물적 범위**
- 권리의 등기에는 추정력이 인정되지만, **사실의 등기(표제부)에는 인정되지 않는다.**

- 등기는 **원인과 절차가 적법하게 마쳐진 것으로 추정**되며, 예컨대 등기된 환매특약, 지역권, 전세금, 존속기간 등이 기재되어 있으면 그 내용은 진정하게 성립된 것으로 추정된다.
    (b) **인적 범위**
    - 등기명의인은 제3자 및 전 소유자에 대하여도 적법한 권리자로 추정된다.

③ **추정력의 효과**

등기상 권리자는 권리자로 추정되고, 이로 인해 **점유의 무과실도 추정**된다. **특별조치법에 따른 등기는 특히 강한 추정력**을 가진다.

④ **추정력의 번복(예외)**
    (a) **소유권이전등기의 경우**
    다음과 같은 경우 추정력이 부정된다.
    - 전 소유자가 허무인인 경우
    - 사망자 명의의 등기
    - 명백히 부실한 등기
    - 진정하지 않은 계약서에 기초한 등기
    (b) **소유권보존등기의 경우**
    단독신청이 가능하므로 일반적으로 추정력이 약하다.
    다음과 같은 경우 추정력이 깨진다.
    - 명의인이 건물을 신축하지 않은 경우
    - 전 소유자가 매도를 부인하는 경우
    (c) **기타**
    - 등기된 근저당권은 **피담보채권의 존재도 추정**되나, **기본계약의 존재까지는 추정되지 않는다.**
    - 등기가 불법말소된 경우에도 **회복등기 전까지는 등기명의인이 권리자로 추정**된다.
    - 등기된 부동산에서는 민법 제200조의 점유추정이 배제되고, **등기에 권리추정력이 인정**된다.

3. 기타 효력

(1) 형식적 확정력

등기는 일단 **형식적으로 유효한 것으로** 간주되므로, 무효임을 주장하려면 **말소등기 절차**를 밟아야 한다.

- 예: 등기부상 보존등기가 있는 경우 이중 보존등기 신청은 **각하**된다.

(2) 공신력의 부정

우리 민법은 등기에 공신력을 인정하지 않는다.

→ 등기가 실체관계에 부합하지 않으면 **무효**이며, 그 등기를 기초로 한 **후속 등기 역시 무효**이다.

→ 다만, **민법 제548조 제1항**(선의의 제3자 보호) 등은 공신력과 구분되는 보호제도다.

제5절 물권의 소멸

1. 총설

(1) 개요
① 물권은 **절대적 권리**로서 권리자의 의사나 일정한 사정에 따라 **절대적으로 소멸**할 수 있다.
② 물권의 소멸원인에는 **모든 물권에 공통되는 것**과 **각 물권에 특유한 것**이 있으며, 여기서는 전자, 즉 **목적물의 멸실, 소멸시효, 포기, 혼동, 공용징수**를 중심으로 설명한다.

2. 목적물의 멸실

(1) 의의 및 효과
① 물권은 물건을 그 객체로 하므로, <u>목적물이 멸실하면 물권은 당연히 소멸</u>한다. 이 때 별도의 말소등기는 필요 없다.
② 멸실 여부는 **사회통념**에 따라 판단한다.

(2) 변형물의 귀속
① **물질적 변형물**: 건물 붕괴 후의 잔해처럼 남는 경우에는, 원래의 **부동산물권은 동산물권으로 존속**한다.
② **가치적 변형물**: 저당권의 목적 토지가 공용징수된 경우, **보상금에 저당권의 효력이 미친다**. 이는 **물상대위**이다.
③ **포락의 경우**: 토지가 포락되어 해면화 함으로써 복구가 심히 곤란하여 토지로서의 효용을 상실하면, 종전의 <u>소유권은 영구히 소멸</u>되고, 그 후 포락된 토지가 다시 **성토화 되어도 종전의 소유권자가 다시 소유권을 취득할 수 없다**.[118]

---

[118] 대법원 1980. 2. 26. 선고 79다2094 판결

3. 소멸시효

(1) 소멸시효의 적용 여부
① **소유권, 저당권, 점유권, 유치권은 소멸시효의 대상이 아니다.**
② 전세권은 존속기간이 10년 이내로 제한되어 소멸시효 완성의 문제는 발생하지 않는다.
③ 결국 **지상권 및 지역권만이 20년간 불행사 시 소멸시효의 완성**으로 소멸될 수 있다.

(2) 소멸의 시기와 등기 여부
① **절대적 소멸설**: 시효 완성만으로 물권이 당연히 소멸하며, 말소등기를 요하지 않는다.
② **상대적 소멸설**: 시효이익을 포기할 수 있는 점을 중시하여, 소멸은 말소등기 등 주장이 있어야 확정된다고 본다.
③ **검토**: 민법은 시효이익 포기를 인정하므로, **상대적 소멸설이 타당**하다. 이는 물권변동이 법률행위로 성립된 것과 유사하게, **등기를 통해야 효력이 발생**한다.

4. 포기

(1) 의의 및 종류
① **물권의 포기**는 권리자가 물권을 소멸시키기 위한 **단독행위**이다.
② 소유권 포기는 **상대방 없는 단독행위**, 제한물권 포기는 **상대방 있는 단독행위**로 나뉜다.

(2) 효력 발생 시기 및 요건
① **포기는 법률행위이므로 민법 제186조에 따라 말소등기를 하여야 소멸**한다.
② **동산물권의 경우에는 점유의 포기**가 요구된다.
③ **타인의 이익을 해하는 경우에는** 당해 타인의 **동의가 필요**하다.
④ **지상권 또는 전세권이 저당권의 목적인 경우, 그 포기에는 저당권자의 동의가 필요**하다(민법 제283조).
⑤ **소유권 포기 후 부동산은 국유로 귀속**되며, **제한물권의 포기는** 원래의 물권이 **완전한 상태로 복귀**한다.

5. 혼동

> 제191조【혼동으로 인한 물권의 소멸】① 동일한 물건에 대한 소유권과 다른 물권이 동일한 사람에게 귀속한 때에는 다른 물권은 소멸한다. 그러나 그 물권이 제3자의 권리의 목적이 된 때에는 소멸하지 아니한다.
> ② 전항의 규정은 소유권 이외의 물권과 그를 목적으로 하는 다른 권리가 동일한 사람에게 귀속한 경우에 준용한다.
> ③ 점유권에 관하여는 전2항의 규정을 적용하지 아니한다.

(1) 의의
① **동일한 물건에 대해 소유권과 소유권 외의 물권, 또는 소유권 외의 상호 대립적 물권이 동일인에게 귀속하면, 그 중 일부가 소멸하는 현상**을 말한다.

(2) 소멸 요건
① 소유권 + 제한물권이 동일인에게 귀속되면 제한물권은 소멸한다.
② **지상권·전세권 위에 저당권이 있는 경우**, 저당권자가 해당 지상권을 취득하면 저당권은 소멸한다.

(3) 혼동의 예외
① **제3자의 권리의 목적물인 경우**, 제한물권은 소멸하지 않는다(민법 제191조 1항 단서).
② **본인의 이익을 위해 필요한 경우**에도 제한물권은 소멸하지 않는다. 예컨대, 선순위 저당권자가 소유권을 취득하더라도 후순위저당권자를 부당하게 유리하게 하지 않기 위해, 선순위 저당권은 존속한다.

(4) 효과
① 혼동으로 물권이 소멸하면 복귀해도 부활하지 않는다.
② 단, **혼동 원인에 무효·취소 사유가 있는 경우**, 소멸은 소급하여 무효가 된다.

6. 공용징수
(1) 공익상 필요로 인해 **공용징수**가 이루어진 경우, **수용자는 원시취득**하게 되며,
(2) **기존 권리자**의 권리뿐 아니라 해당 물건에 존재하던 **제3자의 권리도 모두 소멸**한다.

제3장 점유권

점유권은 물건에 대한 사실상의 지배를 법적으로 보호하는 권리이다. 본 장에서는 점유의 개념과 관념화, 점유의 모습, 점유의 취득과 소멸, 점유의 효력과 점유보호 등을 다룬다.

제1절 점유권 일반

I. 점유권의 의의

> 제192조【점유권의 취득과 소멸】① 물건을 사실상 지배하는 자는 점유권이 있다.
> ② 점유자가 물건에 대한 사실상의 지배를 상실한 때에는 점유권이 소멸한다. 그러나 제204조의 규정(점유물반환청구권)에 의하여 점유를 회수한 때에는 그러하지 아니하다.

1. 점유권과 본권
(1) **점유권**이란 물건에 대한 사실상의 지배를 말하며, 그 지배를 정당화하는 **본권**(예: 소유권, 지상권, 전세권, 임차권 등)의 유무를 불문하고 인정되는 권리이다.
(2) 점유권은 본권의 존재 여부와 관계없이 성립하고 보호되므로, 본권이 없는 경우에도 점유자는 점유물반환청구권 등을 행사할 수 있다. 예컨대, **도둑은 본권이 없지만 점유권은 인정되며, 도난 피해자는** 본권이 있으나 점유권이 없는 경우이다.
(3) 점유권과 본권은 서로 독립하여 영향을 미치지 않으며, 점유권에 기초한 소송에서는 본권 유무를 이유로 판단하지 않는다.
(4) **민법**은 점유취득의 원인을 불문하고, 단지 물건을 사실상 지배하고 있는 점을 기준으로 점유권을 보호하고 있다.

2. 점유권의 성질
(1) 점유권은 물권의 일종으로, 일시적 · 포괄적 · 중성적인 성격을 가진다.

(2) 점유는 사실상 지배를 요건으로 하며, 법적 지위에 관계없이 인정된다.
(3) 점유권은 혼동이나 시효로 소멸하는 권리가 아니며, 점유자가 사실상의 지배를 상실할 때 소멸한다.

II. 점유의 개념과 요건

1. 점유의 개념
(1) **점유**란 물건에 대한 사실상의 지배를 의미한다.
(2) 사실상의 지배는 반드시 물리적·현실적인 지배만을 의미하지 않으며, 사회관념에 따라 공간적·시간적 밀접성과 본권관계 등을 고려하여 인정된다.
(3) 직접 실력을 행사하지 않아도 점유가 인정될 수 있고(간접점유, 점유권의 상속), 직접 실력을 행사하더라도 점유로 인정되지 않는 경우도 있다(점유보조자).
(4) 이러한 점유의 개념은 **관념화(觀念化)** 되어 있으며, 사회적 합목적성에 따라 판단한다.

2. 점유의 요건
(1) **객관적 요건**: 사회통념상 어떤 물건이 특정인의 사실적 지배하에 있다고 인정되는 객관적 관계가 있어야 한다.
(2) **주관적 요건**: **점유설정의사**, 즉 **사실상의 지배관계를 설정하려는 의사**가 필요하다. 이는 일반적·자연적·잠재적 의사로도 충분하다.
(3) 특히, 부동산의 경우, 점유이전이나 점유계속은 물리적 인도가 아니라 관리·이용의 이전으로도 인정될 수 있다.[119]

---

119) 대법원 1997.8.22. 선고 97다2665 판결

III. 점유보조자와 간접점유자(점유의 관념화)

1. 점유보조자

> 제195조【점유보조자】 가사상, 영업상 기타 유사한 관계에 의하여 타인의 지시를 받아 물건에 대한 사실상의 지배를 하는 때에는 그 타인만을 점유자로 한다.

(1) **점유보조자**란 가사상, 영업상 기타 유사한 관계에 의하여 타인의 지시를 받아 물건을 사실상 지배하는 자를 말한다(예: 편의점 점원).
(2) **점유보조자는 독자적인 점유권을 가지지 않고, 지시를 내리는 자**(본래 점유자)만이 **점유자로 인정**된다.
(3) 점유보조자는 점유권에 기한 물권적 청구권을 행사할 수 없으며, **점유물반환청구의 상대방도 될 수 없다**. 예외적으로, 가사상 처가 그 시부모 및 부(夫)와 함께 공동 점유하는 경우에는 점유보조자가 아니라 공동점유자가 되어 반환청구소송의 피고가 될 수 있다.[120]
(4) 다만, 점유보조자는 점유자를 위하여 **자력구제권은 행사할 수 있다**.

2. 간접점유자

> 제194조【간접점유】 지상권, 전세권, 질권, 사용대차, 임대차, 임치 기타의 관계로 타인으로 하여금 물건을 점유하게 한 자는 간접으로 점유권이 있다.
> 제207조【간접점유의 보호】 ① 전3조의 청구권은 제194조의 규정에 의한 간접점유자도 이를 행사할 수 있다.
> ② 점유자가 점유의 침탈을 당한 경우에 간접점유자는 그 물건을 점유자에게 반환할 것을 청구할 수 있고 점유자가 그 물건의 반환을 받을 수 없거나 이를 원하지 아니하는 때에는 자기에게 반환할 것을 청구할 수 있다.

---

[120] 대법원 1998.6.26. 선고 98다16456 판결

(1) **간접점유자**란 지상권, 전세권, 질권, 임대차, 사용대차 등 점유매개관계로 타인에게 물건을 점유하게 한 자를 말한다.
(2) 간접점유(대리점유)는 점유의사를 대리인으로 보충하는 제도로서 점유의사는 권리관계의 변동을 바라는 효과의사가 아니고 일정한 사실관계의 효과에 불과하므로 법률행위에 있어서의 대리와 다르다.[121]
(3) 간접점유자는 **간접적으로 점유권을 가지며**, **점유보호청구권, 점유의 추정력, 과실수취권 등이 인정**된다.
(4) 점유매개관계는 법률행위뿐만 아니라 법률 규정(예: 법정지상권)으로도 발생할 수 있으며, 전대한 경우와 같이 **중첩적(임대인, 전대인)으로 존재할 수 있다**.
(5) 점유매개관계는 유효할 필요는 없으므로, 계약이 무효거나 종료된 경우에도 간접점유는 인정된다.
(6) 임차인이 당해 주택에 거주하면서 직접점유하는 경우뿐만 아니라, 타인의 점유를 매개로 간접점유하는 경우에도 **대항력이 인정**된다.
(7) 유치권 행사에도 직접점유와 간접점유를 구별하지 않는다.
(8) 부동산 시효취득에서도 자주점유자로서 간접점유자가 포함될 수 있다.

3. 점유권의 상속

> 제193조【상속으로 인한 점유권의 이전】 점유권은 상속인에 이전한다.

(1) 의의
① **점유권의 상속**이란 점유자가 사망한 경우, 그의 **점유권이 상속인에게 당연히 이전**되는 것을 말한다.
② 상속인은 물건에 대한 **사실상의 지배를 실제로 하지 않더라도 피상속인의 점유권을 그대로 승계하여 점유권을 취득**한다.
③ 피상속인이 사망할 당시 **직접점유**이든 **간접점유**이든 상관없이, 상속인은 그 점유를 포괄적으로 승계한다.

---

[121] 대법원 1973.2.13 선고 72다2450 판결

(2) 효과

① 상속인은 **상속개시 사실을 알지 못하거나, 자신이 상속인임을 모르는 경우에도** 점유권을 취득한다.

② 상속에 의해 점유권을 취득한 경우, 상속인은 새로운 권원에 의하여 자기 고유의 점유를 개시하지 않는 한, 피상속인의 점유를 떠나 독립된 점유를 주장할 수 없다.

③ 상속인은 피상속인의 점유의 성질과 하자를 그대로 승계하므로, **선대의 점유가 타주점유인 경우** 선대로부터 상속에 의하여 점유를 승계한 자의 점유도 그 성질 내지 태양을 달리하는 것이 아니어서 새로운 권원에 의하여 다시 소유의 의사로써 점유를 시작 등 특단의 사정이 없는 한 그 점유가 **자주점유로 될 수 없다.**[122]

IV. 자주점유와 타주점유

1. 자주점유와 타주점유의 의의

(1) 자주점유의 개념

자주점유란 소유권의 존재 여부와 무관하게, **소유자와 동일한 지배를 하려는 의사를 가지고 하는 점유**를 말한다. 자주점유는 반드시 소유권을 가지고 있거나 소유권이 있다고 믿을 필요는 없다.[123]

(2) 타주점유의 개념

① 타주점유란 **소유의 의사 없이 타인이 소유권을 가진다는 것을 전제로 하여 점유**하는 것을 말한다.

② 예를 들면, 임차인, 전세권자, 지상권자, 질권자, 명의수탁자 등은 타주점유자에 해당한다.

(3) 구별의 실익

자주점유와 타주점유의 구별은 **취득시효, 무주물선점, 점유자의 회복자에 대한 책임** 등에서 실질적 의미를 가진다.

---

[122] 대법원 2008.7.10. 선고 2007다12364 판결
[123] 대법원 1987.4.14. 선고 85다2230 판결

2. 자주점유와 타주점유의 구체적 예시

(1) 자주점유에 해당하는 경우
- ① 매수인의 점유
- ② 도둑의 점유
- ③ 착오로 인접 토지를 일부 점유한 경우(소량 침범)
- ④ 지방자치단체가 보상을 약속하고 점유한 경우

(2) 타주점유에 해당하는 경우
- ① 지상권자, 전세권자, 임차권자 등의 점유
- ② 명의수탁자의 점유
- ③ 분묘기지권자의 점유
- ④ 악의의 무단점유
- ⑤ 처분권 없는 자로부터 이를 알면서 점유한 경우
- ⑥ 공유자 1인이 공유토지 전부를 점유하는 경우(지분 범위 내)
- ⑦ 소유권유보부 매매에서 대금 미완납 매수인의 점유
- ⑧ 수용절차 없이 사유지를 무단 점유한 경우

3. 자주점유와 타주점유의 판단기준

(1) 객관설(판례의 입장)

점유자의 점유가 소유의 의사 있는 자주점유인지 아니면 소유의 의사 없는 타주점유인지 여부는 점유자의 내심의 의사에 의하여 결정되는 것이 아니라 **점유취득의 원인이 된 권원의 성질이나 점유와 관계가 있는 모든 사정에 의하여 외형적·객관적으로 결정**한다.[124]

(2) 시기

① **소유의 의사는 점유개시 시**에 존재하면 족하고, 이후 사정의 변경은 영향을 미치지 않는다.

---

124) 대법원 2005.4.15. 선고 2003다49627 판결

② 예컨대 매수인이 매도인의 처분권 부재를 사후에 알게 되었더라도 점유개시 당시 소유의사가 있었다면 여전히 자주점유로 본다.

4. 자주점유의 추정과 입증책임

(1) 자주점유의 추정
① 점유자의 권원 성질이 명확하지 않을 때에는 **자주점유로 추정**된다.
② 따라서 점유자가 스스로 자주점유임을 입증할 필요는 없고, 상대방이 타주점유임을 주장·입증해야 한다.

(2) 추정이 깨지는 경우
점유자가 점유 개시 당시에 소유권 취득의 원인이 될 수 있는 법률행위 기타 법률요건이 없이 그와 같은 법률요건이 없다는 사실을 잘 알면서 타인 소유의 부동산을 무단점유한 것임이 입증된 경우(**악의의 무단점유**)[125]

5. 점유의 전환

(1) 타주점유에서 자주점유로의 전환
① 타주점유자가 **새로운 권원**에 의해 다시 소유의 의사로 점유하거나, 타주점유를 시킨 자에 대해 **소유의 의사를 표시**한 경우 자주점유로 전환된다.
② 예를 들면, **임차인이 임차목적물을 매수하여 자기 소유로 점유**하는 경우이다.
③ 상속은 새로운 권원이 아니므로, 상속인은 피상속인의 점유태양을 그대로 승계한다.[126]

(2) 자주점유에서 타주점유로의 전환
① 자주점유자가 새로운 권원에 의해 타주점유로 전환되는 경우에는 **타인을 위하여 점유하거나, 타주점유의사를 표시**해야 한다.
② 예를 들면, 매도인이 부동산을 매도한 후에도 점유를 계속하거나, 경락으로 소유권

---

[125] 대법원 1997.8.21. 선고 95다28625 전원합의체 판결
[126] 대법원 1996.9.20. 선고 96다25319 판결

을 상실한 종전 소유자가 점유를 계속하는 경우이다.[127]

(3) 소송 패소와 점유의 전환
① 진정한 소유자가 점유자를 상대로 소유권에 관한 소송을 제기하여 **점유자가 패소확정된 경우, 패소확정시부터 점유는 타주점유로 전환**된다.
② 그러나 <u>자주점유자가 소유자를 상대로 소송을 제기하였다가 패소한 경우에는 자주점유의 추정이 깨진다고 볼 수 없다.</u>[128]

V. 하자 없는 점유와 하자 있는 점유

1. 의의
(1) **하자 없는 점유**란 선의·무과실·평온·공연·계속의 사정이 있는 점유를 말한다.
(2) **하자 있는 점유**란 악의·과실·강폭·은비·불계속의 사정이 있는 점유를 말한다.

2. 선의점유와 악의점유

(1) 의의
① **선의점유**란 본권이 없음에도 불구하고 **본권이 있다고 오신**하여 하는 점유를 말한다.
② **악의점유**란 본권이 없음을 알거나, 본권 유무에 대하여 의심을 품으면서 하는 점유를 말한다.

(2) 선의점유와 악의점유의 구별 실익
① **점유자의 과실수취권**(민법 제201조 제3항)
② **점유물의 멸실·훼손에 대한 책임**(민법 제202조)
③ **취득시효**(민법 제245조 제2항, 제246조 제2항)
④ **선의취득**(민법 제249조)

---

127) 대법원 1996.11.26. 선고 96다29335 판결
128) 대법원 1981.3.24. 선고 80다2226 판결

(3) 선의의 추정
① 선의점유인지 악의점유인지 불분명한 경우, **선의로 추정**된다(민법 제197조 제1항).
② 다만, **본권에 관한 소**에서 패소한 경우에는, 그 <u>소 제기 시점부터 악의점유</u>로 본다(민법 제197조 제2항).

3. 과실 없는 점유와 과실 있는 점유

(1) 의의
① **과실 없는 점유**란 본권이 있다고 믿음에 과실이 없는 점유를 말한다.
② **과실 있는 점유**란 본권이 있다고 믿음에 과실이 있는 점유를 말한다.

(2) 과실 유무의 구별 실익
① **취득시효**(민법 제245조 제2항, 제246조 제2항)
② **선의취득**(민법 제249조)

(3) 무과실의 추정 여부
① <u>무과실은 추정되지 않는다.</u>
② 따라서 선의점유를 주장하는 자는 **스스로 무과실임을 입증**하여야 한다(민법 제197조 제1항 참조).

4. 평온·공연한 점유와 강폭·은비에 의한 점유

(1) 의의
① **평온점유**란 물건을 순순히 인도받은 것처럼 **폭력을 사용하지 않고 점유를 취득**한 경우를 말한다.
② **강폭점유**란 폭력을 사용하여 점유를 취득한 경우를 말한다.
③ **공연점유**란 외부로 드러내어 **누구나 알 수 있게 점유**하는 경우를 말한다.
④ **은비점유**란 남몰래 숨겨서 점유하는 경우를 말한다.

(2) 평온·공연 점유와 강폭·은비 점유의 구별 실익
① **선의점유자의 과실수취권**(민법 제201조 제3항)

② **선의취득**(민법 제249조)

(3) 평온·공연 점유의 추정
① 점유가 평온·공연한 것인지 강폭·은비에 의한 것인지 불분명한 경우, **평온·공연한 점유로 추정**된다(민법 제197조 제1항).

5. 계속점유와 불계속점유
(1) 의의
① **계속점유**란 점유를 개시한 때부터 현재까지 점유가 끊어지지 않고 계속 이어진 경우를 말한다.
② **불계속점유**란 중간에 점유가 단절된 경우를 말한다.

(2) 점유계속의 추정
① 전후 양 시점에 점유한 사실이 있는 때에는 **계속한 것으로 추정**한다(민법 제198조).
② 판례는 전후 두 시점의 점유자가 다른 경우에도 **점유의 승계가 입증**되면 계속점유가 추정된다고 판시하였다.[129]

---

129) 대법원 1997.8.22. 선고 97다2665 판결

제2절 점유권의 취득과 소멸

I. 점유권의 취득

1. 점유의 취득

(1) 직접점유의 취득
① **원시취득**: 유실물습득, 무주물선점 등으로 물건에 대한 사실상의 지배를 취득하는 경우 직접점유를 원시취득한다.
② **승계취득**:
　ⓐ **특정승계**: 특정물건의 점유를 양도받아 점유를 승계하는 경우를 말한다(예: 현실인도, 간이인도 등).
　ⓑ **포괄승계**: 상속에 의해 피상속인의 점유를 포괄적으로 승계하여 점유를 취득하는 경우를 말한다.

(2) 간접점유의 취득
① **직접점유자는 점유매개관계를 통하여 타인에게 직접점유를 시키는 경우 간접점유를 취득**한다.
② 점유개정에 의해 직접점유자가 간접점유자로 전환될 수도 있다.
③ 간접점유자는 자신이 가지고 있던 반환청구권을 양도함으로써 다른 사람에게 간접점유를 승계시킬 수 있다.
④ 피상속인이 간접점유를 하고 있었던 경우에는 상속인이 포괄승계로 간접점유를 취득한다.

2. 점유승계의 효과

> 제199조【점유의 승계의 주장과 그 효과】① 점유자의 승계인은 자기의 점유만을 주장하거나 자기의 점유와 전점유자의 점유를 아울러 주장할 수 있다.
> ② 전점유자의 점유를 아울러 주장하는 경우에는 그 하자도 승계한다.

(1) 점유의 분리와 병합

① 점유의 승계가 있는 경우, 승계인은 **자기의 점유만 주장할 수도 있고**(분리), **자기의 점유와 전점유자(현재 점유자에 앞선 모든 점유자)의 점유를 아울러 주장할 수도 있다**(병합).

② 점유자의 승계인이 **자기의 점유만을 주장하는 경우**, 전 점유자의 점유가 타주점유라 하더라도 **현 점유자의 점유는 자주점유로 추정**된다.[130]

③ 전점유자의 점유를 아울러 주장하는 경우에는, 전점유자의 하자인 **악의·과실·폭력·은비** 등도 함께 승계한다.

④ 전점유자의 점유를 아울러 주장하는 경우, 점유개시 시기는 전점유자의 점유개시 시를 기준으로 하여야 하고, 점유기간 중 임의의 시점을 선택할 수는 없다.

(2) 상속과 점유의 분리 및 병합

① 상속인은 선대의 점유를 승계할 뿐이므로, 자기 고유의 점유만을 분리하여 주장할 수 없다.

② 따라서, 선대의 점유가 타주점유라면, 상속인의 점유 역시 타주점유이다.

(3) 예시

甲이 악의로 7년 점유, 그 후 乙이 선의로 10년 점유, 다시 丙이 선의로 5년 점유한 경우, 丙은 다음을 주장할 수 있다.

ⓐ 자기만의 점유(선의 5년)
ⓑ 자기와 전 점유자(乙)까지 합산한 선의 15년
ⓒ 甲, 乙의 점유까지 모두 합산한 악의 22년

---

130) 대법원 2008.7.10. 선고 2006다82540 판결

II. 점유권의 소멸

1. 직접점유의 소멸
(1) 원칙
① 직접점유는 **점유물이 사실상 지배를 상실하면 소멸**한다(민법 제192조 제2항).

(2) 예외
① 점유물이 **타인에 의해 침탈**된 경우에도, 민법 **제204조**에 따라 **1년 내 점유물 반환 청구권을 행사하여 점유를 회복**하면, 그 점유는 소멸한 것으로 보지 않는다.
→ 침탈 후의 일시적 상실은 점유권 소멸로 이어지지 않음.

2. 간접점유의 소멸
(1) 간접점유는 **직접점유자가 점유를 상실하거나, 점유매개관계(예: 임대차, 위임 등)가 종료된 경우에 소멸**한다.
(2) 예를 들어, 임차인이 임의로 제3자에게 점유를 넘긴 경우, 임대인(간접점유자)의 **점유도 단절되어 소멸**하게 된다.

3. 점유권 소멸의 제한
(1) 기본 원칙
점유권도 **물권 일반의 소멸 원인, 즉 목적물의 멸실, 포기, 공용징수 등**에 의해 소멸할 수 있다.

(2) 소멸의 제한
① **혼동에 의한 소멸 불가**
점유권은 본권(소유권 등)과 **양립 가능한 권리**이므로, 동일한 자가 본권과 점유권을 함께 가지더라도 **혼동으로 소멸하지 않는다**.
- 예: 임차인이 점유하고 있던 토지를 본인 명의로 매수한 경우, **임차권은 혼동으로 소멸되나, 점유권은 계속 존속**한다.

② **소멸시효의 적용 없음**
점유권은 **그 자체가 점유 상태에 있는 동안만 존재하는 권리**이므로, 점유가 끝나면 자동으로 소멸한다. 따라서 **소멸시효의 대상이 되지 않는다**.

제3절 점유권의 효력

I. 점유의 추정적 효력

1. 점유의 태양에 관한 추정

> 제197조【점유의 태양】① 점유자는 소유의 의사로 선의, 평온 및 공연하게 점유한 것으로 추정한다.
> ② 선의의 점유자라도 본권에 관한 소에 패소한 때에는 그 소가 제기된 때로부터 악의의 점유자로 본다.

(1) 의의
① 점유자는 **소유의 의사로, 선의, 평온, 공연하게 점유한 것으로 추정**된다.
② 단, **무과실은 추정되지 않으므로 점유자가 입증**하여야 한다.

(2) 효과
① 타주점유, 악의, 강폭, 은비는 상대방이 입증해야 한다.
② 선의의 점유자라도 본권에 관한 소송에서 패소한 경우에는 **그 소가 제기된 때로부터 악의의 점유자**로 본다.

2. 점유계속의 추정

> 제198조【점유계속의 추정】전후양시에 점유한 사실이 있는 때에는 그 점유는 계속한 것으로 추정한다.

(1) 의의
전후 양시에 점유한 사실이 있으면 점유는 계속한 것으로 추정된다.

(2) 적용범위
① 동일인이 전후 양시에 점유한 경우뿐만 아니라, 전후 양시점의 점유자가 다른 경우에도 점유승계가 입증되면 점유계속이 추정된다.[131]

3. 권리의 적법추정

> 제200조【권리의 적법의 추정】점유자가 점유물에 대하여 행사하는 권리는 적법하게 보유한 것으로 추정한다.

(1) 의의
① 점유자가 점유물에 대해 행사하는 권리는 **적법하게 보유한 것으로 추정된다.**
② 이는 **동산에 대해서만 적용되고, 부동산의 경우 등기명의자에게 권리추정이 인정**된다.

(2) 효과
① 법률상 추정으로서 입증책임은 상대방에게 전환된다.
② 추정은 점유자의 이익뿐만 아니라 불이익을 위해서도 인정된다.

II. 점유자와 회복자의 관계

1. 서설
(1) 민법 제201조 내지 제203조는 <u>**소유자가 본권 없이 물건을 점유하는 자에 대해 반환청구를 하는 경우**</u> 적용된다.
(2) 계약 무효·취소 시에는 적용되나, 계약 해제에는 적용되지 않고, 해제 시에는 민법 제548조[132]가 적용된다.

2. 점유자의 과실취득권

> 제201조【점유자와 과실】① 선의의 점유자는 점유물의 과실을 취득한다.
> ② 악의의 점유자는 수취한 과실을 반환하여야 하며 소비하였거나 과실로 인하여 훼손 또는 수취하지 못한 경우에는 그 과실의 대가를 보상하여야 한다.
> ③ 전항의 규정은 폭력 또는 은비에 의한 점유자에 준용한다.

---

131) 대법원 1996.9.20. 선고 96다24279, 24286 판결
132) 민법 제548조(해제의 효과, 원상회복의무) ① 당사자 일방이 계약을 해제한 때에는 각 당사자는 그 상대방에 대하여 원상회복의 의무가 있다. 그러나 제삼자의 권리를 해하지 못한다.
② 전항의 경우에 반환할 금전에는 그 받은 날로부터 이자를 가하여야 한다.

(1) 선의점유자의 과실취득권
   ① 선의의 점유자는 점유물의 **과실**을 취득한다.
   ② 선의라 함은 과실취득권이 있는 본권(예: 소유권, 전세권, 임차권 등)이 있다고 오신한 경우를 말한다.
   ③ 판례에 따르면, **오신에 정당한 근거가** 있어야 과실취득권이 인정된다.[133]

(2) 악의점유자의 과실반환의무
   ① 악의점유자는 수취한 **과실을 반환**하여야 하며, 소비하거나 멸실한 경우 그 대가를 보상하여야 한다.
   ② 폭력·은비에 의한 점유자는 악의점유자와 동일하게 취급된다.

3. 점유물의 멸실·훼손에 대한 책임

> 제202조【점유자의 회복자에 대한 책임】점유물이 점유자의 책임 있는 사유로 인하여 멸실 또는 훼손한 때에는 악의의 점유자는 그 손해의 전부를 배상하여야 하며 선의의 점유자는 이익이 현존하는 한도에서 배상하여야 한다. 소유의 의사가 없는 점유자는 선의인 경우에도 손해의 전부를 배상하여야 한다.

(1) 의의
   점유자의 책임 있는 사유로 점유물이 멸실·훼손된 경우, 손해배상책임을 부담한다.
(2) 내용
   선의·자주점유자는 이익이 현존하는 한도에서 책임을 지고, **악의점유자 및 선의·타주점유자는 손해 전부를 배상**하여야 한다.

4. 점유자의 비용상환청구권

> 제203조【점유자의 상환청구권】① 점유자가 점유물을 반환할 때에는 회복자에 대하여 점유물을 보존하기 위하여 지출한 금액 기타 필요비의 상환을 청구할 수 있다. 그러나

---

[133] 대법원 2000.3.10. 선고 99다63350 판결

> 점유자가 과실을 취득한 경우에는 통상의 필요비는 청구하지 못한다.
> ② 점유자가 점유물을 개량하기 위하여 지출한 금액 기타 유익비에 관하여는 그 가액의 증가가 현존한 경우에 한하여 회복자의 선택에 좇아 그 지출금액이나 증가액의 상환을 청구할 수 있다.
> ③ 전항의 경우에 법원은 회복자의 청구에 의하여 상당한 상환기간을 허여할 수 있다.

(1) 필요비상환청구권

① 점유자는 점유물을 보존하기 위하여 지출한 필요비를 회복자에게 청구할 수 있다(민법 제203조 제1항).

② **과실을 취득한 경우에는 통상의 필요비는 청구할 수 없다.**

(2) 유익비상환청구권

① 점유자가 지출한 유익비는 가액의 증가가 현존하는 경우에 한하여 **회복자의 선택에 따라 그 지출금액이나 증가액의 상환을 청구**할 수 있다(민법 제203조 제2항).

② 법원은 상당한 상환기간을 부여할 수 있다.

III. 점유보호청구권

1. 점유보호청구권의 의의

(1) 점유보호청구권이란 점유자가 본권의 유무와 무관하게 점유 자체를 보호받기 위해 침해자에게 침해의 배제 및 손해배상 등을 청구할 수 있는 권리를 말한다.

(2) 이는 사회질서와 법적 평화를 유지하기 위한 제도이다.

2. 점유보호청구권의 당사자

(1) 주체

① 직접점유자, 간접점유자, 준점유자 모두 행사할 수 있다.

② 점유보조자는 행사할 수 없다.

(2) 상대방
① 점유를 침탈하거나 방해하거나 방해할 염려가 있는 자이다.
② 침탈자의 포괄승계인은 선의·악의를 불문하고 상대방이 되지만, 특별승계인은 악의인 경우에만 상대방이 된다.

3. 점유보호청구권의 종류와 내용
(1) 점유물반환청구권

> 제204조【점유의 회수】① 점유자가 점유의 침탈을 당한 때에는 그 물건의 반환 및 손해의 배상을 청구할 수 있다.
> ② 전항의 청구권은 침탈자의 특별승계인에 대하여는 행사하지 못한다. 그러나 승계인이 악의인 때에는 그러하지 아니하다.
> ③ 제1항의 청구권은 침탈을 당한 날로부터 1년 내에 행사하여야 한다.

① 점유의 침탈을 당한 경우, 물건의 반환 및 손해배상을 청구할 수 있다.
② 침탈자의 포괄승계인은 선의·악의를 불문하고 상대방이 되며, 특별승계인은 악의인 경우에만 상대방이 된다.
③ 청구권은 침탈을 안 날로부터 1년 내에 행사해야 하며, 이는 제척기간이다.

(2) 점유물방해제거청구권

> 제205조【점유의 보유】① 점유자가 점유의 방해를 받은 때에는 그 방해의 제거 및 손해의 배상을 청구할 수 있다.
> ② 전항의 청구권은 방해가 종료한 날로부터 1년 내에 행사하여야 한다.
> ③ 공사로 인하여 점유의 방해를 받은 경우에는 공사착수 후 1년을 경과하거나 그 공사가 완성한 때에는 방해의 제거를 청구하지 못한다.

① 점유자가 방해를 받은 경우, 방해의 제거 및 손해배상을 청구할 수 있다.
② 방해가 종료된 날로부터 1년 내에 행사해야 한다.

(3) 점유물방해예방청구권

> 제206조【점유의 보전】① 점유자가 점유의 방해를 받을 염려가 있는 때에는 그 방해의 예방 또는 손해배상의 담보를 청구할 수 있다.
> ② 공사로 인하여 점유의 방해를 받을 염려가 있는 경우에는 전조 제3항의 규정을 준용한다.

① 점유자가 방해를 받을 염려가 있는 경우, 방해예방 또는 손해배상의 담보를 청구할 수 있다.
② 공사로 인한 경우는 공사착수 후 1년이 지나거나 공사가 완성되면 청구할 수 없다.

4. 점유의 소와 본권의 소와의 관계

> 제208조【점유의 소와 본권의 소와의 관계】① 점유권에 기인한 소와 본권에 기인한 소는 서로 영향을 미치지 아니한다.
> ② 점유권에 기인한 소는 본권에 관한 이유로 재판하지 못한다.

(1) 양 소송은 실체적 경합관계에 있다(민법 제208조 제1항).
(2) 점유의 소는 본권에 관한 이유로 판단할 수 없다(민법 제208조 제2항).
(3) 점유의 소와 본권의 소는 별도로 제기할 수 있으며, 한쪽 소송에서 패소해도 다른 소송에는 영향이 없다.

IV. 자력구제

> 제209조【자력구제】① 점유자는 그 점유를 부정히 침탈 또는 방해하는 행위에 대하여 자력으로써 이를 방위할 수 있다.
> ② 점유물이 침탈되었을 경우에 부동산일 때에는 점유자는 침탈 후 직시(直時) 가해자를 배제하여 이를 탈환할 수 있고 동산일 때에는 점유자는 현장에서 또는 추적하여 가해자로부터 이를 탈환할 수 있다.

1. 자력구제의 의의

점유자가 국가의 힘을 빌리지 않고 직접 실력으로 점유를 방어하거나 회복하는 것을 말한다.

2. 자력구제자

(1) **직접점유자**는 자력구제권을 행사할 수 있다.
(2) **점유보조자**는 점유주를 위해 자력구제권을 행사할 수 있지만 간접점유자에게는 자력구제권을 행사할 수 없다.

2. 자력방위권

점유를 부정히 침탈하거나 방해하는 **행위가 진행 중인 경우** 행사할 수 있다.

3. 자력구제권

(1) 점유 **침탈 행위가 완료된 후 직시(直時)** 가해자를 배제하여 탈환할 수 있다.
(2) 부동산의 경우 침탈 직후, 동산의 경우 현장에서 또는 추적하여 탈환할 수 있다.
(3) '직시'란 가능한 한 신속히 탈환하는 것을 의미하며, **점유를 침탈당한 후 상당한 시간이 흘러도 점유자가 침탈사실을 몰랐다면 자력탈환권을 행사할 수 없다.**[134]

---

[134] 대법원 1993. 3. 26 선고 91다14116 판결

제4장 소유권

소유권은 물건을 자유롭게 사용·수익·처분할 수 있는 가장 포괄적인 물권이다. 본 장에서는 소유권의 내용과 제한, 소유권의 취득 및 소유권에 기한 물권적청구권, 공동소유 등에 대해 다룬다.

제1절 서설

I. 소유권의 의의 및 법률적 성질

1. 소유권의 의의

> 제211조【소유권의 내용】 소유자는 법률의 범위 내에서 그 소유물을 사용, 수익, 처분할 권리가 있다.

(1) 소유권이란 법률의 범위 내에서 **물건을 전면적으로 지배(사용, 수익, 처분)하는 권리**를 말하며, 이는 각종 제한물권의 근원이 되는 모든 물권의 기본이 되는 권리이다.
(2) 소유권은 물건의 **사용가치**와 **교환가치**를 모두 지배할 수 있는 **완전물권**이며, 물건의 일부분만을 대상으로 하는 제한물권과 구별된다.
(3) 소유권의 객체는 **물건**에 한정되고, **채권**과 같은 권리에는 소유권이 성립될 수 없다.

2. 소유권의 내용
(1) **사용·수익권능**
물건을 물질적으로 사용하거나 그로부터 생기는 과실을 취득하는 권리를 말한다.
(2) **처분권능**
물건을 소비·변형·개조·파괴하거나, 양도·담보설정 등의 법률적 처분을 할 수 있는 권리를 말한다.

II. 토지소유권의 범위

1. 토지소유권의 범위

> 제212조【토지소유권의 범위】 토지의 소유권은 정당한 이익 있는 범위 내에서 토지의 상하에 미친다.

(1) 토지의 소유권은 <u>정당한 이익이 있는 범위 내에서 토지의 상하에 미친다.</u>
(2) **정당한 이익의 범위**는 구체적인 상황과 거래관념에 따라 결정되며, 지표뿐만 아니라 일정한 범위의 지상 공간 및 지하 지반까지 소유권의 효력이 미친다.

2. 토지소유권에 포함되는 것과 포함되지 않는 것

(1) 포함되는 것
　① **지하수, 온천수, 자연석**은 토지 소유권에 포함된다.
　② 지하수는 토지의 구성 부분이므로, 자연히 솟는 지하수는 토지소유자가 자유롭게 이용할 수 있다. 온천수도 마찬가지이다.

(2) 포함되지 않는 것
　① **지하광물**은 국유로 보는 것이 다수설로 토지소유자의 소유권 행사는 제한된다.
　② **조각된 자연석**(예: 임야에 있는 자연석을 조각하여 제작한 석불)은 토지에 부합하지 않고 독립된 부동산으로 본다.[135]
　③ **입목**은 입목등기나 명인방법을 갖춘 경우 토지와 별개의 독립된 부동산이 되며, 그렇지 않으면 토지의 일부로 본다.
　④ **농작물**은 권원 없이 타인 토지에 심은 경우라도 부합하지 않고 경작자의 소유로 본다.[136]

---

135) 대법원 1970.9.22. 선고 70다1494 판결
136) 대법원 1969.2.18. 선고 68도906 판결

제2절 상린관계

I. 서설

1. 상린관계의 의의

(1) **상린관계란 인접하는 부동산 상호 간의 이용을 조절**하기 위하여 법률이 인정한 소유권의 내용을 말한다.

① 상린관계는 <u>**토지뿐만 아니라 건물에도 적용**되며, **지상권자, 전세권자, 임차권자**에게도 준용</u>되며, 법률 규정에 의해 당연히 성립하므로 별도의 **등기가 필요하지 않다.**

② 상린권은 **소유권에 종속하는 법적 지위**일 뿐 독립된 물권은 아니므로 **포기나 소멸시효**에 걸리지 않는다.

③ 상린관계 규정은 **임의규정**으로 보는 것이 통설 및 판례[137]의 입장이다.

(2) 상린관계와 지역권의 구별

구분	상린관계	지역권
대상	부동산 및 물 이용 포함	토지만 해당
성질	소유권 내용의 확장·제한	독립한 물권
인접성	인접성 필요	인접성 불필요
발생원인	법률 규정(등기 불요)	계약과 같은 법률행위(등기 필요)
소멸시효	소멸시효 적용 없음	소멸시효 적용 가능

II. 상린관계의 유형

1. 건물의 구분소유

> 제215조【건물의 구분소유】①수인이 한 채의 건물을 구분하여 각각 그 일부분을 소유한 때에는 건물과 그 부속물중 공용하는 부분은 그의 공유로 추정한다.
> ②공용부분의 보존에 관한 비용 기타의 부담은 각자의 소유부분의 가액에 비례하여 분담한다.

---

137) 대법원 1982.10.26. 선고 80다1634 판결

(1) 수인이 한 채의 건물을 구분하여 각자의 일부를 소유하는 경우, **공용부분은 공유로 추정**된다(민법 제215조 제1항).
(2) 공용부분의 보존에 관한 비용 및 기타의 부담은 **각자의 소유부분 가액에 비례**하여 분담한다(민법 제215조 제2항).
(3) 제215조에 대한 특별법으로 현재 대규모 구분소유는 「집합건물의 소유 및 관리에 관한 법률」에 의해 규율된다.

2. 경계에 관한 상린관계

(1) 인지사용청구권
① 토지소유자는 경계 부근에서 담이나 건물을 축조하거나 수선하기 위하여 필요한 범위 내에서 **이웃 토지를 사용할 것을 청구**할 수 있다(제216조 제1항).
② 주거에 들어가려면 **이웃의 승낙이 필요**하고, 승낙에 갈음하는 판결은 인정되지 않는다.
③ 손해가 발생한 경우 **보상을 청구**할 수 있다(제216조 제2항).

(2) 경계표와 담의 설치
① 인접 토지 소유자는 공동비용으로 통상의 **경계표나 담을 설치**할 수 있다.
② **설치비용은 절반씩 부담하되, 측량비용은 면적 비례로 부담**한다(제237조).
③ 인지소유자는 자기 비용으로 담의 **재료를 더 양호한 것으로 하거나, 높이를 높이거나, 특수시설(방화벽 등)을 설치**할 수 있다(제238조).
④ 경계표, 담, 구거 등은 **상린자의 공유로 추정**된다. 다만, 단독비용으로 설치된 경우 등은 예외이다(제239조).

(3) 수목가지·뿌리의 제거
① **가지가 경계를 넘으면** 소유자에게 **제거 청구**할 수 있고, 응하지 않으면 **직접 제거할 수 있다**(제240조 제1항, 제2항).
② **뿌리가 경계를 넘은 경우에는 바로 제거**할 수 있다(제240조 제3항).

(4) 경계선 부근의 건축제한
① 특별한 관습이 없는 한, 건물은 **경계로부터 반미터 이상 거리를 두어야 한다**(제242조).

② 위반 시 건물의 변경 또는 철거를 청구할 수 있으나, **착공 후 1년 경과 또는 건물 완성 후에는 손해배상만 청구**할 수 있다.

(5) 차면시설 설치의무

경계로부터 2미터 이내에서 **이웃 주택 내부를 관망할 수 있는 창이나 마루를 설치**할 때에는 **차면시설을 설치**하여야 한다(제243조).

(6) 지하시설 등에 대한 제한

① 우물, 하수, 오수 저장시설을 설치할 때는 **경계로부터 2미터 이상** 거리, 지하실 공사는 **깊이의 반 이상** 거리 두어야 한다(제244조).
② 또한 **토사 붕괴나 하수 오액 유출**을 막기 위한 적당한 조치를 해야 한다.

3. 수도 등의 시설권

(1) 타인의 토지를 통과하지 않으면 시설할 수 없거나 과다한 비용을 요하는 경우, 토지 소유자는 **타인의 토지를 통과하여 수도, 소수관, 가스관, 전선을 시설**할 수 있다(제218조).
(2) 손해를 가장 적게 발생시키는 장소와 방법을 선택하여야 하며, **손해 보상을 해야 한다.**
(3) 사정변경이 있는 경우, 타토지 소유자는 시설변경을 청구할 수 있다.

4. 생활방해금지(Immission의 금지)

(1) 매연, 열기체, 액체, 음향, 진동 등으로 인해 이웃 토지 사용을 방해하거나 거주자의 생활에 고통을 주어서는 아니 된다(제217조).
(2) 통상의 용도에 적당한 것인 경우에는 **이웃은 이를 수인할 의무**가 있다.
(3) 수인한도를 초과하는 경우, **적당한 조치 청구, 방해 중지, 손해배상 청구**가 가능하다.
 – 판례: 병원시체실의 설치로 그 인접지 거주자가 받을 피해와 고통이 사회관념상 일반적으로 수인하여야 할 정도의 것일때에는 거주자가 이를 수인하여야 하나 그 정도를 초과할 때에는 수인의무가 없고 오히려 방해사유의 제거 내지 예방조치를 청구할 수 있다.[138]

---

138) 대법원 1974.12.24. 선고 68다1489 판결

5. 주위토지통행권

> 제219조【주위토지통행권】 ① 어느 토지와 공로 사이에 그 토지의 용도에 필요한 통로가 없는 경우에 그 토지소유자는 주위의 토지를 통행 또는 통로로 하지 아니하면 공로에 출입할 수 없거나 과다한 비용을 요하는 때에는 그 주위의 토지를 통행할 수 있고 필요한 경우에는 통로를 개설할 수 있다. 그러나 이로 인한 손해가 가장 적은 장소와 방법을 선택하여야 한다.
> ② 전항의 통행권자는 통행지 소유자의 손해를 보상하여야 한다.

(1) 의의

어느 토지와 공로 사이에 통로가 없는 경우, 토지소유자는 주위의 토지를 통행하거나 필요한 경우 통로를 개설할 수 있다.

(2) 요건

① **현재 통로가 전혀 없거나, 과다한 비용을 요하는 경우 인정**된다.[139] 그러나 **장차의 이용상황까지 미리 대비하여 통행로를 정할 것은 아니다.**[140]

② 기존의 통로가 있더라도 그것이 당해 토지의 이용에 부적합하여 **실제로 통로로서의 충분한 기능을 하지 못하고 있는 경우에도 인정**된다.[141] 다만, 기존 통로를 사용하는 것보다 **더 편리하다는 이유만으로 다른 장소로 통행할 권리를 인정할 수 없다.**[142]

(3) 통행자의 의무

① 손해가 가장 적은 장소·방법을 선택하고, **손해를 보상해야 한다.**

② 비배타적 이용 의무: 통행지에 대한 소유자의 점유까지 배제되는 것은 아니므로, 통행권자가 통행지를 통행함에 그치지 아니하고 이를 배타적으로 점유하고 있다면,

---

[139] 대법원 1992.12.22. 선고 92다36311 판결
[140] 대법원 1996.11.29. 선고 96다33433, 33440 판결
[141] 대법원 1994.6.24. 선고 94다14193 판결
[142] 대법원 1995.6.13. 선고 95다1088, 95다1095 판결

통행지 소유자는 통행권자에 대하여 그 인도를 청구할 수 있다.[143]

(4) 통로 변경 가능성

주위토지통행권은 통행을 위한 지역권과는 달리 그 통행로가 항상 특정한 장소로 고정되어 있는 것은 아니고, 주위토지 소유자가 그 용법에 따라 기존 통행로로 이용되던 토지의 사용방법을 바꾸었을 때에는 대지 소유자는 그 주위토지 소유자를 위하여 보다 손해가 적은 다른 장소로 옮겨 통행할 수밖에 없는 경우도 있다.[144]

(5) 통행권 소멸

주위토지통행권 발생 후 당해 토지에 접하는 공로가 개설된 경우 **주위토지통행권은 소멸**한다.[145]

(6) 무상의 주위토지통행권

제220조【분할, 일부양도와 주위통행권】① 분할로 인하여 공로에 통하지 못하는 토지가 있는 때에는 그 토지소유자는 공로에 출입하기 위하여 다른 분할자의 토지를 통행할 수 있다. 이 경우에는 보상의 의무가 없다.
② 전항의 규정은 토지소유자가 그 토지의 일부를 양도한 경우에 준용한다.

① 분할 또는 일부 양도로 공로에 통하지 못하게 된 경우에는 **보상 없이 통행할 수 있다.**
② 다만, 이 경우는 종전의 분할자나 양도인 사이에 한정되며, **특정승계인에는 적용되지 않는다.**

---

143) 대법원 1993.8.24. 선고 93다25479 판결
144) 대법원 2009.6.11. 선고 2008다75300 판결
145) 대법원 1998.3.10. 선고 97다47118 판결

제3절 소유권의 취득

I. 소유권의 취득원인

1. 법률행위에 의한 취득
소유권은 매매, 교환, 증여 등과 같은 **법률행위**를 통해 취득할 수 있다.

2. 법률규정에 의한 취득
취득시효, 선의취득, 선점, 발견, 습득, 첨부, 상속, 공용징수, 판결, 경매 기타 **법률의 규정**에 의해 소유권을 취득할 수 있다.

II. 취득시효

1. 취득시효의 의의 및 존재이유
(1) **취득시효란 일정한 사실상태가 일정 기간 계속됨으로써, 그 상태가 진실한 권리관계와 일치하는지를 묻지 않고 권리취득의 효과를 발생시키는 제도를** 말한다.
(2) 취득시효 제도는 사회질서의 안정과 유지, 권리관계 입증의 곤란 구제, 권리행사의 태만에 대한 제재를 목적으로 한다.

2. 취득시효의 종류

> 제245조【점유로 인한 부동산소유권의 취득기간】① 20년간 소유의 의사로 평온, 공연하게 부동산을 점유하는 자는 등기함으로써 그 소유권을 취득한다.
> ② 부동산의 소유자로 등기한 자가 10년간 소유의 의사로 평온, 공연하게 선의이며 과실 없이 그 부동산을 점유한 때에는 소유권을 취득한다.
> 제246조【점유로 인한 동산소유권의 취득기간】① 10년간 소유의 의사로 평온,공연하게 동산을 점유한 자는 그 소유권을 취득한다.
> ② 전항의 점유가 선의이며 과실 없이 개시된 경우에는 5년을 경과함으로써 그 소유권을 취득한다.

(1) 점유취득시효

부동산에 관하여 20년간 소유의 의사로 평온·공연하게 점유하고, 등기를 함으로써 소유권을 취득하는 제도이다(제245조 제1항).

(2) 등기부취득시효

부동산의 소유자로 등기한 자가 10년간 소유의 의사로 평온·공연하게 **선의이며 무과실**로 점유한 경우 소유권을 취득한다(제245조 제2항).

(3) 동산취득시효

동산을 10년간 소유의 의사로 평온·공연하게 점유하면 소유권을 취득하고, 점유가 **선의·무과실**로 개시된 경우 5년으로 단축된다(제246조).

3. 시효취득의 대상

(1) 소유권뿐만 아니라, **지상권, 지역권(계속되고 표현된 것에 한함), 전세권, 광업권, 어업권, 지적재산권** 등도 시효취득의 대상이 된다.

(2) 반면, **점유권, 유치권, 저당권 등은 그 성질상 취득시효의 대상이 될 수 없다.**

4. 시효취득의 주체와 객체

(1) 시효취득의 주체

자연인뿐만 아니라 법인, 권리능력 없는 사단 및 재단, 지방자치단체도 취득시효의 주체가 될 수 있다.

(2) 시효취득의 객체

① **자기 부동산**이라도 소유권을 증명할 수 없는 경우에는 취득시효를 원용할 수 있다.[146]

② **1필지 일부에 대해서는 점유취득시효는 인정**되나, 분필 등기 없이 **등기부취득시효**는 인정되지 않는다.

③ **성명불상자의 소유물에 대해서도 시효취득이 인정**된다.[147]

③ 공유지분의 경우: 건물 공유자 중 일부만이 당해 건물을 점유하고 있는 경우라도 그 건물의 부지는 건물 소유를 위하여 공유명의자 전원이 **공동**으로 이를 점유하고

---

[146] 대법원 2022.7.28. 선고 2017다204629 판결
[147] 대법원 1992.2.25. 선고 91다9312 판결

있는 것으로 볼 것이며, 건물 공유자들이 **건물부지의 공동점유로 인하여 건물부지에 대한 소유권을 시효취득하는 경우**라면 그 취득시효 완성을 원인으로 한 소유권이전등기청구권은 당해 건물의 **공유지분비율과 같은 비율로 건물 공유자들에게 귀속**된다.[148]

④ <u>**집합건물의 공용부분**이 **취득시효에 의한 소유권 취득의 대상이 되지 않는다**.</u>[149]

⑤ **국유재산** 중 행정재산이나 보존재산은 취득시효의 대상이 되지만 <u>**일반재산(잡종재산)은 시효취득이 가능**</u>하다. 그러나 잡종재산에 대한 취득시효가 완성된 후 그 잡종재산이 행정재산으로 된 경우, 취득시효 완성을 원인으로 소유권이전등기를 청구할 수 없다.[150]

5. 점유취득시효의 요건

(1) 20년간 점유
① 점유는 **평온**하고 **공연**하게, **소유의 의사**로 20년간 계속되어야 한다.
② 점유의 승계가 인정되므로, 선대 점유자의 점유기간도 합산할 수 있다.

(2) 소유의 의사(자주점유)
① 점유자는 소유권을 행사하는 의사(자주점유)로 점유하여야 하며, 이는 **추정**된다(제197조 제1항).
② 타주점유자(예: 임차인)는 원칙적으로 점유취득시효를 주장할 수 없지만, 자주점유로 전환한 경우에는 가능하다.
③ 자주점유는 점유개시시에 있으면 족하고, 이후에는 변동이 있어도 무방하다.

(3) 등기
① 점유취득시효는 등기를 하여야 소유권을 완전히 취득할 수 있다.
② 시효취득은 원시취득이나, 실무상 '이전등기'의 형식을 취한다.

---

148) 대법원 2003.11.13. 선고 2002다57935 판결
149) 대법원 2013.12.12. 선고 2011다78200,78217 판결
150) 대법원 1997.11.14. 선고 96다10782 판결

6. 등기부취득시효의 요건

(1) 10년의 등기 및 점유
① 부동산의 소유자로 **등기된 자**가 10년간 소유의 의사로 평온·공연·선의·무과실로 점유하면 소유권을 취득한다.
② **무효등기도 등기부취득시효의 기반이 될 수** 있으나, 이중보존등기의 경우에는 먼저 된 유효한 등기를 전제로 한다.

(2) 선의·무과실의 점유
① 점유자의 선의는 추정되지만, 무과실은 주장자가 입증해야 한다.
② 선의·무과실은 점유개시 시점에 존재하면 족하고, 기간 전체를 통해 지속될 필요는 없다.

7. 취득시효의 효과

(1) 소유권취득 및 소급효
① 취득시효가 완성되면 소유권을 **원시적으로 취득**하고, **점유개시 시점으로 소급**한다.
② 따라서 시효기간 중에 취득한 과실이나 소득은 정당한 이익으로 본다.

(2) 제한물권의 소멸
① 시효취득으로 소유권을 취득하면, **원소유자에게 설정된 제한물권도 소멸**한다.
② 다만, 점유자가 제한물권의 존재를 수인한 경우에는 제한물권이 존속한다.

(3) 수용된 경우
① **시효완성 전 토지가 수용된 경우 등기청구권을 행사하지 않았다면 대상청구권이 인정되지 않는다.**
② 시효완성 후 수용된 경우라면, 대상청구권이 성립할 수 있다.

8. 취득시효와 등기청구권

(1) 등기청구권
① 취득시효 완성자는 시효완성 당시의 진정한 소유자에게 소유권이전등기를 청구할 수 있다.
② 등기청구권은 채권적 청구권으로, **점유가 계속되는 한 소멸시효에 걸리지 않는다.**

(2) 점유상실과 등기청구권
① 점유가 상실되면, 그 시점부터 10년 동안 등기청구권을 행사하지 않으면 소멸한다.

(3) 시효완성과 소유권 이전
① 시효완성 전 소유자가 목적물을 처분한 경우, 시효취득자는 여전히 시효완성 당시의 소유자에 대해 등기를 청구할 수 있다.
② 시효완성 후 소유자가 제3자에게 처분한 경우, 시효취득자는 제3자에게 등기를 청구할 수 없으며, 필요시 재취득시효를 주장하여야 한다.

9. 점유취득시효와 명의신탁

(1) 시효완성 후 명의신탁에 의해 제3자에게 이전등기가 경료된 경우
취득시효완성자는 명의수탁자 명의의 등기를 명의신탁자를 대위하여 말소하고, 원소유자에 대해 소유권이전등기를 청구할 수 있다.

(2) 명의신탁된 부동산에 대해 시효완성 후 명의신탁을 해지한 경우
종중 甲이 개인 丙에게 명의신탁한 토지에 대해 乙이 점유취득시효를 완성한 후 종중 甲이 丙과의 명의신탁을 해지하고 丙으로부터 소유권을 이전받은 경우, 甲이 시효완성 후에 소유권을 이전받은 자이므로, 乙은 甲에게 시효취득의 효력을 주장할 수 없다고 판시함.[151]

10. 취득시효의 중단과 정지

(1) 소멸시효에 관한 중단규정은 취득시효에도 준용된다(제247조 제2항).
(2) 정지규정은 명문 규정은 없으나, 유추적용이 가능하다.
(3) 압류나 가압류가 있어도 점유가 실질적으로 중단되지 않는 이상 취득시효는 중단되지 않는다.

---

151) 대법원 2001.10.26. 선고 2000다8861 판결

III. 무주물선점, 유실물의 습득, 매장물의 발견

1. 무주물선점

> 제252조【무주물의 귀속】① 무주의 동산을 소유의 의사로 점유한 자는 그 소유권을 취득한다.
> ② 무주의 부동산은 국유로 한다.
> ③ 야생하는 동물은 무주물로 하고 사양하는 야생동물도 다시 야생상태로 돌아가면 무주물로 한다.

(1) **무주물선점**이란 **소유자가 없는 동산을 소유의 의사로** 점유함으로써 소유권을 원시적으로 취득하는 것을 말한다.
(2) **무주의 부동산은 국유로** 하므로 선점의 대상이 되지 않는다(민법 제252조 제2항).

2. 유실물의 습득

> 제253조【유실물의 소유권취득】유실물은 법률에 정한 바에 의하여 공고한 후 6개월 내에 그 소유자가 권리를 주장하지 아니하면 습득자가 그 소유권을 취득한다.

(1) **유실물습득**이란 유실된 동산을 습득하여 점유한 자가, 공고 후 6개월 이내에 소유자가 권리를 주장하지 아니하면 소유권을 취득하는 것을 말한다. 도품은 유실물에서 제외된다.
(2) 습득한 물건이 학술·기예·고고학적으로 중요한 경우에는 국유로 귀속되고, 습득자는 국가에 대해 적당한 보상을 청구할 수 있다(민법 제255조).

3. 매장물의 발견

> 제254조【매장물의 소유권취득】매장물은 법률에 정한 바에 의하여 공고한 후 1년 내에 그 소유자가 권리를 주장하지 아니하면 발견자가 그 소유권을 취득한다. 그러나 타인의 토지 기타 물건으로부터 발견한 매장물은 그 토지 기타 물건의 소유자와 발견자가 절반하여 취득한다.

(1) **매장물발견**이란 토지나 물건에 묻혀 있던 매장물을 발견하여, 공고 후 1년 이내에 소유자가 권리를 주장하지 않니하면 소유권을 취득하는 것을 말한다.
(2) **매장물**이어야 한다. 매장물이란 과거에 존재했으나 현재 소유자가 누구인지 알 수 없는 물건을 의미한다. 동산뿐만 아니라 부동산(건물)도 매장물에 포함될 수 있다.
(3) 타인의 토지 또는 물건에서 발견된 매장물은 그 토지·물건의 소유자와 발견자가 절반씩 공유하게 된다.
(4) 매장물이 학술·기예·고고학적으로 중요한 경우에는 국유로 귀속되며, 발견자와 토지 소유자는 국가에 대해 보상을 청구할 수 있다(민법 제255조).

IV. 첨부(부합·혼화·가공)

1. 의의

(1) **첨부**란 하나의 물건에 타인의 물건이 결합하거나 타인의 노력이 가해져 새로운 물건이 형성되는 현상을 의미한다.
(2) 첨부는 **부합, 혼화, 가공**을 포함한다.
(3) 첨부제도는 물리적 복구가 불가능하거나 경제적으로 비효율적인 경우, 원상회복을 허용하지 않고 물건의 소유 귀속을 법률로 정하여 권리관계를 확정하는 데 취지가 있다.
(4) 첨부에 따른 소유권 취득은 법률규정에 의한 것으로서 별도의 공시를 요하지 않는다.

2. 부합

(1) 부합의 의의

① **부합**이란 여러 소유자에 속하는 물건이 결합하여 훼손 없이 분리할 수 없거나, 분리에 과다한 비용이 소요되거나, 분리하면 경제적 가치가 현저히 감소하는 경우를 말한다.
② 부합에는 **부동산에의 부합**과 **동산 간의 부합**이 있다.

(2) 부동산에의 부합

> 제256조【부동산에의 부합】부동산의 소유자는 그 부동산에 부합한 물건의 소유권을 취득한다. 그러나 타인의 권원에 의하여 부속된 것은 그러하지 아니하다.

① **부동산의 소유자는 그 부동산에 부합된 물건의 소유권을 원시취득**한다(민법 제256조 본문).
② 다만, 타인의 권원에 의해 부속된 경우에는 부속시킨 자가 소유권을 가진다(민법 제256조 단서).
③ 부합의 인정 요건은 훼손 없이 분리 불가능하거나 과다한 비용 소요, 또는 경제적 가치의 현저한 감소가 있어야 한다.

(3) 구체적 사례
① <u>건물은 토지와 별개의 부동산으로 부합하지 않는다.</u>
② 수목은 일반적으로 토지에 부합하지만, 정당한 권원에 의해 심은 경우에는 부합하지 않고 심은 자의 소유가 된다.
③ <u>농작물은 토지에 부합하지 않으며 경작자가 소유권을 가진다.</u>

(4) 건물의 증축과 부합
① 타인의 건물을 임차한 임차인이 증축한 경우에도, 증축 부분이 기존건물과 경제적 독립성이 없는 경우 기존 건물에 부합한다. 다만, <u>**증축된 부분이 독립성이 있는 때에는 구분소유권이 성립하여 증축된 부분은 독립한 소유권의 객체**</u>가 된다.[152]
② 경락인은 기존 건물에 부합된 증축 부분까지 취득하게 된다.[153]

3. 혼화
(1) **혼화**란 동종의 물건이 섞여 원물을 식별할 수 없게 되는 현상을 말한다(민법 제258조). 예를 들어 곡물, 금전, 액체류의 혼합이 이에 해당한다.
(2) 주종을 구별할 수 있으면 **주된 동산의 소유자가 전체를 취득**하고, **주종을 구별할 수 없으면 가액 비율에 따라 공유**한다.

---

[152] 대법원 1999.7.27. 선고 99다14518 판결
[153] 대법원 2002.10.25. 선고 2000다63110 판결

4. 가공

(1) **가공**이란 타인의 동산에 공작을 가하여 새로운 물건을 만들어내는 것을 말한다(민법 제259조).

(2) 원칙적으로 **원재료의 소유자가 가공물의 소유권**을 가진다. 그러나 **가공으로 인한 가액의 증가가 원재료 가액보다 현저히 클 경우 가공자가 소유권**을 취득한다(민법 제259조 제1항 단서).

(3) 가공자가 일부 재료를 제공한 경우에는 그 가액을 증가액에 가산한다(제259조 제2항).

제4절 소유권에 기한 물권적 청구권

> 제213조【소유물반환청구권】소유자는 그 소유에 속한 물건을 점유한 자에 대하여 반환을 청구할 수 있다. 그러나 점유자가 그 물건을 점유할 권리가 있는 때에는 반환을 거부할 수 있다.
>
> 제214조【소유물방해제거, 방해예방청구권】소유자는 소유권을 방해하는 자에 대하여 방해의 제거를 청구할 수 있고 소유권을 방해할 염려 있는 행위를 하는 자에 대하여 그 예방이나 손해배상의 담보를 청구할 수 있다.

I. 의의

(1) 소유권에 기한 물권적 청구권이란 소유권의 내용이 침해되거나 침해당할 염려가 있는 경우, 소유자가 침해자에 대해 **물건의 반환, 방해의 제거, 방해의 예방**을 청구할 수 있는 권리를 말한다.

(2) 민법은 제213조와 제214조를 통해 소유권에 기한 물권적 청구권을 규정하고 있으며, 이 규정은 제한물권에도 준용된다(민법 제290조, 제301조, 제319조, 제370조).

(3) 소유권에 기한 물권적 청구권은 다음 세 가지로 구성된다.
    ① 소유물반환청구권
    ② 소유물방해제거청구권
    ③ 소유물방해예방청구권

II. 소유물반환청구권

1. 의의

(1) 소유물반환청구권이란 소유자가 소유에 속하는 물건을 점유하고 있는 자에 대하여 그 반환을 청구할 수 있는 권리를 말한다.

(2) 소유물반환청구권은 소유자가 물건을 점유하지 못하고 있을 때 행사할 수 있으며, 행사기간에 별도의 제한이 없다.

2. 요건

(1) 청구권자

① 청구권자는 법률상 소유자이어야 하며, 현재 물건을 점유하고 있지 않은 자여야 한다.
② 법률상 소유자임을 입증하려면 부동산의 경우 소유권이전등기를 경료해야 한다.
③ 소유권의 존재 여부는 **사실심 변론종결시**를 기준으로 판단한다.
  - 예컨대, 미등기 무허가 건물의 양수인은 소유권이전등기를 경료하지 않은 이상 직접 명도청구를 할 수 없다.[154]

(2) 상대방

① 상대방은 현재 물건을 점유하고 있는 자여야 한다.
② 직접점유자뿐만 아니라 간접점유자에 대해서도 반환청구가 가능하다.
③ 점유보조자는 점유권이 없으므로 반환청구의 상대방이 될 수 없다.
④ 상대방에게 점유할 권리가 없어야 한다. 여기서 점유할 권리란 지상권, 전세권, 유치권, 질권, 임차권, 동시이행의 항변권 등을 포함한다.

3. 효과

소유자는 상대방에 대해 물건의 반환, 즉 점유의 이전(인도)을 청구할 수 있다.

III. 소유물방해제거청구권

1. 의의

(1) 소유물방해제거청구권이란 소유권을 현재 침해하고 있는 자에 대하여 그 방해의 제거를 청구할 수 있는 권리를 말한다(민법 제214조).
(2) 여기서 "방해"란 점유 이외의 방법으로 소유권의 내용 실현이 타인의 개입으로 인해 저해되고 있는 상태를 의미한다.
(3) 과거에 종결된 침해는 방해로 볼 수 없으며, 현재도 지속되는 침해이어야 한다.

---

154) 대법원 2007.6.15. 선고 2007다11347 판결

2. 요건

(1) 청구권자
① 현재 소유권을 방해당하고 있는 소유자이어야 한다.
② 과거에 소유권을 침해당하였으나 현재 소유권을 상실한 자는 청구권자가 될 수 없다.

(2) 상대방
① 상대방은 현재 방해 상태를 지배하고 있는 자여야 한다.
② 예를 들어, 타인의 토지에 무단으로 건물을 신축한 경우, 현재 점유하고 있는 양수인이 상대방이 된다.

(3) 방해의 존재
① 상대방이 점유 침탈 이외의 방법으로 소유권을 방해하고 있어야 한다.
② 상대방의 고의·과실 여부는 불문한다.

3. 효과
(1) 소유자는 방해의 제거를 청구할 수 있다.
(2) 방해제거청구는 현재 지속되고 있는 방해의 **원인**을 제거하는 것을 의미하며, 단순히 침해의 **결과**를 제거하는 것은 아니다.
- 예컨대, 쓰레기 매립으로 조성된 토지에 대해, 과거의 매립행위로 인한 결과물(쓰레기)에 대하여는 방해배제청구가 인정되지 않는다.[155]

IV. 소유물방해예방청구권

1. 의의
(1) 소유물방해예방청구권이란 소유자가 장차 소유권을 방해당할 염려가 있을 경우, 그 예방이나 손해배상의 담보를 청구할 수 있는 권리를 말한다(민법 제214조).

---

[155] 대법원 2003.3.28. 선고 2003다5917 판결

2. 요건

(1) 청구권자
소유권을 장차 방해당할 염려가 있는 소유자이어야 한다.

(2) 상대방
① 상대방은 소유권을 방해할 염려가 있는 행위를 하는 자여야 한다.
② 상대방의 고의·과실 여부는 불문한다.

(3) 방해의 염려
① 방해의 염려란 장래에 방해가 생길 상당한 개연성이 있어야 하며, 단순한 관념적 가능성만으로는 부족하다.

3. 효과
(1) 소유자는 상대방에 대하여 **방해의 예방** 또는 **손해배상의 담보**를 선택적으로 청구할 수 있다.
(2) 방해의 예방과 손해배상의 담보를 동시에 청구할 수는 없다.

제5절 공동소유

I. 공동소유 일반

1. 의의
(1) 공동소유란 하나의 물건을 2인 이상이 공동으로 소유하는 것을 말한다.
(2) 공동소유는 **인적 결합의 정도에 따라 공유, 합유, 총유로 구분**된다.

2. 공동소유의 유형
(1) **공유**란 1개의 물건을 수인이 지분에 따라 공동으로 소유하는 형태를 말한다(민법 제262조 제1항).
(2) **합유**란 법률의 규정이나 계약에 의해 수인이 조합체로서 물건을 소유하는 형태를 말한다(민법 제271조 제1항 전단).
(3) **총유**란 권리능력이 없는 사단의 사원이 집합체로서 물건을 소유하는 형태를 말한다(민법 제275조).

II. 공유

> 제262조【물건의 공유】① 물건이 지분에 의하여 수인의 소유로 된 때에는 공유로 한다.
> ② 공유자의 지분은 균등한 것으로 추정한다

1. 의의
(1) 공유란 **하나의 소유권이 분량적으로 나뉘어 수인에게 귀속하는 공동소유 형태**를 말한다.
(2) 공유에서도 여전히 일물일권주의는 유지된다.

2. 공유지분

> 제263조【공유지분의 처분과 공유물의 사용, 수익】 공유자는 그 지분을 처분할 수 있고 공유물 전부를 지분의 비율로 사용, 수익할 수 있다.
> 제267조【지분포기 등의 경우의 귀속】 공유자가 그 지분을 포기하거나 상속인 없이 사망한 때에는 그 지분은 다른 공유자에게 각 지분의 비율로 귀속한다.

(1) 지분의 의의
지분이란 1개의 소유권의 분량적 일부분을 의미한다.

(2) 지분비율
① 지분비율은 **공유자 간의 약정이나 법률규정에 따라 정하며, 특별한 정함이 없으면 균등한 것으로 추정**한다(민법 제262조 제2항).
② 공유자는 지분비율에 따라 공유물을 사용·수익할 수 있다.

(3) 지분처분
① **공유자는 <u>자유롭게 자기 지분을 처분</u>**할 수 있으며, 다른 공유자의 동의는 필요하지 않다(민법 제263조 전단).
② 다만, 지분처분금지특약은 당사자 간 채권적 효력만을 가지며 제3자에게 대항할 수 없다.

(4) 지분포기와 귀속
① 공유자가 지분을 포기하거나 상속인 없이 사망한 경우, <u>그 지분은 다른 공유자에게 각 지분비율로 귀속</u>된다(민법 제267조).
② 지분포기는 상대방 있는 단독행위로서 등기를 요한다.

3. 공유관계의 성립

(1) 법률행위에 의한 성립
① 수인이 하나의 물건을 공동으로 소유하기로 합의하면 공유가 성립한다.
② 부동산인 경우에는 공유등기 및 지분등기가 필요하다.

(2) 법률규정에 의한 성립
① 무주물선점, 유실물습득, 매장물발견
② 건물의 공용부분
③ 경계에 설치된 경계표·담·구거
④ 공동상속재산
⑤ 동산 간의 부합·혼화 등

4. 공유물의 사용·수익
(1) 공유자는 공유물 전부를 지분비율에 따라 사용·수익할 수 있다(민법 제263조 후단).
(2) 공유자는 특정 부분을 독점하여 사용·수익할 수는 없고, <u>공유물 전체를 대상</u>으로 해

야 한다.

5. 공유물의 관리

> 제265조【공유물의 관리, 보존】 공유물의 관리에 관한 사항은 공유자의 지분의 과반수로써 결정한다. 그러나 보존행위는 각자가 할 수 있다.

(1) 관리행위란 공유물의 이용·개량을 의미하며, **공유자 지분의 과반수로 결정**한다(민법 제265조 본문).
(2) **과반수 지분권자의 허락을 받은 제3자의 점유는 적법한 점유**이다.
(3) 과반수 지분권자 없이 **소수지분권자가 단독으로 허락한 점유는 불법점유**가 된다.

6. 공유물의 보존

(1) 보존행위란 공유물의 멸실·훼손을 방지하고 현상을 유지하기 위한 행위이다.
(2) 보존행위는 **각 공유자가 단독으로 할 수 있다**(민법 제265조 단서).
(3) 보존행위로 제3자에 대한 소송(예: 등기말소청구, 불법점유자에 대한 인도청구 등)을 제기할 수 있다. 다만, **손해배상청구나 부당이득반환 청구는 각 공유자의 지분비율 한도**로 행사할 수 있다.

7. 공유물의 처분·변경

> 제264조【공유물의 처분, 변경】 공유자는 다른 공유자의 동의 없이 공유물을 처분하거나 변경하지 못한다.

(1) 공유자는 다른 공유자의 동의 없이는 공유물을 처분하거나 변경할 수 없다(민법 제264조).
(2) 공유물의 **처분·변경에는 공유자 전원의 동의**가 필요하다.

8. 공유물의 분할

> 제268조【공유물의 분할청구】 ① 공유자는 공유물의 분할을 청구할 수 있다. 그러나 5년 내의 기간으로 분할하지 아니할 것을 약정할 수 있다.

> ② 전항의 계약을 갱신한 때에는 그 기간은 갱신한 날로부터 5년을 넘지 못한다.
> 제269조【분할의 방법】① 분할의 방법에 관하여 협의가 성립되지 아니한 때에는 공유자는 법원에 그 분할을 청구할 수 있다.
> ② 현물로 분할할 수 없거나 분할로 인하여 현저히 그 가액이 감손될 염려가 있는 때에는 법원은 물건의 경매를 명할 수 있다.

(1) **공유자는 언제든지 공유물의 분할을 청구**할 수 있다(민법 제268조). **소수지분권자도 언제든지 분할을 청구할 수 있다.**
(2) 공유자는 5년 이내의 기간을 정하여 분할금지특약을 할 수 있으며, 갱신할 경우에도 5년을 넘지 못한다.
(3) 분할 방법은 **공유자 전원이 참여**하여 **협의에 의한 분할이 원칙**이며, **협의가 이루어지지 않으면 재판**(고유필수적 공동소송)**에 의해 분할**할 수 있다(민법 제269조).
(4) 분할 방법으로는 **현물분할, 대금분할, 가액배상**이 있다.
(5) 분할의 효과는 원칙적으로 비소급하며, 공유관계는 분할로 종료된다.

9. 분할의 특수문제

(1) **지분에 설정된 담보물권은 분할 후에도 종전과 동일한 비율로 존속**한다.
(2) 공유토지 위에 건물이 존재하고, 분할로 단독소유가 된 경우에는 관습상 법정지상권이 성립할 수 있다.

III. 합유

> 제271조【물건의 합유】① 법률의 규정 또는 계약에 의하여 수인이 조합체로서 물건을 소유하는 때에는 합유로 한다. 합유자의 권리는 합유물 전부에 미친다.
> ② 합유에 관하여는 전항의 규정 또는 계약에 의하는 외에 다음 3조의 규정에 의한다.
> 제272조【합유물의 처분, 변경과 보존】합유물을 처분 또는 변경함에는 합유자 전원의 동의가 있어야 한다. 그러나 보존행위는 각자가 할 수 있다.
> 제273조【합유지분의 처분과 합유물의 분할금지】① 합유자는 전원의 동의 없이 합유

> 물에 대한 지분을 처분하지 못한다.
> ② 합유자는 합유물의 분할을 청구하지 못한다.
> 제274조【합유의 종료】① 합유는 조합체의 해산 또는 합유물의 양도로 인하여 종료한다.
> ② 전항의 경우에 합유물의 분할에 관하여는 공유물의 분할에 관한 규정을 준용한다.

1. 의의
(1) 합유란 **수인이 조합체로서 물건을 공동 소유하는 형태**를 말한다(민법 제271조).
(2) 합유자는 **공동목적을 위한 단체적 구속**을 가지므로 **지분처분이나 분할청구가 자유롭지 않다.**

2. 합유관계의 성립
(1) 계약 또는 법률규정에 의하여 성립한다.
(2) 부동산의 경우 합유등기를 하여야 한다.

3. 합유물에 관한 권리관계
(1) 합유자는 합유물에 대해 지분을 가지지만, **그 처분은 전원의 동의를 요한다**(민법 제272조 본문).
(2) **보존행위는 합유자 각자가 단독**으로 할 수 있다(민법 제272조 단서).
(3) 합유관계가 존속하는 한 합유자는 **합유물의 분할을 청구할 수 없다**(민법 제273조 제2항).
(4) **합유자는 사망 시** 상속인에게 합유자로서의 지위가 승계되지 않으며, **잔존합유자에게 합유물의 소유권이 귀속**된다.

4. 합유의 종료
(1) **조합체의 해산**이나 **합유물의 양도로 종료**한다(민법 제274조 제1항).
(2) 합유관계가 종료되면 공유물 분할에 관한 규정을 준용하여 합유물을 분할할 수 있다(민법 제274조 제2항).

IV. 총유

> 제275조【물건의 총유】① 법인이 아닌 사단의 사원이 집합체로서 물건을 소유할 때에는 총유로 한다.
> ② 총유에 관하여는 사단의 정관 기타 계약에 의하는 외에 다음 2조의 규정에 의한다.
> 제276조【총유물의 관리, 처분과 사용, 수익】① 총유물의 관리 및 처분은 사원총회의 결의에 의한다.
> ② 각 사원은 정관 기타의 규약에 좇아 총유물을 사용, 수익할 수 있다.
> 제277조【총유물에 관한 권리의무의 득상】총유물에 관한 사원의 권리의무는 사원의 지위를 취득상실함으로써 취득상실된다.

1. 의의
(1) 총유란 **권리능력 없는 사단의 사원이 집합체로서 물건을 공동 소유하는 형태**를 말한다(민법 제275조).
(2) 총유에서는 지분이 존재하지 않고, 소유권의 관리·처분권은 사원총회에, 사용·수익권은 각 사원에게 귀속된다.

2. 총유물의 권리관계
(1) **관리 및 처분행위는 사원총회의 결의**를 통해 이루어진다(민법 제276조 제1항).
(2) 각 사원은 **정관이나 규약에 따라 총유물을 사용·수익**할 수 있다(민법 제276조 제2항).
(3) 총유재산에 관한 소송은 사단 명의로, 또는 구성원 전원이 공동당사자가 되어야 제기할 수 있다.
(4) 사원의 권리·의무는 사원의 지위 취득·상실에 따라 변동한다(민법 제277조).

V. 준공동소유

> 제278조【준공동소유】본절의 규정은 소유권 이외의 재산권에 준용한다. 그러나 다른 법률에 특별한 규정이 있으면 그에 의한다.

⑴ 준공동소유란 **소유권 이외의 재산권을 공동으로 소유하는 형태**를 말한다.
⑵ 준공동소유에 대해서는 본절(공동소유)에 관한 규정을 준용한다(민법 제278조).
⑶ **지상권, 전세권, 지역권, 저당권** 등에서 준공동소유가 인정된다.

제5장 용익물권

용익물권은 타인의 물건을 일정한 범위 내에서 사용·수익할 수 있는 권리이다. 이 장에서는 지상권, 지역권, 전세권 등 생활과 밀접한 권리들을 다룬다.

제1절 용익물권 총설

I. 의의

(1) **용익물권**이란 타인의 물건을 일정한 범위 내에서 **사용·수익할 수 있는 물권**을 말한다.
(2) **소유권**은 어떤 물건에 대한 **사용가치와 교환가치를 전면적으로 지배하는 물권**인데, 이 중에서 **사용가치만을 타인에게 설정**하는 것이 용익물권이며, **교환가치를 설정**하는 것이 담보물권이다.
(3) **용익물권의 종류**에는 **지상권, 지역권, 전세권**의 3가지가 있다.

II. 구분: 용익물권(지상권·전세권)과 임차권(채권)

구분	지상권	전세권	임차권
본질	물권	물권	채권
사용·수익권	있음	있음	있음
갱신청구권	있음	없음	있음
법정갱신 (묵시적 갱신)	없음	건물전세권에만 인정	있음
지상물매수청구권	쌍방 모두 인정	토지전세권자 가능	토지임차인 인정
부속물매수청구권	없음	쌍방 모두 인정	건물임차인·전차인 인정
수거권·원상회복의무	있음	있음	있음

소멸청구 · 해지	지료 2년 체납 → 소멸청구	목적 위반 → 소멸청구	차임 2기 연체 등 → 해지 가능
소멸통고 · 해지통고	소멸통고 없음	소멸통고 있음	해지통고 있음
비용상환청구권	유익비만 (해석상 인정)	유익비만 (명문 규정)	필요비 + 유익비 모두 (명문 규정)
최단 존속기간	있음 (30년, 15년, 5년)	건물전세권만 있음 (1년)	없음 (단, 주택 2년 · 상가 1년 등 특별법 규정 존재)

제2절 지상권

I. 지상권의 의의

> 제279조【지상권의 내용】 지상권자는 타인의 토지에 건물 기타 공작물이나 수목을 소유하기 위하여 그 토지를 사용하는 권리가 있다.

1. 개념

(1) **지상권**이란 타인의 토지에 **건물 기타 공작물이나 수목을 소유**하기 위하여 그 토지를 **사용할 수 있는 물권**을 말한다.
(2) 지상권은 **용익물권**으로서, 타인의 토지를 일정한 목적을 위해 **상·하로 사용**할 수 있는 배타적인 권리이다.
(3) 지상권의 목적물은 반드시 **타인의 토지**이어야 하며, 자기의 토지에는 지상권을 설정할 수 없고, 설정되더라도 **혼동**으로 인해 소멸한다.
(4) 지상권은 **독립된 물권**으로서 양도 및 상속이 가능하며, 소유자의 의사에 반하여도 **자유롭게 처분**할 수 있다.[156]
(5) 지상권은 **건물·공작물·수목의 소유**를 전제로 하지만, 그들이 존재하지 않더라도 **계약에 의해 성립**할 수 있고, **지상물이 후에 멸실하더라도 존속기간이 만료되지 않는 한 지상권은 존속**한다.[157]

2. 지상권의 대상

(1) 지상권은 1필 토지 전체 또는 일부에 대해서도 설정이 가능하다.
(2) 지상의 공간이나 지하 공간에 한정된 **구분지상권**도 가능하며, 이 경우 상하 범위를 등기하여야 하며, **수목을 목적으로 하는 구분지상권은 허용되지 않는다**(제289조의2).

---

[156] 대법원 1991.11.8. 선고 90다15716 판결
[157] 대법원 1996.3.22. 선고 95다49318 판결

3. 지상권과 지료

(1) **지료의 지급은 지상권의 성립요건이 아니며**, 당사자 간 **약정이 있을 경우에만** 지료를 지급할 의무가 발생한다.
(2) **무상의 지상권**도 설정 가능하며, 유상지상권이라 하더라도 지료는 **금전에 한하지 않으며**, 일시불이나 정기불 모두 가능하다.

II. 지상권의 취득

1. 법률행위에 의한 취득

(1) 지상권은 토지소유자와 지상권자 간의 **지상권설정계약과 등기**에 의하여 취득된다(민법 제186조, 제187조).
(2) 유증이나 지상권의 양도에 의해 **승계취득**도 가능하다.

2. 법률의 규정에 의한 취득

(1) **법정지상권**이나 관습법상 **법정지상권**의 경우 등기 없이도 지상권이 인정된다.
(2) 그러나 **점유취득시효에 따른 지상권 취득**은 등기를 요한다(제245조, 제248조).

III. 지상권의 존속기간

1. 존속기간을 정한 경우

> 제280조【존속기간을 약정한 지상권】① 계약으로 지상권의 존속기간을 정하는 경우에는 그 기간은 다음 연한보다 단축하지 못한다.
> 1. 석조, 석회조, 연와조 또는 이와 유사한 견고한 건물이나 수목의 소유를 목적으로 하는 때에는 30년
> 2. 전호 이외의 건물의 소유를 목적으로 하는 때에는 15년
> 3. 건물 이외의 공작물의 소유를 목적으로 하는 때에는 5년
> ② 전항의 기간보다 단축한 기간을 정한 때에는 전항의 기간까지 연장한다.

(1) 최단 존속기간
   ① 석조, 석회조, 연와조 기타 **견고한 건물** 또는 수목의 소유 목적: **30년**
   ② **그 외의 건물**의 소유 목적: **15년**
   ③ **건물 외 공작물**의 소유 목적: **5년**
(2) 당사자가 이보다 짧게 약정한 경우에는 **법정 최단기간으로 연장**된다.
(3) 최장기간에 대한 제한은 없으며, **영구적인 지상권도 허용**된다.[158]

2. 존속기간을 정하지 않은 경우

> 제281조【존속기간을 약정하지 아니한 지상권】① 계약으로 지상권의 존속기간을 정하지 아니한 때에는 그 기간은 전조의 최단존속기간으로 한다.
> ② 지상권설정당시에 공작물의 종류와 구조를 정하지 아니한 때에는 지상권은 전조 제2호의 건물의 소유를 목적으로 한 것으로 본다.

(1) 계약에 존속기간이 없는 경우에는 **최단 존속기간**으로 본다.
(2) 지상권 설정 당시 **공작물의 종류와 구조를 정하지 않은 경우**에는 **15년**으로 본다.

3. 계약의 갱신 및 갱신청구권

(1) **합의에 의한 갱신**은 가능하나, 법정갱신 규정은 존재하지 않는다.
(2) 지상물이 현존한 상태에서 지상권이 기간 만료로 소멸한 경우, 지상권자는 **계약 갱신을 청구**할 수 있다(제283조 제1항).
(3) 이는 형성권이 아니므로 **지상권설정자의 동의가 있어야 효력 발생**한다.
(4) 설정자가 갱신을 거절한 경우 지상권자는 **지상물의 매수를 청구**할 수 있다(제283조 제2항). 다만, 지상권자가 **지료를 2년 이상 연체**하여 소멸청구를 당한 경우, 매수청구는 허용되지 않는다.[159]

---

158) 대법원 2001.5.29. 선고 99다66410 판결
159) 대법원 1993.6.29. 선고 93다10781 판결

IV. 지상권의 효력

1. 토지사용권

(1) 지상권자는 지상권을 설정한 목적범위 내에서 토지를 사용할 권한을 갖으며, 반대로 지상권설정자는 이를 방해하지 않을 의무를 부담한다. 지상권은 물권으로서 제3자에 대한 대항력이 인정된다.
(2) **토지소유자의 변경**은 지상권의 존속에 아무런 영향을 미치지 않는다.
(3) **토지소유자**는 소극적인 **인용의무**만을 부담하며, 유지·보수의무는 없다.
(4) **지상권자는 필요비는 청구할 수 없고, 유익비는 임차인의 유익비상환청구권이 유추적용**된다.

2. 물권적 청구권

(1) 지상권자는 지상권과 점유권 모두를 갖고 있으며, 침해 시 **물권적 청구권과 점유보호청구권을 행사할 수 있다.**
(2) 예컨대, 제3자가 무단으로 건물을 신축한 경우, **건물철거청구가 가능**하다.[160]

3. 상린관계 규정의 준용

지상권자는 토지를 이용하는 자이므로, **상린관계에 관한 민법 규정이 준용**된다(제290조).

4. 지상권의 양도·임대·담보

> 제282조【지상권의 양도, 임대】 지상권자는 타인에게 그 권리를 양도하거나 그 권리의 존속기간 내에서 그 토지를 임대할 수 있다.

(1) **지상권자는 설정자의 동의 없이 자유롭게 양도, 임대, 저당권 설정이 가능하다**(민법 제282조).[161]
(2) **처분금지특약은 지상권자에게 불리하므로 무효**이다(편면적 강행규정).
(3) 지상물의 소유권만을 유보한 채 지상권을 양도하거나, 반대로 **지상권만을 양도**할 수

---

[160] 대법원 2008.2.15. 선고 2005다47205 판결
[161] 전세권의 경우 설정행위로 양도 또는 담보 제공을 금지할 수 있다(민법 제306조)

있으며, 지상권자와 그 지상물의 소유권자가 반드시 일치할 필요는 없다.162)

V. 지료 및 그 관련 효력

1. 지료의 성격
(1) **지상권의 성립요건은 아니며**, 당사자 약정이 있을 때에만 의무가 발생한다.
(2) 지료는 **등기되어야** 제3자에게 **대항**할 수 있다.

2. 지료증감청구권

> 제286조【지료증감청구권】 지료가 토지에 관한 조세 기타 부담의 증감이나 지가의 변동으로 인하여 상당하지 아니하게 된 때에는 당사자는 그 증감을 청구할 수 있다.

(1) **조세, 지가의 변동 등 사정 변경**이 있는 경우 당사자는 지료의 증감 청구 가능하다.
(2) **형성권**으로서, 청구 시점으로부터 소급하여 효력이 발생한다.

3. 지료연체에 따른 지상권 소멸청구

> 제287조【지상권소멸청구권】 지상권자가 2년 이상의 지료를 지급하지 아니한 때에는 지상권설정자는 지상권의 소멸을 청구할 수 있다.

(1) 지상권자가 **2년 이상 지료를 지급하지 않을 경우**, 설정자는 **지상권의 소멸을 청구**할 수 있다.
(2) 연체금이 **총 2년분 이상이면 족하며, 연속적 2년일 필요는 없다.**
(3) **양도 전·후 연체된 경우, 양수인에 대한 연체기간이 2년분 이상일 때에만 소멸청구 가능**하며, 종전 소유자에 대한 연체기간의 합산을 주장할 수 없다.163)

---

162) 대법원 2006.6.15. 선고 2006다6126,6133 판결
163) 대법원 2001.3.13. 선고 99다17142 판결

VI. 지상권의 소멸

1. 일반적 소멸원인

(1) **존속기간 만료, 지료 2년 연체, 혼동, 지상권 포기, 공용징수, 저당권 실행에 의한 경매** 등
(2) 근저당권 등 담보권 설정의 당사자들이 그 목적 토지 위에 차후 용익권 설정 등으로 **담보가치가 저감하는 것을 막기 위해 채권자 앞으로 지상권을 설정한 경우**(담보지상권), **피담보채권이 변제나 시효로 소멸하면 그 지상권도 부종하여 소멸**한다.[164]

2. 지상권의 소멸 효과

> 제285조【수거의무, 매수청구권】① 지상권이 소멸한 때에는 지상권자는 건물 기타 공작물이나 수목을 수거하여 토지를 원상에 회복하여야 한다.
> ② 전항의 경우에 지상권설정자가 상당한 가액을 제공하여 그 공작물이나 수목의 매수를 청구한 때에는 지상권자는 정당한 이유 없이 이를 거절하지 못한다.
> 제283조【지상권자의 갱신청구권, 매수청구권】① 지상권이 소멸한 경우에 건물 기타 공작물이나 수목이 현존한 때에는 지상권자는 계약의 갱신을 청구할 수 있다.
> ② 지상권설정자가 계약의 갱신을 원하지 아니하는 때에는 지상권자는 상당한 가액으로 전항의 공작물이나 수목의 매수를 청구할 수 있다.

(1) 지상권자는 지상물(건물·수목 등)을 **수거하여 토지를 원상회복**하여야 한다(제285조 제1항).
(2) 지상권설정자는 **상당한 가액을 제공하여 지상물의 매수를 청구**할 수 있으며, **지상권자는 정당한 이유 없이 이를 거절하지 못한다**(제285조 제2항).
(3) 지상물매수청구권은 **형성권**이며, 매수청구 즉시 매매계약이 성립한다.
(4) 지상권자가 **지료연체로 소멸청구를 당한 경우**에는 매수청구권은 인정되지 않는다.[165]
(5) 지상권자는 **유익비의 상환**을 설정자에게 청구할 수 있다.

---

164) 대법원 2011.4.14. 선고 2011다6342 판결
165) 대법원 1993.6.29. 선고 93다10781 판결

VII. 편면적 강행규정

다음에 관한 규정은 **지상권자의 보호를 위한 편면적 강행규정**으로, 이에 반하는 불리한 약정은 **무효**이다(제289조).

(1) 존속기간(제280조, 제281조)
(2) 지상권의 양도, 임대(제282조)
(3) 지상권자의 갱신청구권, 매수청구권(제283조)
(4) 지상권의 갱신과 존속기간(제284조)
(5) 수거의무, 매수청구권(제285조)
(6) 지료증감청구권(제286조)
(7) 지상권소멸청구권(제287조)

VIII. 특수지상권

1. 구분지상권

> 제289조의2【구분지상권】① 지하 또는 지상의 공간은 상하의 범위를 정하여 건물 기타 공작물을 소유하기 위한 지상권의 목적으로 할 수 있다. 이 경우 설정행위로써 지상권의 행사를 위하여 토지의 사용을 제한할 수 있다.
> ② 전항의 규정에 의한 구분지상권은 제3자가 토지를 사용·수익할 권리를 가진 때에도 그 권리자 및 그 권리를 목적으로 하는 권리를 가진자 전원의 승낙이 있으면 이를 설정할 수 있다. 이 경우 토지를 사용·수익할 권리를 가진 제3자는 그 지상권의 행사를 방해하여서는 아니된다.

(1) 의의
① **구분지상권**이란 타인의 토지의 지상 또는 지하의 일정한 공간을 그 <u>상하의 범위를 정하여, 건물 기타 공작물</u>을 소유하기 위한 목적으로 설정하는 **지상권**을 말한다(제289조의2 제1항).
② 이는 기존의 일반적 지상권과 달리, **토지의 전부가 아닌 일정한 층위의 공간만을 대상으로 설정되는 입체적 권리**이다.

(2) 법적 성질 및 특징
① 구분지상권은 **토지의 입체적 이용을 전제로 한 현대적 권리**로, 과학기술의 발달 및 도시공간의 효율적 활용을 위한 제도로서 인정된 것이다.
② **일반 지상권과 마찬가지로 건물이나 공작물의 소유를 위한 권리**라는 점에서 본질적으로 유사하나, 구분지상권은 **토지의 특정 층위(지상 또는 지하)에 한정된 권리**로서, **공간적으로 범위가 제한**된다.
③ <u>수목을 소유하기 위한 목적으로는 구분지상권을 설정할 수 없다</u>는 점에서 일반 지상권과 구별된다.

(3) 성립 요건
① **구분지상권은 설정계약과 등기에 의해 성립**하며, 이때 **토지의 사용 범위를 특정해야 하므로 상하의 범위를 명시하여 등기하여야** 한다.
② **기존에 토지를 사용·수익하고 있는 제3자가 있을 경우**, 그 구분지상권을 설정하려면 **그 제3자 및 그 권리를 목적으로 하는 권리자 전원의 승낙**이 있어야 한다(제289조의2 제2항).

(4) 효과
① 구분지상권이 설정되면, 그 상하 범위에 해당하는 공간에서만 **토지 사용이 가능**하며, 나머지 공간은 토지소유자 또는 이용권자가 그대로 사용할 수 있다.
② **설정행위에 따라 토지소유자의 사용권이 제한될 수 있으며**, 그 내용이 등기된 경우 **제3자에게 대항 가능**하다.
③ **구분지상권자는 기존의 이용권자에게 방해받지 않고 지상권을 행사할 수 있으며**, 이용권자는 그 행사를 방해할 수 없다.
④ 지상권에 관한 민법 규정(제279조 이외)이 준용되며, **상린관계에 관한 규정도 적용**된다.
⑤ **구분지상권자는 해당 공간에 설치한 건물이나 공작물의 소유권을 갖는다**(제256조 단서).

2. 분묘기지권

(1) 의의

① 분묘기지권이란 타인의 토지에 분묘를 설치한 자가, 그 분묘의 기지와 제사를 위한 공간을 사용하기 위해 가지는 지상권 유사의 관습법상 물권이다.
② 이는 **등기를 요하지 않는 물권**으로서, 분묘 자체가 공시기능을 대신한다.

(2) 성립요건

① 다음 세 가지 방식으로 성립할 수 있다.
　(a) 토지소유자의 승낙하에 분묘를 설치한 경우: 명시적 승낙에 따른 약정에 의한 분묘기지권이 성립한다.
　(b) 자기소유의 토지에 분묘를 설치한 자가, 분묘를 이장한다는 특약 없이 토지를 양도한 경우: 관습법상 분묘기지권이 성립한다.
　(c) 토지소유자의 승낙 없이 타인의 토지에 분묘를 설치한 경우라도, 20년간 평온·공연하게 점유한 경우 시효취득 가능하다.[166]
② **봉분이 없는 평장, 암장 상태의 분묘**는 외부에서 분묘로 인식할 수 없으므로, **시효취득이 불가능**하다.
③ 시효취득의 주체는 제사주재자(보통 종손)이며, **방계자손은 취득할 수 없다**. 단, 방계자손은 종손의 권리에 터잡아 사용 가능하다.

(3) 효력

① 분묘기지권은 **기설치된 분묘의 존속과 제사행위를 위한 최소한의 범위 내에서만 행사 가능**하며, 새로운 분묘의 설치(쌍분)[167] 또는 합장(단분)[168] 등은 허용되지 않는다.
② **존속기간은 민법상 지상권 규정이 적용되지 않으며**, 당사자 간 약정이 없는 경우, **분묘가 존속하고 수호·제사가 계속되는 한** 존속한다.
③ **지료에 대한 처리**는 다음과 같다.

---

[166] 대법원 1996.6.14. 선고 96다14036 판결
[167] 대법원 1997.5.23. 선고 95다29086,29093 판결
[168] 대법원 2001.8.21. 선고 2001다28367 판결

ⓐ 약정이 있는 경우 그에 따르고,
ⓑ 자기소유 토지를 양도한 경우 및 시효취득한 경우에는 유상으로 보며,
ⓒ **토지소유자가 지료를 청구한 날부터 지료 지급의무 발생한다.**[169]
④ **지료 2년 이상 연체 시**, 민법 제287조의 유추적용에 따라 **소멸청구 가능**하다.[170]
⑤ **포기 의사표시가 있는 경우에는 점유와 무관하게 소멸**한다.

3. 법정지상권

(1) 의의 및 인정이유

① **법정지상권**이란, 토지와 건물이 동일인의 소유였다가 사후적으로 **소유자가 달라지게 되는 경우**, 건물의 철거를 방지하고 그 존속을 보호하기 위하여 **법률에 의해 당연히 지상권이 성립되는 경우**를 말한다.
② 우리 민법은 토지와 건물을 별개의 부동산으로 취급하므로, **건물이 타인의 토지 위에 있는 경우 반드시 토지에 대한 이용권원**(지상권, 전세권, 임차권 등)이 필요하다.
③ 그런데 이러한 **이용권원 설정 없이 토지·건물 소유자가 분리**되면, 건물은 무단점유 상태가 되어 철거의 위험에 처하게 된다. 이에 **건물소유자의 권익을 보호**하고 건물의 존속을 도모하기 위해 법정지상권이 인정된다.
④ 따라서 **법정지상권은 건물의 철거를 방지하기 위한 강행법규적 제도**이며, 이때 **지상권을 취득하는 자는 항상 건물(또는 입목) 소유자**이다.

(2) 법적 성질

① **강행규정**이므로 당사자 간 특약으로 법정지상권의 성립을 배제할 수 없다.
② 법정지상권은 **당연성립형 권리**로서 건물소유권에 부수하여 발생하며, **별도의 등기 없이도 효력이 발생**한다.

---

169) 대법원 2021.4.29. 선고 2017다228007 전원합의체 판결
170) 대법원 2015.7.23. 선고 2015다206850 판결

(3) 유형별 법정지상권

① 민법 제305조에 따른 법정지상권

> 제305조【건물의 전세권과 법정지상권】대지와 그 지상건물이 동일소유자에게 속한 경우에 건물에 전세권을 설정한 때에는 그 대지소유권의 특별승계인은 전세권설정자(건물소유자)에 대하여 지상권을 설정한 것으로 본다.

(a) 토지와 건물이 **동일한 소유자에게 속하는** 상태에서 **건물에 전세권이 설정**된 경우,
→ 그 후 **토지가 특별승계인에게 이전**되면, 특별승계인은 전세권설정자(건물소유자)에 대해 **지상권을 설정한 것으로 본다.**
(b) 이때 **지상권자가 되는 자는 전세권자가 아니라 전세권설정자인 건물소유자**이다.
(c) 이 제도는 전세권의 존속과 별개로 건물 철거를 막기 위한 안전장치의 의미를 갖는다.

② 민법 제366조에 따른 법정지상권 (저당권의 실행)

> 제366조【법정지상권】저당물의 경매로 인하여 토지와 그 지상건물이 다른 소유자에 속한 경우에는 토지소유자는 건물소유자에 대하여 지상권을 설정한 것으로 본다.

(a) 토지와 건물이 동일인의 소유인 상태에서 토지에 **저당권이 설정되고**,
→ 그 **저당권이 경매로 실행되어 토지와 건물 소유자가 달라지게 된 경우**,
→ **토지소유자는 건물소유자에게 지상권을 설정한 것으로 본다.**
(b) 주요 성립 요건과 판례에 따른 판단 기준은 다음과 같다.
  1) **성립요건**
  - **저당권 설정 당시, 토지와 건물이 동일인의 소유**일 것
  - 저당권이 **경매로 실행**되어 소유권이 분리되었을 것
  - 토지 위에 **건물이 존재**할 것(무허가건물, 미등기건물도 포함됨[171])

---

171) 대법원 2004.6.11. 2004다13533 판결

2) 법정지상권이 부정되는 경우

- 저당권 설정 당시 토지와 건물이 **다른** 소유자였던 경우
- **저당권 설정 후** 건물이 신축된 경우[172]
- **가설건축물**은 일시 사용을 위해 건축되는 구조물로서 설치 당시부터 일정한 존치기간이 지난 후 철거가 예정되어 있어 일반적으로 토지에 정착되어 있다고 볼 수 없어 법정지상권이 인정되지 않는다.[173]
- 동일인 소유의 토지와 그 지상 건물에 관하여 **공동저당권이 설정된 후** 그 건물이 철거되고 다른 건물이 신축된 경우, 저당물의 경매로 인하여 토지와 신축건물이 서로 다른 소유자에게 속하게 된 때에는 법정지상권이 인정되지 않는다.[174]

3) 예외적 성립이 인정되는 경우

- 저당권 설정 당시 **건물 건축이 상당히 진척**되어 외형상 확인이 가능한 경우
- 건물이 **무허가·미등기** 상태였더라도 실재하고 있었던 경우
- **공유자 중 일부**가 토지에 저당권을 설정한 경우에도 공유 건물의 건물소유자에 대해 지상권이 성립

③ **가등기담보 등에 관한 법률 제10조에 따른 법정지상권**

토지와 그 위 건물이 동일한 소유자에게 속한 상태에서,
→ 그 토지나 건물의 소유권을 취득하거나 본등기가 이루어진 경우
→ 건물의 소유를 목적으로 그 토지에 지상권이 설정된 것으로 본다.

④ **입목에 관한 법률 제6조에 따른 법정지상권**

입목의 경매 등으로 인해 **토지와 입목의 소유자가 달라지게 되는 경우**,
→ 토지소유자는 입목소유자에게 지상권을 설정한 것으로 본다.

---

172) 근저당권자가 건물의 신축을 동의했더라도 법정지상권 성립이 부정된다. 토지를 낙찰 받는 제3자로서는 동의 여부를 알 수 없기 때문이다(대법원 2003.9.5. 선고 2003다26051 판결).
173) 대법원 2021.10.28. 선고 2020다224821 판결
174) 대법원 2003.12.18. 선고 98다43601 전원합의체 판결

(4) 효력과 범위
① 법정지상권은 **등기 없이 효력이 발생**하나, 제3자에 대한 대항력을 확보하기 위해 등기할 수 있다.
② 법정지상권의 **이용범위는** 기존 건물의 존치와 이용에 필요한 범위로 **한정**되며, 무제한적 사용은 허용되지 않는다.
③ 법정지상권은 **처분·양도 가능**한 물권이며, 다른 권리(전세권, 저당권 등)의 객체가 될 수 있다.

4. 관습법상 법정지상권

(1) 의의 및 성질
① 관습법상 법정지상권이란, 토지와 건물이 동일인의 소유에 속하였다가, <u>매매·증여·경매 등으로 인해 소유자가 달라진 경우</u>, 당사자 사이에 <u>건물 철거에 관한 특약이 없으면, 건물소유자가 취득하는 지상권</u>을 말한다.
② 이는 판례에 의해 확립된 관습법상의 물권으로서, 우리 법제하에서 건물의 철거를 방지하고 **건물소유자의 이익을 보호**하기 위해 인정된다.
③ 법정지상권에 관한 민법 규정은 강행규정이나, 관습법상 법정지상권은 임의규정이므로, 당사자 사이의 철거 합의가 있는 경우 그 성립은 배제된다.

(2) 성립 요건
① 토지와 건물이 동일인의 소유에 속할 것
 (a) <u>처분 당시</u>(예: 매매 계약 성립 또는 경매 개시 시점)에 **토지와 건물이 동일한 소유자**에게 속해 있어야 한다.
 (b) 반드시 **원시적으로 동일인 소유일 필요는 없고**, 처분 당시만 동일하면 족하다.
 (c) <u>무허가건물, 미등기건물의 경우에도 그 존재가 외형상 확인 가능하다면 인정된다.</u>
② 소유자가 매매·증여·강제경매 등으로 분리될 것
 (a) <u>매매 외에도, **증여, 대물변제, 공유물분할, 강제집행, 공매, 귀속재산 불하** 등도 포함된다</u>(환지, 환매는 불포함).
 (b) 이처럼 **토지와 건물의 소유자가 다르게 되는 법률행위 또는 공권력의 행사**가 요건이 된다.
 (c) 소유자 분리의 시점은,

- 법률행위(매매 등): 소유권이전등기일,
- 강제경매·공매: 압류 또는 가압류의 효력 발생 시[175]
③ **건물 철거 특약이 없을 것**
  (a) 당사자 사이에 건물을 철거하기로 한 명시적 또는 묵시적 합의가 없어야 한다.
  (b) 이 경우 관습법상 법정지상권의 성립은 배제된다.

(3) 등기와 효력
① 등기 없이도 관습법상 법정지상권은 성립한다.
② 그러나 **처분(양도)하는 경우에는 등기를 하여야 효력이 발생**한다(제187조 단서).
③ 관습법상 법정지상권의 내용은 **지상권 규정이 유추 적용**되며,
→ 존속기간은 **약정이 없는 것으로 간주**되어 건물 존속에 필요한 기간으로 해석되고 (제281조),
→ **지료**는 당사자의 협의 또는 법원의 결정에 따른다.

(4) 판례상 인정 여부 및 구체적 사례
① **인정된 사례**
  (a) **공유대지 분할로 인해 건물·토지 소유자가 달라진 경우**
  (b) **토지와 건물이 동일인 소유 상태에서 강제경매로 분리된 경우**
② **불인정된 사례**
  (a) **토지공유자 일부가 자신의 지분만을 처분한 경우**
  → 소유권의 분리가 전체로 이뤄진 것이 아니므로 법정지상권 성립 불인정
  (b) **건물과 토지를 일괄 매수 후 일부만 등기한 경우**
  → 동일인 소유가 전제로 되지 않아 불인정
  (c) **건물 양수인이 등기를 받지 않고 점유만 한 경우**
  → 물권의 이전이 완성되지 않았으므로 인정되지 않음
  (d) **건물만 매수하면서 대지에 대해 임대차계약을 체결한 경우, 지상권을 포기한 것으로 본다.**[176]

---

175) 대법원 2012.10.18. 선고 2010다52140 전원합의체 판결
176) 대법원 1992.10.27. 선고 92다3984 판결

제3절 지역권

I. 의의

> 제291조【지역권의 내용】지역권자는 일정한 목적을 위하여 타인의 토지를 자기 토지의 편익에 이용하는 권리가 있다.

(1) **지역권**이란 일정한 목적을 위하여 <u>타인의 토지를 자기 토지의 편익에 이용하는 권리</u>를 말하며, 이는 민법 제291조에 근거한 **용익물권**이다.
(2) **편익을 제공하는 토지를 승역지**(承役地), **편익을 받는 토지를 요역지**(要役地)라고 한다.
(3) 지역권은 **토지 간의 관계에서 설정되는 물권으로, 사람의 이익이나 편익을 위한 것은 허용되지 않는다.** 즉, 인역권은 인정되지 않는다.
(4) 요역지와 승역지는 반드시 **인접할 필요는 없다.**

II. 성질

1. 지역권의 기본 성질

(1) **점유권이 아니다.**
　① 지역권은 승역지를 일정한 범위 내에서 이용하는 권리일 뿐, **점유를 수반하지 않으며, 반환청구권은 인정되지 않는다.**
　② 다만, 지역권자가 침해를 받았을 경우 **물권적 청구권 중 방해제거청구권과 방해예방청구권**은 행사할 수 있다(제213조).

(2) <u>배타성이 없다.</u>
　① 동일한 승역지에 수 개의 지역권이 설정될 수 있다.
　② 예컨대 여러 요역지의 소유자가 동일한 통로를 공유할 수도 있다.

(3) **유상·무상 모두 가능**
　지역권은 설정 당사자의 약정에 따라 유상 또는 무상으로 설정할 수 있다. 단, 유상으로 설정된 경우라도 **대가지급 약정 자체는 등기할 수 없다.**

(4) 존속기간 제한 없음

민법은 지역권의 존속기간을 제한하고 있지 않으므로, **영구무한의 지역권** 설정도 가능하다(통설·판례).[177]

(5) 토지의 편익에 관한 모든 목적 가능

통행, 용수, 관망, 배수 등 **토지의 사용가치를 높이는 목적이라면 제한 없이 가능**하다.

III. 지역권의 객체

1. 요역지의 요건
(1) 반드시 1필의 토지 전체여야 하며, **일부를 위한 지역권은 인정되지 않는다.**
(2) "토지의 일부를 위한 지역권은 설정할 수 없다"는 의미는 **요역지 일부만을 위한 지역권은 불가**하다는 뜻이다.

2. 승역지의 요건
1필의 전부 또는 일부도 가능하다. 즉, 승역지 일부에 대해 지역권이 성립될 수 있다.

3. 지역권자 및 설정자
(1) **지역권자**가 될 수 있는 자는 요역지의 소유자뿐만 아니라 **지상권자, 전세권자, 임차인** 등도 포함된다.
(2) **지역권설정자**는 승역지의 소유자뿐만 아니라 지상권자나 전세권자도 될 수 있다.

---

[177] 대법원 1980.1.29. 선고 79다1704 판결

IV. 지역권과 유사개념의 비교

1. 상린관계의 주위토지통행권과 구별

구분	지역권	주위토지통행권
법적 성질	**물권** (등기 필요)	**법정채권** (등기 불요)
토지의 위치관계	인접할 필요 없음	**인접**한 경우만 가능
시효취득	가능 (계속·표현 요건)	**시효취득 불가**
이동성	**비이동적 권리**	일정한 사정 변동 시 **이동 가능**

2. 지상권·전세권과의 구별

(1) 지상권·전세권은 특정인이 토지를 사용하며, 그 사용 목적이 정해져 있다.

(2) 지역권은 토지가 다른 토지를 통해 편익을 받는 구조로, 편익의 내용에는 제한이 없다.

V. 지역권의 부종성·수반성·불가분성

1. 부종성 및 수반성

> 제292조【부종성】 ① 지역권은 요역지소유권에 부종하여 이전하며 또는 요역지에 대한 소유권 이외의 권리의 목적이 된다. 그러나 다른 약정이 있는 때에는 그 약정에 의한다.
> ② 지역권은 요역지와 분리하여 양도하거나 다른 권리의 목적으로 하지 못한다.

(1) **지역권은 요역지 소유권에 부종한다.**
  ① 요역지가 이전되면, 등기 없이도 지역권도 이전된다.
  ② 단, 특약이 있는 경우 예외로 하며, 이를 등기하면 제3자에게도 대항 가능하다.

(2) 지역권은 **요역지와 분리하여 양도하거나 저당권 설정 등 목적권으로 삼을 수 없다.**

2. 불가분성

> 제293조【공유관계, 일부양도와 불가분성】① 토지공유자의 1인은 지분에 관하여 그 토지를 위한 지역권 또는 그 토지가 부담한 지역권을 소멸하게 하지 못 한다.
> ② 토지의 분할이나 토지의 일부양도의 경우에는 지역권은 요역지의 각 부분을 위하여 또는 그 승역지의 각 부분에 존속한다. 그러나 지역권이 토지의 일부분에만 관한 것인 때에는 다른 부분에 대하여는 그러하지 아니하다.
> 제295조【취득과 불가분성】① 공유자의 1인이 지역권을 취득한 때에는 다른 공유자도 이를 취득한다.
> ② 점유로 인한 지역권 취득기간의 중단은 지역권을 행사하는 모든 공유자에 대한 사유가 아니면 그 효력이 없다.
> 제296조【소멸시효의 중단, 정지와 불가분성】요역지가 수인의 공유인 경우에 그 1인에 의한 지역권 소멸시효의 중단 또는 정지는 다른 공유자를 위하여 효력이 있다.

(1) **요역지가 공유인 경우, 1인의 소멸시효 중단 등은 다른 공유자에게도 효력**이 있다.
(2) **점유에 의한 취득시효 중단은 모든 공유자에게 해당하지 않으면 무효**이다.
(3) **공유자 1인의 취득은 전체 공유자가 함께 취득한 것으로 본다.**

VI. 지역권의 취득

1. 설정계약과 등기에 의한 취득

원칙적으로 **설정계약과 등기**에 의해 지역권이 성립한다.

2. 유언·양도·상속에 의한 취득

유언에 의한 취득은 등기가 **필요**하나, 양도나 상속은 등기 없이도 효력이 있다.

3. 시효취득 요건

(1) **계속되고 표현된 지역권에 한하여 인정된다.**
　① 요역지 소유자의 비용으로 '**통로를 개설하고 20년간 통행**'하는 등의 **객관적 상태**가 필요하다.

② 단순히 통행했다는 사실이나 승역지 소유자가 통행을 묵인했다는 사실만으로는 부족하다.
(2) 요역지 소유자, 지상권자, 전세권자, 임차인 등만 시효취득이 가능하다.
(3) 요역지의 **불법점유자는 시효취득할 수 없다.**
(4) **등기를 하여야 시효취득 완성**된다. 등기 없이 제3자에게 대항할 수 없다.

4. 손해보상 의무

지역권을 시효취득한 경우, 요역지 소유자가 승역지 소유자가 입은 **손해를 보상**하여야 한다.[178]

VII. 지역권의 효력

1. 지역권자의 권리와 의무

(1) 설정된 범위 내에서 승역지를 이용할 수 있다.
(2) **승역지 이용은 최소한의 손해를 끼치는 방법으로만 가능**하다.
(3) **선순위 지역권이 있는 경우, 후순위 지역권자는 방해해서는 안 된다**(제297조).
(4) 승역지에 설치한 **공작물은 승역지 소유자도 일정한 범위에서 공동 사용 가능**하며, 이익에 비례하여 유지비용을 부담한다(제300조).

2. 승역지소유자의 의무

(1) **부작위 의무**
  지역권자의 행위를 방해하지 않아야 하며, 적극적 의무는 없다.
(2) **공작물 설치의무의 승계**
  약정이 있으면 **특별승계인도 공작물 유지·설치 의무를 부담**한다(제298조).
(3) **위기(委棄)의 의사표시로 의무 면탈 가능**
  승역지 소유자가 일정 부분의 **토지 소유권을 지역권자에게 이전하는 의사표시**를 하면 그 지역권은 **혼동으로 소멸**한다(제299조).

---

178) 대법원 2015. 3. 20 선고 2012다17479 판결

VIII. 지역권의 소멸

1. 일반적 소멸사유
① 요역지 또는 승역지의 멸실
② 존속기간의 만료
③ 계약상 소멸사유 발생
④ 지역권의 포기
⑤ 승역지의 수용
⑥ 혼동

2. 특수한 소멸사유

(1) **승역지의 시효취득**
① 제3자가 승역지를 시효취득하면 **원시취득이므로 지역권은 소멸**한다.
② 단, **지역권을 승인하며 점유한 경우에는 제한부 소유권만 취득**된다.

(2) **소멸시효**
① 지역권도 20년간 행사하지 않으면 소멸시효에 걸린다(제162조 제2항).
② 일부만 행사된 경우, **불행사된 부분만 소멸한다.**

IX. 특수지역권

1. 의의(제302조)
특수지역권이란, 어느 지역 주민들이 **집합체로서 타인의 토지에서 초목, 야생물, 토사 채취, 방목 등을 할 수 있는 권리**를 말한다.

2. 성질
(1) 이는 **인역권의 성격을 가지며 준총유에 해당**한다.
(2) **양도·상속은 불가능**하다.

3. 취득 방식

(1) 계약에 의한 경우는 등기가 필요

(2) 관습에 의한 경우 등기 불요

4. 효력

(1) 공동사용이 가능하며, 구체적 내용은 **관습에 의해 결정**된다.

(2) **침해시 물권적 청구권 행사 가능**

제4절 전세권

I. 전세권의 의의 및 법적 성질

1. 의의

> 제303조【전세권의 내용】① 전세권자는 전세금을 지급하고 타인의 부동산을 점유하여 그 부동산의 용도에 좇아 사용·수익하며, 그 부동산 전부에 대하여 후순위권리자 기타 채권자보다 전세금의 우선변제를 받을 권리가 있다.
> ② 농경지는 전세권의 목적으로 하지 못한다.

(1) **전세권**이란 **전세금을 지급**하고 타인의 부동산을 점유하여 그 용도에 좇아 **사용·수익**하며, 그 부동산에 대하여 후순위권리자나 기타 채권자보다 **우선하여 전세금을 변제받을 수 있는 권리**를 말한다(제303조 제1항).

(2) 전세권은 **등기에 의해 성립하는 물권**으로서, 사용·수익권능을 갖는 **용익물권**이면서, 경매권 및 우선변제권을 갖는 **담보물권적 성격**도 함께 가진다.

(3) 일반적으로 사용하는 '전세'는 대부분 등기 없이 이루어지는 채권적 전세(미등기전세)로, 이는 **임대차계약에 해당하며 민법상 임대차 규정 또는 임대차보호법의 적용을 받는다.**

2. 법적 성질

(1) **타물권성**

① 전세권은 타인 소유의 부동산에 대하여 성립하는 권리로, **부동산 자체에 대한 물권**이다.

② 전세권은 양도·상속·전전세 및 임대가 가능하며, **1필의 토지 또는 1동의 건물 일부에도 설정 가능**하다.

③ 다만, **농경지는 전세권의 목적물이 될 수 없다**(제303조 제2항).

(2) **용익물권성**

① 전세권자는 목적 부동산을 점유하여 **그 용도에 따라 사용·수익할 권리**를 가지며, 이로 인해 **상린관계에 관한 규정**이 준용된다.

② 또한, 전세권에 기한 **물권적 청구권**과 **점유보호청구권**이 인정된다.
③ **배타성**이 있으므로 동일 목적물 위에 복수의 전세권은 설정될 수 없다.

(3) 담보물권성
① 전세권자는 목적물의 경매를 통해 **전세금에 대한 우선변제**를 받을 수 있으며,
② 전세권 설정자가 전세금 반환을 지체할 경우, 전세권자는 **경매청구권**을 행사할 수 있다.
③ 전세권은 담보물권과 마찬가지로 **수반성, 불가분성**을 가진다.
   (a) **수반성**: 전세금 반환청구권과 함께 전세권을 처분하는 것이 원칙이다.
   (b) **불가분성**: 일부 전세금만 남아 있어도 전세권의 효력은 목적물 전체에 미친다.
④ 전세권은 **저당권 등 다른 담보물권과 같은 통유성**을 가진다.

II. 전세권의 성립

1. 성립요건

(1) 전세권 설정계약과 등기
① 전세권은 **설정계약과 등기**에 의하여 성립한다(제186조).
② **목적부동산의 인도는 전세권 성립요건이 아니다.**
③ 관련 판례
   (a) 전세권 설정 당시 **목적물이 인도되지 않았더라도**, 전세권자가 장차 사용할 예정이라면 전세권의 효력은 인정된다.[179]
   (b) 반면, **사용·수익권능을 완전히 배제하고 채권담보 목적만 있는 전세권 설정 등기는 무효**이다.[180]
   (c) 전세권이 용익물권적인 성격과 담보물권적인 성격을 모두 갖추고 있는 점에 비추어 **전세권 존속기간이 시작되기 전에 마친 전세권설정등기**도 특별한 사정이 없는 한 **유효한 것으로 추정**된다..[181]

---

179) 대법원 1995.2.10. 선고 94다18508 판결
180) 대법원 2021.12.30 선고 2018다40235, 40242 판결
181) 대법원 2018. 1. 25 자 2017마1093 결정

(2) 전세금의 지급
① 전세금의 지급은 전세권 성립의 필수요소이며, 이를 **지급하지 않겠다는 특약은 무효**이다.
② 다만, **기존의 채권을 전세금에 갈음**할 수 있으며, 반드시 현실적 수수는 필요하지 않다.[182]
③ 전세금은 **등기되어야 제3자에게 대항**할 수 있다.
④ 전세금은 목적물의 사용대가 성격을 가지며, 전세권자가 부담하는 **손해배상채무 등을 담보하는 보증금**의 의미도 있다.

2. 전세권의 취득원인
(1) 법률행위: **설정계약과 등기에 의한 취득**이 일반적이며, 전세권 양도로도 취득할 수 있다.
(2) 법률의 규정: **상속, 양도, 시효취득** 등도 가능하다.

III. 전세권의 존속기간

> 제312조【전세권의 존속기간】① 전세권의 존속기간은 10년을 넘지 못한다. 당사자의 약정기간이 10년을 넘는 때에는 이를 10년으로 단축한다.
> ② 건물에 대한 전세권의 존속기간을 1년 미만으로 정한 때에는 이를 1년으로 한다.
> ③ 전세권의 설정은 이를 갱신할 수 있다. 그 기간은 갱신한 날로부터 10년을 넘지 못한다.
> ④ 건물의 전세권설정자가 전세권의 존속기간 만료 전 6월부터 1월까지 사이에 전세권자에 대하여 갱신거절의 통지 또는 조건을 변경하지 아니하면 갱신하지 아니한다는 뜻의 통지를 하지 아니한 경우에는 그 기간이 만료된 때에 전전세권과 동일한 조건으로 다시 전세권을 설정한 것으로 본다. 이 경우 전세권의 존속기간은 그 정함이 없는 것으로 본다.
> 제313조【전세권의 소멸통고】전세권의 존속기간을 약정하지 아니한 때에는 각 당사자는 언제든지 상대방에 대하여 전세권의 소멸을 통고할 수 있고 상대방이 이 통고를 받은 날로부터 6월이 경과하면 전세권은 소멸한다.

---

[182] 대법원 1995.2.10. 선고 94다18508 판결

1. 존속기간의 약정이 있는 경우
(1) **최장기**: 전세권의 존속기간은 **10년을 초과할 수 없으며**, 이를 초과한 약정은 10년으로 단축된다(제312조 제1항).
(2) **최단기**: **건물 전세권**에 한해 1년 미만으로 정한 경우에는 **1년으로 본다**(제312조 제2항).
(3) **토지 전세권**에는 최단기 제한이 없다.

2. 존속기간의 약정이 없는 경우
각 당사자는 언제든지 전세권의 **소멸**을 통고할 수 있고, 상대방이 이를 받은 날로부터 **6개월** 경과 시 전세권은 소멸된다(제313조).

3. 전세권의 갱신
(1) **약정갱신**
① 당사자 간의 합의로 갱신이 가능하되, 그 기간은 **갱신일로부터 10년을 넘지 못한다**(제312조 제3항).
② **등기하지 않으면 효력이 발생하지 않는다**(제186조).
(2) 건물 전세권의 **법정갱신(묵시적 갱신)**
① 건물 전세권의 경우, 설정자가 전세권 만료 6개월 전부터 1개월 전까지 **갱신 거절 또는 조건 변경의 통지를 하지 않은 경우**, 전세권은 **종전 조건으로 갱신된 것으로 본다**(제312조 제4항).[183]
② 이 경우 전세금은 종전과 동일하고, **존속기간은 정하지 않은 것으로 본다**.
③ **등기 없이도 갱신의 효력이 발생**하며, 제3자에게도 **대항할 수 있다**(제187조, 판례 참조).

---

[183] 토지 전세권은 법정갱신이 인정되지 않는다.

IV. 전세권의 효력

1. 전세권자의 권리·의무

(1) 사용·수익권의 행사
① 전세권자는 목적물을 점유하여 **계약 또는 목적물의 성질에 따른 용도로 직접 사용·수익할 권리**가 있다. 수익에는 **천연과실 및 법정과실의 수취**가 포함된다.
② 전세권자가 이를 **용도에 어긋나게 사용할 경우**, 전세권설정자는 **전세권의 소멸을 청구하고 원상회복 또는 손해배상을 청구할 수 있다**(제311조).

(2) 목적물의 유지·수선의무

> 제309조【전세권자의 유지, 수선의무】 전세권자는 목적물의 현상을 유지하고 그 통상의 관리에 속한 수선을 하여야 한다.

전세권자는 목적물의 **현상을 유지하고 통상 관리에 속하는 수선을 해야 한다**(제309조). 이에 따라 **필요비 상환청구권은 인정되지 않는다**.

(3) 유익비 상환청구권

> 제310조【전세권자의 상환청구권】 ① 전세권자가 목적물을 개량하기 위하여 지출한 금액 기타 유익비에 관하여는 그 가액의 증가가 현존한 경우에 한하여 소유자의 선택에 좇아 그 지출액이나 증가액의 상환을 청구할 수 있다.
> ② 전항의 경우에 법원은 소유자의 청구에 의하여 상당한 상환기간을 허여할 수 있다.

① **가액의 증가가 현존하는 경우에 한해**, 전세권자는 **지출금액 또는 증가액에 대한 상환을 청구할 수 있다**(제310조 제1항).
② 이때 **소유자가 선택권을 가지며**, 법원은 **상당한 상환기간을 허여할 수 있다**(제310조 제2항).
③ 상환청구권은 채권이며, **전세권자는 목적물에 대해 유치권을 행사할 수 있다**.

(4) 전세금 반환청구권

① 전세권자는 존속기간 만료시 전세권설정자에게 전세금 반환을 청구할 수 있다.

② 전세권설정자가 존속기간 중 부동산을 제3자에게 양도한 경우, **전세금 반환의무는 신소유자에게 이전된다**. 이는 전세권이 물권이므로 소유권 이전에 따라 그 반환의무가 이전된다는 **부종성**이 인정되기 때문이다.

③ 따라서 **신소유자는 전세금 반환의무를 부담하며**, 반면 **전세권설정자는 그 지위를 상실하므로 전세금 반환의무를 면한다**.[184]

(5) 전세금 증감청구권

① **조세·공과금 등의 증감**이나 **경제사정의 변동**으로 인해 전세금이 불균형하게 된 경우, 당사자는 **장래를 향하여 전세금의 증액 또는 감액을 청구할 수 있다**(형성권).

② 다만 **증액청구는 전세금의 20분의 1을 초과할 수 없으며**, 전세권 설정 또는 최근의 증액일부터 **1년 이내에는 청구할 수 없다**(제303조 제2항).

(6) 처분권

전세권은 물권이므로, **전세권자는 설정자의 동의 없이도 자유롭게 양도하거나 담보 제공할 수 있으며**, 전전세 또는 임대도 가능하다. 단, **처분금지 특약은 등기해야 제3자에게 대항할 수 있다**(제306조).

(7) 물권적 청구권 및 상린관계

① 전세권자는 **전세권 자체와 점유권 모두에 기초하여 물권적 청구권을 행사할 수 있다**. 예컨대 **점유회복청구권, 방해제거청구권, 방해예방청구권** 등을 행사할 수 있다.

② 전세권은 토지를 이용하는 물권이므로, **상린관계에 관한 규정**(제216조~제244조)이 **준용된다**(제319조).

2. 전세권의 효력이 미치는 범위

(1) 토지전세권의 경우, **그 종물에도 효력이 미친다**.

(2) 건물전세권의 경우

---

[184] 대법원 2000.6.9. 선고 99다15122 판결

① 타인의 토지에 있는 건물에 전세권을 설정한 때에는 **전세권의 효력은 그 건물의 소유를 목적으로 한 지상권 또는 임차권에도 미친다**(제304조 제1항).

② 이 경우 전세권설정자는 **전세권자의 동의 없이 지상권 또는 임차권을 소멸하게 하는 행위를 하지 못한다**(제304조 제2항).

(3) 법정지상권

① **대지와 건물이 동일인의 소유인 경우**, 건물에 전세권을 설정하면, 대지소유권의 특별승계인은 **전세권설정자에게 지상권을 설정한 것으로 본다**(제305조 제1항).

② 이 경우 대지소유자는 타인에게 **지상권 또는 전세권을 설정하거나 임대할 수 없다**(제305조 제2항).

V. 전세권의 처분

> 제306조【전세권의 양도, 임대 등】전세권자는 전세권을 타인에게 양도 또는 담보로 제공할 수 있고 그 존속기간 내에서 그 목적물을 타인에게 전전세 또는 임대할 수 있다. 그러나 설정행위로 이를 금지한 때에는 그러하지 아니하다.

1. 처분의 자유와 제한

(1) 전세권의 양도 · 전전세 · 담보 제공의 가능성

① **전세권자는 물권자로서 전세권을 자유롭게 처분할 수 있으며**, 이를 타인에게 **양도하거나 저당권의 목적으로 제공할 수 있다**(민법 제306조 본문).

② 또한 전세권자는 **그 존속기간 내에서 전세목적물을 전전세하거나 임대할 수 있다.** 이때 설정자의 사전 동의는 요건이 아니다.

(2) 처분제한 특약의 유효성 및 대항요건

① 전세권의 처분은 **당사자 간 설정행위로써 이를 금지할 수 있다**. 이를 '처분금지특약'이라 하며, **유효하다.**

② 다만 **이 특약의 존재를 제3자에게 주장하기 위해서는 등기하여야 한다.** 따라서 등기가 없는 처분금지특약은 제3자에게 대항할 수 없다.

2. 전세권의 양도

(1) 성립 요건
① **전세권의 양도는 당사자의 합의와 등기를 통해서 효력이 발생한다**(제186조 참조).
② 등기를 완료한 경우에만 **양수인은 전세권설정자에 대하여 권리를 주장할 수 있다**.

(2) 전세권 양수인의 지위
① 전세권 양수인은 **전세권설정자에 대하여 양도인과 동일한 권리와 의무를 가진다**(제307조).
② 따라서 전세금 반환청구권 역시 양수인에게 이전된다.

(3) 전세금반환청구권의 분리양도 문제
① **원칙적으로 전세권은 담보물권적 성격을 가지므로 전세금반환채권과의 분리양도는 허용되지 않는다.** 이는 **전세권의 부종성과 수반성** 때문이다. 그러나 **장래에 전세권이 소멸하는 경우에 전세금반환청구권이 발생할 것을 조건으로 하여 조건부채권의 형태로 양도하는 것은 가능하다.**[185]
② 전세권 존속기간의 경과로 본래의 용익물권적 권능은 소멸하고 담보물권적 권능만 남은 전세권도 그 피담보채권인 전세금반환청구권과 함께 제3자에게 양도할 수 있다.[186]

3. 전세권의 담보제공

(1) 저당권의 설정
① 전세권자는 **자신의 전세권을 저당권의 목적물로 제공할 수 있다**.
② 이 경우 **저당권자는 피담보채권이 변제기에 도달하면 전세권 자체를 경매청구하여 실현할 수 있다.**

(2) 전세권의 소멸과 저당권의 관계
① <u>전세권이 **기간만료로 소멸한 경우**, 전세권 자체는 **말소등기 없이도 소멸되며**, 이에</u>

---

185) 대법원 2002.8.23. 선고 2001다69122 판결
186) 대법원 2005.3.25. 선고 2003다35659 판결

따라 저당권도 당연히 소멸한다.[187]

② 이 경우 **저당권자는 전세금반환청구권을 압류하여 물상대위할 수 있다.** 다만 압류가 이루어지지 않은 경우, 전세권 설정자는 원래 전세권자에게 전세금을 지급하면 된다.

③ 다시 말해, 전세권을 목적으로 한 저당권은 전세권이 소멸하면 그 자체로 소멸하므로, 전세권자에 대한 물상대위가 필요하다.

4. 전전세

(1) 의의 및 성립

① **전전세란 전세권자가 전세목적물의 전부 또는 일부에 대하여 제3자에게 다시 전세권을 설정하는 것**을 말한다.

② 전전세는 **원전세권자와 전전세권자 간의 계약, 전세금 지급, 등기**를 요건으로 성립하며, **원전세권설정자의 동의는 필요하지 않다.**

(2) 전전세의 법적 성격

① 전전세권은 **원전세권에 종속하는 권리로서 그 존속기간, 전세금, 목적물의 범위는 원전세권의 내용을 초과할 수 없다.**

② 전세권이 소멸하면 **전전세권도 당연히 소멸한다.**

(3) 전세권자의 책임 가중

① 전세권자가 전전세를 설정한 경우에는 **불가항력적 사유로 인한 손해에 대하여도 책임을 부담하게 된다**(민법 제308조).

② 이는 임대와 마찬가지로 **전전세하지 않았더라면 면할 수 있었던 손해까지 부담하는 무과실책임**이다.

(4) 전전세권자의 지위

전전세권자는 전세권자와의 관계에서 전세권자로서의 권리를 가지나, **원전세권설정자에 대해서는 권리를 주장할 수 없다.**

---

187) 대법원 1999.9.17. 선고 98다31301 판결

VI. 전세권의 소멸

1. 소멸원인
(1) 일반적 소멸원인
   ① **존속기간의 만료**
   전세권은 그 **존속기간이 만료함으로써 소멸**한다. 이 경우 전세권설정등기의 말소 없이도 **용익물권적 권능은 당연히 소멸**되며, 이후에는 **담보물권적 권능만이 존속**하게 된다.[188]

   ② **전세권자의 포기**
   전세권자는 단독으로 전세권을 포기할 수 있으며, 이는 **물권적 단독행위로서 등기하여야 효력이 발생**한다. 다만, 전세권이 제3자의 권리의 목적인 경우에는 해당 제3자의 동의 없이는 포기할 수 없다.

   ③ **약정소멸사유의 발생**
   당사자 간에 **전세권의 소멸사유를 약정한 경우**, 그 사유가 발생하면 전세권은 소멸한다.

   ④ **혼동**
   전세권자와 전세권설정자의 **지위가 동일인에게 귀속**되는 경우 전세권은 혼동으로 소멸한다.

   ⑤ **공용징수, 소멸시효, 우선하는 저당권의 실행에 의한 경매**
   전세권 목적물이 **공용징수되거나, 소멸시효가 완성된 경우**, 또는 **전세권보다 선순위 저당권의 실행에 의한 경매**가 이루어진 경우에도 전세권은 소멸한다.

(2) 특유한 소멸원인
   ① **목적물의 멸실**

   제314조【불가항력으로 인한 멸실】① 전세권의 목적물의 전부 또는 일부가 불가항력으로 인하여 멸실된 때에는 그 멸실된 부분의 전세권은 소멸한다.
   ② 전항의 일부멸실의 경우에 전세권자가 그 잔존부분으로 전세권의 목적을 달성할 수

---

188) 대법원 2005.3.25. 선고 2003다35659 판결

> 없는 때에는 전세권설정자에 대하여 전세권 전부의 소멸을 통고하고 전세금의 반환을 청구할 수 있다.
>
> **제315조【전세권자의 손해배상책임】** ① 전세권의 목적물의 전부 또는 일부가 전세권자에 책임 있는 사유로 인하여 멸실된 때에는 전세권자는 손해를 배상할 책임이 있다.
> ② 전항의 경우에 전세권설정자는 전세권이 소멸된 후 전세금으로써 손해의 배상에 충당하고 잉여가 있으면 반환하여야 하며 부족이 있으면 다시 청구할 수 있다.

  (a) **불가항력에 의한 멸실**
   - 전세권의 목적물이 **불가항력으로 전부 멸실된 경우**, 전세권은 당연히 소멸하며, 전세권자는 전세권설정자에 대하여 **전세금 반환을 청구할 수 있다.**
   - 목적물이 **일부 멸실된 경우**, 그 **멸실된 부분의 전세권은 소멸**하며, 멸실된 부분의 비율에 따라 전세금도 감액된다.
   - 전세권자가 **잔존부분만으로 목적을 달성할 수 없는 경우**, 전세권자는 **전세권 전부의 소멸을 통고하고 전세금의 반환을 청구할 수 있다**(제314조).

  (b) **전세권자의 귀책사유에 의한 멸실**
   - 전세권자의 책임 있는 사유로 전부가 멸실된 경우 전세권은 소멸하고, **전세권자는 손해배상책임을 진다.** 이 경우 전세권설정자는 **전세금으로 손해를 충당하고 잔여금은 반환**하며, 부족하면 다시 청구할 수 있다(민법 제315조).
   - 일부가 멸실된 경우에도 전세권설정자는 용법 위반을 이유로 **전세권 전부의 소멸을 청구할 수 있으며**, 반대로 **전세권자도 목적 달성이 불가능한 경우 전부의 소멸을 청구할 수 있다.**

② **소멸청구권의 행사**
  - 전세권자가 **정해진 용도에 따라 사용·수익하지 않은 경우**, 전세권설정자는 전세권의 소멸을 청구할 수 있다(제311조 제1항).
  - 이 경우 전세권자는 **원상회복 또는 손해배상 책임**을 진다(제311조 제2항).
  - **소멸청구권은 형성권**으로서, 다수설에 따르면 **등기 없이도 소멸의 효과가 발생**한다.

③ 소멸통고
- 전세권의 **존속기간을 약정하지 않은 경우**, 각 당사자는 언제든지 상대방에게 전세권의 소멸을 통고할 수 있으며, **통고를 받은 날로부터 6개월이 경과하면 전세권은 소멸**한다(제313조).

2. 소멸의 효과

(1) 동시이행관계
- 전세권이 소멸한 경우, 전세권설정자는 전세권자로부터 <u>목적물의 인도와 말소등기에 필요한 서류를 받는 동시에 전세금을 반환</u>하여야 한다(제317조).
- 전세권자가 목적물을 인도했더라도 **말소등기에 필요한 서류를 교부하지 않았다면**, 전세권설정자는 전세금 반환을 거절할 수 있으며, 이 경우 전세권자는 전세금에 대한 **이자 상당액을 청구할 수 없다**.

(2) 원상회복 및 수거권
전세권이 소멸하면 전세권자는 **목적물을 원상회복**하여야 하며, 전세권자가 **부속시킨 물건은 수거할 수 있다**(제316조 제1항 본문).

(3) 부속물매수청구권
① 전세권이 **소멸한 경우**, 전세권설정자는 전세권자에게 **부속물의 매수를 청구할 수 있으며**, 전세권자는 **정당한 사유 없이 이를 거절할 수 없다**(제316조 제1항 단서).
② 반대로 전세권자도 **설정자의 동의를 얻어 부속시킨 물건**이나 **설정자로부터 매수한 물건**에 대해서는 설정자에게 **부속물매수를 청구할 수 있다**(제316조 제2항).
③ 이 권리는 **일방적 의사표시로 계약이 성립되는 형성권**이며, 부속물의 시가 상당 금액을 제공하면 전세권자의 승낙 없이도 매매계약이 성립된다.

3. 전세권자의 경매권과 우선변제권

(1) 경매신청권
① 의의 및 근거
ⓐ 전세권설정자가 <u>전세금 반환을 지체</u>한 경우, 전세권자는 민사집행법의 규정에 따라 <u>**전세목적물의 경매를 신청할 수 있다**</u>(제318조).

ⓑ 이는 전세권이 가지는 **담보물권적 성격**에 근거하며, 전세권자에게 **경매권과 우선변제권**을 인정하는 것이다.

② 경매의 요건 및 절차

ⓐ 경매청구를 위해서는 단순한 전세금 반환기일의 도래만으로는 부족하며, **실제로 반환의 지체**가 있어야 한다.

ⓑ 전세권자는 전세권설정자에 대해 **목적물 인도 및 등기말소에 필요한 서류 교부 의무를 이행제공**해야 하며, **이행지체에 빠뜨려야 한다.**

ⓒ 전세권자가 목적물을 인도하였다 하더라도, 등기 말소에 필요한 서류를 제공하지 않았다면 **동시이행 항변권**이 인정되어 **경매를 신청할 수 없다.** 또한 이 경우 전세금에 대한 이자 상당액도 청구할 수 없다(제317조).

(2) 우선변제권

① 기본 원칙

ⓐ 전세권자는 경매절차에서 매각대금으로부터 **후순위권리자 및 일반채권자보다 우선하여 전세금의 변제를 받을 권리**가 있다(제303조 제1항 후단).

ⓑ 이는 **등기된 물권으로서 전세권이 담보기능을 수행**하는 데서 기인한다.

② 일반채권자와의 관계

전세권자는 일반채권자에 대하여 항상 우선하며, **일반채권자가 전세금보다 먼저 배당받을 수는 없다.**

③ 저당권자와의 관계

ⓐ **전세권과 저당권이 경합**하는 경우, **등기의 선후에 따라 우선순위가 결정**된다.

ⓑ 전세권이 **선순위**이면, 저당권 실행으로 전세권은 소멸하지 않고, **전세권자가 배당요구를 한 경우에만 경매로 소멸**한다(민사집행법 제91조 제4항).

ⓒ 전세권이 **후순위**인 경우에는 저당권 실행으로 전세권이 소멸하고, 이때 우선변제권도 인정되지 않는다.

(3) 부동산 일부에 대한 전세권의 경우

① 건물 일부에 전세권이 설정된 경우, **그 건물 전체에 대해 후순위권리자보다 전세금의 우선변제를 받을 권리**는 인정된다.[189]

② 그러나 <u>전세권의 목적물이 아닌 나머지 부분에 대한 경매신청권은 인정되지 않는</u>

다. 이는 물권의 객체로서의 **독립성과 특정성이 요구**되기 때문이다.

(4) 전전세권자의 경매 및 우선변제권

① 전전세권자도 경매신청권 및 우선변제권을 가지나, 이를 행사하기 위해서는 **다음 요건이 모두 충족되어야 한다.**
  (a) **원전세권이 소멸되어야** 하고,
  (b) **전세권설정자가 원전세금 반환을 지체하고 있을 것.**
② 이 경우에만 전전세권자는 **전세권 목적 부동산의 경매를 청구하고 우선변제를 받**을 수 있다.

---

189) 대법원 1992.3.10 자 91마256,91마257 결정

제6장 담보물권

담보물권은 채권의 담보를 위해 설정되는 제한물권으로, 변제기가 도래했을 때 우선적으로 변제를 받을 수 있다. 본 장에서는 유치권, 저당권, 근저당권 등을 중심으로 그 효력과 실행 방식을 설명한다.

제1절 담보물권 총설

I. 담보물권의 의의 및 종류

1. 담보물권의 의의

채권자 평등의 원칙에 따르면 채무자의 일반재산은 모든 채권자에게 평등하게 변제에 충당되어야 하므로, 단순히 채권만으로는 담보기능이 불충분하다. 이에 **채권자의 채권실현을 확실히 확보하기 위한 수단**으로 담보제도가 발전하였다.

2. 담보의 종류

(1) 인적 담보
① 인적 담보는 채무자의 재산뿐만 아니라 **제3자의 재산까지도 책임재산으로 삼아 채무를 담보**하는 제도이다.
② 대표적인 예로는 **보증채무, 연대채무, 불가분채무**가 있다.
③ 인적 담보는 책임재산의 총량을 늘려 채권회수 가능성을 높이는 장점이 있지만, **채권자 평등 원칙이 적용**되어 우선변제권이 없고, **책임재산이 변동될 위험**이 있다는 단점이 있다.

(2) 물적 담보
① 물적 담보는 채무자나 제3자기 제공한 **특정 재산을 채권 담보의 대상으로 삼아, 채무불이행 시 그 특정 재산으로부터 우선변제를 받을 수 있도록 하는 제도**이다.
② 민법상 전형담보로는 **유치권, 질권, 저당권**이 있으며, 거래상 발달한 비전형담보로

는 **가등기담보, 양도담보, 매도담보** 등이 있다.

③ 물적 담보는 우선변제권을 가진다는 장점이 있지만, **설정절차가 복잡**하다는 단점이 있다.

II. 담보물권의 공통적 성질(통유성)

1. 부종성

① 부종성이란 **담보물권이 피담보채권에 종속**하여 존재하는 성질을 말한다. 따라서 피담보채권이 존재하지 않으면 담보물권도 성립할 수 없다.

② <u>피담보채권이 **소멸하면 담보물권도** 당연히 소멸하며, **말소등기 없이도 소멸**</u>한다.

③ 부종성은 법정담보물권(유치권 등)에서는 엄격하게 적용되나, 약정담보물권(저당권 등)에서는 다소 완화되어 **장래 채권을 위한 담보 제공**이나 **무효등기의 유용**도 허용되는 경우가 있다.

2. 수반성

수반성이란 <u>**피담보채권이 이전되면 담보물권도 함께 이전**</u>되는 성질을 말한다. 이때 담보물권만 단독으로 이전하는 것은 허용되지 않는다.[190]

3. 불가분성

① 불가분성이란 <u>**피담보채권의 전부가 변제될 때까지 담보물 전부에 대해 권리를 행사할 수 있는 성질**</u>을 말한다.

② 즉, **채권 일부가 변제**되더라도 남은 채권이 존재하는 한 담보물 전체에 효력이 미친다.

---

190) 예외적으로 판례는 피담보채권이 이전되더라도 담보물권이 수반하지 않는 특약이 있는 경우에는 채권만 단독으로 양도될 수 있으며, 이 경우 양수인은 무담보채권을 취득하고 담보물권은 소멸한다고 판시하였다(대법원 **1997.11.25.** 선고 **97다29790** 판결).

4. 물상대위성

① 물상대위성이란 **담보물의 멸실, 훼손, 공용징수 등으로 인해 그 물건이 금전 기타 물건으로 대체된 경우에도 담보물권이 그 대체물에까지 효력을 미치는 성질**을 말한다.

② 물상대위는 **우선변제권이 있는 담보물권**(전세권, 저당권, 가등기담보권 등)에만 인정되며, **우선변제권이 없는 유치권에는 인정되지 않는다.**

③ 물상대위의 대상은 **보험금청구권, 손해배상청구권, 수용보상금청구권** 등 가치적 변형물이다.

④ 물상대위를 행사하기 위해서는 **담보물권설정자가 대체물을 수령하기 전에 압류**를 해야 하며, 이는 **제3자의 압류로도 충분**하다.[191]

⑤ 이미 **소유자에게 대체물이 인도된 이후의 압류**는 효력이 없으며, 물상대위를 행사할 수 없다.[192]

---

191) 대법원 1998.9.22. 선고 98다12812 판결
192) 대법원 2015.9.10. 선고 2013다216273 판결

제2절 유치권

I. 유치권의 개념 및 법적 성질

> 제320조【유치권의 내용】① 타인의 물건 또는 유가증권을 점유한 자는 그 물건이나 유가증권에 관하여 생긴 채권이 변제기에 있는 경우에는 변제를 받을 때까지 그 물건 또는 유가증권을 유치할 권리가 있다.
> ② 전항의 규정은 그 점유가 불법행위로 인한 경우에 적용하지 아니한다.

1. 개념

유치권이란 타인의 물건 또는 유가증권을 점유한 자가 **그 물건이나 유가증권에 관하여 생긴 채권이 변제기에 있을 때** 변제를 받을 때까지 이를 유치하여 **간접적으로 변제를 강제**할 수 있는 법정담보물권을 말한다(민법 제320조 제1항).

2. 법적 성질

(1) **법정담보물권**

유치권은 **법률의 규정**에 의해 **당연히 성립**하는 담보물권으로, 당사자 간의 **약정 없이도** 일정한 요건을 갖추면 성립한다.

(2) **물권적 성질**

점유를 요건으로 하며, 점유를 상실하면 유치권도 **소멸**한다. 유치권이 침탈된 경우, 유치권 자체에 기초한 반환청구권은 인정되지 않지만, 점유권에 기한 점유물 반환청구권을 행사할 수 있다.

(3) **담보물권적 성질**

유치권은 담보물권이지만, **우선변제권이 없고**, **물상대위성도 인정되지 않는다**. 다만, 경매를 신청할 수 있는 **경매권은 인정된다**.

(4) **임의규정**

유치권은 법정담보물권이지만 **임의규정이므로 당사자 간 특약으로 배제할 수 있다**. 예를 들어, 건물 임차인이 임대차 종료 시 건물을 원상복구해 명도하기로 약정한 경우, 유치권을 배제한 것으로 본다.

II. 유치권의 성립요건

1. 타인의 물건 또는 유가증권의 점유

(1) 타인의 물건일 것

유치권은 **타인 소유의 동산·부동산·유가증권**이 그 객체가 된다. **자기 소유물**에 대해서는 유치권이 **성립하지 않는다**.

(2) 제3자 소유물도 가능

채무자가 아닌 **제3자 소유의 물건도 유치권의 대상이 될 수 있다.**

(3) 유치권의 목적물이 될 수 없는 경우

- **수급인의 소유물**: 공사대금을 지급받을 때까지 수급인의 재료와 노력으로 건축된 **수급인 소유의 기성부분**에 대하여 유치권이 성립하지 않는다.[193]
- **독립성이 없는 정착물**: 토지 부합물에 불과한 경우 유치권이 **성립하지 않는다**.

2. 목적물과 채권 간 견련성

(1) 의의

유치권이 성립하려면 **채권이 물건 자체와 실질적으로 관련**되어 있어야 한다.

(2) 견련성이 인정되는 예

① **수리비 채권**: 자동차 수리비 등.
② **공사대금 채권**: 건물 신축, 수선공사 대금 등.
③ **필요비·유익비 상환청구권**: 임차인이 지출한 비용.
④ **동일 법률관계·사실관계**: 매매취소로 인한 대금반환과 목적물 반환의무 등.

(3) 견련성이 부정되는 예

① 보증금 반환청구권
② 권리금 반환청구권
③ 지상물 매수청구권에 따른 매매대금채권
④ 부속물 매수청구권에 따른 매매대금채권
⑤ 건축자재 매매대금채권

---

[193] 대법원 1993.3.26. 선고 91다14116 판결

⑥ 명의신탁 해지로 인한 부당이득 반환청구권

3. 채권의 변제기 도래
(1) 유치권은 **변제기 도래**가 성립요건이다.
(2) 변제기가 도래하지 않으면 유치권은 **성립하지 않는다**.
(3) 법원이 **상환유예를 허용한 경우**도 변제기가 도래하지 않았으므로 유치권이 **성립하지 않는다**.

4. 목적물을 점유할 것
(1) 적법한 점유일 것
   불법행위에 의해 점유가 개시된 경우 유치권은 성립하지 않는다.
(2) 점유의 방식
   직접점유든 **간접점유**든 상관없다. 단, **채권자가 간접점유자로서 채무자가 직접점유하는 경우 유치권은 성립하지 않는다.**
(3) 점유가 계속될 것
   점유는 유치권의 **성립과 존속의 요건**이다. 유치권이 성립하기 위해서는 점유를 계속해야한다. 점유를 상실하면 **유치권도 소멸**하지만, **점유물 반환소송을 통해 회복**하면 유치권은 **부활**한다.
(4) 압류와 유치권의 관계
   압류 전 성립한 유치권은 경락인에게도 대항할 수 있다. 압류 후 성립한 유치권은 경락인에게 대항할 수 없다.

5. 유치권 배제 특약의 부존재
유치권은 **당사자 간 특약**으로 배제할 수 있다. 유치권 배제 특약이 존재하면, 요건이 갖추어지더라도 유치권은 **성립하지 않는다**.

III. 유치권의 효력

1. 유치권자의 권리

(1) 목적물을 유치할 권리

① 의의

유치권자는 피담보채권의 **전액 변제**를 받을 때까지 **목적물 전체**에 대하여 유치권을 **행사**할 수 있다. 여기서 **유치**란 채권의 변제를 받을 때까지 <u>점유를 유지하며 인도를 거절</u>하는 것을 의미한다.

② 유치권의 대항력

유치권은 **물권**이므로 채무자뿐만 아니라 **제3자인 목적물의 양수인**이나 **경락인**에게도 대항할 수 있다. 특히, **경매개시결정의 등기 이전**에 이미 성립한 유치권은 경락인에게도 주장할 수 있다.

그러나 **경매개시결정 등기 이후**에 성립한 유치권은 경락인에게 주장할 수 없다.[194]

③ 경락인에 대한 변제청구 불가

유치권자는 경락인에게 목적물의 인도는 거절할 수 있지만, **직접 변제를 청구할 수는 없다**.[195] 다만, 경락인이 유치권자를 상대로 소유권에 기한 인도청구소송을 제기한 경우 법원은 **채권의 변제와 상환으로 인도**할 것을 명령하는 판결을 내린다.

(2) 경매권과 간이변제충당권

> 제322조【경매, 간이변제충당】① 유치권자는 채권의 변제를 받기 위하여 유치물을 경매할 수 있다.
> ② 정당한 이유 있는 때에는 유치권자는 감정인의 평가에 의하여 유치물로 직접 변제에 충당할 것을 법원에 청구할 수 있다. 이 경우에는 유치권자는 미리 채무자에게 통지하여야 한다.

---

[194] 대법원 2011.5.13자 2010마1544 결정, 대법원 2013.6.27. 선고 2011다50165 판결
[195] 대법원 1996.8.23. 선고 95다8713 판결

① 경매권

유치권자는 **자신의 채권을 변제받기 위하여** 유치물을 경매할 수 있다(민법 제322조 제1항). 이 경매는 **단순한 환가**를 위한 것일 뿐 **우선변제권을 인정받는 것은 아니다**. 경매대금은 일반채권자와 **동일한 순위**에서 배당받는다.

다만, 유치권자가 신청하지 않은 **타 채권자의 강제경매나 담보권 실행경매**가 진행된 경우, 매각이 완료되더라도 **유치권은 소멸하지 않는다**.

② 간이변제충당권

유치권자는 **정당한 이유**가 있는 경우, 감정인의 평가에 따라 유치물을 **직접 변제에 충당**할 것을 법원에 청구할 수 있다(민법 제322조 제2항).

이 경우 **미리 채무자에게 통지**해야 하며, 법원이 이를 허가하면 **유치물의 소유권을 취득**하게 된다. 만약 평가금액이 채권액을 초과하는 경우 **차액을 반환**해야 한다.

(3) 과실수취권

유치권자는 유치물에서 발생한 **과실을 수취하여 채권의 변제에 우선 충당**할 수 있다(민법 제323조 제1항). 이 과실은 먼저 **이자**에 충당하고, 잉여가 있으면 **원본**에 충당한다(민법 제323조 제2항).

과실이 **금전이 아닌 경우**에는 이를 **경매**해야 한다.

다만, 유치권자는 과실에 대한 **일반적 수익권**을 갖는 것이 아니라, **자신의 채권변제에만 충당할 권리**가 있을 뿐이다.

(4) 비용상환청구권

제325조【유치권자의 상환청구권】① 유치권자가 유치물에 관하여 필요비를 지출한 때에는 소유자에게 그 상환을 청구할 수 있다.
② 유치권자가 유치물에 관하여 유익비를 지출한 때에는 그 가액의 증가가 현존한 경우에 한하여 소유자의 선택에 좇아 그 지출한 금액이나 증가액의 상환을 청구할 수 있다. 그러나 법원은 소유자의 청구에 의하여 상당한 상환기간을 허여할 수 있다.

① 필요비 상환청구권

유치권자가 유치물에 관하여 **필요비를 지출한 경우, 상환기간 없이 즉시 소유자에게**

상환을 청구할 수 있다(민법 제325조 제1항).

② 유익비 상환청구권

유치권자가 유치물에 **유익비**를 지출한 경우, 그 가액의 증가가 **현존할 때**에 한하여 소유자의 선택에 따라 **지출금액 또는 증가액의 상환**을 청구할 수 있다.

이때 법원은 **소유자의 청구**가 있으면 **상환기간을 허여**할 수 있다(민법 제325조 제2항).

(5) 보존을 위한 사용권

> 제324조【유치권자의 선관의무】② 유치권자는 채무자의 승낙 없이 유치물의 사용, 대여 또는 담보제공을 하지 못한다. 그러나 유치물의 보존에 필요한 사용은 그러하지 아니하다.
> ③ 유치권자가 전2항의 규정에 위반한 때에는 채무자는 유치권의 소멸을 청구할 수 있다.

① 유치권자는 **원칙적으로 유치물의 사용이나 수익을 할 수 없다**.
② 그러나 유치물의 **보존에 필요한 사용은 채무자의 승낙 없이도 가능**하다(민법 제324조 제2항 단서).
  예를 들어, **주택을 유치물로 삼은 경우 유치권자가 주거용으로 사용하는 것은 보존을 위한 사용**에 해당하므로 적법하다.
③ 유치권자가 이를 통해 얻은 이익은 **부당이득**에 해당하여 **채무자에게 반환**해야 한다.

2. 유치권자의 의무

(1) 선관주의의무

유치권자는 유치물의 점유에 관하여 **선량한 관리자의 주의의무**를 부담한다(민법 제324조 제1항).

이를 위반하면 **채무자는 손해배상청구나 유치권소멸청구를 할 수 있다**.

(2) 사용금지의무

유치권자는 채무자의 승낙 없이 **유치물을 사용·대여·담보제공**할 수 없다(민법 제324조 제2항 본문).

이를 위반한 경우 채무자는 **유치권소멸청구**를 할 수 있다(민법 제324조 제3항). 다만, 유치권자의 의무위반 사실만으로 소멸하는 것은 아니고, 반드시 **소멸청구가 있어야 소멸**한다.

IV. 유치권의 소멸

> 제326조【피담보채권의 소멸시효】 유치권의 행사는 채권의 소멸시효의 진행에 영향을 미치지 아니한다.
>
> 제327조【타담보제공과 유치권 소멸】 채무자는 상당한 담보를 제공하고 유치권의 소멸을 청구할 수 있다.
>
> 제328조【점유상실과 유치권 소멸】 유치권은 점유의 상실로 인하여 소멸한다.

1. 일반적 소멸사유

(1) **목적물의 멸실, 공용징수, 혼동, 포기** 등 일반적 물권 소멸사유가 발생하면 유치권은 소멸한다.

(2) 유치권은 **피담보채권의 소멸**로 함께 소멸한다. 유치권의 행사는 **채권의 소멸시효 진행에 영향을 미치지 않으므로**, 유치권을 행사하더라도 **채권의 시효는 진행**한다(민법 제326조).

2. 유치권 특유의 소멸사유

(1) **채무자의 소멸청구**

　유치권자가 **의무를 위반**한 경우, 채무자는 **소멸청구**를 통해 유치권을 소멸시킬 수 있다.

(2) **타 담보 제공에 의한 소멸**

　채무자는 **상당한 담보를 제공**하고 유치권의 소멸을 청구할 수 있다(민법 제327조). 이 경우 **유치물의 가치가 채권액보다 적을 때**는 그에 상응하는 담보를 제공하면 충분하다.

(3) **점유의 상실**

　유치권은 **점유를 상실**하면 소멸한다(민법 제328조). 다만, **점유가 침탈된 경우** 1년 내 **점유를 회복하면 소멸하지 않은 것으로 간주**된다.

제3절 저당권

I. 의의

> 제356조【저당권의 내용】저당권자는 채무자 또는 제3자가 점유를 이전하지 아니하고 채무의 담보로 제공한 부동산에 대하여 다른 채권자보다 자기 채권의 우선변제를 받을 권리가 있다.

1. 개념

(1) **저당권**이란 채무자 또는 제3자(물상보증인)가 **점유를 이전하지 않고**, 채무의 담보로 제공한 **부동산**이나 **기타 등기·등록 가능한 재산**에서 **우선변제권**을 갖는 **담보물권**을 말한다(민법 제356조).

(2) 저당권자는 **목적물의 소유권·점유를 취득하지 않으면서** 그 **교환가치**만을 지배한다. 즉, 채권자는 목적물을 경매해 **환가된 금전**에서 우선변제를 받게 되며, **점유를 통한 반환청구권**은 인정되지 않고, **방해제거청구권**이나 **방해예방청구권**은 인정된다.

(3) 저당권은 **부종성, 수반성, 불가분성, 물상대위성** 등 담보물권의 일반적 성질을 가진다.
   ① **부종성**: 피담보채권이 소멸하면 저당권도 소멸한다.
   ② **수반성**: 피담보채권이 양도되면 저당권도 함께 이전된다.
   ③ **불가분성**: 채권 전액 변제 전까지 저당물 전체에 저당권이 미친다.
   ④ **물상대위성**: 저당물이 멸실된 경우, 그 **보험금**이나 **손해배상청구권** 등에도 저당권이 미친다.

2. 저당권과 질권의 구별

(1) 두 제도 모두 **약정담보물권**이라는 점에서 공통되지만, 질권은 주로 **동산**을 인도받아 **점유**하는 데 비해, 저당권은 주로 **부동산**을 대상으로 하며 **등기만으로 성립**하고 **점유이전은 필요 없다**는 점에서 차이가 있다.

3. 사회적 기능

저당권은 채무자의 **소유 및 사용·수익**을 그대로 유지하게 하면서도 채권자에게 **우선변제권**을 보장하므로, 담보 제공자의 경제적 활동을 **저해하지 않으면서** 채권자의 권리를 **보호**할 수 있는 **효율적 담보제도**로 평가된다.

II. 법률행위에 의한 저당권의 성립

1. 성립요건

저당권은 다음 요건을 갖추어야 성립한다.
① **당사자의 약정**
② **저당권의 객체(목적물)**
③ **저당권설정계약**
④ **저당권설정등기**

2. 당사자

(1) **저당권설정자**

① 원칙적으로 **채무자**가 저당권설정자이지만,
② 제3자(물상보증인)도 자신의 재산을 담보로 제공할 수 있다.
   - 예: 아버지가 아들의 채무를 담보하기 위해 자신의 토지에 저당권을 설정하는 경우

(2) **저당권자**

① 원칙적으로 **피담보채권의 채권자**가 저당권자가 된다.
② 예외적으로 **제3자 명의의 저당권등기**도 유효한데,
   - 채권자, 채무자, 제3자 간 **합의**가 있고,
   - **실질적으로 채권이 제3자에게 귀속**되었다고 인정되는 특별한 사정이 있을 때 인정된다.[196]

3. 저당권의 객체(목적물)

(1) **민법상 객체**

① **부동산**(토지, 건물), **지상권, 전세권**

---

[196] 대법원 2000.12.12. 선고 2000다49879 판결

② **지역권, 임차권은 저당권의 객체가 될 수 없다.**

(2) **설정 가능 범위**

토지·건물의 일부에는 저당권을 설정할 수 없으나, **공유지분**에는 설정 가능하다.

(3) **특별법상 객체**

① 등기·등록 가능한 **선박, 자동차, 항공기, 중장비, 광업권, 어업권, 공장재단, 광업재단, 입목** 등이 있다.

② 명인방법만 갖춘 **수목 집단**은 저당권의 객체가 될 수 없다.

4. 저당권설정계약

(1) **물권적 처분행위**로서 **처분권한이 없는 자**가 설정한 저당권은 무효이다.
(2) **종속적 계약**으로서 주된 채권(대개 금전소비대차)을 전제로 한다.
(3) **불요식계약**으로 조건이나 **기한**을 붙일 수 있다.

5. 저당권설정등기

(1) **설정등기를 해야만 저당권이 성립**한다.
(2) 등기가 **불법말소**된 경우 **저당권 자체는 소멸하지 않고**, 회복등기를 통해 권리를 유지할 수 있다. 그러나 **말소된 상태에서 경매절차가 완료**된 경우에는 저당권이 **소멸**한다.

6. 피담보채권

(1) **채권의 종류**

① 저당권에 의해 담보되는 채권은 원칙적으로 **제한 없이** 모든 채권을 담보할 수 있다.
② **금전채권**이 아닌 경우에도 가능하나, **가액을 등기에 명시**해야 한다.

(2) **채권의 범위**

① **단일 채권, 채권 일부, 복수의 채권** 모두 가능하다.
② **장래 성립할 조건부·기한부 채권**도 담보할 수 있다.
③ **최고액**을 정하여 여러 채권을 담보하는 **근저당권** 설정도 가능하다.

III. 법률규정에 의한 저당권의 성립(법정저당권)

1. 개념

법정저당권이란 **당사자의 약정 없이**, 법률 규정에 의해 **당연히 성립**하는 저당권을 말한다. 대표적으로 **토지임대인이 변제기를 경과한 최후 2년분 차임채권**을 담보하기 위해 임차인 소유의 건물을 압류할 때 저당권과 동일한 효력이 있다(민법 제649조).

2. 성립요건

(1) 토지임대인이 변제기를 경과한 **최후 2년의 차임채권**을 담보하려는 것
(2) 임차인이 임차지에 **자신의 소유 건물**을 가지고 있을 것
(3) 토지임대인이 **임차인 소유 건물에 압류등기**를 할 것

3. 성립시기

(1) 법정저당권은 **압류등기가 완료**된 시점에 성립한다.
(2) 기타 법정저당권:

민법 제666조에 따라, **부동산공사수급인이** 보수채권을 담보하기 위해 **도급인에게 저당권설정등기를 청구**할 수 있으며, 이 경우 **등기가 완료**되어야 저당권이 성립한다.

IV. 저당권의 효력 범위와 물상대위

1. 저당권의 효력이 미치는 피담보채권의 범위

> 제360조【피담보채권의 범위】 저당권은 원본, 이자, 위약금, 채무불이행으로 인한 손해배상 및 저당권의 실행비용을 담보한다. 그러나 지연배상에 대하여는 원본의 이행기일을 경과한 후의 1년분에 한하여 저당권을 행사할 수 있다.

(1) 의의

저당권의 **피담보채권 범위**란 채무자가 채무를 불이행할 경우 저당권자가 저당부동산을 경매하여 얻은 <u>**매각대금에서 다른 일반 채권자보다 우선**하여 변제받을 수 있는 **금액의 범위**</u>를 말한다.

(2) 구성요소별 범위

① 원본

ⓐ 원본은 그 **전액**이 피담보채권이 되며, **일부만 담보**하도록 설정할 수도 있다.

ⓑ 원본의 **금액·변제기·지급장소**는 **등기사항**이다.

ⓒ **금전채권이 아닌 경우 그 금전 평가액을 등기**해야 한다.

② 이자

ⓐ **등기된 이자는 무제한 담보**된다.

ⓑ 이율·발생시기·지급시기·지급장소는 **등기사항**이다.

③ 위약금

등기된 위약금에 한하여 담보된다. 이는 **후순위권리자의 예측 가능성**을 보호하기 위한 제한이다.

④ 지연손해배상(지연이자)

ⓐ **원본 이행기일 경과 후 1년분만** 담보된다. 단, 후순위권리자가 없는 경우는 전액 담보된다.

ⓑ 경매 없이 <u>**채무자의 임의 변제**가 이루어지는 경우, **기간 제한 없이 전액 변제**해야 말소청구가 가능</u>하다.

그러나 **물상보증인이나 제3취득자는 1년분만** 변제하면 말소청구가 가능하다.

⑤ 저당권 실행비용

등기하지 않아도 매각대금에서 **우선 변제**받는다.

⑥ 비포함 항목

저당물의 보존비용이나 **저당물 하자로 인한 손해배상청구권**은 **피담보채권에 포함되지 않는다**.

2. 저당권의 효력이 미치는 목적물의 범위

> 제358조【저당권의 효력의 범위】저당권의 효력은 저당부동산에 부합된 물건과 종물에 미친다. 그러나 법률에 특별한 규정 또는 설정행위에 다른 약정이 있으면 그러하지 아니하다.
>
> 제359조【과실에 대한 효력】저당권의 효력은 저당부동산에 대한 압류가 있은 후에 저당권설정자가 그 부동산으로부터 수취한 과실 또는 수취할 수 있는 과실에 미친다. 그

> 러나 저당권자가 그 부동산에 대한 소유권, 지상권 또는 전세권을 취득한 제3자에 대하여는 압류한 사실을 통지한 후가 아니면 이로써 대항하지 못한다

(1) 부합물과 종물

① 저당권은 **설정 전·후 불문**하고 저당부동산에 **부합된 물건과 종물**에 미친다.
   예: 기존 건물에 부합된 **증축 부분도 독립성이 없다면 저당권 효력이 미친다.**
② 다만, **법률 규정이나 약정**이 있는 경우 **효력이 미치지 않는다.**

(2) 종된 권리

① **지상권, 전세권, 임차권 등 건물 소유를 위한 권리도 저당권의 효력이 미친다.**
   예: 건물 경매 시 건물 지상권도 등기 없이 경락인에게 이전된다.
② **집합건물의 전유부분에 설정된 저당권은 대지사용권과 공용부분 지분권에도 미친다.**

(3) 과실

① 원칙적으로 과실에는 미치지 않는다. 그러나 **압류 이후 수취한 과실이나 수취할 수 있는 과실은 저당권의 효력이 미친다.**
② 다만, **제3취득자에게는 압류 사실 통지 후에만 대항 가능**하다.

(4) 효력이 미치지 않는 것

① **저당토지 위의 건물**(별개의 부동산)
② **입목등기된 수목**이나 **명인방법을 갖춘 수목 집단**
③ **담보물과 독립된 물건**(예: 무단 경작한 농작물 등)

3. 물상대위

(1) 의의

저당권은 저당물이 **멸실, 훼손, 공용징수**된 경우 발생하는 **보험금, 손해배상금, 수용보상금** 등 대체물에도 **효력이 미치는 것**을 말한다(민법 제342조).

(2) 행사요건
① **목적물의 멸실, 훼손, 공용징수** 등으로 **대체 가치물**이 존재할 것
예: 화재보험금, 수용보상금
② **지급 또는 인도 전에 압류**할 것
- 금전이 **섞이거나 특정성 상실**을 막기 위함
- 압류는 **제3자**가 해도 무방

(3) 물상대위가 인정되지 않는 경우
매매대금이나 **협의수용 보상금**에는 물상대위가 인정되지 않는다. 이는 공용징수가 아닌 **사법상 계약**이기 때문이다.

(4) 관련 판례
① 저당권자의 미압류로 소유자가 보상금 수령 시
- 소유자는 부당이득 반환의무가 있다.
② 저당권자의 미압류로 제3자가 보상금 수령 시
- 부당이득 반환청구 불가

V. 우선변제의 효력

1. 우선변제적 효력
(1) 의의
저당권자는 피담보채권의 **변제기가 도래**했음에도 변제를 받지 못하면, **경매를 통해 매각대금으로 다른 채권자보다 먼저 변제**받을 수 있다.

(2) 채권회수 방법
① **담보권 실행 경매**
저당권자가 **직접 경매**를 신청해 우선변제 받는 것
② **이미 개시된 집행 참가**
후순위저당권자나 일반채권자 등이 경매신청한 절차에 **참가해 우선순위에 따라 변제**받는 것

③ 일반채권자로서 집행

저당물 외의 채무자 재산에 **강제집행**하거나 **배당 참가**하는 것
- 이때는 **집행권원 필요**

2. 저당권자의 우선순위

(1) 일반채권자와의 관계

① 저당권자는 <u>**일반채권자에 항상 우선**</u>한다. 단, 다음은 저당권보다 우선한다.

(a) 소액임차인의 최우선변제권(주택·상가임대차보호법)

(b) 저당물 자체에 부과된 국세

(c) 근로자의 최종 3개월 임금·3년간 퇴직금·재해보상금

(d) 제3취득자의 비용상환청구권

(2) 다른 물권자와의 관계

① 저당권 상호 간
- **등기의 선후**로 우선순위 결정
- 선순위 소멸 시 **후순위가 승진**

② 전세권과의 관계
- **설정등기의 선후**로 결정

③ 유치권과의 관계
- 유치권은 우선변제권 **없음**, 저당권과 **순위문제 없음**

(3) 선순위 가압류와 후순위 저당권의 관계

<u>**서로 동순위로 안분배당**</u>한다. **저당권자**는 가압류채권자에게 우선할 수 없고, **가압류채권자**도 저당권자에게 우선할 수 없기 때문이다.[197]

---

197) 대법원 1994.11.29자 94마417 결정

VI. 저당권과 용익관계

1. 저당권 설정 후 용익권이 설정된 경우
(1) 원칙
① 저당권이 먼저 설정된 후 지상권, 전세권, 지역권, 등기된 임차권 등 용익권이 설정된 경우, 용익권자는 저당권 실행 전까지는 용익 가능하지만, 저당권이 실행(경매)되면 경락인에게 대항할 수 없으며 소멸하게 된다.
② 이 경우 경락인은 용익권이 없는 소유권을 취득하게 된다.

(2) 판단 기준
저당권 실행 시 소멸 여부는 경매 신청 저당권자와 용익권 간의 우열이 아니라 최선순위 저당권과 용익권 간의 우열에 의해 결정된다.

2. 용익권 설정 후 저당권이 설정된 경우
(1) 원칙
① 용익권이 먼저 설정된 경우, 저당권이 후에 설정되어 실행(경매)되더라도 경락인에게 대항할 수 있다.
따라서 지상권, 전세권, 지역권, 등기된 임차권 등은 경락으로 소멸하지 않는다.
(2) 예외 – 전세권의 소멸 가능성
전세권자는 자신의 선택에 따라 배당요구를 할 수 있으며, 배당요구를 한 경우 전세권은 소멸하고 배당 순위에 따라 변제를 받는다.

3. 실무적 판단 기준
(1) 저당권 설정 전 용익권 성립 여부를 등기일자 또는 대항요건 성립 시기를 기준으로 판단
(2) 최선순위 저당권과 용익권의 선후가 실질적 판단 기준
(3) 전세권자는 배당요구 여부에 따라
  – 배당요구 없이 존속하거나
  – 배당요구로 소멸하게 된다.

VII. 일괄경매청구권

> 제365조【저당지상의 건물에 대한 경매청구권】 토지를 목적으로 저당권을 설정한 후 그 설정자가 그 토지에 건물을 축조한 때에는 저당권자는 토지와 함께 그 건물에 대하여도 경매를 청구할 수 있다. 그러나 그 건물의 경매대가에 대하여는 우선변제를 받을 권리가 없다.

1. 의의

(1) 일괄경매청구권이란 **토지를 목적으로 저당권을 설정한 후, 저당권설정자가 그 토지에 건물을 신축한 경우, 저당권자가 토지와 함께 그 건물까지 일괄하여 경매를 청구할 수 있는 권리**를 말한다(민법 제365조).

(2) 이는 저당권설정 당시 **나대지**였던 토지에 저당권이 설정된 이후 건물이 신축된 경우, **법정지상권이 인정되지 않으므로** 경락인이 **건물 철거를 강제**할 수 있게 되는 **사회적·경제적 손실**을 방지하기 위해 인정된다.

2. 요건

(1) **저당권설정 당시 토지에 건물이 없을 것**

　나대지 상태여야 하며, 이미 건물이 있었다면 **법정지상권**이 문제될 뿐 **일괄경매청구권은 인정되지 않는다**.

(2) **토지와 건물의 소유자가 동일인일 것**

　저당권설정자가 신축하여 **직접 소유**하고 있어야하며, **제3자가 신축한 건물인 경우**나 저당권설정자가 신축 후 **제3자에게 양도**한 경우 일괄경매청구권이 **불인정**된다.

(3) **저당권자의 선택권**

　일괄경매청구권은 **의무가 아닌 권리**로서 **저당권자가 선택**할 수 있다. 토지만 경매할 수도 있고, **토지와 건물을 함께 경매**할 수도 있다.

3. 효과

(1) 일괄경매를 신청한 경우
① 경매법원은 **토지와 건물을 동일인에게 경락**시켜야 한다.
② 그러나 토지저당권의 효력은 건물에는 미치지 않으므로,
- 저당권자는 건물의 경매대가에 대해서는 우선변제를 받을 수 없다.

(2) 토지만 경매한 경우
건물은 철거될 위험이 있다. 경락인은 건물 소유자에게 철거를 청구할 수 있다.

(3) 과잉경매 문제 없음
토지만으로 충분히 변제받을 수 있다 하더라도, 저당권자는 건물까지 일괄경매를 청구할 수 있으며, 이는 과잉경매로 간주되지 않는다.

4. 일괄경매청구권 인정여부 정리

구분	일괄경매청구권 인정 여부
저당권 설정 당시 나대지	인정
저당권 설정 당시 건물 존재	불인정 (법정지상권 문제됨)
저당권설정자가 신축하여 소유	인정
제3자가 신축한 건물	불인정
저당권설정자가 신축 후 제3자에게 양도	불인정
용익권자가 신축 후 설정자가 소유권 취득	인정

VIII. 제3취득자의 지위

제363조【저당권자의 경매청구권, 경매인】② 저당물의 소유권을 취득한 제3자도 경매인이 될 수 있다.
제364조【제3취득자의 변제】저당부동산에 대하여 소유권, 지상권 또는 전세권을 취득한 제3자는 저당권자에게 그 부동산으로 담보된 채권을 변제하고 저당권의 소멸을 청구할 수 있다.

> 제367조【제3취득자의 비용상환청구권】 저당물의 제3취득자가 그 부동산의 보존, 개량을 위하여 필요비 또는 유익비를 지출한 때에는 제203조 제1항, 제2항의 규정에 의하여 저당물의 경매대가에서 우선상환을 받을 수 있다.

1. 의의

(1) 제3취득자란

저당권이 설정된 이후에 소유권이나 지상권, 전세권과 같은 용익권을 새롭게 취득한 자를 말한다.

(2) 해당하지 않는 자

후순위 저당권자는 제3취득자에 해당하지 않는다.

2. 제3취득자의 보호 필요성

저당권이 실행되면 제3취득자는 소유권이나 용익권을 잃을 위험이 있다. 따라서 민법은 제3취득자 보호 규정을 두고 있다.

3. 민법상 제3취득자의 보호 규정

(1) 경매인(경락인)이 될 수 있는 권리

제3취득자는 경매절차에서 경락인이 될 수 있다(제363조 제2항).

(2) 대위변제권

제3취득자는 저당권자에게 피담보채권을 변제하고 저당권의 소멸을 청구할 수 있다(제364조).

① 채무자 의사에 반해도 변제 가능
   - 제3취득자는 이해관계 있는 제3자이므로 채무자 동의 없이도 변제할 수 있다.

② 변제 범위
   - **원본, 이자, 위약금, 실행비용**만 변제하면 되고 지연배상(지연이자)은 **1년분만** 변제하면 충분하다.
   - 근저당권의 경우 **채권최고액 범위** 내에서만 변제하면 된다.

③ 변제 시기
   - 변제기 도래 후에만 변제 가능하다.

④ 구상권 인정
- 변제한 제3취득자는 **채무자에게 구상권**을 가지며, 법정대위에 의해 **저당권을 승계받는다**(제482조 제1항).

(3) 비용상환청구권

제3취득자가 **필요비나 유익비를 지출**한 경우, **저당물 경매대금에서 우선변제를 받을 권리가 있다**(제367조). 그러나 **물상보증인이나 저당권설정자**가 지출한 비용에 대해서는 우선변제를 청구할 수 없다.

(4) 담보책임 추궁권

제3취득자가 **저당권 실행으로 권리를 상실**한 경우, 매도인에게 **담보책임**(제576조)을 물을 수 있다.

① **계약 해제권**
- 저당권 실행으로 **소유권을 잃은 경우, 계약 해제** 가능
② **출재 상환청구권**
- 출재로 **소유권을 보존**한 경우 **상환 청구** 가능
③ **손해배상청구권**
- **손해 발생 시 손해배상** 청구 가능

IX. 저당권 침해에 대한 구제

1. 물권적 청구권

(1) 의의

저당권자가 저당물에 대한 **침해나 침해의 염려가 있는 경우**, **방해제거청구권** 또는 **방해예방청구권**을 행사할 수 있다(민법 제214조, 제370조).

(2) **반환청구 불가**

저당권은 **점유를 수반하지 않는 담보물권**이므로, **반환청구권은 인정되지 않는다.**

(3) **잔존가치와 무관하게 인정**

저당물의 가치가 피담보채권액을 **상회하는 경우라도**, 저당권자는 **물권적 청구권**을 행사할 수 있다.

(4) 등기의 방해 제거 청구

소멸한 선순위저당권 등기가 말소되지 **않은** 경우, 후순위저당권자는 **등기의 말소를 청구**할 수 있다.

2. 손해배상청구권

(1) 의의

저당물에 대한 **침해행위**로 인해 저당권자가 **피담보채권의 만족을 얻지 못한 경우**, **불법행위**를 이유로 손해배상청구를 할 수 있다.

(2) 손해 발생 요건

① **채권의 완전한 만족 불능**

저당물의 잔존가치가 **피담보채권을 초과**하는 경우, 손해가 **발생하지 않았으므로 손해배상청구 불가**.

② **변제기 이전에도 가능**

변제기 이전이라도 **손해가 현실화**되었음을 입증하면 **손해배상청구가 가능**하다.[198]

(3) 저당권등기 불법말소와 손해배상

① **일반적인 불법말소등기**는 존속요건이 아니므로 불법말소되더라도 저당권이 **소멸하지 않으므로 손해가 없다**.

② **말소 상태에서 경매된 경우**

회복등기를 하지 못한 상태에서 경락된 경우, 저당권은 **실질적으로 소멸**하므로 손해가 발생한다. 이 경우, 말소가 없었더라면 배당받을 금액을 **실제로 배당받은 자에게 부당이득반환** 청구가 가능하다.

3. 담보물보충청구권

(1) 의의

저당권설정자의 **책임 있는 사유**로 담보물 가치가 현저히 감소한 경우, 저당권자는 **원상회복** 또는 **상당한 담보 제공**을 청구할 수 있다(제362조).

---

198) 대법원 1998.11.10. 선고 98다34126 판결

(2) 선택적 관계

담보물보충청구권을 행사하면 **손해배상청구권**이나 **즉시변제청구권**을 함께 행사할 수 없다.

4. 즉시변제청구권(기한이익 상실)

(1) 의의

채무자가 **담보를 손상, 감소 또는 멸실**시킨 경우, **기한의 이익을 상실**하게 된다.

(2) 효과

저당권자는 **즉시 변제 청구** 또는 **저당권 실행(경매 청구)**를 할 수 있다.

X. 저당권의 처분과 소멸

1. 저당권의 처분

(1) 채권과 저당권의 수반성

① 불가분리 원칙

저당권은 피담보채권과 불가분리의 관계에 있으므로, 저당권 **단독으로 처분하거나 담보로 제공할 수 없다**. 채권과 저당권은 **일체로서 함께 이전**되어야 한다.

② 양도의 요건

저당권의 양도는 **채권과 저당권의 양도 합의, 저당권이전등기**를 통해 이루어진다.

③ 물상보증인이나 채무자의 동의 불필요

저당권 양도는 저당권자와 양수인 간의 합의만으로 가능하며, **채무자나 물상보증인의 동의는 필요 없다**.[199]

(2) 채권 소멸 후 저당권 이전등기의 효력

① 채무 변제 시 저당권 소멸

채권이 소멸하면 부종성에 따라 **저당권도 당연히 소멸**하며, 말소등기를 하지 않았더라도 **저당권은 존재하지 않는다**.

---

[199] 대법원 1994.9.27. 선고 94다23975 판결

② 무효인 저당권 이전등기

이미 <u>소멸한 저당권에 대한 이전등기는 무효</u>이며, 양수인은 저당권을 취득할 수 없다.

2. 저당권의 소멸

(1) 일반적 소멸사유

① 채무의 변제

채무자나 제3취득자가 **채무를 변제**하면, 저당권은 **부종성에 의해 소멸**한다.

② 피담보채권의 시효 완성

피담보채권이 **시효 완성**으로 소멸하면, 저당권도 **부종성에 의해 소멸**한다.

다만, 저당권만 단독으로 소멸시효에 걸리지는 않는다.

③ 지상권·전세권의 소멸

저당권의 목적물이 **지상권이나 전세권**일 경우, 그 **지상권 또는 전세권이 기간만료** 등으로 소멸하면 저당권도 **당연히 소멸**한다.

④ 경매나 혼동으로 인한 소멸

경매절차에서 **저당권이 실행**되면 저당권은 **소멸**한다.

채무자와 저당권자의 동일인화(혼동)로 인해 **저당권이 소멸**할 수 있다.

(2) 소유권이 이전된 경우 말소청구 주체

① 현 소유자의 말소청구권

저당권 설정 후 소유권이 이전된 경우, **현 소유자는 자신의 소유권을 근거로** 피담보채무의 소멸을 원인으로 **저당권 말소를 청구**할 수 있다.

② 종전 소유자의 말소청구권

종전 소유자도 저당권자에게 **피담보채무의 소멸을 이유로 하여 그 근저당권설정등기의 말소를 청구**할 수 있다.[200]

---

200) 대법원 1994.1.25. 선고 93다16338 전원합의체 판결

XI. 공동저당

1. 의의 및 법적 성질
(1) **공동저당**이란 **동일한 채권을 담보하기 위하여 수개의 부동산에 각각 저당권을 설정**하는 것을 말한다.
(2) 공동저당은 수개의 부동산에 각각 독립된 저당권이 성립하나, **동일한 피담보채권을 공통으로 담보**한다는 점에서 그 법률관계에 일정한 연관성이 있다.
(3) 공동저당은 **위험분산**과 **담보가치 확대**의 효과가 있으며, 채권자와 채무자 모두에게 유리한 제도이다.

2. 공동저당의 성립 요건
(1) **설정계약**
   동일한 채권을 담보하기 위해 수개의 부동산에 저당권이 설정되면 공동저당이 성립한다. 설정 시기는 동일할 필요가 없고, 추가담보로 나중에 설정해도 무방하며, 소유자가 서로 달라도 가능하다.

(2) **등기**
   각 부동산에 별도로 저당권설정등기를 해야 하며, 각 부동산이 공동담보 목적임을 등기부에 기록해야 한다.
   목적 부동산이 5개 이상인 경우, 공동담보목록을 작성해야 한다.

3. 공동저당의 효력

> 제368조【공동저당과 대가의 배당, 차순위자의 대위】① 동일한 채권의 담보로 수개의 부동산에 저당권을 설정한 경우에 그 부동산의 경매대가를 동시에 배당하는 때에는 각 부동산의 경매대가에 비례하여 그 채권의 분담을 정한다.
> ② 전항의 저당부동산 중 일부의 경매대가를 먼저 배당하는 경우에는 그 대가에서 그 채권 전부의 변제를 받을 수 있다. 이 경우에 그 경매한 부동산의 차순위저당권자는 선순위저당권자가 전항의 규정에 의하여 다른 부동산의 경매대가에서 변제를 받을 수 있는 금액의 한도에서 선순위자를 대위하여 저당권을 행사할 수 있다.

(1) 동시배당의 경우(민법 제368조 제1항)
① 의의

공동저당의 목적부동산이 동시에 경매되고 그 **대가를 동시에 배당**하는 경우, **각 부동산의 경매대가에 비례하여 채권의 분담**을 정한다.

② 적용 범위

후순위저당권자의 존재 여부와 관계없이 적용된다.

③ 예시

A가 소유한 X와 Y 토지에 공동저당 B(3억), X에 저당 C(3억), Y에 저당 D(2억)가 설정된 경우
- X의 경매대가 4억 → B는 2억, C는 2억
- Y의 경매대가 2억 → B는 1억, D는 1억

(2) 이시배당의 경우(민법 제368조 제2항)
① 의의

공동저당의 목적물 **일부만 먼저 경매된 경우**, 공동저당권자는 그 경매대가에서 채권 전액을 변제받을 수 있다.

② **차순위저당권자의 대위**

후순위저당권자는 **선순위 공동저당권자가 다른 부동산의 경매대가에서 변제를 받을 수 있는 금액의 한도**에서 대위하여 저당권을 행사할 수 있다.

③ 예시

A 소유 X와 Y 토지에 공동저당 B(4억), X에 저당 C(3억)가 설정된 경우
- X의 경매대가 4억 → X만 먼저 경매되어 4억 전액 B가 배당받으면,
- Y의 경매대가 4억 → C는 B를 대위하여 Y의 경매대가에서 2억을 우선 배당받을 수 있다.

4. 채무자 소유 부동산과 물상보증인 소유 부동산의 관계
(1) 동시배당의 경우

먼저 채무자 소유의 부동산 경매대가에서 우선 배당하고, 부족분에 한해 물상보증인 소유 부동산의 경매대가에서 추가 배당을 받을 수 있다.

(2) 이시배당의 경우

채무자 소유 부동산이 먼저 경매되면, 후순위저당권자는 물상보증인 소유 부동산에 대위권을 행사할 수 없다.

반대로, **물상보증인 소유 부동산이 먼저 경매되어** 선순위저당권자에게 배당된 경우, **물상보증인은 채무자 소유 부동산의 선순위 저당권을 대위취득**할 수 있으며, 그 부동산의 후순위저당권자는 대위취득된 저당권에 물상대위를 통해 우선변제를 받을 수 있다.

XII. 근저당권

> 제357조【근저당】 ① 저당권은 그 담보할 채무의 최고액만을 정하고 채무의 확정을 장래에 보류하여 이를 설정할 수 있다. 이 경우에는 그 확정될 때까지의 채무의 소멸 또는 이전은 저당권에 영향을 미치지 아니한다.
> ② 전항의 경우에는 채무의 이자는 최고액 중에 산입한 것으로 본다.

1. 의의

근저당권이란 은행, 상인, 도매상과 소매상 간의 **계속적 거래관계**로부터 발생하는 **장래의 불특정 다수 채권을 일정한 최고액의 한도** 내에서 담보하기 위해 설정하는 **특수한 저당권**이다.

2. 피담보채권의 특성

(1) 불특정성

근저당권은 **특정한 채권이 아닌** 장래 발생할 불특정 다수의 **채권을 담보**한다.

(2) 부종성 완화

일반 저당권과 달리, **일시적으로 채무가 소멸하더라도** 근저당권은 **소멸하지 않으며**, 동일성을 유지하면서 **다시 발생하는 채권도 담보**한다.

(3) 채무와 채무자의 변경 가능

확정 전에는 **채무의 범위나 채무자 변경이 가능**하다.

3. 근저당권의 성립

(1) 설정계약

근저당권의 **당사자**는 근저당권자(채권자)와 근저당권설정자(채무자 또는 물상보증인)이다.

(2) 근저당권설정등기

① 필수적 등기사항:
- <u>근저당권 설정의 취지</u>
- <u>채권최고액</u>
- 채무자의 표시

② 임의적 등기사항:
- 존속기간 및 결산기
- 등기하면 **대항력** 발생
- 등기하지 않으면 **제한 없음**

4. 근저당권의 효력

(1) 최고액의 범위

근저당권의 효력은 **최고액의 한도** 내에서 미치며, 이를 <u>우선변제 받을 수 있는 최대 한도액</u>으로 이해한다.

(2) 피담보채권의 범위
- <u>원본, 이자, 위약금, 지연손해금 포함</u>
- <u>지연이자도</u> 1년분 제한 없이 **최고액 한도 내에서 전액 담보**
- 실행비용은 최고액과 별도로 최우선 변제

5. 피담보채권의 확정시기

(1) 확정 사유
- <u>존속기간</u>이나 <u>결산기 도래</u>
- 근저당권 설정계약 해지
- 거래관계 종료
- 채무자의 파산

- 경매 신청
(2) 경매에 의한 확정
- **근저당권자가 경매신청** → **신청 시 확정**
- **후순위 근저당권자가 경매신청** → **경락대금 완납 시 확정**
(3) 해지권
존속기간이나 결산기 미정 시 근저당권 설정자 및 제3취득자는 **언제든 해지 가능**

6. 피담보채권 확정의 효과
(1) 일반 저당권으로 전환
확정되면 근저당권은 **일반 저당권**과 동일하게 취급되며, 이후 발생하는 채권은 **담보되지 않음**.
(2) 최고액 초과 여부에 따른 변제 범위
- **채무자는 확정된 채권 전액 변제**해야 말소청구 가능
- **물상보증인 및 제3취득자는 최고액까지만 변제**하면 말소청구 가능

7. 근저당권의 양도
- **확정 후**: 피담보채권과 함께 **양도 가능**
- **확정 전**: 원칙적으로 **양도 불가**
  (계속적 신뢰관계의 승계가 없는 경우 불가)

8. 근저당권의 소멸
(1) 일반적 소멸 원인
- **채무 변제**
- **시효 완성**
- **경매나 혼동** 등
(2) 당사자 합의
당사자 간 합의로 **소멸 가능**
(3) 소유권 이전과 말소청구

- 현 소유자는 소유권에 기한 말소청구 가능
- 설정자(종전 소유자)도 계약상의 권리로 말소청구 가능

제3편

채권법

제3편 채권법

채권법은 특정한 사람 간의 법률관계에서 발생하는 청구권을 규율하는 영역이다. 계약의 성립, 계약의 효력, 계약의 해제·해지, 매매, 교환, 임대차 등을 학습한다.

제1장 계약법 총론

계약법 총론에서는 계약의 성립, 효력, 해제·해지 등 일반원칙을 다룬다. 계약자유의 원칙과 그 제한, 그리고 의무의 이행 방식 등을 통해 채권관계의 기본 구조를 이해할 수 있다.

제1절 계약법 서론

I. 계약의 개념

1. 광의의 계약

광의의 계약이란 **사법상 법률효과의 발생시키기 위한 2인 이상의 당사자 간의 의사의 합치**, 즉 합의에 의해 성립하는 법률행위를 말한다. 여기에는 **채권계약, 물권계약, 가족법상 계약** 등이 포함된다.

2. 협의의 계약

협의의 계약은 광의의 계약 중에서도 **채권의 발생을 목적으로 하는 계약**, 즉 복수의 당사자가 서로 대립하는 의사표시를 하여 성립되는 **채권계약**을 의미한다. 실무상 통상 '계약'이라 하면 협의의 계약을 의미한다.

II. 계약자유의 원칙과 그 제한

1. 계약자유의 원칙
(1) 의의

계약자유의 원칙은 **사적 자치의 원칙**에 기초한 것으로, **개인이 자유롭게 상대방과 계약을 체결하고 그 내용을 정할 수 있으며, 국가는 개입하지 않는다**는 이념을 기반으로 한다. 이는 **법률행위 자유의 원칙**으로도 불리며, 소유권 절대의 원칙 및 과실책임주의와 함께 민법의 기본 이념을 구성한다.

(2) 내용
① **계약체결의 자유**: 계약을 체결할 것인지의 여부를 당사자가 자유롭게 결정할 수 있는 권리이다. 이는 청약과 승낙의 자유를 포함한다.
② **상대방 선택의 자유**: 계약 상대방을 누구로 정할 것인지 자유롭게 결정할 수 있다.
③ **내용 결정의 자유**: 계약 내용은 당사자의 자유로운 협의를 통해 정할 수 있으며, 후에 이를 변경하거나 보충할 자유도 포함된다.
④ **방식의 자유**: 계약의 성립에는 원칙적으로 일정한 방식이 요구되지 않으며, **당사자의 의사의 합치만으로 성립**한다(요식계약 제외).

2. 계약자유의 원칙의 제한
(1) 계약체결의 자유에 대한 제한
공익적 목적에 따라 계약체결의 자유는 제한될 수 있다.
① **공법상 체약강제**: 전기·수도·가스 등의 공공 서비스 제공자는 정당한 사유 없이 급부를 거절할 수 없다.
② **사법상 체약강제**: 지상물·부속물매수청구권(민법 제283조, 제285조, 제316조 등)과 같이 **상대방의 승낙 거절이 법적으로 허용되지 않는 경우**가 있다.

(2) 상대방 선택의 자유 제한
성별, 노조 가입 여부 등에 따른 차별은 허용되지 않는다. 예: 「남녀고용평등법」, 「노동조합 및 노동관계조정법」.

(3) 내용 결정의 자유 제한
계약 내용이 사회질서에 반하거나(제103조), 불공정하거나(제104조), 강행규정에 위반될 경우 무효가 된다.

(4) 방식의 자유 제한
일부 계약은 특정 방식(서면 등)을 요구하며, 그 방식을 갖추지 않으면 계약의 효력이 부정될 수 있다. 예: 유언의 요식성(민법 제1060조), 농지법상 형식 요건 등.

III. 계약의 종류

1. 전형계약과 비전형계약
민법에 규정된 15가지의 계약을 **전형계약** 또는 **유명계약**이라 하며, 이에 해당하지 않는 계약을 **비전형계약** 또는 **무명계약**이라 한다.
민법상 15종류의 전형계약은 다음과 같다.

계약 명칭	내용	예시
증여	대가 없이 자기 재산을 타인에게 무상으로 이전하는 계약	부모가 자녀에게 부동산을 증여함
매매	**대금을 지급하는 조건으로 재산을 이전하는 계약**	부동산 매매, 자동차 구매
교환	**서로 다른 재산을 맞바꾸는 계약**	토지 교환, 예술품 교환
소비대차	동일한 종류·수량의 물건을 반환하는 조건으로 빌려주는 계약	돈을 빌리고, 같은 금액을 갚음
사용대차	무상으로 빌려주고, 동일한 물건을 반환받는 계약	친구에게 책을 빌려줌
임대차	**사용료(차임)를 받고 일정 기간 물건을 사용하게 하는 계약**	아파트 전·월세 계약
고용	노동을 제공하고, 그 대가로 보수를 지급하는 계약	근로계약, 일용직 근로계약
도급	일을 완성하는 조건으로 보수를 지급하는 계약	건설공사 계약, 소프트웨어 개발 계약
여행계약	여행업자가 여행을 제공하고, 고객이 대금을 지급하는 계약	패키지 여행 계약
현상광고	특정 행위를 하면 보상을 지급하는 계약	범인 신고 포상금, 공모전 상금
위임	타인의 사무를 처리하는 계약	변호사 선임 계약, 부동산 중개 계약
임치	물건을 보관하도록 맡기는 계약	은행 금고 임치, 물류 창고 보관 계약
조합	공동 사업을 위해 자금을 출자하고 수익을 나누는 계약	스타트업 공동 창업 계약
종신정기금	일정 기간 또는 종신토록 정기적으로 금전을 지급하는 계약	연금 지급 계약
화해	분쟁을 해결하기 위해 서로 양보하는 계약	민사소송 중 합의서 체결

2. 유상계약과 무상계약

(1) 의의

대가적 의미가 있는 재산적 출연의 유무에 따라 구분된다.

(2) 예시

① 유상계약: 매매, 교환, 임대차 등
② 무상계약: **증여, 사용대차**

(3) 실익

유상계약에서는 **하자담보책임** 등 **매매에 관한 규정이 준용**된다.

3. 쌍무계약과 편무계약

(1) 의의

계약 성립 당시 **당사자 쌍방이 서로 대가적 의미를 가지는 채무를 부담**하면 쌍무계약, 일방만 채무를 부담하거나 대가성이 없는 경우 편무계약이다.

(2) 예시

① 쌍무계약: **매매, 교환, 임대차, 도급**
② 편무계약: **증여, 사용대차**

(3) 실익

쌍무계약에 한하여 **동시이행의 항변권과 위험부담** 문제가 발생하며, 이는 계약의 해제 등에도 영향을 준다.

4. 낙성계약과 요물계약

(1) 낙성계약

당사자의 합의만으로 성립하는 계약을 말하며, 대부분의 계약이 이에 해당한다.
- 예: 매매, 임대차, 교환, 증여, 사용대차

(2) 요물계약

합의 이외에 **물건의 인도 등 급부가 있어야 성립**하는 계약이다.
- 예: **계약금계약**, 현상광고

5. 일시적 계약과 계속적 계약

(1) **일시적 계약**

1회 급부로 종료되는 계약이다.
- 예: 매매, 교환

(2) **계속적 계약**

일정 기간 급부가 지속되는 계약이다.
- 예: 임대차, 고용

(3) **실익**

일시적 계약은 **해제(소급효)**, 계속적 계약은 **해지(장래효)**로 종료된다.

6. 요식계약과 불요식계약

원칙적으로 계약은 불요식이나, 일부 계약은 특정 형식을 요한다. 전형계약 중 요식계약은 없다.

IV. 약관

1. 의의 및 필요성

(1) **의의**

약관이란 계약의 한쪽 당사자가 **다수의 상대방과 계약을 체결하기 위해 미리 마련한 계약조건**을 말한다(약관규제법 제2조).

(2) **필요성**

거래의 **신속성과 획일성 확보**를 위한 수단이나, **경제적 약자 보호** 필요성으로 인해 1986년 「약관의 규제에 관한 법률」이 제정되었다.

2. 약관의 계약 편입

(1) **계약설**

약관이 계약당사자에게 구속력을 갖는 이유는 그 <u>자체가 법규범이기 때문이 아니라, **당사자가 약관을 계약내용으로 삼기로 명시적·묵시적으로 합의했기 때문**</u>이라는 것이 통설(계약설)이다.

(2) 개별약정 우선

약관과 다른 <u>개별약정이 있는 경우</u>, 그 약정이 우선 적용된다.

2. 약관의 명시 및 설명의무

(1) <u>명시 및 사본교부 의무</u>

사업자는 고객이 약관의 내용을 **쉽게 이해할 수 있도록** 작성하고 교부하여야 한다. 이를 위반한 경우, 약관은 **계약의 내용으로 주장될 수 없다**(약관법 제3조 제4항).

(2) <u>설명의무</u>

사업자는 약관의 중요한 내용을 고객이 **이해할 수 있도록 설명**해야 하며, 이를 이행하지 않으면 해당 조항은 계약의 내용이 될 수 없다.

단, **법령에 규정된 내용** 등은 예외로 한다.

3. 약관의 해석 원칙

(1) 개별약정 우선의 원칙
(2) 신의성실의 원칙
(3) 객관적·통일적 해석 원칙
(4) 작성자 불이익 원칙: 불명확한 조항은 고객에게 유리하게 해석
(5) 축소 해석의 원칙: 사업자에게 유리한 조항은 제한적으로 해석

4. 불공정한 약관조항의 무효

(1) 무효 기준

① 고객에게 부당하게 불리한 조항
② 고객이 **예상하기 어려운** 조항
③ 계약 목적 달성을 **곤란하게 하는** 조항

(2) 일부 무효의 특칙

약관의 일부가 무효인 경우에도 **나머지 조항은 유효**하나, 그 유효한 부분만으로는 **계약 목적 달성이 불가능하거나 불공정한 경우 전체 계약은 무효**가 된다(약관법 제16조).

제2절 계약의 성립

I. 계약성립의 본질: 합의

1. 합의의 의의

계약은 기본적으로 **청약과 승낙이라는 상반된 의사표시의 합치**, 즉 **합의**에 의해 성립한다. 이러한 합의는 다음과 같은 두 측면의 일치를 필요로 한다.

(1) 객관적 합치

이는 **계약의 내용상 일치**를 의미하며, 청약과 승낙의 내용이 구체적으로 일치해야 한다.
① **계약의 본질적·중요사항**에 관하여는 구체적인 의사의 일치가 있거나, 적어도 **장래 특정 가능한 기준과 방법에 대한 합의**가 있어야 한다.
② 예를 들어, **매매계약에서는 목적물과 대금이 확정되어야 하지만**, 사후에라도 이를 **구체적으로 확정할 수 있는 기준과 방법**이 있다면 성립할 수 있다.[201]

(2) 주관적 합치

이는 **계약 상대방에 대한 일치**를 뜻하며, **청약과 승낙이 동일한 상대방 사이에서 이루어져야 한다**. 예컨대 甲이 丁에게 청약했으나 아무 관련 없는 제3자 乙이 승낙한 경우, 이는 계약이 성립하지 않는다.

2. 불합의와 착오의 구별

(1) 불합의

① **의식적 불합의**: 당사자 모두 **불일치를 인식하고 있는 경우**이다.
   - 예: 甲이 乙에게 아파트를 10억에 매도하겠다는 청약을 했으나, 乙이 8억에 매수하겠다고 승낙한 경우.
② **무의식적 불합의(숨은 불합의)**: 당사자 일방 또는 쌍방이 **불일치를 인식하지 못하고 있는 경우**이다.
   - 예: 甲은 A아파트에 대한 계약이라고 생각했으나, 乙은 B아파트에 대한 계약이라고 오해한 경우.

---

[201] 대법원 2003.4.11. 선고 2001다53059 판결

(2) 착오와의 구별
① 불합의는 청약과 승낙이라는 상호 의사표시 간의 불일치이고, 착오는 단일한 의사표시 내에서 의사와 표시가 불일치하는 것으로 표의자가 불일치를 모르는 경우이다.
② 불합의는 계약이 애초에 성립하지 않으므로 무효·취소 문제가 생기지 않지만, 착오의 경우에는 계약이 **성립한 후 취소로 무효가 될 수 있다**.

II. 청약과 승낙에 의한 계약의 성립

1. 청약의 개념과 요건

(1) 청약의 의의
청약이란 상대방의 승낙만 있으면 계약이 성립되는 **구체적·확정적 의사표시**를 말한다. 이는 법률요건이 아닌 **법률사실**로서 효력을 가진다.

(2) 청약의 유인과의 구별
청약의 유인이란 **상대방으로 하여금 청약을 하게끔 유도하는 행위**에 불과하며, 그것만으로는 계약이 성립되지 않는다.
- 예: "내 아파트를 10억에 판다"는 청약이나, "내 아파트를 급매한다"는 청약의 유인이다.

(3) 청약의 상대방
청약은 **특정인뿐 아니라 불특정다수인에 대해서도 가능**하다. 예컨대 자동판매기, 인터넷 쇼핑몰 상품진열 등은 청약으로 본다.

(4) 청약의 효력

> 제527조【계약의 청약의 구속력】계약의 청약은 이를 철회하지 못한다.

① **도달주의**에 따라 청약은 상대방에게 도달한 때에 효력이 발생한다.
② 청약자가 청약 발신 후 **사망하거나 행위능력을 상실하더라도 효력에는 영향이 없다.**
③ 청약은 **도달 전까지는 철회 가능**하지만, 도달 후에는 **청약의 구속력(제527조)에 따**

라 철회할 수 없다.

(5) 승낙기간 경과 시의 효력 소멸

> 제528조【승낙기간을 정한 계약의 청약】① 승낙의 기간을 정한 계약의 청약은 청약자가 그 기간 내에 승낙의 통지를 받지 못한 때에는 그 효력을 잃는다.
> ② 승낙의 통지가 전항의 기간 후에 도달한 경우에 보통 그 기간 내에 도달할 수 있는 발송인 때에는 청약자는 지체 없이 상대방에게 그 연착의 통지를 하여야 한다. 그러나 그 도달 전에 지연의 통지를 발송한 때에는 그러하지 아니하다.
> ③ 청약자가 전항의 통지를 하지 아니한 때에는 승낙의 통지는 연착되지 아니한 것으로 본다.
> 제529조【승낙기간을 정하지 아니한 계약의 청약】 승낙의 기간을 정하지 아니한 계약의 청약은 청약자가 상당한 기간 내에 승낙의 통지를 받지 못한 때에는 그 효력을 잃는다.

① 승낙기간을 정한 경우: 해당 기간 내에 도달하지 않으면 청약은 실효된다(제528조).
② 승낙기간을 정하지 않은 경우: **상당한 기간** 내에 승낙이 도달하지 않으면 실효된다(제529조).

2. 승낙의 개념과 요건

(1) 승낙의 의의

승낙이란 **청약자에 대해 계약을 성립시키기 위한 의사표시**이다. 이는 반드시 **특정 청약자에 대해 행해져야 하며, 불특정 다수에 대한 승낙은 무효**이다.

(2) 승낙의 요건

① 승낙은 청약과 **내용상 일치해야 하며**, 조건을 붙이거나 변경한 승낙은 새로운 청약으로 간주된다(제534조).
② 승낙 여부는 상대방의 자유이므로, **청약자가 일방적으로 "회답 없으면 승낙으로 간주"한다고 명시해도 상대방을 구속하지 않는다.**

(3) 연착된 승낙

> 제529조【승낙기간을 정하지 아니한 계약의 청약】 승낙의 기간을 정하지 아니한 계약의 청약은 청약자가 상당한 기간 내에 승낙의 통지를 받지 못한 때에는 그 효력을 잃는다.
>
> 제530조【연착된 승낙의 효력】 전2조의 경우에 연착된 승낙은 청약자가 이를 새 청약으로 볼 수 있다.

① 승낙이 정해진 기간 내에 도달하지 못한 경우 계약은 성립하지 않는다.
② 다만 청약자가 이를 **새로운 청약으로 간주**하고 다시 승낙하면 계약이 성립한다(제530조).
③ 보통 그 기간 내 도달 가능했던 승낙이 **사고로 인해 지연되었다면**, 청약자는 즉시 연착 통지를 해야 하며, **이를 게을리하면 계약이 성립된 것으로 본다**(제528조 제3항).

3. 계약 성립의 시기

(1) **대화자 간의 계약**: 도달주의에 따라 **승낙이 청약자에게 도달한 때** 계약이 성립한다.
(2) **격지자 간의 계약**: 발신주의에 따라 **승낙의 통지를 발송한 때** 계약이 성립한다.

> 제531조【격지자 간의 계약성립시기】 격지자 간의 계약은 승낙의 통지를 발송한 때에 성립한다.

이에 대해 해제조건설(통설)은 일단 성립하고, 도달하지 않으면 소급하여 무효로 보며, 정지조건설(소수설)은 도달해야 발신 당시로 소급 성립된다고 본다.

III. 기타 방식에 의한 계약 성립

1. 의사실현에 의한 계약 성립

(1) **의사실현**이란 의사표시는 아니지만, 그로부터 **의사를 추단할 수 있는 행위**를 말한다.
  - 예: 호텔에 손님이 들어가 객실을 사용한 경우, 유료 주차장에 차를 주차하는 행위 등
(2) **청약자의 의사표시나 관습에 따라 승낙의 통지가 필요 없는 경우**, 해당 행위가 있었다면 **계약은 즉시 성립한다**(제532조). 이때 **계약의 성립 시기는 의사실현 행위가 발

생한 때이며, 청약자가 이를 안 시점이 아니다.
(3) **판례**: 예금계약에 있어 예금자가 의사를 표시하고 금융기관이 돈을 받으면 계약은 성립하며, 담당 직원이 이를 횡령했더라도 계약 성립에는 영향이 없다.[202]

2. 교차청약에 의한 계약 성립

(1) **교차청약**이란 당사자 쌍방이 **동일한 내용의 청약을 서로 한 경우**를 말한다.
   - 예: 甲이 乙에게 아파트를 10억에 매도하겠다는 청약을 했고, 乙 역시 甲에게 같은 내용으로 청약한 경우
(2) **양 청약이 모두 상대방에게 도달한 때에 계약이 성립**한다(제533조). 이때는 **발신주의**가 적용되지 않는다.

IV. 계약체결상의 과실책임

> 제535조【계약체결상의 과실】① 목적이 불능한 계약을 체결할 때에 그 불능을 알았거나 알 수 있었을 자는 상대방이 그 계약의 유효를 믿었음으로 인하여 받은 손해를 배상하여야 한다. 그러나 그 배상액은 계약이 유효함으로 인하여 생길 이익액을 넘지 못한다.
> ② 전항의 규정은 상대방이 그 불능을 알았거나 알 수 있었을 경우에는 적용하지 아니한다.

1. 의의

계약체결과정에서 고의 또는 과실로 상대방에게 손해를 끼친 경우, 이를 배상하는 책임을 말한다. 이는 일반적으로 **원시적 불능으로 계약이 무효가 된 경우**에 인정된다.
   - 예: 이미 화재로 멸실된 건물에 대해 甲이 멸실 사실을 모르고 매매계약을 체결한 경우, 계약은 무효지만 상대방이 유효로 믿고 손해를 입었다면 **계약체결상의 과실책임**이 인정된다.

---

[202] 대법원 1996.1.26. 선고 95다26919 판결

2. 요건
(1) 계약이 **원시적·객관적·전부 불능**일 것
(2) 손해 유발자가 **불능을 알았거나 알 수 있었을 것**
(3) 상대방은 **선의·무과실일 것**
(4) 손해가 발생했을 것

3. 효과
(1) **신뢰이익의 손해를** 배상해야 하며, 계약의 유효를 믿고 지출한 비용, 이자, 거절한 제3자의 계약 기회 손실 등이 포함된다.
(2) 그러나 **이행이익**(그 계약이 유효할 경우 발생했을 이익)**을 초과하여 배상할 수 없다.**

4. 계약체결상의 과실책임이 적용되지 않는 경우
(1) **후발적 불능**: 채무불이행 또는 위험부담으로 처리
(2) **일부불능**: 담보책임
(3) **계약교섭 중 부당한 파기**: 불법행위책임

제3절 계약의 효력

I. 계약의 효력 일반

1. 계약효력의 발생 요건
(1) 계약의 성립과 효력 발생의 구별

계약은 **당사자의 의사표시의 합치**에 의해 성립하나, **법률상 효력**을 발생하기 위해서는 일정한 요건이 추가로 필요하다.

구체적으로, 계약의 효력은 일반적으로 다음과 같은 요건이 충족되어야 발생한다.

① **당사자의 의사능력과 행위능력**

계약당사자는 법률행위의 주체로서 일정한 판단능력과 행위능력을 갖추어야 한다. 무능력자(예: 미성년자, 한정치산자 등)의 법률행위는 원칙적으로 제한되며, 효력이 제한되거나 추후 취소될 수 있다.

② **의사표시의 일치와 하자의 부존재**

계약은 청약과 승낙이라는 **의사표시의 합치**에 의해 성립하되, 이 의사표시에 **사기, 강박, 착오 등의 하자가 없어야** 유효한 효력을 가진다.

③ **계약 내용의 확정성, 가능성, 적법성, 사회적 타당성**

계약의 내용은 구체적이고 확정적이어야 하며, 현실적으로 이행 가능한 것이어야 한다. 또한 **강행법규**에 반해서는 안 되고, **사회질서에 반하지 않아야** 유효한 효력을 가진다(예: 불법행위 조장 목적의 계약은 무효).

(2) 계약의 효력요건과 성립요건의 구별

계약의 **성립요건**은 당사자·목적·의사표시 등 계약 체결에 필요한 요건이고, **효력요건**은 이미 성립한 계약이 **법적으로 유효한 효과를 갖기 위해 요구되는 사항**을 말한다.

예를 들어, 당사자의 의사표시가 일치했더라도 그 내용이 불법이거나 상대방이 의사능력이 없는 경우라면, 계약은 **무효**가 된다.

2. 계약효력에 관한 민법의 규정
(1) 계약 효력의 일반규정

민법 제105조 이하에는 계약 내용과 그 해석, 의사표시에 관한 일반규정이 존재하며, 계약의 효력을 해석할 때 **법률행위 일반규정**이 적용된다.

(2) 계약의 특수한 효력에 관한 규정

민법은 계약의 특수한 효력으로서 다음의 세 가지를 명시적으로 규율한다.

① **동시이행의 항변권** (제536조)

② **위험부담** (제537조, 제538조)

③ **제3자를 위한 계약** (제539조 이하)

이 중 <u>동시이행의 항변권과 위험부담</u>은 오로지 **쌍무계약**에만 적용되는 특유한 효력이며, 편무계약에는 원칙적으로 적용되지 않는다.

3. 쌍무계약의 견련성

쌍무계약은 당사자 쌍방이 각자 채무를 부담하면서 **서로 대가관계**에 있는 계약을 말한다(예: 매매계약, 도급계약). 쌍무계약에서는 다음과 같은 **3가지 견련성**이 인정된다.

(1) **성립상 견련성**

<u>한 당사자의 채무가 무효·취소 등의 사유로 성립하지 않으면, **상대방의 채무도 성립하지 않는다**</u>. 즉 계약은 양 당사자의 의사표시에 의해 상호적으로 성립하므로, 일방이 무효인 경우 타방도 효력을 상실한다.

(2) **이행상 견련성**

<u>계약에 의해 발생한 쌍방의 채무는 서로 대가적 의미를 가지며, **동시적 이행**이 요구</u>된다. 이에 따라, 한 당사자는 상대방이 의무를 이행하거나 이행의 제공을 하지 않는 한, **자신의 이행을 거절할 수 있는 권리**, 즉 **동시이행의 항변권**을 가진다.

(3) **존속상 견련성**

<u>쌍무계약에서 일방의 채무가 **채무자에게 책임 없는 사유로 후발적으로 이행불능**이 된 경우, 상대방의 채무도 **함께 소멸**</u>한다. 이러한 관계에서 발생하는 효과가 바로 **위험부담**의 문제이며, 이 경우 계약당사자 중 누가 그 불이익을 부담할 것인지가 문제된다.

II. 동시이행의 항변권

> 제536조【동시이행의 항변권】① 쌍무계약의 당사자 일방은 상대방이 그 채무이행을 제공할 때까지 자기의 채무이행을 거절할 수 있다. 그러나 상대방의 채무가 변제기에 있지 아니하는 때에는 그러하지 아니하다.
> ② 당사자 일방이 상대방에게 먼저 이행하여야 할 경우에 상대방의 이행이 곤란할 현저한 사유가 있는 때에는 전항 본문과 같다.

1. 의의 및 성질

(1) 의의

동시이행의 항변권이란, **쌍무계약**에 있어서 **당사자 일방이 상대방의 채무이행 또는 이행의 제공이 있을 때까지 자기의 채무이행을 거절할 수 있는 권리**를 말한다(민법 제536조 제1항). 이는 **연기적 항변권**으로서, 일정한 사정이 해소될 때까지 그 이행을 유예하는 기능을 가진다.

(2) 성질

동시이행의 항변권은 **상대방의 청구권을 일시적으로 저지하는 항변권**으로, 채무의 이행 자체를 소멸시키는 항변권은 아니다. 따라서 이는 **일시적·상대적 항변권**으로서, 동시이행관계가 해소되면 이행의무는 되살아난다.

(3) 법적 근거

민법 제536조에 따라, 쌍무계약에서 당사자 일방은 상대방이 그 채무이행을 제공할 때까지 자신의 이행을 거절할 수 있으며, 다만 **상대방의 채무가 아직 변제기에 있지 않은 경우에는 행사할 수 없다.**

(4) 공평의 원칙과 신의칙에 근거

이 제도는 계약당사자 간의 형평을 도모하고, **일방적 부담을 방지**함으로써 공정한 계약관계를 유지하려는 목적을 가진다. 특히 **신의성실의 원칙**에 따라, 상대방이 채무이행을 하지 않으면서 이행만을 청구하는 것을 허용하지 않기 위한 제도이다.

2. 동시이행항변권과 유치권의 비교

(1) 공통점

① 모두 **공평의 원칙**에 근거한 제도이다.

② **소극적 권리**로서, 상대방이 급부를 이행할 때까지 자신의 급부를 유보하는 기능을 가진다.

③ **소송상 항변으로 원용**되는 경우, 법원은 상환이행판결(원고 일부 승소판결)을 선고한다.

(2) 차이점

① 유치권은 물권이므로 대세적 효력이 인정되지만, 동시이행항변권은 **채권적 항변권**으로 **대인적 효력**만 인정된다.

② 유치권자는 경매권을 갖지만, 동시이행항변권자는 경매를 통해 채권을 회수할 수 없다.

③ 유치권은 점유를 요건으로 하나, 동시이행항변권은 점유와 무관하게 성립한다.

3. 성립요건

(1) **동일한 쌍무계약에서 발생한 채무일 것**

① 동시이행항변권이 성립하려면, 쌍무계약에 따른 **대가적 견련성**이 있는 채무가 존재해야 한다.

② 별개의 계약에서 발생한 채무인 경우에는 **특약이 없는 한** 동시이행항변권이 인정되지 않는다.

③ 다만, 별개의 계약이라 하더라도 **쌍방이 동시이행의 특약**을 한 경우에는 항변권이 인정된다.

(2) **채무의 동일성 유지**

① **채권양도, 채무인수, 상속** 등으로 당사자가 변경되더라도 채무의 동일성이 유지되면 항변권은 존속한다.

② 반면 **경개로** 채무가 대체되면 항변권은 소멸한다.

③ **손해배상채무로 내용이 변경**된 경우에도 대가관계의 본질이 유지되면 항변권은 유지된다.[203]

---

203) 대법원 2014.4.30. 선고 2010다11323 판결

(3) 부수적 채무에 대해서는 항변권이 인정되지 않음

예컨대, 부동산매매에서 부수적인 의무 위반(잔디 정비 등)에 대하여는 동시이행항변권이 성립하지 않는다.

4. 행사요건

(1) 상대방의 채무가 변제기에 있을 것

① 상대방이 아직 이행할 시기가 도래하지 않은 경우에는 동시이행항변권을 행사할 수 없다.
② 다만 예외적으로 불안의 항변권(제536조 제2항)은 상대방의 신용불안 등 **현저한 이행곤란 사유**가 있는 경우 선이행의무자에게도 인정된다.
  - 예: 매매계약 체결 이후 중도금 지급 전에 등기부상 저당권이 설정된 경우
③ **선이행의무자가 이행을 지체하던 중 상대방 채무의 이행기가 도래한 경우에도, 동시이행의 항변권을 행사할 수 있다.** 이는 채무의 변제기가 도래해야 동시이행의 항변권이 인정된다는 뜻이지, 반드시 처음부터 변제기가 같아야 한다는 의미는 아니다.

(2) 상대방이 이행 또는 이행의 제공을 하지 않을 것

상대방이 채무내용에 맞는 이행을 하거나 적법한 이행의 제공을 계속하고 있다면 항변권은 인정되지 않는다.
  - 예: 이행장소인 **법무사 사무실에 서류를 보관**하고, 상대방에게 수령을 최고한 상태가 유지되면 매도인은 이행의 제공을 완료한 것으로 본다.

5. 효과

(1) 이행지체책임의 면제

동시이행의 항변권이 존재하면 채무자는 채권자의 청구에도 불구하고 자신의 채무를 이행하지 않아도 **이행지체책임을 부담하지 않는다**.

(2) 상환이행판결의 선고

법원은 동시이행의 항변권이 원용된 경우, **청구기각이 아니라 상환급부판결**(일부 승소)을 선고하게 된다.

(3) 소멸시효의 진행에는 영향 없음

동시이행항변권은 단지 이행을 거절하는 항변이므로, 채권 자체의 **소멸시효 진행을**

저지하지 않는다.
(4) 상계의 제한
동시이행항변권이 붙은 채권은 **자동채권으로 상계할 수 없다.**
이는 상대방의 항변권을 무력화할 위험이 있기 때문이다.

6. 인정되는 사례
(1) <u>부동산매매계약</u>에서 매도인의 소유권이전등기의무와 매수인의 대금지급의무(제568조)
(2) <u>전세권 소멸 시</u> 전세권자의 인도의무 및 전세권설정등기 말소와 전세금 반환의무(제317조)
(3) <u>임대차 종료 시</u> 목적물 반환과 보증금 반환
(4) <u>계약 무효·취소 시</u> 당사자 간 부당이득 반환의무
(5) <u>계약 해제 시</u> 당사자 간 <u>원상회복의무</u>(제549조)
(6) <u>공유관계 해소 시</u> 공유자 간의 지분이전등기의무
(7) <u>영수증 교부와 변제</u>도 해석상 동시이행관계로 인정된다.
(8) 가등기담보법 제4조 제3항에 따른 청산금지급의무와 소유권이전등기의무

7. 인정되지 않는 사례
(1) 보증금 반환의무와 임차권등기 명령에 의한 임차권등기 말소의무
(2) <u>채무자의 채무변제와 저당권등기 말소의무</u>
(3) <u>채무자의 채무변제와 가등기담보 말소의무</u>
(4) <u>채무자의 채무변제와 양도담보 말소의무</u>
(5) 변제와 채권증서의 반환
(6) <u>토지거래허가신청 협력의무와 대금지급의무</u>
(7) <u>경매 무효 시</u> 낙찰자의 소유권이전등기 말소의무와 채권자의 배당금 반환의무

III. 위험부담

1. 의의

(1) 위험부담의 개념

위험부담이란, 유효하게 성립한 **쌍무계약에 있어서 일방의 채무가 당사자 쌍방의 책임 없는 사유로 후발적 불능**이 되어 이행이 불가능하게 된 경우, 그에 대응하는 **다른 일방의 채무를 어떻게 처리할 것인지**에 관한 문제를 말한다.

(2) 위험의 의미

여기서 '**위험**'이란 급부(예: 목적물 인도)가 불가능해짐으로써 발생하는 **경제적 불이익**을 뜻하며, 이를 **채무자**와 **채권자** 중 누가 부담할 것인지가 문제된다.

(3) 적용범위

위험부담은 **쌍무계약에 한정하여** 문제되며, **편무계약**에는 원칙적으로 적용되지 않는다.

(4) 예시

매매계약 체결 후, **천재지변으로 건물이 멸실**된 경우, 매도인은 인도의무를 면하나, 매수인의 대금지급의무는 어떻게 되는지가 문제된다. 이때 대금을 여전히 지급해야 한다면 **채권자위험부담주의**, 면한다면 **채무자위험부담주의**가 적용된다.

2. 민법상 위험부담주의의 입장

(1) 원칙: **채무자위험부담주의**(제537조)

민법은 기본적으로 **채무자위험부담주의**를 채택하고 있으며, 이는 쌍무계약에서 일방의 채무가 이행불능이 된 경우 **그 상대방도 대가관계상 채무를 면한다는 입장**이다.

(2) 예외: **채권자위험부담주의**(제538조)

다만, **채권자의 책임 있는 사유** 또는 **채권자의 수령지체** 중에 불능이 된 경우에는 **채권자**가 그 위험을 부담하도록 한다.

(3) 규정의 성격

제537조 및 제538조는 **임의규정**이므로, 당사자 간의 **특약으로 다른 방식으로 정할 수 있다**. 예컨대, 매도인이 천재지변 시에도 대금을 청구할 수 있도록 특약한 경우 그 특약은 유효하다.

3. 채무자위험부담주의

> 제537조【채무자위험부담주의】쌍무계약의 당사자 일방의 채무가 당사자 쌍방의 책임 없는 사유로 이행할 수 없게 된 때에는 채무자는 상대방의 이행을 청구하지 못한다.

(1) 요건
　① 유효한 쌍무계약일 것
　② 당사자 쌍방에게 **책임 없는 사유**로 일방의 채무가 이행불능이 되었을 것
　③ 이행불능이 **후발적으로 발생**하였을 것

(2) 효과
　① **채무자는 자기 채무를 면하고, 상대방에게 반대급부도 청구하지 못한다.**
　② 이미 받은 급부(예: 계약금 등)는 **부당이득**으로 반환하여야 한다.[204]
　③ 이 경우 계약은 소멸하며, **손해배상책임은 성립하지 않는다.**

(3) 예시
　갑이 소유한 아파트를 10억에 을에게 매도하면서 계약금 1억 원을 지급받았고, 잔금일 전에 **화재로 아파트가 멸실**된 경우, 갑은 인도의무를 면하되, 을에게 **대금을 청구할 수 없으며**, 이미 수령한 계약금은 반환해야 한다.

4. 채권자위험부담주의

> 제538조【채권자귀책사유로 인한 이행불능】① 쌍무계약의 당사자 일방의 채무가 채권자의 책임 있는 사유로 이행할 수 없게 된 때에는 채무자는 상대방의 이행을 청구할 수 있다. 채권자의 수령지체 중에 당사자쌍방의 책임 없는 사유로 이행할 수 없게 된 때에도 같다.
> ② 전항의 경우에 채무자는 자기의 채무를 면함으로써 이익을 얻은 때에는 이를 채권자에게 상환하여야 한다.

---

[204] 대법원 2009.5.28. 선고 2008다98655, 98662 판결

(1) 요건
　① 이행불능이 **채권자의 책임 있는 사유**에 의해 발생한 경우
　② 또는, **채권자의 수령지체 중에 쌍방 책임 없는 사유로 이행불능**이 된 경우

(2) 효과
　① **채무자는 자기 채무를 면하면서도, 채권자에게 반대급부를 청구할 수 있다.**
　② 다만, 채무자가 자기 채무를 면함으로써 **이익을 얻은 경우, 이를 채권자에게 상환하여야 한다.**

(3) 판례

사용자의 귀책사유로 인하여 해고된 근로자가 해고기간 중에 다른 직장에서 근무하여 지급받은 임금(중간수입)은 민법 제538조 제2항에 규정된 자기의 채무를 면함으로써 얻은 이익에 해당하므로 공제할 수 있다.[205]

다만, 해고기간 중 근로자가 징역형의 선고를 받아 상당기간 구속된 경우 해고가 무효라고 하더라도 구속기간 동안에는 근로자가 근로의 제공을 할 수 없는 처지였으므로 구속기간 동안의 임금을 청구할 수 없다.[206]

IV. 제3자를 위한 계약

제539조【제3자를 위한 계약】① 계약에 의하여 당사자 일방이 제3자에게 이행할 것을 약정한 때에는 그 제3자는 채무자에게 직접 그 이행을 청구할 수 있다.
② 전항의 경우에 제3자의 권리는 그 제3자가 채무자에 대하여 계약의 이익을 받을 의사를 표시한 때에 생긴다.

1. 의의

(1) 제3자를 위한 계약의 개념

제3자를 위한 계약이란, **계약 당사자 일방이 제3자에게 이행할 것을 약정하고, 제3자가 그 이행을 직접 채무자에게 청구할 수 있는 계약**을 말한다(민법 제539조 제1

---

205) 대법원 1993.11.9. 선고 93다37915 판결
206) 대법원 1995.1.24. 선고 94다40987 판결

항). 이로써 계약 당사자가 아닌 **제3자가 계약으로부터 직접 권리를 취득하는 것이 특징**이다.

(2) 삼면관계

제3자를 위한 계약은 다음과 같은 **3면관계**로 구성된다.
① **기본관계(보상관계)**: 요약자와 낙약자 간 계약
② **대가관계(원인관계)**: 요약자와 제3자 간 관계
③ **수익관계**: 낙약자와 제3자 간 관계

(3) 예시

갑이 을에게 건물을 매도하고, 매매대금을 병에게 지급하기로 한 경우, 갑은 **요약자**, 을은 **낙약자**, 병은 제3자(수익자)에 해당한다.
이때 병은 을에게 **직접 매매대금을 청구할 수 있다**.

2. 성질

(1) 법률적 성질

제3자를 위한 계약은 **일종의 계약상의 부관**으로, 제3자가 직접 권리를 취득하는 것을 목적으로 한다. 이는 **특수한 계약의 형태가 아니라**, 계약상 **제3자에게 급부할 것을 약정한 경우**에 해당한다.

(2) 계약자와 제3자의 구별

제3자는 계약의 당사자가 아니므로, **계약 해제권·취소권 등의 행사권한은 없으며**, 다만 자신의 **수익의사표시 이후**에는 직접 이행을 청구할 수 있다.

3. 성립요건

(1) 요약자와 낙약자 간에 **유효한 기본계약**이 존재할 것

기본계약이 무효이거나 취소된 경우, 수익자도 권리를 취득하지 못한다.

(2) 당사자 간에 **제3자로 하여금 직접 권리를 취득하게 하려는 의사표시**가 있을 것

이는 명시적일 수도 있고, 계약 내용으로부터 묵시적으로 추정될 수도 있다. 이를 **제3자 약관**이라고 한다.

(3) 제3자의 **수익의사표시**

제3자는 채무자에게 **계약의 이익을 받을 의사를 표시함으로써** 권리를 취득한다(민법 제539조 제2항). 이는 <u>계약 성립 요건이 아닌 **효력 발생 요건**</u>에 해당한다.

(4) 제3자는 계약 당시 **현존하지 않아도 무방**하다.

예컨대 **태아**나 **설립 중인 법인**도 수익자가 될 수 있다.

4. 제3자의 지위

(1) 수익의사표시 이전

제3자는 단순한 기대권자에 불과하며, 아직 **권리를 확정적으로 취득한 것이 아니다**. 낙약자는 상당한 기간을 정하여 <u>수익 여부에 대한 확답을 최고할 수 있으며, 확답이 없으면 거절한 것으로 본다</u>(제540조).

(2) 수익의사표시 이후

① <u>제3자는 낙약자에게 **직접 급부를 청구할 수 있는 권리**를 확정적으로 취득</u>한다.

② 이후 요약자와 낙약자는 **제3자의 동의 없이는 계약의 내용을 변경하거나 해제할 수 없다**(제541조).

③ 제3자는 낙약자의 채무불이행으로 손해를 입은 경우, **손해배상청구권을 행사할 수 있다**.[207]

④ 그러나 <u>제3자는 **계약의 당사자가 아니므로**, 계약상 해제권이나 원상회복청구권은 없다.</u>

5. 요약자와 낙약자의 관계(기본관계)

(1) 요약자는 낙약자에게 **수익자에 대한 급부의 이행**을 청구할 수 있다.

(2) <u>낙약자는 **기본계약에 기초한 항변권**으로 수익자에게 대항할 수 있다.</u>

예컨대, 요약자가 낙약자에 대한 급부의무를 이행하지 않았다면, 낙약자는 수익자에게 급부를 거절할 수 있다.

(3) **기본계약이 무효 또는 취소된 경우**

① <u>수익자의 권리는 발생하지 않으며, 낙약자는 수익자의 청구에 대항할 수 있다.</u>

② 이 경우 수익자가 선의라도 별도로 보호받을 수 없다.

---

[207] 대법원 1994.8.12. 선고 92다41559 판결

6. 요약자와 제3자 간의 관계(대가관계)

(1) <u>대가관계의 흠결이나 하자는 제3자를 위한 계약의 성립 및 효력에 영향을 미치지 않는다.</u>
(2) <u>낙약자는 **대가관계에 따른 항변**으로 수익자에게 대항할 수 없다.</u>
(3) 요약자도 대가관계의 부존재를 이유로 낙약자에게 채무이행을 거절할 수 없다.
(4) 판례

요약자와 제3자 간의 대가관계에 아무런 법률관계가 없더라도, **제3자를 위한 계약 자체는 유효**하며, 낙약자는 제3자의 급부청구를 거절할 수 없다.[208]

---

208) 대법원 2003.12.11. 선고 2003다49771 판결

제4절 계약의 해제

I. 해제의 개념과 법적 성질

1. 해제의 의의
해제란 유효하게 성립한 계약을 당사자 일방의 **일방적 의사표시로 소급적으로 소멸**시키는 것을 말한다.

해제는 '상대방 있는 단독행위'이며, 그 의사표시가 상대방에게 도달하면 효력이 발생한다.

2. 해제권의 종류
(1) **약정해제권**: 계약 체결 시 또는 체결 후의 별도 계약에서 당사자 간의 합의에 의해 부여된 해제권이다.
(2) **법정해제권**: 채무불이행 등 법률에 정해진 사유가 발생한 경우 법률에 의해 인정되는 해제권이다. 약정해제권은 채권계약뿐 아니라 물권계약, 준물권계약에도 허용되지만, **법정해제권은 원칙적으로 채권계약에 한하여** 적용된다.

3. 법적 성질
(1) 해제는 형성권의 일종으로, **해제권자의 일방적 의사표시만으로 효력이 발생**한다.
(2) 해제권은 원칙적으로 **양도 불가**하며, **당사자 또는 그 지위를 승계한** 자만이 행사할 수 있다.
(3) 해제의 효과는 계약을 **소급적으로 소멸**시키는 점에서 해지와 구별된다.

4. 해지와의 구별
해지는 계속적 계약(예: 임대차, 고용계약 등)에 주로 적용되며, 계약을 **장래에 향하여 종료**시키는 효력을 가진다. 반면, 해제는 **소급적으로 계약의 효력을 소멸**시킨다.

II. 해제와 유사 제도와의 비교

1. 합의해제(해제계약)
(1) 당사자 쌍방의 합의에 의하여 계약을 소멸시키는 것으로, **계약으로 분류**된다.
(2) 해제와 달리 민법 제543조 이하의 **법정 해제 규정이 적용되지 않는다.**
(3) 따라서 **손해배상이나 이자 가산 등의 규정도 적용되지 않으며**, 제3자의 권리는 해할 수 없다.
(4) 판례는 해제계약의 경우 **묵시적 합의해제**도 인정되나, 단순한 미이행 상태만으로는 부족하고 **실현의사 부존재가 명백**해야 한다.

2. 취소와의 비교
(1) **취소**는 무능력, 의사표시의 하자 등 법률상 규정된 사유에 따라 법률행위의 효력을 소급적으로 소멸시키는 제도이다.
(2) 해제는 **계약**에만 적용되나, 취소는 **모든 법률행위에 적용**된다.
(3) 해제는 **원상회복의무**가 발생하고, 취소는 **부당이득반환의무**가 발생한다.

3. 철회와의 구별
철회는 **효력이 아직 확정되지 않은 법률행위의 장래 발생을 저지**하는 것으로, **소급효가 없다.**

4. 자동해제약정(실권약관)
(1) 특정 조건(예: 중도금 미지급 등)이 발생하면 **해제의 의사표시 없이** 계약이 자동으로 해제된다는 특약이다.
(2) 그러나 **쌍무계약의 동시이행 관계**에 있는 경우, 상대방의 이행지체 없이 계약이 자동 해제되는 것은 허용되지 않는다.[209]

---

209) 대법원 1984.7.24. 선고 82다340, 82다카796 판결

III. 해제권의 발생원인

1. 해제권 발생의 유형

(1) **약정해제권**

약정해제권이란 당사자 사이에 계약 체결 당시 또는 이후 별도의 계약으로 **특정 사유가 발생하면 계약을 해제할 수 있도록 미리 정한 해제권**을 말한다.

예를 들어, 계약금 지급을 통해 각 당사자가 해제권을 유보한 경우가 이에 해당한다.

① 약정해제권은 채무불이행과 무관하게 행사될 수 있다.
② 약정해제권 행사 시에도 민법상 해제의 일반규정(제543조~제548조 등)이 **준용**된다.
③ 단, 채무불이행이 원인이 아니므로 **손해배상청구는 허용되지 않는다**(제551조 준용 제외).
④ **계약금 해제는** 대표적인 약정해제권으로, 민법 제565조에 따라 계약금 수수 후 각 당사자는 이행 전까지 해제할 수 있다.

(2) **법정해제권**

법정해제권은 **채무불이행이 발생한 경우** 민법에 따라 법적으로 인정되는 해제권이다.

이는 다음과 같은 사유가 있을 때 발생한다.

① **이행지체**
② **이행불능**
③ **미리 이행거절**
④ **채권자지체**
⑤ **불완전이행**
⑥ **사정변경**

2. 이행지체로 인한 해제권의 발생

> 제544조【이행지체와 해제】당사자 일방이 그 채무를 이행하지 아니하는 때에는 상대방은 상당한 기간을 정하여 그 이행을 최고하고 그 기간 내에 이행하지 아니한 때에는 계약을 해제할 수 있다. 그러나 채무자가 미리 이행하지 아니할 의사를 표시한 경우에는 최고를 요하지 아니한다.

(1) 요건
① **채무자가 이행기에 있음에도 불구하고**, 그에게 귀책사유가 있는 사정으로 이행하지 않을 것
② 상대방은 **상당한 기간을 정하여 이행을 최고**해야 하며, 그 기한 내 이행이 없을 것
③ 쌍무계약에서는 상대방도 **자기 채무의 이행 또는 이행의 제공**이 있어야 함
④ <u>**정기행위**인 경우에는 최고 없이 즉시 해제 가능</u>(제545조)

(2) 판례
① **과다 최고**의 경우라도 본래의 채무범위 내로 해석될 수 있으면 유효하나, 그 차이가 현저하고, 과다청구가 전제되지 않으면 수령을 거절하겠다는 취지가 명백하면 그 최고는 부적법하고, 이러한 최고에 터잡은 계약해제는 그 효력이 없다.[210]
② **상당한 기간을 정하지 않은 최고**도 효력이 있으며, 최고한 때로부터 상당한 기간이 경과하면 해제권이 발생한다.[211]

3. 미리 이행거절의 경우

(1) 의의
채무자가 **이행기 도래 전 명백하게 계약이행의사를 부정하는 경우**에는 상대방은 최고 없이 계약을 해제할 수 있다.

(2) 효과
① **이행기 전**이라도 **최고 없이도** 즉시 해제 가능
② 상대방의 **자기 채무의 이행 또는 이행의 제공도 불요**

(3) 판례
이행거절의 의사표시가 철회된 경우에는 다시 **상당한 기간을 정하여 이행을 최고**한 뒤 해제가 가능하다.[212]

---

210) 대법원 1994.5.10. 선고 93다47615 판결
211) 대법원 1979.9.25. 선고 79다1135 판결
212) 대법원 1992.9.22. 선고 91다25703 판결

4. 이행불능으로 인한 해제권의 발생

> 제546조【이행불능과 해제】채무자의 책임 있는 사유로 이행이 불능하게 된 때에는 채권자는 계약을 해제할 수 있다.

(1) 요건
  ① **계약 성립 후 채무자의 귀책사유로** 인해 채무이행이 **불가능**해진 경우
  ② 채권자는 <u>이행기</u> 전이라도 **최고 없이** 즉시 해제 가능, <u>이행의 제공도 필요 없다</u>.
  ③ 일부분만 이행불능이라도 그 불능으로 **계약 전체 목적을 달성할 수 없을 때는 전부 해제 가능**

(2) 판례
  매매 목적물이 가압류 또는 처분금지가처분 집행이 되어 있는 경우에도, 매매에 따른 소유권이전등기가 불가능한 것이 아니므로 해제가 불가능하다. 그러나 가압류 또는 가처분 집행을 모두 해제할 수 없는 무자력 상태에 있다고 인정되는 경우, 매수인이 매도인의 소유권이전등기의무가 이행불능임을 이유로 매매계약을 해제할 수 있다.[213]

5. 불완전이행에 의한 해제권의 발생

(1) 의의
  불완전이행이란 이행 자체는 이루어졌으나, **채무의 내용에 부합하지 않는 이행**을 말한다.

(2) 요건
  ① **추완 가능**한 경우: 채권자가 **상당한 기간을 정하여 완전이행을 최고**한 뒤에도 이행이 없을 경우 해제 가능
  ② **추완 불가능**한 경우: 최고 없이 곧바로 해제 가능

---

[213] 대법원 2006.6.16. 선고 2005다39211 판결

6. 채권자지체에 의한 해제권의 발생

(1) 의의

채권자지체란 **채무자의 이행 제공에도 불구하고, 채권자가 수령을 거절하거나 협조하지 않아 채무가 지체되는 경우**를 말한다.

(2) 요건 및 효과

① 채무자는 **상당한 기간을 정하여 수령을 최고**하고
② 기한 내 수령이 없으면 계약 해제 가능
③ 손해가 발생한 경우 **손해배상도 청구 가능**

7. 사정변경에 의한 해제권의 발생

(1) 의의

사정변경의 원칙이란, 계약 체결 당시 기초가 되었던 사정이 **예기치 못한 중대한 사정변화**로 인하여 당초 계약의 이행을 강제하는 것이 부당하게 된 경우, 계약을 해제할 수 있다는 원칙이다.

(2) 요건

① **객관적 사정**이 당사자에게 책임 없이 예기치 않게 변경되었을 것
② 그로 인해 계약 이행을 강제하는 것이 **신의칙상 현저히 부당**할 것
③ 상대방에 대한 **최고는 필요 없다.**

(3) 판례

판례는 과거에는 소극적이었으나, 최근에는 일정한 요건 하에 사정변경으로 인한 해제권을 인정하고 있다.[214]

---

[214] 대법원 2014.6.12. 선고 2013다75892 판결

IV. 해제권의 행사 및 해제의 효과

1. 해제권의 행사

> 제543조【해지, 해제권】① 계약 또는 법률의 규정에 의하여 당사자의 일방이나 쌍방이 해지 또는 해제의 권리가 있는 때에는 그 해지 또는 해제는 상대방에 대한 의사표시로 한다.
> ② 전항의 의사표시는 철회하지 못한다.

(1) 행사방법

해제권의 행사는 해제권자의 일방적 의사표시에 의하여 이루어지며, 이는 **상대방에게 도달함으로써 그 효력**이 발생한다(민법 제543조 제1항).

(2) 해제의 의사표시의 특성

① 해제의 의사표시는 **철회할 수 없다**(동조 제2항).

② 해제는 **단독행위**이므로 원칙적으로 **조건이나 기한을 붙일 수 없다**.
  다만, 상대방에게 불이익이 되지 않는 범위 내에서는 예외적으로 허용된다.

③ **해제권자의 제한능력**이나 **의사표시의 하자**가 있는 경우에는 해제의 의사표시는 취소할 수 있다.

(3) 이행청구와 함께 해제의사 포함한 경우

"상당기간 내에 이행하지 않으면 계약을 해제하겠다"는 **조건부 의사표시**도 유효하며, 그 기한이 지나면 **해제의 효과가 자동으로 발생한다**는 것이 판례의 입장이다.[215]

(4) 계약위반자도 해제효과를 주장할 수 있는지 여부

계약의 해제로 계약이 소멸한 이상, **채무불이행을 한 당사자도** 상대방의 이행 청구에 대해 "계약은 이미 해제로 소멸했다"고 항변할 수 있다.

---

[215] 대법원 1992.12.22. 선고 92다28549 판결

2. 해제권의 불가분성

> 제547조【해지, 해제권의 불가분성】① 당사자의 일방 또는 쌍방이 수인인 경우에는 계약의 해지나 해제는 그 전원으로부터 또는 전원에 대하여 하여야 한다. ② 전항의 경우에 해지나 해제의 권리가 당사자 1인에 대하여 소멸한 때에는 다른 당사자에 대하여도 소멸한다.

(1) 해제권 행사상의 불가분성

당사자가 수인인 경우에는 **전원이 공동으로 행사하거나, 순차적으로 의사표시를 해야 유효**하다. 예컨대, 공동매수인 중 1인의 채무불이행을 이유로 그 1인에 대해서만 매매계약을 해제한다고 주장한 경우, 특약이 없는 이상 해제의 효력은 발생하지 않는다.[216]

(2) 해제권 소멸의 불가분성

<u>당사자 중 **1인의 해제권이 소멸하면, 나머지의 해제권도 함께 소멸**</u>한다.

이 규정은 **임의규정**이므로 특약으로 배제할 수 있다.

3. 해제의 효과

> 제548조【해제의 효과, 원상회복의무】① 당사자 일방이 계약을 해제한 때에는 각 당사자는 그 상대방에 대하여 원상회복의 의무가 있다. 그러나 제3자의 권리를 해하지 못한다.
> ② 전항의 경우에 반환할 금전에는 그 받은 날로부터 이자를 가하여야 한다.

(1) 해제의 소급효

① 해제로 인해 계약은 **소급적으로 효력을 상실**하며, 계약 체결 당시 상태로 복귀하게 된다.

② 계약에 기초한 **채권·채무관계도 모두 소멸**하며, 당사자는 계약상 구속에서 벗어난다.

③ 판례는 이를 **물권적 효과설**의 입장에서 이해하며, 해제된 계약에 기초하여 발생한

---

[216] 대법원 1994.11.18. 선고 93다46209 판결

물권 변동도 **자동 소멸**한다고 본다.[217]

④ 따라서 **이전된 물권은 등기나 인도 없이도 원상복귀**되며, 해제권자는 **물권적 청구권**(소유권에 기한 말소등기청구 등)을 행사할 수 있다.

(2) 제3자 보호(민법 제548조 단서)

① 해제의 소급효는 제3자의 권리를 해하지 못한다.
② 제3자란 해제 전 계약에 기초하여 법률상 새로운 이해관계를 취득하고, 등기·인도 등을 완료함으로써 완전한 권리를 취득한 자를 말한다. 여기서 제3자는 선의·악의를 불문하고 보호되며, 해제된 계약을 기초로 하여 취득한 권리는 유지된다.

구분	제3자로 보호되는 경우	제3자로 보호되지 않는 경우
1. 물건을 취득한 자	- 계약 해제 전에 목적물(부동산 등)을 취득하고 등기를 마친 자 - 소유권 이전을 받은 임차인으로서 주택임대차보호법상 대항요건을 갖춘 임차인	- **토지를 매매**한 뒤 대금 미지급으로 해제되었고, 그 토지 위에 **신축된 건물의 매수인** - 매수인의 대금 미지급으로 계약 해제된 경우, 임차인이 보호받는다고 오해한 제3자
2. 담보물권자	- 해제된 계약의 목적물에 대해 계약 해제 전에 **저당권**이나 **질권**을 취득한 자	- **등기청구권, 분양권, 일반채권** 등 단순한 채권양수인은 보호받지 못함
3. 가압류·처분금지가처분 채권자	- 계약 해제 전에 해당 목적물에 **가압류**를 한 채권자	- 채권 자체를 압류한 채권자 또는 해제된 계약에 따른 채권을 양수하고 이를 근거로 처분금지가처분을 받은 자
4. 가등기권자	- 계약 해제 전에 매수인으로부터 가등기를 경료한 자	- 계약 해제 후 가등기한 자
5. 기타	- 선의의 제3자로서 계약 해제 후 말소등기 전 이해관계를 맺은 자	- 제3자를 위한 계약에서의 수익자는 직접적인 권리자가 아니므로 보호 대상 아님

③ 판례는 **해제 의사표시 후 말소등기 전에 권리를 취득한 선의의 제3자도 보호**된다고 본다.[218]

---

217) 대법원 1977.5.24. 선고 75다1394 판결
218) 대법원 1985.4.9. 선고 84다카130, 84다카131 판결

4. 원상회복의무

(1) 의의

해제로 인해 계약이 소급적으로 소멸하면, 이미 이행된 급부는 초기 상태로 복귀되어야 하며, 이는 부당이득반환의 특칙으로서 원상회복의무가 발생한다.

(2) 반환 범위

① 선의·악의를 불문하고 이익 전부 반환
② 금전은 받은 날부터 이자 포함하여 반환(민법 제548조 제2항)
③ 물건은 원물 반환이 원칙, 멸실·훼손 등 불능 시에는 가액 반환
④ 물건의 사용으로 생긴 사용이익(과실)도 함께 반환
⑤ 소멸시효는 적용되지 않으며, 소유권에 기한 물권적 청구권으로 행사된다.

(3) 판례

① 원상회복 대상에는 매매대금 외에도 그 수령을 전제로 한 지연손해금도 포함된다.[219]
② 금전 반환 시 이자는 법정이자로 보며, 이행지체로 인한 지연손해금과는 다르다.[220]
③ 매매계약이 해제된 경우, 매도인은 반환할 매매대금에 대하여 받은 날부터 민법이 정한 법정이자를 가산하여 지급하여야 하며, 매도인의 매매대금 반환의무와 매수인의 소유권이전등기 말소등기절차 이행의무가 동시이행의 관계에 있는지와 관계없이 위 이자를 지급하여야 한다.[221]

5. 손해배상의 청구

제551조【해지, 해제와 손해배상】 계약의 해지 또는 해제는 손해배상의 청구에 영향을 미치지 아니한다.

(1) 해제와 손해배상의 병존

① 해제권자는 계약을 해제하면서 추가로 손해배상을 청구할 수 있다.

---

[219] 대법원 2022.4.28. 선고 2017다284236 판결
[220] 대법원 2000.6.9. 선고 2000다9123 판결
[221] 대법원 2016.8.24. 선고 2016다17668 판결

② 이는 해제에도 불구하고 **채무불이행이라는 위법상태는 남기 때문**이다.
③ 따라서 **원상회복의무와 손해배상청구권은 동시에 행사 가능**하며, 원상회복의무뿐만 아니라 손해배상 의무도 **동시이행관계에 있다**(민법 제549조).

(2) 손해배상의 범위

① 채무불이행을 이유로 계약해제와 아울러 손해배상을 청구하는 경우에 그 계약이행으로 인하여 채권자가 얻을 이익 즉 **이행이익의 배상을 구하는 것이 원칙**이다. 다만, 그에 갈음하여 그 계약이 이행되리라고 믿고 채권자가 지출한 비용 즉 신뢰이익의 배상을 구할 수도 있다.[222]
③ 이행불능의 경우 손해배상은 **불능 당시의 시가**를 기준으로 한다.

(3) 특약에 의한 손해배상액 예정

해제 이후에도 **손해배상액의 예정에 관한 특약은 유효**하며, 해제로 인해 특약이 소멸하지 않는다.

V. 해제권의 소멸

1. 해제권의 일반적 소멸원인

(1) **채무의 이행 또는 이행제공**

해제권은 원칙적으로 **채무불이행이 존재하는 경우**에 인정되는 권리이므로, 해제권을 행사하기 전에 채무자가 **자기 채무를 이행하거나 지연배상**을 하면, 해제권은 그 원인을 상실하므로 **소멸된다**.

- 예: 계약 해제를 통지하기 전, 채무자가 잔금지급 및 손해배상을 마친 경우 해제권은 소멸한다.

(2) **제척기간의 경과**

해제권은 **형성권**이므로, 소멸시효의 대상이 아니라 **제척기간의 적용을 받는다**.
제척기간은 **행사할 수 있는 날로부터 10년**이며, 그 기간 경과로 해제권은 **당연히 소멸**한다.

(3) **해제권의 포기**

해제권자는 상대방에 대한 **일방적 의사표시**로 해제권을 **포기할 수 있으며**, 포기된

---

[222] 대법원 2002.6.11. 선고 2002다2539 판결

경우 **해제권은 소멸**한다.

이 의사표시는 상대방에게 **도달함으로써 효력**을 가진다.

(4) **실효의 원칙에 따른 소멸**

해제권자가 **장기간 해제권을 행사하지 않고 방치**한 결과, 상대방으로 하여금 더 이상 해제권이 행사되지 않을 것이라는 **정당한 신뢰**를 갖게 한 경우, 해제권은 **실효원칙**에 따라 소멸한다.

2. 해제권의 특수한 소멸원인

(1) **상대방의 최고에 의한 소멸** (민법 제552조)

해제권자가 그 행사 여부를 **불명확하게 유지**하고 있을 경우, 상대방은 **상당한 기간을 정하여** 해제권 행사 여부에 대한 확답을 최고할 수 있다.

그 기간 내에 해제권자가 해제의 의사표시를 하지 않으면, 해제권은 **소멸된다**.

※ 이는 거절권 보유자에게 답변을 요구한 채권자의 보호를 위한 제도이다.

(2) **목적물의 훼손 또는 반환불능** (민법 제553조)

해제권자가 고의 또는 과실로 계약의 목적물을 현저히 훼손하거나 반환할 수 없게 **만든 경우**, 또는 목적물을 가공·개조하여 **다른 종류의 물건**으로 변경한 경우, 그 해제권은 **소멸한다**.

(3) **해제권의 불가분성에 따른 소멸** (민법 제547조 제2항)

당사자의 일방 또는 쌍방이 수인인 경우, **그 중 1인의 해제권이 소멸하면, 다른 해제권자들의 해제권도 함께 소멸**한다.

- 예: 공동매수인 중 1인이 해제권을 포기하거나 제척기간이 경과한 경우, 다른 매수인도 해제권을 행사할 수 없다.

이 조항은 **임의규정**으로, 당사자 간 특약으로 적용을 배제할 수 있다.

제5절 계약의 해지

I. 계약의 해지의 개념

1. 의의

해지란 유효하게 성립한 계속적 계약을 당사자 일방의 의사표시에 의해 장래에 향하여 종료시키는 제도를 말한다.

이는 계약의 효력이 소급적으로 소멸되는 해제와는 달리, 장래에 대하여만 소멸효과가 발생한다. 따라서 해지는 계속적 계약에서만 인정되며, 일시적 계약에는 허용되지 않는다.

2. 법적 성질

(1) 해지는 상대방 있는 단독행위로서의 형성권이다.
(2) 해지권은 당사자 간의 약정 또는 법률의 규정에 의하여 발생한다.
(3) 해지의 의사표시는 상대방에게 도달함으로써 효력이 발생하며, 일단 성립된 해지의 의사표시는 철회할 수 없다.
(4) 해지권의 행사에는 불가분성의 원칙이 적용된다.

3. 해지와 해제의 구별

구분	해지	해제
적용 대상	계속적 계약	일시적 계약 포함
효력의 범위	장래에 향하여 소멸	계약 성립 시로 소급하여 소멸
이행된 부분	기이행분은 유효	원상회복의무 발생
예시	임대차, 고용, 위임 등	매매, 도급 등 일시적 계약

예를 들어, **임대차계약이 해지된 경우** 이미 지급한 임대료는 유효하지만, **매매계약이 해제된 경우**에는 이미 지급된 대금과 목적물은 원상회복의 대상이 된다.

II. 해지권의 발생원인

1. 약정해지권

당사자는 계약 체결 시 또는 계약 이행 중에 **해지권을 유보**하거나 특정한 사유가 발생한 경우 **계약을 장래에 소멸시키기로 약정**할 수 있다.

이는 **계속적 계약**의 특성상 장래 관계만 종료시키면 충분하므로, 약정에 의한 해지권의 유보가 실무상 널리 활용되고 있다.

2. 법정해지권

(1) 민법은 일반적인 해지권 발생 요건에 관한 규정을 두고 있지 않으며, 개별 계약유형별로 법정해지권을 각 계약조문에서 명시적으로 규정하고 있다.

(2) 대표적인 법정해지권의 규정은 다음과 같다.

① **임대차계약**

민법 제635조: 임차인이 목적물을 **용도에 따라 사용·수익하지 않거나 무단전대한** 경우 임대인은 계약을 **해지할 수 있다**.

민법 제640조: 임차인이 **2기 이상 차임을 연체한 경우**, 임대인은 계약을 해지할 수 있다.

② **고용계약**

민법 제660조: 당사자 일방은 언제든지 **장래를 향하여 계약을 해지할 수 있으며**, 이를 위반한 경우 **30일분의 평균임금 상당액의 해지예고수당**을 지급하여야 한다.

③ **위임계약**

민법 제689조: 위임계약은 **언제든지 해지할 수 있으며**, 다만 **상대방에게 불리한 시기에 해지한 경우** 손해배상책임이 발생할 수 있다.

(3) 계속적 보증계약과 관련된 판례

보증인이 계약 당시 회사 임직원의 지위에 있었으나, **퇴직 등으로 당시와 사정이 현저히 변경된 경우**, 사정변경을 이유로 보증계약을 해지할 수 있다.[223]

---

223) 대법원 1990.2.27. 선고 89다카1381 판결

III. 해지의 행사 방식

1. 의사표시의 방식
(1) 해지는 **해지권자의 일방적 의사표시로** 행사하며, **상대방에게 도달하여야 효력**이 발생한다(민법 제543조 제1항).
(2) **도달한 이후에는 철회할 수 없으며**, 상대방의 승낙 없이 해지의 효력을 번복할 수 없다(동조 제2항).

2. 해지권의 불가분성
(1) 당사자의 일방 또는 쌍방이 수인인 경우, **전원으로부터 또는 전원에 대하여 해지가 이루어져야 한다**(민법 제547조 제1항).
(2) 또한 **해지권이 당사자 중 1인에 대하여 소멸하면, 다른 당사자에 대해서도 해지권은 소멸한다**(동조 제2항).
  이는 **해지권의 불가분성**에 해당하며, 다만 이는 **임의규정으로 당사자 간 특약으로 배제 가능**하다.

IV. 해지의 효과

> 제550조【해지의 효과】 당사자 일방이 계약을 해지한 때에는 계약은 장래에 대하여 그 효력을 잃는다.

1. 장래효의 발생
(1) 해지된 계약은 그 의사표시가 상대방에게 도달한 시점부터 장래에 대하여 효력을 상실한다(민법 제550조).
(2) 따라서 계약이 해지되기 전까지의 **이행된 급부는 유효**하게 존속하며, **원상회복의무는 발생하지 않는다.**

2. 청산의무의 발생
계약 해지로 인하여 계약이 장래에 대하여 소멸하면, **이미 목적물을 수령한 자는 이를**

반환해야 하는데, 이 의무는 해제에서의 원상회복의무와는 달리 '청산의무'라고 한다.
- 예: 임대차 해지 시 임차인은 목적물을 반환해야 하며, 이는 청산의무에 해당한다.

3. 손해배상청구와의 관계

(1) 민법 제551조는 "**계약의 해지 또는 해제는 손해배상의 청구에 영향을 미치지 않는다**"고 규정하고 있다.

(2) 따라서 해지권의 행사와 별도로 **채무불이행으로 인한 손해배상청구는 병존적으로 가능**하며, **이행이익을 기준**으로 청구할 수 있다.

제2장 계약법 각론

계약법 각론은 민법상 주요 계약유형을 중심으로 각 계약의 요건과 효과를 규명한다. 본 장에서는 매매, 교환, 임대차를 중심으로 설명한다.

제1절 매매

제1관 매매 일반

I. 매매의 의의 및 성질

> 제563조【매매의 의의】 매매는 당사자 일방이 재산권을 상대방에게 이전할 것을 약정하고 상대방이 그 대금을 지급할 것을 약정함으로써 그 효력이 생긴다.
> 제567조【유상계약에의 준용】 본절의 규정은 매매 이외의 유상계약에 준용한다. 그러나 그 계약의 성질이 이를 허용하지 아니하는 때에는 그러하지 아니하다.

1. 매매의 의의
(1) 매매란 당사자 일방인 **매도인**이 어떤 **재산권을 상대방에게 이전할 것을 약정**하고, 상대방인 **매수인**은 이에 대해 **대금을 지급**할 것을 약정함으로써 성립하는 계약이다.
(2) 매매는 다음과 같은 특성을 가진다.
  ① **낙성계약**으로서 당사자의 의사표시만으로 성립한다.
  ② **쌍무계약**으로서 당사자 쌍방이 서로 채무를 부담한다.
  ③ **유상계약**의 대표적인 형태로, 대가적 성격을 가진다.
  ④ **불요식계약**으로 특별한 방식 없이도 성립한다.

2. 매매의 목적
(1) **재산권의 이전**
  ① 매매의 목적은 **재산권의 이전**에 있으며, 그 재산권은 반드시 현재 매도인에게 귀속

되어 있을 필요는 없다. 따라서 **타인의 물건**이나 **장래에 발생할 권리도 매매의 목적이 될 수 있다.**

② 매매계약과 동시에 목적물과 대금이 교환되는 **현실매매도** 매매의 일종이며, 매매에 관한 규정이 적용된다.

(2) 대금의 지급

① 매수인은 매도인에게 **금전**을 지급함으로써 대가를 이행한다.

② 대금이 **금전이 아닌 다른 재산권**일 경우, 이는 매매가 아니라 **교환**에 해당한다.

3. 당사자 간의 합의 요건

(1) 매매는 **재산권의 이전**과 그에 대한 **대금의 지급**이라는 기본적 요소에 대한 합의가 있으면 성립한다.

(2) **계약비용, 이행시기, 장소** 등 부수사항에 대한 합의는 필수 요건이 아니다.

(3) 매매목적물과 대금은 반드시 구체적으로 특정되어 있을 필요는 없으며, **사후에 특정할 수 있는 기준이나 방법이 정해져 있으면 유효하다.**

II. 매매의 예약

제564조【매매의 일방예약】 ① 매매의 일방예약은 상대방이 매매를 완결할 의사를 표시하는 때에 매매의 효력이 생긴다.

② 전항의 의사표시의 기간을 정하지 아니한 때에는 예약자는 상당한 기간을 정하여 매매완결 여부의 확답을 상대방에게 최고할 수 있다.

③ 예약자가 전항의 기간 내에 확답을 받지 못한 때에는 예약은 그 효력을 잃는다.

---

1. 예약의 의의

(1) **예약**이란 장차 **본계약을 체결할 것을 약속하는 계약**으로, 항상 **채권계약**의 성질을 가진다.

(2) 매매예약은 통상 본계약의 **체결청구권 확보**나 **채권담보** 수단으로 활용된다.

(3) **본계약**은 물권계약, 채권계약 등 될 수 있으나, **예약 자체는 채권계약**이다.

2. 예약의 요건 및 성질
(1) 예약은 **청약과 승낙**이라는 의사표시의 합치로 성립한다.
(2) 예약에 의해 체결될 **본계약의 요건들**(예: 목적물, 가격, 이전방법 등)이 **확정되어 있거나 확정할 수 있어야한다**.224)

3. 예약의 종류 및 추정
(1) **일방예약**: 예약권리자가 일방적으로 본계약 체결 의사표시를 하면 **승낙 없이도 매매 성립**.
(2) **쌍방예약**: 쌍방이 예약완결권을 가지는 형태.
(3) 민법상 **매매의 예약은 일방예약으로 추정**된다(관습 또는 약정이 없는 경우).

4. 예약완결권
(1) **의의**: 예약권리자가 일방적 의사표시만으로 본계약을 **완결시킬 수 있는 형성권**이다.
(2) **성질**:
   ① **형성권**으로, 제척기간 10년 내에 행사하지 않으면 소멸한다.
   ② **재산권**이므로 양도 가능하며, 가등기 가능(부동산에 한함).
   ③ **행사 시기**: 기간 정함이 없으면 예약의무자는 상당한 기간을 정하여 확답을 최고할 수 있으며, **확답 없으면 효력 상실**(제564조 제2항·3항).
(3) **예약완결권 행사 시 매매는 완결의 의사표시 시점에 효력이 발생**하고,225) 상대방의 승낙은 필요 없다.
(4) **예약완결권의 행사제한 및 소멸**
   ① 목적물 멸실 등으로 이행불능이면 행사 불가능.226)
   ② 제척기간이 경과하면 **상대방이 목적물을 인도받은 경우라도 권리 소멸**.227)
   ③ 매매예약완결권의 제척기간이 도과하였는지 여부는 직권조사 사항.228)

---

224) 대법원 1993.5.27. 선고 93다4908 판결
225) 대법원 1995.11.10. 선고 94다22682,22699(반소) 판결
226) 대법원 2015.8.27. 선고 2013다28247 판결
227) 대법원 1997.7.25. 선고 96다47494 판결
228) 대법원 2000.10.13. 선고 99다18725 판결

III. 계약금

1. 의의 및 법적 성질
(1) **계약금**이란 매매계약 체결 시 **부수적으로 교부되는 금전 또는 유가물**이다.
(2) 계약금은 **매매계약의 성립요소는 아니며**, 계약금이 없어도 계약은 유효하다.
(3) 계약금계약은 매매에 부수하는 **종된 계약**이며, 계약금이 완납되어야 성립하는 **요물계약**이다.

2. 계약금의 성질
(1) **증약금**: 계약 체결의 증거. 계약금은 항상 증약금의 성질을 가진다.
(2) **해약금**:
   ① 당사자 간 별도 약정이 없으면, **계약금은 해약금으로 추정**된다(제565조 제1항).
   ② 교부자는 **계약금 포기**로, 수령자는 **배액 반환**으로 계약을 해제할 수 있다. 판례는 매도인이 '계약금 일부만 지급된 경우 지급받은 금원의 배액을 상환하고 매매계약을 해제할 수 있다'고 주장한 사안에서, 매도인이 계약금의 일부로서 지급받은 금원의 배액을 상환하는 것으로는 매매계약을 해제할 수 없다고 판시하였다.[229]
(3) **위약금**:
   ① 계약당사자간 일방이 채무불이행을 하는 경우 지급하기로 한 약정한 금액이 위약금이다. 위약금은 손해배상액의 예정으로의 위약금과 위약벌이 있다.
   ② 손해배상액의 예정으로의 위약금
      - 계약금을 위약금으로 한다는 **특약이 있는 경우에만 위약금으로 간주**되며, **손해배상액의 예정으로서 효력**을 가진다. 따라서 채무불이행으로 인해 계약이 해제될 때에 계약금은 위약금으로 상대방에게 귀속되게 된다. 한편 계약금을 위약금으로 한다는 **특약이 없는 경우**에는 상대방은 계약불이행으로 입은 실제 손해만을 청구할 수 있다.[230]
   ③ 위약벌
      - 위약벌은 채무불이행에 대한 당사자 간 제재 조치로서 손해배상 이외에 따로 약

---

[229] 대법원 2015.4.23. 선고 2014다231378 판결
[230] 대법원 1996.6.14. 선고 95다54693 판결

정된 금액을 받기로 한 경우이다. 따라서 계약금을 위약벌로 하기로 특약한 경우, 위약벌(계약금)은 손해배상과는 무관하므로 위약벌과 별도로 채무불이행으로 인하여 실제 발생한 손해에 대하여 배상을 청구할 수 있다.[231]
- **또한** 위약벌의 약정은 채무의 이행을 확보하기 위하여 정해지는 것으로서 손해배상의 예정과는 내용이 다르므로 손해배상의 예정에 관한 민법 제398조 제2항을 유추적용하여 감액할 수 없다. 다만, 의무의 강제로 얻어지는 채권자의 이익에 비하여 약정된 벌이 **과도하게 무거울 때에는 일부 또는 전부가 공서양속에 반하여 무효**로 된다.[232]

3. 해약금에 의한 계약해제

> 제565조【해약금】① 매매의 당사자 일방이 계약 당시에 금전 기타 물건을 계약금, 보증금 등의 명목으로 상대방에게 교부한 때에는 당사자 간에 다른 약정이 없는 한 당사자의 일방이 이행에 착수할 때까지 교부자는 이를 포기하고 수령자는 그 배액을 상환하여 매매계약을 해제할 수 있다.
> ② 제551조(해제와 손해배상)의 규정은 전항의 경우에 이를 적용하지 아니한다.

(1) 요건 및 행사기간

① 당사자 일방이 **이행에 착수하기 전**까지 해제 가능하다(당사자가 모두 이행에 착수할 필요는 없다). 또한 이행기의 약정이 있는 경우라 하더라도 당사자가 채무의 이행기 전에는 착수하지 아니하기로 하는 특약을 하는 등 특별한 사정이 없는 한 이행기 전에 이행에 착수할 수 있다.[233]

② 이행에 착수한다는 것은 객관적으로 외부에서 인식할 수 있는 정도로 채무의 **이행행위의 일부를 하거나** 또는 **이행을 하기 위하여 필요한 전제행위를 하는 경우**를 말하는 것으로서 단순히 이행의 준비를 하는 것만으로는 부족하나, 반드시 계약내용에 들어 맞는 이행의 제공의 정도에까지 이르러야 하는 것은 아니다.[234]

---

231) 대법원 2022.7.21. 선고 2018다248855, 248862 전원합의체 판결
232) 대법원 2015.12.10. 선고 2014다14511 판결
233) 대법원 2006.2.10. 선고 2004다11599 판결
234) 대법원 1994.5.13. 선고 93다56954 판결

③ 매매계약 당시 매수인이 **중도금 일부의 지급에 갈음하여** 매도인에게 제3자에 대한 **대여금채권을 양도**하기로 약정하고, 그 자리에 제3자도 참석한 경우, 매수인은 매매계약과 함께 채무의 일부 이행에 착수하였으므로, 매도인은 해제권을 행사할 수 없다.[235]

④ 반면 **토지거래허가구역에서의 토지거래허가 신청이나 허가, 이행의 소를 제기하거나 승소 판결을 받은 경우, 단순 이행의 준비를 하는 경우**는 착수가 아니다.

(2) **행사 방법**

① **교부자**는 계약금을 포기하고 단순한 **해제의 의사표시**로 해제가 가능하다.

② **수령자**는 계약금의 **배액을 현실적으로 상환**해야 하며, 계약해제시 상대방이 이를 수령하지 아니하는 경우 이행의 제공이 있으면 족하고 이를 **공탁할 필요까지는 없다**.[236]

(3) **해제의 효과**

① 계약은 소급적으로 소멸하되, **채무불이행이 원인 아님으로 손해배상청구는 불가하며, 원상회복도 요구되지 않는다.**

② 해약금 해제 특약은 법정해제권과 병존하므로, **채무불이행이 있는 경우 법정해제가 가능하다(원상회복 의무도 발생).**

③ 단, **해약금 해제권 자체를 배제하는 약정**은 유효하다(임의규정).

---

235) 대법원 2006.11.24. 선고 2005다39594 판결
236) 대법원 1992.5.12. 선고 91다2151 판결

제2관 매매의 효력

I. 매매의 기본적 효력

1. 매도인의 의무

(1) 재산권 이전의무

> 제568조【매매의 효력】① 매도인은 매수인에 대하여 매매의 목적이 된 권리를 이전하여야 하며 매수인은 매도인에게 그 대금을 지급하여야 한다.
> ② 전항의 쌍방의무는 특별한 약정이나 관습이 없으면 동시에 이행하여야 한다.

① **의의 및 범위**

매도인은 매수인에게 매매 목적물에 관한 **완전한 권리를 이전할** 의무를 진다(민법 제568조 제1항). 여기서 완전한 권리란 **아무런 하자나 제한이 없는 권리를** 말하며, 타인의 권리나 제한물권이 있으면 말소한 후 이전해야 한다.

② **이전방법**

(a) 부동산: **소유권이전등기**

(b) 동산: **인도**

(c) 동산의 점유를 내용으로 하는 권리(지상권 등): **등기 외에도 점유 이전도 필요하다.**

(d) 타인의 토지 위에 존재하는 건물 매매 시: **토지사용권(지상권·전세권·임차권 등)도 함께 이전해야한다.**

(e) 종물·종된 권리도 특약 없으면 **주된 권리와 함께 이전**해야 한다.

③ **동시이행관계**

매도인의 소유권이전 및 인도의무는 매수인의 **대금지급의무와 동시이행관계**에 있나(민법 제568조 제2항).

부동산에 가압류·저당권 등이 있는 경우, **매도인은 해당 등기까지 말소하여 완전한 권리를 이전할 의무**가 있다. 이 의무는 매수인의 잔대금지급의무와 **동시이행관계**에 있다.[237]

---

237) 대법원 1991.9.10. 선고 91다6368 판결

(2) 과실수취권

> 제587조【과실의 귀속, 대금의 이자】매매계약 있은 후에도 인도하지 아니한 목적물로부터 생긴 과실은 매도인에게 속한다. 매수인은 목적물의 인도를 받은 날로부터 대금의 이자를 지급하여야 한다. 그러나 대금의 지급에 대하여 기한이 있는 때에는 그러하지 아니하다.

① 계약 체결 후 인도 전까지의 과실은 매도인에게 귀속된다.
② 대금 완납 후에는 인도 전이라도 과실은 매수인에게 귀속된다(민법 제587조).
③ 천연과실은 원물에서 분리된 시점, 법정과실은 권리 존속기간 비례에 따라 귀속된다(제102조).

2. 매수인의 의무

(1) 대금지급의무

① 의의
매수인은 매도인의 재산권 이전의 대가로 **대금을 지급할 의무를** 부담한다(제568조 제1항).

② 대금지급장소
원칙적으로 채권자의 현주소지에서 지급한다.(제467조 제2항). **인도와 동시 이행인 경우**, 인도장소에서 지급해야 한다(제586조).

③ 이자 지급의무
매수인은 **인도일로부터 이자를** 지급해야 한다(제587조 후단). **대금지급 기한이 정해져 있는 경우 이자를 지급할 필요는 없다**(제587조 후단 단서).

④ 대금지급 거절권
   (a) 매매목적물에 대해 권리 주장자가 있는 경우, **위험의 한도 내에서 대금 전부 또는 일부의 지급을 거절할 수 있다**(제588조). 단, 매도인이 **상당한 담보를 제공하는 경우 거절이 불가하다**(제588조 단서).
   (b) 매수인이 대금지급을 거절하는 경우 매도인은 대금 **공탁을 청구할 수 있다**(제589조).
   (c) 판례: 부동산매매계약에 있어 특별한 약정이 없는 한 매수인은 그 부동산에 설정된 근저당권설정등기가 있어 완전한 소유권이전을 받지 못할 우려가 있으면 그

근저당권의 말소등기가 될 때까지 그 등기상의 담보한도금액에 상당한 대금지급을 거절할 수 있다.[238]

(2) 목적물 수령의무
① 다수설 및 판례는 매수인에게 신의칙상 수령의무를 인정함.
② 수령거부 시 **채권자지체**, 이로 인해 **계약 해제 또는 손해배상 책임 발생 가능**

3. 매매계약 비용의 부담
(1) 계약비용의 부담 원칙
① **민법 제566조**는 "매매계약에 관한 비용은 당사자 쌍방이 균분하여 부담한다"고 규정하고 있다.
② 여기서 말하는 매매계약에 관한 비용이란, **계약서 작성비, 감정평가비, 측량비** 등을 의미하며, 이는 **계약 체결과 직접적으로 관련된 준비비용**이다.
③ 이 규정은 **임의규정**이므로, 당사자 일방이 전부 부담하기로 하는 약정을 두는 것도 유효하다.

(2) 등기비용의 부담 관행
① 부동산 매매에 따른 소유권이전등기비용은 매도인의 소유권이전의무 이행에 필요한 **변제비용**에 해당하지만, 실무상으로는 일반적으로 **매수인이 부담하는 것이 관행**으로 자리잡고 있다.
② 따라서 등기비용은 제566조에 따른 **계약체결비용에는 포함되지 않으며**, 이는 **실제 거래 관행**에 따라 달리 처리된다.

---

[238] 대법원 1988.9.27. 선고 87다카1029 판결

II. 매도인의 담보책임

1. 서설

(1) 의의
매도인의 담보책임이란, 매매 목적물인 **권리 또는 물건에 하자가 있는 경우**에 매도인이 매수인에게 부담하는 책임을 말한다. 이는 매매계약의 **유상성**에 기초하여 매수인을 보호하고 거래의 안전을 보장하기 위한 제도이다.

(2) 법적 성질
① **법정책임**으로서 당사자의 약정이 없어도 법률상 당연히 발생하며, **무과실책임**이므로 매도인의 고의·과실과 무관하게 성립한다.
② **임의규정**이므로, 담보책임의 가중·감경·면제에 관한 특약도 유효하다.
　　다만, 매도인이 알고도 고지하지 않거나 제3자에게 권리를 설정한 경우에는 면책되지 않는다.

(3) 구분
담보책임은 하자의 유형에 따라 아래와 같이 나눌 수 있다.
(a) **권리의 하자**
(b) **물건의 하자(하자담보책임)**
(c) **경매에서의 담보책임**
(d) **채권의 매매에서의 담보책임**

2. 권리의 하자에 대한 담보책임

(1) 권리의 전부가 타인에게 속하는 경우

> 제569조【타인의 권리의 매매】매매의 목적이 된 권리가 타인에게 속한 경우에는 매도인은 그 권리를 취득하여 매수인에게 이전하여야 한다.
> 제570조【동전-매도인의 담보책임】전조의 경우에 매도인이 그 권리를 취득하여 매수인에게 이전할 수 없는 때에는 매수인은 계약을 해제할 수 있다. 그러나 매수인이 계약 당시 그 권리가 매도인에게 속하지 아니함을 안 때에는 손해배상을 청구하지 못한다.

① **요건**

매매의 목적이 된 <u>권리가 **전부 타인의 권리**</u>인 경우에 해당한다(민법 제569조). 이 경우 매도인은 그 권리를 취득하여 매수인에게 이전할 의무를 부담한다. 다만, **이를 이행하지 못할 경우 계약은 해제되고 손해배상 책임이 발생한다**(제570조).

② **담보책임의 내용**

(a) **계약해제권**: <u>매수인은 선의·악의를 불문하고 계약을 해제</u>할 수 있다.

(b) **손해배상청구권**: <u>매수인이 선의일 경우 인정</u>된다. 손해배상은 **이행이익의 배상**이 원칙이다.

③ **특칙**: 선의의 매도인이 권리가 자기에게 속하지 않음을 몰랐고 그 권리를 취득하지 못한 경우, 매수인에게 손해배상을 한 후 계약을 해제할 수 있다(제571조). 매수인이 악의일 경우, 통지 후 계약 해제만 가능하다.

(2) 권리의 일부가 타인에게 속하는 경우

> 제572조【권리의 일부가 타인에게 속한 경우와 매도인의 담보책임】① 매매의 목적이 된 권리의 일부가 타인에게 속함으로 인하여 매도인이 그 권리를 취득하여 매수인에게 이전할 수 없는 때에는 매수인은 그 부분의 비율로 대금의 감액을 청구할 수 있다.
> ② 전항의 경우에 잔존한 부분만이면 매수인이 이를 매수하지 아니하였을 때에는 선의의 매수인은 계약 전부를 해제할 수 있다.
> ③ 선의의 매수인은 감액청구 또는 계약해제 외에 손해배상을 청구할 수 있다.
> 제573조【전조의 권리행사의 기간】전조의 권리는 매수인이 선의인 경우에는 사실을 안 날로부터, 악의인 경우에는 계약한 날로부터 1년 내에 행사하여야 한다.

① **요건**

매매 목적물 중 일부가 타인에게 속하여 매도인이 그 권리를 이전하지 못한 경우이다(제572조).

② **담보책임의 내용**

(a) <u>**대금감액청구권**</u>: <u>선의·악의를 불문하고 가능.</u>

(b) **계약해제권**: <u>선의의 매수인이 잔존부분만이면 매수하지 않았을 경우 전체 계약을 해제</u> 가능.

(c) **손해배상청구권**: 선의인 경우 인정.
③ 제척기간: 선의인 경우 **사실 안 날로부터 1년**, 악의인 경우 **계약일로부터 1년** 이내 행사해야 한다(제573조).

(3) 수량부족·일부멸실의 경우

> 제574조【수량부족, 일부멸실의 경우와 매도인의 담보책임】전2조의 규정은 수량을 지정한 매매의 목적물이 부족되는 경우와 매매목적물의 일부가 계약 당시에 이미 멸실된 경우에 매수인이 그 부족 또는 멸실을 알지 못한 때에 준용한다.

① **요건**
수량을 지정한 매매계약에서 목적물의 수량이 부족하거나 일부가 계약 당시 이미 멸실되어 있었던 경우이다(제574조).

② **담보책임의 내용(선의인 경우만 인정)**
(a) **대금감액청구권**: 선의인 경우만 인정된다.
(b) **계약해제권**: 선의의 매수인이 잔존부분만이면 매수하지 않았을 경우 전체 계약을 해제 가능.
(c) **손해배상청구권**이 선의의 매수인에게 인정된다. 악의의 매수인에게는 책임이 인정되지 않는다.

③ 제척기간: 선의인 경우 **사실 안 날로부터 1년**.

(4) 제한물권(용익물권)에 의해 제한되는 경우

> 제575조【제한물권 있는 경우와 매도인의 담보책임】① 매매의 목적물이 지상권, 지역권, 전세권, 질권 또는 유치권의 목적이 된 경우에 매수인이 이를 알지 못한 때에는 이로 인하여 계약의 목적을 달성할 수 없는 경우에 한하여 매수인은 계약을 해제할 수 있다. 기타의 경우에는 손해배상만을 청구할 수 있다.
> ② 전항의 규정은 매매의 목적이 된 부동산을 위하여 존재할 지역권이 없거나 그 부동산에 등기된 임대차계약이 있는 경우에 준용한다.
> ③ 전2항의 권리는 매수인이 그 사실을 안 날로부터 1년 내에 행사하여야 한다.

① **요건**

목적물에 지상권, 전세권, 유치권, 지역권 등의 **제한물권**이 설정되어 있어 매수인이 목적물의 사용·수익을 제한받는 경우이다(제575조).

② **담보책임의 내용(선의인 경우만 인정)**
  (a) **계약해제권**: 선의의 매수인이 계약 목적을 달성할 수 없는 경우 가능.
  (b) **손해배상청구권**: 선의의 매수인은 계약 목적 달성여부를 불문하고 항상 가능.
  (c) 대금감액청구권은 인정되지 않는다.

③ 제척기간: 선의의 매수인은 **사실 안 날로부터 1년** 이내 행사.

(5) 저당권 또는 전세권 등의 실행으로 소유권을 상실한 경우

> 제576조【저당권, 전세권의 행사와 매도인의 담보책임】① 매매의 목적이 된 부동산에 설정된 저당권 또는 전세권의 행사로 인하여 매수인이 그 소유권을 취득할 수 없거나 취득한 소유권을 잃은 때에는 매수인은 계약을 해제할 수 있다.
> ② 전항의 경우에 매수인의 출재로 그 소유권을 보존한 때에는 매도인에 대하여 그 상환을 청구할 수 있다.
> ③ 전2항의 경우에 매수인이 손해를 받은 때에는 그 배상을 청구할 수 있다.
> 제577조【저당권의 목적이 된 지상권, 전세권의 매매와 매도인의 담보책임】 전조의 규정은 저당권의 목적이 된 지상권 또는 전세권이 매매의 목적이 된 경우에 준용한다.

① **요건**

매매 목적 부동산에 저당권 또는 전세권이 설정되어 있고, **그 실행으로 인해 매수인이 소유권을 취득하지 못하거나 상실한 경우**(제576조, 제577조).

② **담보책임의 내용**
  (a) **계약해제권**: 선의·악의를 불문하고 가능.
  (b) **손해배상청구권**: 선의·악의를 불문하고 가능.
  (c) **출재액상환청구권**: 매수인이 자비로 소유권을 보존한 경우 매도인에게 청구 가능.

③ 제척기간: **제척기간 없음**.

3. 물건의 하자에 대한 담보책임(하자담보책임)

> 제580조【매도인의 하자담보책임】① 매매의 목적물에 하자가 있는 때에는 제575조 제1항의 규정을 준용한다. 그러나 매수인이 하자 있는 것을 알았거나 과실로 인하여 이를 알지 못한 때에는 그러하지 아니하다.
>
> 제581조【종류매매와 매도인의 담보책임】① 매매의 목적물을 종류로 지정한 경우에도 그 후 특정된 목적물에 하자가 있는 때에는 전조의 규정을 준용한다.
> ② 전항의 경우에 매수인은 계약의 해제 또는 손해배상의 청구를 하지 아니하고 하자 없는 물건을 청구할 수 있다.
> ② 전항의 규정은 경매의 경우에 적용하지 아니한다.
>
> 제582조【전2조의 권리행사기간】전2조에 의한 권리는 매수인이 그 사실을 안 날로부터 6월 내에 행사하여야 한다.

(1) 개념 및 성질

매매의 목적물이 <u>하자(瑕疵)</u> 있는 특정물 또는 종류물일 경우, 매도인은 매수인에 대해 일정한 담보책임을 진다(민법 제580조 이하). 이 하자는 **품질 또는 성능상 결함**, 즉 현실 상태와 계약상 기대 상태 간의 **불일치**를 의미한다.

담보책임은 매도인의 **고의·과실을 불문한 무과실책임**이며, **특정물**과 **종류물**에 따라 책임 내용이 구분된다.

(2) 요건

① 매매 목적물에 하자가 존재할 것
  - 하자의 존재 판단 시점은 <u>**계약 체결 시**</u>이다.
  - <u>**법률적 제한이나 장애**</u>(예: 토지인근에 1급 국가하천이 흐르고 있어 근린생활시설 용도변경 불가)도 포함한다는 것이 판례의 태도다.

② 매수인이 <u>선의이며 과실이 없을 것</u>
  - 악의 또는 과실 있는 매수인은 담보책임을 주장할 수 없다.
  - 매도인이 이를 입증하여야 한다.

③ 경매의 경우 적용 제외
- 하자담보책임은 <u>경매에서의 물건하자에 대해서는 적용되지 않는다</u>(제580조 제2항).

(3) 책임의 내용
① **특정물의 하자**(민법 제580조)
  (a) **계약해제권**: <u>하자로 인해 계약의 목적을 달성할 수 없을 경우</u>
  (b) **손해배상청구권**: <u>계약의 목적은 달성 가능하지만 손해 발생 시</u>
  (c) **제척기간**: 하자를 <u>안 날로부터 6개월</u> 이내 행사하여야 한다(제582조)
② **종류물의 하자**(민법 제581조)
  (a) **계약해제권**: 하자로 인해 계약의 목적을 달성할 수 없는 경우
  (b) **손해배상청구권**: 계약해제권과 병행 가능
  (c) **완전물급부청구권**: 해제·손배청구 대신 <u>하자 없는 물건의 급부 청구 가능</u>
  (d) **제척기간**: 위와 동일하게 <u>6개월 이내 행사</u>

(4) 사례
- **특정물 예시**: 인도받은 건물에 심각한 균열과 누수가 있는 경우
- **종류물 예시**: 구매한 스마트폰이 카메라가 작동하지 않는 경우

4. 경매에서의 담보책임

> 제578조【경매와 매도인의 담보책임】① 경매의 경우에는 경락인은 전8조의 규정에 의하여 채무자에게 계약의 해제 또는 대금감액의 청구를 할 수 있다.
> ② 전항의 경우에 채무자가 자력이 없는 때에는 경락인은 대금의 배당을 받은 채권자에 대하여 그 대금전부나 일부의 반환을 청구할 수 있다.
> ③ 전2항의 경우에 채무자가 물건 또는 권리의 흠결을 알고 고지하지 아니하거나 채권자가 이를 알고 경매를 청구한 때에는 경락인은 그 흠결을 안 채무자나 채권자에 대하여 손해배상을 청구할 수 있다.

(1) 개요

경매에서도 매수인(=경락인)의 보호를 위해 **일정한 담보책임**이 인정된다(민법 제578조). 다만 **물건의 하자**는 원칙적으로 담보책임이 인정되지 않으며, **권리의 하자**에만 제한적으로 책임을 진다.

(2) 담보책임의 성립요건
  ① **유효한 경매절차일 것**
   - 예: 경매의 전제가 되는 채권이 무효일 경우에는 담보책임이 부정된다.
  ② **권리의 하자가 존재할 것**
   - 예: 낙찰된 부동산에 제3자의 권리가 존재함
  ③ **물건의 하자는 원칙적으로 책임 부정**
   - 예외: 채무자 또는 채권자가 고의로 하자를 알리지 않은 경우

(3) 담보책임의 내용
  (a) **계약해제권 또는 대금감액청구권**
   - 권리의 하자가 있는 경우, 경락인은 채무자에게 해제 또는 감액청구 가능
  (b) **배당금 반환청구권**
   - 채무자가 무자력일 경우, 경락인은 **배당금 수령자인 채권자**에게 반환 청구 가능
  (c) **손해배상청구권**
   - 채무자 또는 채권자가 **권리의 하자를 알면서 고지하지 않은 경우**, 손해배상 가능
   - 판례: 강제경매의 채무자가 낙찰대금지급기일 직전에 선순위 근저당권을 소멸시켜 후순위 임차권의 대항력을 존속시키고도 이를 낙찰자에게 고지하지 아니하여 낙찰자가 대항력 있는 임차권의 존재를 알지 못한 채 낙찰대금을 지급한 경우, 채무자가 민법 제578조 제3항의 손해배상책임을 부담한다.[239]

---

239) 대법원 2003.4.25. 선고 2002다70075 판결

5. 채권매매에서의 담보책임

> 제579조【채권매매와 매도인의 담보책임】① 채권의 매도인이 채무자의 자력을 담보한 때에는 매매계약 당시의 자력을 담보한 것으로 추정한다.
> ② 변제기에 도달하지 아니한 채권의 매도인이 채무자의 자력을 담보한 때에는 변제기의 자력을 담보한 것으로 추정한다.

(1) 개념
채권이 매매의 목적일 경우, 매도인은 채권의 **존재**와 **내용**에 대해 담보책임을 지며, 채무자의 자력(변제능력)은 원칙적으로 책임지지 않는다. 다만, 자력담보의 특약이 있는 경우에는 이에 대한 책임이 인정된다.

(2) 책임의 내용
- 채권매도인이 담보한 자력이 없거나 부족하여 **채권을 회수하지 못한 경우**, 매수인은 그 **불이행 부분에 대해 손해배상을 청구할 수 있다.**

6. 담보책임의 관련 쟁점

(1) 동시이행관계
매도인의 담보책임에 기한 **손해배상 또는 반환의무**와, 매수인의 **목적물 반환의무**는 **동시이행관계**에 있다(민법 제583조).

(2) 사기와의 관계
매도인의 기망행위로 인해 매수인이 착오에 빠져 하자있는 물건임을 알지 못하고 계약한 경우에는 **사기로 인한 취소**와 **담보책임**이 경합한다.
- **선택적으로 행사 가능**
- 사기와 담보책임은 요건이 다르므로 병합 주장도 가능

제3관 환매

I. 의의

> 제590조【환매의 의의】① 매도인이 매매계약과 동시에 환매할 권리를 보류한 때에는 그 영수한 대금 및 매수인이 부담한 매매비용을 반환하고 그 목적물을 환매할 수 있다.
> ② 전항의 환매대금에 관하여 특별한 약정이 있으면 그 약정에 의한다.
> ③ 전2항의 경우에 목적물의 과실과 대금의 이자는 특별한 약정이 없으면 이를 상계한 것으로 본다.

1. 개념

(1) **환매**란 매도인이 매매계약과 동시에 일정한 특약으로 **환매권을 유보**하고, 일정 기간 내에 매매대금 및 매수인이 부담한 비용을 반환함으로써 매매 목적물을 다시 사오는 것을 말한다(제590조 제1항).

(2) 환매는 **형성권**으로서, 환매권자가 일방적 의사표시와 **환매대금의 제공**으로 효력이 발생한다.

(3) 환매는 일반적으로 **재산권의 일종**으로서 **양도 및 상속이 가능**하고, **채권자대위권의 객체**가 될 수도 있다(제593조).

(4) 환매는 실무상 담보 목적(매도담보)으로 사용되는 경우도 많아, 「가등기담보 등에 관한 법률」의 적용이 병행될 수 있다.

2. 환매와 재매매의 예약의 관계

(1) 환매는 일반적으로 **재매매의 예약 중 일방예약의 한 유형**으로 본다.

(2) 환매는 매도인이 권리를 유보하여 매도한 후, 일정한 기간 내에 다시 매수할 수 있도록 하는 점에서 예약완결권의 행사로 볼 수 있다.

(3) 그러나 환매는 매매계약과 **동시에 체결되어야 유효**하고, 기간 제한이 있으며, 일정한 등기 형식이 요구된다는 점에서 재매매 예약과 구별된다.

II. 요건 및 성립요건

1. 목적물
환매의 목적물에는 제한이 없으므로, **부동산, 동산, 채권, 지식재산권** 등 모든 재산권이 될 수 있다.

2. 환매특약의 시기
환매 특약은 반드시 **매매계약과 동시에** 체결되어야 하며, 이후에 체결된 경우에는 단지 **재매매의 예약**에 불과하다.

3. 환매대금
(1) **원칙**: 환매대금은 **매매대금 + 매수인이 부담한 매매비용**이다(제590조 제1항).
(2) **예외**: **별도의 약정이 있는 경우**에는 그 약정이 우선한다(제590조 제2항).
(3) **과실과 이자**: 특별한 약정이 없는 한, **목적물의 과실과 대금의 이자는 상계된 것으로 본다**(제590조 제3항).

4. 환매기간

> 제591조【환매기간】① 환매기간은 부동산은 5년, 동산은 3년을 넘지 못한다. 약정기간이 이를 넘는 때에는 부동산은 5년, 동산은 3년으로 단축한다.
> ② 환매기간을 정한 때에는 다시 이를 연장하지 못한다.
> ③ 환매기간을 정하지 아니한 때에는 그 기간은 부동산은 5년, 동산은 3년으로 한다.

(1) **부동산: 5년을 초과할 수 없음**, 초과 시 5년으로 단축(제591조 제1항).
(2) **동산: 3년을 초과할 수 없음**, 초과 시 3년으로 단축(동조).
(3) **환매기간을 정하지 않은 경우**에도 위와 동일하게 부동산은 5년, 동산은 3년으로 본다(제591조 제3항).
(4) **환매기간의 연장은 불가능**하다(제591조 제2항).
(5) 환매기간의 기산점은 특약이 성립한 **계약 체결 시**이며, 이를 달리 정한 특약은 **무효**로서 제591조 제3항이 적용된다.

5. 환매권 등기

(1) 부동산의 경우, 소유권이전등기와 동시에 환매권보류의 부기등기를 해야 제3자에 대한 대항력이 인정된다(제592조).
(2) 등기가 없는 경우, 제3자에게는 대항할 수 없으며, 다만 매도인과 매수인 간에는 효력이 있다.

III. 환매권의 행사

> 제594조【환매의 실행】① 매도인은 기간 내에 대금과 매매비용을 매수인에게 제공하지 아니하면 환매할 권리를 잃는다.
> ② 매수인이나 전득자가 목적물에 대하여 비용을 지출한 때에는 매도인은 제203조의 규정에 의하여 이를 상환하여야 한다. 그러나 유익비에 대하여는 법원은 매도인의 청구에 의하여 상당한 상환기간을 허여할 수 있다.

1. 행사의 방식 및 요건

(1) 환매권의 행사는 의사표시만으로 부족하고, 반드시 환매대금을 현실로 제공해야 한다.
(2) 환매는 형성권으로서, 상대방의 동의나 승낙은 필요하지 않다.

2. 환매권의 이전 및 대위행사

(1) 환매권은 재산권이므로, 양도 및 상속이 가능하다.
(2) 환매권이 등기된 경우에는 부기등기 방식으로 양도할 수 있으며, 등기가 없는 경우에는 채권양도의 대항요건(제450조)을 갖추어야 한다.
(3) 채권자대위권의 객체가 될 수 있다. 단, 이 경우 매수인은 법원이 선정한 감정가액에서 환매대금을 공제한 나머지 금액을 변제받을 권리가 있음(제593조).

3. 환매권의 행사 상대방

(1) 등기된 환매권은 전득자에 대해서도 행사할 수 있다.
(2) 이때 환매의 의사표시와 환매대금의 제공은 전득자에게 직접 해야 한다.
(3) 단, 환매권 행사 후 소유권을 회복하려면 등기를 필요로 하며, 이를 이행하지 않으면

제3자에 대한 대항력이 없다.[240]

4. 공유지분의 환매

(1) 공유자 1인이 자신의 지분을 환매특약과 함께 매도한 경우, **분할이나 경매로 인한 대금 또는 지분에 대해 환매 가능**하다(제595조 본문).
(2) 단, 매수인이 분할이나 경매 사실을 매도인에게 **통지하지 않은 경우, 매도인에게 그 효력을 주장할 수 없다**(제595조 단서).

IV. 환매의 효과

1. 매매계약의 성립

(1) 환매권의 행사로 **제2의 매매계약이 성립**한다는 것이 **다수설**이며, 원 매매와는 별개의 법률행위로 본다.
(2) 부동산의 경우에는 **소유권이전등기**를 해야 환매효과가 완성된다.

2. 환매로 인한 권리의 소멸

(1) 환매권의 행사로 인해 **그 이후 성립된 제한물권(근저당권, 전세권 등)은 모두 소멸**한다.
(2) **법정지상권은 성립하지 않는다.** 환매특약이 존재한 상태에서 건물을 신축한 경우, 환매권자가 환매하면 **건물 철거를 예상할 수 있는 상태였으므로 법정지상권은 인정되지 않는다.**[241]

3. 과실과 이자의 상계

특별한 약정이 없으면 **환매권자(매도인)는 매수인이 수취한 과실을 반환받을 수 없으며, 매수인도 대금의 이자를 청구할 수 없다**(제590조 제3항).

4. 비용상환

매수인이 환매 대상물에 지출한 비용 중 **필요비 및 유익비에 대해 매도인은 점유자의**

---

240) 대법원 1994.10.25. 선고 94다35527 판결
241) 대법원 2010.11.25. 선고 2010두16431 판결

비용상환청구권에 따라 상환해야 하며, 유익비는 법원이 **상당한 상환기간을 허여할 수 있다**(제594조).

V. 기타사항

1. 환매권의 소멸시효

환매권 행사 자체는 환매기간 내에 해야 하나, **환매권 행사로 발생한 소유권이전청구권은 행사 시점으로부터 10년간의 소멸시효**가 적용된다.

2. 환매와 재매매예약의 비교

구분	환매	재매매의 예약
특약 시기	매매계약과 **동시에** 체결	시기의 제한 없음
환매/재매매 대금	**매매대금 + 매매비용**	제한 없음
존속기간	부동산: **5년**, 동산: **3년** 이내	제한 없음
등기 여부	**부동산의 경우 등기 필요**	가등기 가능, 본등기 요건은 예약완결권 행사 필요
행사방식	**대금 제공 필요**	대금 제공 요건 없음

제2절 교환

I. 의의

> 제596조【교환의 의의】 교환은 당사자 쌍방이 금전 이외의 재산권을 상호 이전할 것을 약정함으로써 그 효력이 생긴다.

(1) 교환이란 당사자 **쌍방이 금전 이외의 재산권을 상호 이전할 것을 약정함으로써 성립하는 계약**이다(제596조).
(2) 교환은 **쌍무, 유상, 낙성, 불요식 계약**으로서, 계약의 기본적 성질은 매매와 유사하나, **반대급부가 금전이 아닌 재산권**이라는 점에서 매매와 구별된다.
(3) 교환의 목적물은 원칙적으로 모든 **재산권**이 될 수 있으나, **노무의 제공이나 일의 완성과 같은 비재산권적 행위**는 교환의 대상이 될 수 없다.

II. 성립요건

1. 의사표시의 합치

교환은 금전 외의 재산권을 상호 이전한다는 당사자의 의사의 합치만으로 성립하며, 별도의 형식은 필요 없다.

2. 목적물의 요건

(1) 교환계약의 목적물은 반드시 금전 이외의 재산권이어야 하며, **한 쪽이 금전을 급부하는 경우에는 그 계약은 매매로 전환**된다.
(2) 다만, 쌍방이 재산권을 이전하면서 **일방이 상대방에게 일정한 금액을 보충하여 지급하는 경우**에는 여전히 교환으로 본다.
(3) 이때 지급되는 금전을 보충금(補充金)이라 하며, 이는 **교환 목적물의 가액이 동일하지 않은 경우 차액을 보전하기 위한 것**이다.
(4) **보충금에 대해서는 매매에 관한 규정이 준용**된다(제597조).
(5) 판례에 따르면, **일방이 교환 목적물의 차액에 해당하는 금원을 지급하는 대신, 상대방으로부터 이전받을 목적물에 관한 피담보채무를 인수하기로 약정한 경우**, 차액을

제외한 나머지 재산권을 이전함으로써 **교환계약상의 의무를 다한 것으로 본다**.[242]

III. 효력

1. 계약의 일반적 효력
(1) 교환도 매매와 마찬가지로 **유상계약**이므로, 매매에 관한 규정이 **준용**된다(제567조). 따라서 당사자 쌍방은 담보책임을 비롯한 제반 의무를 부담한다.
(2) 교환은 **쌍무계약**이므로, **동시이행항변권**(제536조), **위험부담**(제537조, 제538조)과 관련한 규정도 적용된다.

2. 담보책임
교환목적물에 **하자가 있는 경우**, 교환당사자는 매도인과 동일한 담보책임을 부담한다.

3. 동시이행항변권 및 위험부담의 적용
(1) 당사자 일방이 **교환계약에 따라 건물의 소유권을 이전받았으나**, 제3자 명의로 소유권이전등기가 되고 그 제3자가 점유하게 되어 반환이 불가능한 경우, 상대방의 **손해배상청구권과 반환청구권은 동시이행관계에 있다**.[243]
(2) 이는 쌍무계약의 성질상 **서로의 급부가 조건부로 연결되어 있음**을 의미한다.

4. 사기의 문제
교환계약에서 일방이 **자신의 목적물의 시가를 묵비하거나 시가보다 높게 허위 고지**하였다고 하더라도, 이는 **상대방의 의사결정에 불법적인 간섭을 한 것으로 보기 어렵다**는 것이 판례의 입장이다.[244] 따라서 일반적으로 **사기로 인한 의사표시의 하자로 인정**되기 어렵다.

---

242) 대법원 1998.7.24. 선고 98다13877 판결
243) 대법원 1965.11.30. 선고 65다1805 판결
244) 대법원 2002.9.4. 선고 2000다54406, 54413 판결

제3절 임대차

I. 임대차의 의의 및 성질

1. 의의

> 제618조【임대차의 의의】 임대차는 당사자 일방이 상대방에게 목적물을 사용, 수익하게 할 것을 약정하고 상대방이 이에 대하여 차임을 지급할 것을 약정함으로써 그 효력이 생긴다.

임대차란 **당사자 일방(임대인)이 상대방(임차인)에게 목적물을 사용·수익하게 할 것을 약정하고**, 상대방이 이에 대해 **차임을 지급할 것을 약정함**으로써 성립하는 계약을 말한다(제618조).

2. 법적 성질

(1) 임대차는 **쌍무·유상·낙성·불요식계약**이다. 따라서 계약은 당사자 간의 의사합치만으로 성립하며, 형식을 요하지 않는다.

(2) 임대차는 **계속적 계약**으로서 목적물의 사용·수익이 일정 기간 동안 지속적으로 이루어진다.

(3) 임대차의 **목적물은 물건**에 한하며, **유체물**로서 사용·수익에 의해 소모되지 않아야 한다. 전기나 가스, 관리 가능한 자연력 등은 원칙적으로 임대차의 대상이 될 수 없다.

(4) **임대인이 목적물의 소유자일 필요는 없다.** 따라서 타인의 물건을 임대한 경우에도 임대차는 유효하며, 소유자가 아니더라도 유효한 임대차계약이 성립할 수 있다. 따라서 타인소유의 부동산을 임대한 것이 착오로 임대차계약을 해지할 사유는 될수 없다.[245]

(5) 임대차와 유사한 계약으로는 **시설대여(리스)계약**이 있으며, 이는 대여 시설을 취득하는 데 소요되는 자금에 관한 금융의 편의를 제공하는 것을 본질적인 내용으로 하는 물적 금융의 성격이 강하여 민법상 임대차규정이 적용되지 않는다.[246]

---

245) 대법원 1975.1.28. 선고 74다2069 판결
246) 대법원 1997.10.24. 선고 97다27107 판결

II. 임차권의 물권화와 보호

1. 임차권의 대항력

> 제621조【임대차의 등기】① 부동산임차인은 당사자 간에 반대 약정이 없으면 임대인에 대하여 그 임대차등기절차에 협력할 것을 청구할 수 있다.
> ② 부동산임대차를 등기한 때에는 그 때부터 제3자에 대하여 효력이 생긴다.
> 제622조【건물등기 있는 차지권의 대항력】① 건물의 소유를 목적으로 한 토지임대차는 이를 등기하지 아니한 경우에도 임차인이 그 지상건물을 등기한 때에는 제3자에 대하여 임대차의 효력이 생긴다.
> ② 건물이 임대차기간 만료전에 멸실 또는 후폐한 때에는 전항의 효력을 잃는다.

(1) 제621조: 등기된 임차권은 제3자에게 대항 가능하다. 등기청구권은 반대약정이 없을 때만 인정된다.
(2) 제622조: 건물등기를 한 경우 토지임차권에도 대항력이 발생한다. 단, **건물등기가 토지 소유권 이전등기보다 먼저 있어야 한다.**
(3) 건물 멸실·후폐 시 대항력은 소멸한다.

2. 특별법에 의한 보호
(1) 주택임대차: **주민등록 + 인도**로 대항력 발생(「주택임대차보호법」 제3조).
(2) 상가건물임대차: **사업자등록 + 인도**로 대항력 발생(「상가건물임대차보호법」 제3조).

3. 방해제거청구권
임차인이 대항요건을 갖춘 경우, 임차권 자체에 기초한 물권적 청구권으로 **방해배제청구가 가능**하다. 대항력이 없더라도 점유권이나 임대인의 소유권에 기한 **대위 행사가 가능**하다.

III. 임대차의 성립

1. 합의에 의한 성립
임대차는 **낙성계약**으로서 당사자 간의 합의만으로 성립하며, 차임의 약정이 필수요소이다. 차임은 금전 외에도 실물(곡물 등)로 대체될 수 있다.

2. 법률규정에 의한 성립
예외적으로 **법률에 의해 성립되는 임대차**가 있다. 예컨대, 농지법 제20조에 따라 시장·군수 등이 유휴농지에 대해 대리경작자를 지정하는 경우 **임대차가 성립한 것으로 본다**.

IV. 임대차의 존속기간

1. 존속기간의 약정이 있는 경우
(1) 민법상 **최장존속기간의 제한은 폐지**되어 자유롭게 기간을 정할 수 있다(과거 20년 제한은 위헌결정으로 폐지됨).
(2) **최단기간에 대해서는 민법상 규정은 없지만**, 다음과 같은 특별법상 규제가 존재한다.
   ① 「**주택임대차보호법**」: 2년 미만으로 약정한 임대차는 **2년**으로 본다. 다만, 임차인은 단기의 유효함을 주장할 수 있다.
   ② 「**상가건물임대차보호법**」: 1년 미만으로 약정한 임대차는 **1년**으로 본다.

2. 존속기간의 약정이 없는 경우

> 제635조【기간의 약정 없는 임대차의 해지통고】① 임대차기간의 약정이 없는 때에는 당사자는 언제든지 계약해지의 **통고**를 할 수 있다.
> ② 상대방이 전항의 통고를 받은 날로부터 다음 각 호의 기간이 경과하면 해지의 효력이 생긴다.
> 1. 토지, 건물 기타 공작물에 대하여는 임대인이 해지를 통고한 경우에는 6월, 임차인이 해지를 통고한 경우에는 1월
> 2. 동산에 대하여는 5일

제635조에 따라 당사자는 언제든지 계약의 **해지통고**를 할 수 있으며, 다음과 같은 기한이 경과하면 효력이 발생한다.

구분	해지 통고자	효력 발생 시점
부동산 임대차	임대인	6개월 경과 후
부동산 임대차	임차인	1개월 경과 후
동산 임대차	양 당사자	5일 경과 후

3. 법정갱신(묵시적 갱신)

(1) 임대차기간 만료 후 임차인이 **계속 사용·수익하고**, 임대인이 **상당 기간 이의하지 않은 경우**, 전 임대차와 동일 조건으로 갱신된 것으로 본다(제639조).

(2) 단, **존속기간은 약정 없는 것으로** 간주되므로 해지통고가 가능하다.

(3) 민법 제639조 제1항의 묵시의 갱신은 임차인의 신뢰를 보호하기 위하여 인정되는 것이고, 이 경우 제639조 제2항에 의해 **제3자가 제공한 담보**는 담보를 제공한 자의 예상하지 못한 불이익을 방지하기 위해 **소멸**한다. 다만, 민법 제639조 제2항은 당사자들의 합의에 따른 임대차 기간연장의 경우에는 적용되지 않는다.[247]

V. 임대차의 효력

1. 임대인의 의무

> 제623조【임대인의 의무】임대인은 목적물을 임차인에게 인도하고 계약존속 중 그 사용, 수익에 필요한 상태를 유지하게 할 의무를 부담한다.
>
> 제624조【임대인의 보존행위, 인용의무】임대인이 임대물의 보존에 필요한 행위를 하는 때에는 임차인은 이를 거절하지 못한다.
>
> 제625조【임차인의 의사에 반하는 보존행위와 해지권】임대인이 임차인의 의사에 반하여 보존행위를 하는 경우에 임차인이 이로 인하여 임차의 목적을 달성할 수 없는 때에는 계약을 해지할 수 있다.

---

247) 대법원 2005.4.14. 선고 2004다63293 판결

(1) **목적물 인도의무**: 임차인이 사용·수익할 수 있도록 목적물을 인도해야 한다(제623조 전단).
(2) <u>유지수선의무</u>: 계약기간 동안 **사용·수익에 적합한 상태**를 유지할 의무가 있다(제623조 후단). 단, 소규모 수선에 대한 면제특약은 유효하나, 대파손의 수리, 건물의 주요 구성부분에 대한 대수선, 기본적 설비부분의 교체 등과 같은 **대규모의 수선은 이에 포함되지 아니하고 여전히 임대인이 그 수선의무를 부담**한다.[248]
(3) **보존행위의 수인의무**: 임대인이 보존행위를 할 경우, 임차인은 이를 거절할 수 없다. 그러나 임차 목적 달성이 불가능해지는 경우, **해지할 수 있다**(제625조).
(4) **담보책임**: 유상계약이므로 매매에 관한 담보책임 규정이 준용되며, 목적물에 하자가 있는 경우 손해배상·차임감액·계약해지 등이 가능하다.

2. 임대인의 권리

(1) <u>차임청구권</u>: 임차인이 차임을 지급하지 않으면 계약해지 가능.
(2) **차임증감청구권**: 경제사정 변동 시 장래에 대한 차임의 증감 청구 가능(제628조). 형성권이므로 청구 즉시 효력 발생.
(3) <u>계약해지권</u>: 차임 **2기 이상 연체 시 즉시 해지 가능**(민법)[249], **상가건물의 경우 3기 연체시** 해지 가능.
(4) **법정담보물권**: 토지임대인의 법정저당권, 질권 등이 인정된다.

3. 임차인의 의무

(1) **차임지급의무**: 임대차의 본질적 요소이며, 일부멸실 시 감액 청구 가능.
(2) **선관주의의무**: 반환 시까지 선량한 관리자의 주의로 목적물을 보관해야 하며, 파손 시 입증책임은 임차인에게 있다.
(3) **수선 수인의무** 및 **통지의무**: 수리가 필요한 경우나 권리주장자가 있는 경우 지체 없이 임대인에게 통지해야 한다.
(4) <u>목적물 반환의무</u>: 종료 시 원상회복하여 반환해야 하며, 부속물은 철거 가능하다.

---

248) 대법원 1994.12.9. 선고 94다34692 판결
249) 주택임대차보호법에는 차임 연체 시 계약해지 규정이 없다. 따라서 일반법인 민법에 따라 2기 이상 차임 연체시 해지가 가능하다.

4. 임차인의 권리

(1) **목적물 사용·수익권**: 계약이나 목적물의 성질에 맞는 범위 내에서 사용 가능하며, 위반 시 손해배상청구 및 계약해지가 가능하다.
(2) **대항력**: 부동산임차인이 등기를 하거나, 주택은 주민등록과 인도, 상가는 사업자등록과 인도를 통해 **제3자에 대한 대항력**을 취득한다.
(3) <u>**부속물매수청구권, 지상물매수청구권, 필요비·유익비 상환청구권**</u> 등이 인정된다.

VI. 비용상환청구권

> 제626조【임차인의 상환청구권】① 임차인이 임차물의 보존에 관한 필요비를 지출한 때에는 임대인에 대하여 그 상환을 청구할 수 있다.
> ② 임차인이 유익비를 지출한 경우에는 임대인은 임대차종료시에 그 가액의 증가가 현존한 때에 한하여 임차인의 지출한 금액이나 그 증가액을 상환하여야 한다. 이 경우에 법원은 임대인의 청구에 의하여 상당한 상환기간을 허여할 수 있다.

1. 의의 및 관련 규정

(1) <u>**비용상환청구권**</u>이란, 임차인이 임차물의 보존이나 가치 증가를 위하여 지출한 비용 중 일정한 요건을 갖춘 경우, 임대인에게 그 상환을 청구할 수 있는 권리를 말한다.
(2) 민법 제626조는 필요비와 유익비를 구분하여 상환청구권의 인정 요건과 시기, 상환범위 등을 규정하고 있으며, 이는 <u>**임의규정**</u>으로서 <u>당사자 간 특약으로 배제할 수 있다.</u>

2. 필요비상환청구권

(1) **필요비**란 임차물이 통상의 용도에 적합한 상태를 <u>유지하거나 보존</u>하기 위해 지출된 비용을 의미하며, 대표적으로 수선비, 방수처리비용, 누수보수 등이 이에 해당한다.
(2) 필요비는 임대인이 원래 부담해야 할 비용이므로, 임차인이 이를 대신 지출한 경우에는 <u>**즉시** 임대인에게 상환을 청구할 수 있다.</u> 이는 임대차의 존속 여부와 무관하다.
(3) 필요비상환청구는 비용의 **지출 즉시** 발생하므로, 제척기간(<u>임대인의 목적물 반환일로부터 6개월</u>)의 적용 대상은 아니다. 대신 소멸시효가 적용된다.
(4) 필요비에 대해서는 법원이 임대인의 청구에 따라 상환기간을 허여할 수 없으며, <u>**유치**</u>

권 행사도 가능하다.

3. 유익비상환청구권

(1) **유익비**란 임차인이 임차물의 객관적 가치를 증가시키기 위해 지출한 비용으로, 예컨대 단열설치, 간판 및 장식 설치, 설비 교체 등이 이에 해당할 수 있다.
(2) 유익비의 상환요건은 다음과 같다.
  ① 임차물의 **구성부분**이 될 정도로 물리적 결합이 이루어졌을 것
  ② **임대차가 종료**되었을 것
  ③ 유익비로 인한 **가액의 증가가 현존**하고 있을 것
  ④ 가액의 증가액 또는 임차인이 지출한 금액 중 **임대인이 선택**하여 상환
(3) 유익비상환청구권은 임대차 종료시에만 행사할 수 있으며, 법원이 임대인의 청구에 따라 **상당한 상환기간을 허여할 수 있다.**
(4) 유익비로 인한 상환청구의 경우에도 **임대인의 동의는 필요하지 않으며**, 이는 부당이득 반환의 문제로 이해된다.
(5) 임차인이 **비용상환청구권을 담보**하기 위해 유치권을 행사할 수 있다.

4. 비용상환청구의 행사 기간 및 유치권

(1) 비용상환청구권은 **임대인이 목적물을 반환받은 날로부터 6개월** 내에 행사하여야 하며, 이 기간은 **제척기간**에 해당한다.
(2) 다만, 필요비는 지출 즉시 청구 가능하므로, 이 경우 6개월의 제척기간과는 무관하게 **소멸시효**가 적용된다.
(3) 임차인은 비용상환청구권을 담보로 **유치권을 행사**할 수 있으며, 포기특약이 없는 한 유치권이 성립한다.
(4) 단, 유익비의 경우 상환기간을 허여받으면 유치권은 성립하지 않는다.

5. 비용상환청구의 상대방

(1) 원칙적으로 **임대인**이 상대방이다. 임대차 중 또는 종료 후 임대인이 임차물을 제3자에게 양도한 경우, **새로운 소유자에게는 상환청구할 수 없고**, 다만 **유치권**으로 대항할 수 있다.
(2) **임차권이 대항력을 갖춘 경우**, 그 임차권을 양수한 **신소유자에게 비용상환청구권을**

행사할 수 있다.

6. 비용상환청구권의 성질

(1) **임의규정**이므로 당사자는 특약으로 이를 배제할 수 있다.
(2) 따라서 **비용상환청구권 포기 특약**이나 **원상복구특약**은 유효하다. 임대차 종료 시 임차인이 건물을 원상복구하기로 약정한 경우, 이는 유익비상환청구권의 사전 포기로 본다.
(3) **판례**: 유익비로 증축한 부분이 임대인에게 귀속되도록 약정한 경우, 이는 **유익비상환청구권의 포기특약**으로서 효력이 있다.

VII. 건물임차인의 부속물매수청구권

> 제646조【임차인의 부속물매수청구권】 ① 건물 기타 공작물의 임차인이 그 사용의 편익을 위하여 임대인의 동의를 얻어 이에 부속한 물건이 있는 때에는 임대차의 종료시에 임대인에 대하여 그 부속물의 매수를 청구할 수 있다.
> ② 임대인으로부터 매수한 부속물에 대하여도 전항과 같다.

1. 의의 및 관련 규정

(1) 부속물매수청구권이란, 건물 기타 공작물의 임차인이 사용의 편익을 위하여 **임대인의 동의를 받아 부속시킨 물건** 또는 **임대인으로부터 매수한 부속물**이 있는 경우, 임대차 종료 시 임대인에게 그 **부속물의 매수를 청구할 수 있는 권리**를 말한다(민법 제646조).
(2) 이 청구권은 **형성권**이므로, 임차인의 일방적 의사표시에 의해 매매계약이 성립되며, 임대인의 승낙이나 동의는 불필요하다.

2. 부속물의 요건

(1) **임대인의 동의를 받아 부속된 물건**, 또는 **임대인으로부터 매수한 부속물**이어야 한다.
(2) 임차물의 구성부분이 아닌 **독립한 물건**으로, 임차인의 소유에 속하면서 **객관적으로** 건물의 사용에 편익을 주는 물건이어야 한다.
  ① **구성부분이 된 경우**에는 유익비상환청구의 대상이 되며,
  ② **독립된 부속물**인 경우에는 부속물매수청구권의 대상이 된다.

(3) **임차인의 특수 목적에만 사용되는 경우**에는 인정되지 않는다.
- 판례: 삼계탕집 경영이라는 **특수한 목적에 사용하기 위한 시설**(예: 보일러, 온돌방, 주방내부 등)은 건물의 사용에 객관적 편의를 증가시킨 것이라 할 수 없으므로 **부속물매수청구권의 대상이 되지 않는다.**[250]

3. 행사 요건과 시기
(1) **임대차가 종료된 경우**에 행사할 수 있다. 종료 사유는 존속기간 만료, 해지통고, 즉시해지 등 불문한다.
(2) 단, **임차인의 채무불이행(예: 차임 2기 이상 연체 등)으로 계약이 해지된 경우에는 부속물매수청구권이 인정되지 않는다.**
(3) **일시사용임대차의 경우, 부속물매수청구권은 인정되지 않는다.**

4. 효과
(1) **형성권**이므로 임대인의 승낙이 없더라도 임차인의 의사표시만으로 매매계약이 성립한다.
(2) **동시이행관계**가 성립하므로, 임대인은 대금 지급을 조건으로 부속물의 인도를 청구할 수 있으며, 임차인은 대금지급이 없으면 인도를 거절할 수 있다.
(3) **유치권은 성립하지 않는다.** 부속물매수대금은 임대차 목적물 자체에서 발생한 채권이 아니기 때문이다.
(4) **상대방**은 임대인 또는 임차인의 지위를 승계한 자(예: 임대차 대항요건을 갖춘 새로운 소유자)이다.

5. 규정의 성질
(1) **편면적 강행규정**으로서, 임차인에게 불리한 특약은 **무효**이다(민법 제652조).
(2) 따라서 **임차인의 부속물매수청구권을 포기하거나 배제하는 특약은 원칙적으로 효력이 없다.**
(3) 단, 건물 임대인이 임차보증금과 임료를 저렴하게 해 주는 대신 임차인이 부속물에 대한 시설비, 필요비, 권리금 등을 일체 청구하지 않기로 약정하였고, 임차권양수인들도 시설비 등을 청구하지 않기로 약성하였다면 임차인이나 양수인 등은 매수청구

---

[250] 대법원 1993.10.8. 선고 93다25738 판결

권을 포기한 것으로 인정된다.[251]

6. 부속물매수청구권의 행사 제한

다음과 같은 경우에는 부속물매수청구권이 인정되지 않는다.
① 임차인이 **임대인의 동의 없이 부속**한 물건
② 임차인이 **채무불이행으로 계약이 해지된 경우**
③ **일시사용임대차의 경우**
④ **무단전차인**(임대인의 동의를 얻지 못한 자)은 권리를 행사할 수 없다.
⑤ 임차권과 **분리하여 양도된** 부속물매수청구권도 인정되지 않는다.

VIII. 토지임차인의 지상물매수청구권

> 제643조【임차인의 갱신청구권, 매수청구권】 건물 기타 공작물의 소유 또는 식목, 채염, 목축을 목적으로 한 토지임대차의 기간이 만료한 경우에 건물, 수목 기타 지상시설이 현존한 때에는 제283조의 규정을 준용한다.
>
> 제283조【지상권자의 갱신청구권, 매수청구권】 ① 지상권이 소멸한 경우에 건물 기타 공작물이나 수목이 현존한 때에는 지상권자는 계약의 갱신을 청구할 수 있다.
> ② 지상권설정자가 계약의 갱신을 원하지 아니하는 때에는 지상권자는 상당한 가액으로 전항의 공작물이나 수목의 매수를 청구할 수 있다.

1. 의의 및 관련 규정

(1) **지상물매수청구권**이란, 건물 기타 공작물의 소유, 식목, 채염, 목축을 목적으로 한 **토지임대차가 기간 만료로 종료된 경우에, 토지 위에 건물, 수목 기타 지상시설(이하 '지상물')이 현존하면, 임차인이 임대인을 상대로 해당 지상물의 매수를 청구할 수 있는 권리**를 말한다(민법 제643조, 제283조 준용).

(2) 이 청구권은 **형성권**으로, 임차인의 일방적 의사표시만으로 법률상 매매계약이 성립한다. 따라서 임대인은 이를 거절할 수 없다.

---

[251] 대법원 1992. 9. 8 선고 92다24998, 92다25007 판결

2. 성립 요건

(1) **토지임대차의 목적이 건물 기타 공작물의 소유 또는 식목, 채염, 목축에 관한 것이어**야 한다.
(2) 임대차가 **존속기간 만료로 종료**되었을 것. 임차인의 채무불이행으로 인한 해지나 일시사용임대차인 경우에는 인정되지 않는다.
(3) **지상물이 임대차 종료 당시 현존**하여야 한다.
(4) **지상물의 소유자가 임차인 자신일 것**. 이미 소유권을 제3자에게 이전한 경우, 임차인은 지상물매수청구권을 행사할 수 없다.[252]

3. 대상 지상물의 범위

(1) <u>무허가건물이나 미등기건물도 청구의 대상이 될 수 있다.</u>
(2) <u>임대인의 동의 없이 신축한 건물도 포함</u>된다. 건축 동의 여부는 청구권 행사에 영향을 미치지 않는다.
(3) **근저당권 등이 설정된 건물**도 매수청구의 대상이 될 수 있으며, 이 경우에도 **매수가액은 시가를 기준**으로 한다.[253]
(4) 건물이 임대토지를 넘어 **임차인의 토지나 제3자의 토지에 걸쳐 건립된 경우, 임대토지 상에 위치한 부분 중에서 구분소유의 객체가 될 수 있는 부분에 한하여 매수청구가 허용된다.**[254]

4. 청구의 상대방

(1) 원칙적으로 <u>임차권이 소멸한 시점의 토지소유자인 임대인</u>을 상대로 청구하여야 한다.
(2) 단, 임대차 종료 후 **토지가 제3자에게 양도된 경우라도, 임차권에 대항력이 있다면** (예: 임차권등기, 건물등기 등) 신소유자에 대해서도 지상물매수청구권을 행사할 수 있다.[255]

---

252) 대법원 1993.7.27. 선고 93다6386 판결
253) 대법원 2008.5.29. 선고 2007다4356 판결
254) 대법원 1996.3.21. 선고 93다42634 전원합의체 판결
255) 대법원 1977.4.26. 선고 75다348 판결

5. 청구 방법 및 시기

(1) 원칙적으로 **계약갱신청구를 먼저 행사**하고, 임대인이 이를 거절한 경우 **지상물매수청구권을 행사**할 수 있다.

(2) 다만, 기간의 약정이 없는 임대차에서 임대인의 해지통고가 있는 경우, 임대인이 계약갱신을 거절한 것으로 간주되어 **곧바로 지상물매수청구권을 행사할 수 있다**.

(3) 청구는 **재판상 또는 재판 외로 가능**하며, 형식에 특별한 제한은 없다.

6. 효과

(1) 임차인의 지상물매수청구에 따라, **임대인과 임차인 사이에 지상물의 매매계약이 성립**하게 되며, 매매대금은 청구 당시의 지상물의 시가를 기준으로 한다.

(2) 지상물의 시가는 건물의 건축비가 아닌, **청구 당시의 시장가격을 기준**으로 하며, 임차인의 영업수익 등은 고려되지 않는다.[256]

(3) **매도인의 대금지급의무와 매수인의 인도의무는 동시이행관계**에 있으며, 임차인은 매매대금을 지급받기 전까지 건물 인도를 거절할 수 있다.

(4) 그러나 그동안 임차인이 지상물의 점유를 통하여 **토지를 계속 사용·수익한 경우, 토지사용에 따른 부당이득 상당액을 반환할 의무**가 있다.

7. 규정의 성질 및 특약의 효력

(1) 지상물매수청구권에 관한 규정은 **편면적 강행규정**이므로, 이를 배제하거나 제한하는 특약은 **임차인에게 불리한 경우 무효**이다(민법 제652조).

(2) 예를 들어, **지상물 철거특약**(계약 종료 후 임차인이 지상건물을 철거하고 인도하기로 한 약정)은 **무효**이다.

(3) 단, **임차인이 실질적으로 불이익을 받지 않는 경우**, 포기특약이 유효한 예외도 인정된다.[257]

---

256) 대법원 2001.6.1. 선고 99다60535 판결
257) 대법원 2002.5.31. 선고 2001다42080 판결

IX. 차임

1. 차임의 의의 및 지급의무

(1) 차임의 개념 및 성질

차임이란 임차인이 임차물의 사용·수익에 대한 대가로 임대인에게 지급하는 **금전 또는 물건**을 말한다(제618조). 이는 임차인의 가장 기본적인 의무이다. 차임은 반드시 금전일 필요는 없고, **물건으로도 지급 가능**하다. 그 액수와 지급 방법은 **원칙적으로 당사자의 자유로운 약정에 따른다**.

(2) 차임의 지급시기

① **특약이 있는 경우에는 그 약정에 따르고**, 특별한 약정이 없는 경우 민법 제633조에 따라 다음과 같이 지급하여야 한다.
  (a) 동산·건물·대지에 대한 차임은 **매월 말**에 지급한다.
  (b) 기타 토지에 대한 차임은 **매년 말**에 지급한다.
  (c) **수확기 있는 토지에 대한 차임은 수확 후 지체 없이 지급**하여야 한다(제633조 단서).

2. 차임연체와 해지

> 제640조【차임연체와 해지】건물 기타 공작물의 임대차에는 임차인의 차임연체액이 2기의 차임액에 달하는 때에는 임대인은 계약을 해지할 수 있다.
> 제641조【동전】건물 기타 공작물의 소유 또는 식목, 채염, 목축을 목적으로 한 토지임대차의 경우에도 전조의 규정을 준용한다.

(1) 차임 연체와 계약 해지 요건

① 임차인이 차임을 연체한 경우, 그 연체액이 **2기분의 차임액에 달하면**, 임대인은 **계약을 해지할 수 있다**(제640조). 여기서 2기분이란 연속된 2회가 아니라, <u>누적 합산이 2기분 이상이 된 경우도 포함된다</u>.
② 토지임대차에서 건물, 식목, 채염, 목축 목적이 있는 경우, 동일한 기준으로 해지가 가능하다(제641조).
③ 다만, 그 지상에 건물 기타 공작물이 있고 그것이 **담보물권의 목적인 경우, 해지의 효력은 담보권자에게 통지한 후 상당한 기간이 경과해야 발생한다**(제642조).

(2) 편면적 강행규정의 성질

차임연체에 따른 해지권은 임대인을 위한 강행규정이므로, 이에 반하는 특약은 임차인에게 불리하여 무효이다.

3. 차임증감청구권

> 제628조【차임증감청구권】임대물에 대한 공과부담의 증감 기타 경제사정의 변동으로 인하여 약정한 차임이 상당하지 아니하게 된 때에는 당사자는 장래에 대한 차임의 증감을 청구할 수 있다.

(1) 사정변경에 따른 증감청구
① 임대물에 대한 공과부담의 증감 또는 경제사정의 변동으로 인해 약정된 차임이 상당하지 않게 된 경우, 당사자는 **장래를 향하여** 차임의 증감을 청구할 수 있다(제628조).
② 이 권리는 **형성권**이며, 법원은 그 청구가 정당하다고 인정되면 **청구한 시점**(증액청구의 의사표시가 상대방에게 도달한 때)부터 소급하여 효력을 인정할 수 있다.[258]

(2) 차임 증감 특약의 효력
① 차임 감액을 금지하는 특약은 임차인에게 불리하므로 무효이다.
② 차임 증액을 금지하는 특약은 임차인에게 유리하므로 원칙적으로 유효하다. 그러나 신의성실의 원칙에 반할 정도로 사정이 변경된 경우, 그 특약이 있음에도 불구하고 임대인의 증액청구가 인정될 수 있다.[259]

(3) 일시사용 임대차의 경우

일시사용을 위한 임대차에는 차임증감청구권 규정이 **적용되지 않는다**.

4. 차임감액청구권

(1) 임차물의 일부가 **임차인의 과실 없이** 멸실하거나 기타 사유로 사용·수익이 불가능한 경우, 임차인은 그 부분의 비율에 따라 **차임의 감액**을 청구할 수 있다(제627조 제1항).

---

258) 대법원 2018.3.15. 선고 2015다239508, 239515 판결
259) 대법원 1996. 11. 12 선고 96다34061 판결

(2) 이러한 경우에 **잔존 부분만으로는 임차 목적을 달성할 수 없는 경우**, 임차인은 계약을 해지할 수 있다(제627조 제2항).

X. 임차권의 양도 및 전대

> 제629조【임차권의 양도, 전대의 제한】① 임차인은 임대인의 동의 없이 그 권리를 양도하거나 임차물을 전대하지 못한다.
> ② 임차인이 전항의 규정에 위반한 때에는 임대인은 계약을 해지할 수 있다.
> 제632조【임차건물의 소부분을 타인에게 사용케 하는 경우】전3조의 규정은 건물의 임차인이 그 건물의 소부분을 타인에게 사용하게 하는 경우에 적용하지 아니한다.

1. 개념 및 구별
(1) **임차권의 양도**란 임차인이 임차물에 관한 **자신의 권리 전체를 제3자에게 이전**하는 계약을 말한다. 이로써 임차인은 임대차관계에서 탈퇴하고, 양수인이 새로운 임차인이 된다.
(2) **임차물의 전대**란 임차인이 **임대차관계를 유지한 채, 임차물의 전부 또는 일부를 제3자에게 다시 임대**하는 계약을 말하며, 임차인은 여전히 임대차계약의 당사자로서 지위를 유지한다.

2. 관련 규정 및 동의 필요성
(1) 민법 제629조 제1항은 "<u>임차인은 임대인의 동의 없이 그 권리를 양도하거나 임차물을 전대하지 못한다</u>"고 규정한다.
(2) 이는 **제3자에 대한 대항요건에 해당하며**, 임대인의 동의 없이 이루어진 양도 또는 전대는 **당사자 간에는 유효**하나, **임대인에게는 대항할 수 없다**.
(3) 민법 제629조 제2항은 임차인이 동의 없이 양도 또는 전대한 경우, **임대인이 임대차계약을 해지할 수 있는 권한**을 부여하고 있다.
(4) 그러나 **동의 없는 양도·전대가 임대인에 대한 배신적 행위가 아니라고 인정되는 특별한 사정이 있는 경우(동거 부부간 양도)**, 임대인은 해지할 수 없다.[260]

3. 동의를 얻지 못한 경우의 법률관계

(1) 동의를 얻지 못한 **임차인과 양수인(전차인)의 관계**

임대인의 동의가 없더라도 **양도계약 또는 전대계약은 당사자 사이에서는 유효**하다. 임차인은 양수인 또는 전차인에 대해 **임차물 사용·수익권의 이전 의무**와 **임대인의 동의를 받아 줄 의무**를 부담하며, 이를 이행하지 못하면 **담보책임을 진다**(민법 제567조, 제570조).

(2) 동의를 얻지 못한 **임대인과 양수인(전차인)의 관계**

양수인이나 전차인은 **임대인과 계약관계가 없으므로, 임대인에게 권리를 주장할 수 없다**. 임대차계약이 해지되지 않는 한, 임대인은 **직접 반환을 청구할 수 없고**, 임차인을 통해 목적물 반환을 청구할 수 있다(민법 제207조).

임대인은 양수인(전차인)의 점유가 불법점유에 해당하더라도, **손해배상이나 부당이득 반환 청구를 할 수 없다.**

(3) **임대인과 임차인의 관계**

임대인은 **동의 없는 양도·전대를 이유로 임대차계약을 해지할 수 있다.**

계약이 해지되지 않는 이상, 임대인은 여전히 임차인에게 **차임 지급을 청구할 수 있으며,** 임차인은 목적물에 대해 **보관의무**를 부담한다.

양수인의 점유로 손해가 발생한 경우, 임차인은 **이행보조자의 책임**으로 손해배상책임을 질 수 있다(민법 제390조, 제391조).

4. 동의를 얻은 경우의 법률관계

> 제630조【전대의 효과】① 임차인이 임대인의 동의를 얻어 임차물을 전대한 때에는 전차인은 직접 임대인에 대하여 의무를 부담한다. 이 경우에 전차인은 전대인에 대한 차임의 지급으로써 임대인에게 대항하지 못한다.
> ② 전항의 규정은 임대인의 임차인에 대한 권리행사에 영향을 미치지 아니한다.

(1) 동의를 얻은 **임차권 양도의 경우**

임대인의 동의를 얻은 경우, **임차권은 동일성을 유지한 채 양수인에게 확정적으로**

---

260) 대법원 1993.4.27. 선고 92다45308 판결 [건물철거등]

이전된다. **종전 임차인의 채무(연체차임 등)는 원칙적으로 이전되지 않는다.** 다만 특별한 사정이나 특약이 있다면 별도로 승계될 수 있다.

(2) 동의를 얻은 **임차물의 전대의 경우**

① **전차인은 임대인에 대해 직접 의무를 부담**하지만, 직접 권리는 발생하지 않는다(민법 제630조). **임대인과 전차인 사이에는 직접적인 임대차계약이 성립하지 않는다.**

② 전차인은 전대인(임차인)에게 차임을 지급하더라도, **임대인의 청구가 있으면 임대인에게 다시 지급하여야 할 수 있다.**261)

③ **임대차와 전대차가 동시에 종료된 경우**, 전차인은 임대인에게 **지상물매수청구권 및 부속물매수청구권(임대인의 동의를 얻어 부속한 물건에 한함)을 행사할 수 있다**(민법 제644조, 제647조).

④ **전차권은 임대차가 종료되면 함께 소멸**하는 것이 원칙이나, **임대인의 동의가 있는 경우에는 임대차 기간 중 합의해지로도 소멸하지 않는다.**

5. 소부분의 사용에 대한 특례

민법 제632조에 따르면, 건물의 임차인이 **건물의 소부분만을 제3자에게 사용하게 하는 경우**에는 제629조의 제한이 적용되지 않는다. 즉, 임대인의 동의가 필요 없다.

6. 일시사용임대차에의 적용

일시사용임대차의 경우에도 민법 제629조의 규정은 그대로 적용된다. 따라서 동의 없는 양도·전대는 제한되며, 이에 대한 해지권도 인정된다.

XI. 보증금

1. 의의 및 법적 성질

(1) **보증금**이란, 임차인이 임대차계약과 관련하여 **차임 및 기타 채무의 이행을 담보하기 위해** 임대인에게 지급하는 **금전 또는 유가물**을 의미한다.

(2) 보증금은 **임대차계약의 성립요건은 아니며**, 임대차의 종속계약(부종성)에 해당한다. 따라서 임대차계약과 함께 또는 그 이후에도 체결될 수 있다.

---

261) 대법원 2008. 3. 27 선고 2006다45459 판결

(3) 보증금에 대해 판례 및 통설은 **합의와 현실적인 지급을 필요로 하는 요물계약**으로 본다.

2. 보증금의 담보적 효력

(1) 보증금은 **임대차관계에서 발생하는 임차인의 모든 채무를** 담보하며, 여기에는 **연체차임, 원상회복의무, 손해배상책임, 소송비용** 등이 포함된다.
(2) 따라서 **임대인은 보증금을 다른 채권자보다 우선하여 변제받을 수 있는 효력이 있다.**
(3) 보증금은 **임대차계약이 종료된 이후**에 임차인의 채무를 청산한 다음 반환청구의 대상이 된다.
   - 대법원은 "보증금은 임대차 종료 후 목적물을 인도할 때까지 발생한 모든 채무를 담보하며, 이 범위 내에서 공제 후의 잔액만 반환청구할 수 있다"고 판시하고 있다.[262]

3. 보증금의 충당과 관련된 문제

(1) **임대차가 종료되기 전에도** 임대인은 연체차임 등을 이유로 보증금에서 충당할 수 있다. 그러나 충당 여부는 **임대인의 선택에 달려 있으므로, 충당하지 않고 별도로 연체차임을 청구**할 수도 있다.
(2) 임차인은 **보증금이 존재한다는 이유만으로 연체차임의 지급을 거절할 수 없다.**
(3) 판례는, 임대인이 보증금으로 충당하지 않고 **연체차임을 청구한 경우, 임차인은 이를 지급할 의무가 있다고 본다.**[263]

4. 보증금 반환청구권의 발생시기

(1) 보증금 반환청구권은 **임대차계약이 종료된 후** 발생하는데, 그 구체적 발생시기에 관하여는 "계약 종료 시"와 "목적물 반환 시"의 두 견해가 대립해왔다.
(2) **판례**는 최근 입장에서 "**보증금 반환청구권은 목적물 반환 시에 발생**"하는 것으로 본다. 따라서 목적물을 반환 받기 전까지 임대차목적물인 부동산의 인도 및 연체차임의 지급을 구하는 소송비용은 임차인이 부담할 원상복구비용 및 차임지급의무 불이행으

---

[262] 대법원 2005.9.28. 선고 2005다8323 판결
[263] 대법원 2016.11.25. 선고 2016다211309 판결

로 인한 것이어서 임대차 관계에서 발생하는 임차인의 채무에 해당하므로 이를 반환할 임대차보증금에서 당연히 공제할 수 있다.[264]

(3) 보증금에서 공제될 채무가 있는 경우에는, **그 금액을 제외한 나머지만 반환청구의 대상이 된다.** 단, 임대차계약과 별개의 약정에 따른 채무는 보증금으로 당연히 공제되지 않는다.[265]

5. 동시이행관계

(1) <u>임대인의 보증금 반환의무와 임차인의 목적물 인도 의무는 동시이행관계</u>에 있다(민법 제536조).

(2) 이에 따라 임차인은 **보증금을 반환받기 전까지 목적물 인도를 거절할 수 있으며**, 그 점유는 **불법점유가 아니다.**[266]

(3) 그러나 임대차계약 종료 후 임차인이 동시이행의 항변권을 행사하여 **임차건물을 점유함으로써 이득(차임 상당액)이 있는 경우 부당이득에 해당**하지만, 목적물을 점유하면서도 **사용·수익하지 않은 경우, 부당이득 반환의무는 성립하지 않는다.**[267]

6. 보증금 반환채무의 승계

(1) **대항력이 있는 임차권의 경우**, 부동산 소유권이 양도되면 **보증금 반환채무도 양수인에게 당연히 이전**된다.

(2) **대항력이 없는 경우**, 임차인은 기존 임대인에게만 **보증금 반환을 청구할 수 있으며**, 양수인에게는 임차권을 주장할 수 없다.

(3) 판례는, **보증금 반환채무가 소유권 이전과 함께 양수인에게 이전되기 위해서는 임대차에 대항력이 있어야 한다**는 입장을 취한다.[268]

7. 유치권의 부정

(1) 보증금 반환청구권은 **임차목적물에 관하여 발생한 채권이 아니므로**, 임차인은 **보증금**

---

264) 대법원 2012.9.27. 선고 2012다49490 판결
265) 대법원 2015.10.29. 선고 2015다32585 판결
266) 대법원 1990.12.21. 선고 90다카24076 판결
267) 대법원 1992.4.14. 선고 91다45202, 45219(반소) 판결
268) 대법원 1987.3.10. 선고 86다카1114 판결

을 이유로 목적물에 대해 유치권을 주장할 수 없다.
(2) 이는 민법 제320조(유치권 요건)에 따른 견련성 요건이 충족되지 않기 때문이다.

8. 입증책임
(1) 보증금을 지급한 사실에 대한 입증책임은 임차인에게 있다.
(2) 반면 보증금을 반환했다는 입증책임은 임대인에게 있다.
(3) 임대차계약서에 권리금이나 보증금의 지급 사실이 명시되어 있지 않은 경우, 보증금 반환청구는 인정되지 않을 수 있다.

XII. 임대차의 종료와 특례규정

1. 임대차의 종료원인

(1) **계약의 해지**
  ① 다음의 사유가 발생한 경우에는 **기간의 약정 유무와 무관하게** 당사자는 **즉시 계약을 해지할 수 있다.** 이 경우 일정한 유예기간을 두지 않고 곧바로 임대차는 종료된다.
  (a) 임대인이 **임차인의 의사에 반하여 보존행위를 하여 임대차 목적을 달성할 수 없게 된 경우**(민법 제625조)
  (b) 임차물의 **일부가 임차인의 과실 없이 멸실하였고, 잔존부분만으로는 임차 목적을 달성할 수 없는 경우**(제627조 제2항)
  (c) 임차인이 임대인의 동의 없이 임차권을 양도하거나 임차물을 전대한 경우(제629조)
  (d) <u>2기분 이상의 차임을 연체한 경우</u>(제640조)
  (e) 당사자 일방의 채무불이행으로 인한 해제 사유가 있는 경우(제544조 등)
  (f) **기타 부득이한 사유가 있는 경우에도** 유추적용하여 해지가 가능하다(제661조 유추적용).

(2) **해지통고**
  ① **기간의 약정이 없는 임대차의 경우**, 당사자는 언제든지 해지통고를 할 수 있으며, 해지통고를 받은 날로부터 일정 기간이 경과하면 계약은 종료된다(제635조).
  (a) 토지·건물·공작물의 경우에는 **임대인이 통고한 때는 6개월 후, 임차인이 통고한 때는 1개월 후** 효력이 발생한다.

(b) 동산의 경우에는 5일 후 효력이 발생한다.
② **기간의 약정이 있는 경우에도** 당사자 일방 또는 쌍방이 **해지권을 유보한 경우**, 제635조가 준용되어 해지통고에 의해 종료될 수 있다(제636조).
③ **임차인이 파산선고를 받은 경우**, 임대차기간의 약정이 있더라도 **임대인이나 파산관재인이 해지통고를 할 수 있으며**, 이 경우 **손해배상청구는 할 수 없다**(제637조 제1, 2항).

(3) 존속기간의 만료
① 임대차기간이 도래하여 만료되면, **당연히 계약은 종료**된다.
② 다만, 상가건물임대차보호법이나 주택임대차보호법 등의 특별법에 따라 **자동갱신의 효과**가 발생할 수 있다.

2. 일시사용을 위한 임대차
(1) 민법상 임대차 일반규정은 **일시사용을 위한 임대차**에도 적용되나, **일부 권리는 제한**된다.
(2) **비용상환청구권**은 일시사용 임대차에도 적용된다.
(3) 반면, 다음과 같은 권리들은 인정되지 않는다.
  ① **부속물매수청구권**(제646조)
  ② **지상물매수청구권**(제643조)
  ③ **차임증감청구권**(제628조)

3. 강행규정과 임의규정의 구별
(1) 임의규정
① **비용상환청구권**(제626조): 당사자 사이의 특약으로 배제 가능
② **임차물의 양도·전대에 관한 제한 규정**(제629조): 배제 가능
따라서 임대차계약서에서 "임차인은 임차물의 보존 및 개량에 따른 비용 일체를 부담하며, 상환을 청구하지 않는다"는 특약을 유효하게 둘 수 있다.

(2) 편면적 강행규정
① **부속물매수청구권**(제646조): 임차인을 위한 강행규정으로서, 이를 배제하거나 포기하는 특약은 무효이다.

② **지상물매수청구권**(제643조): 임차인을 위한 강행규정
③ **차임감액청구권 및 증감청구권**(제627조, 제628조): 경제사정의 변동이나 임차물의 일부멸실 등 정당한 사유가 있는 경우 인정된다.
④ **기간의 약정 없는 임대차의 해지통고**(제635조): 자유로운 해지를 허용하므로 임차인의 권리를 보호하기 위한 강행규정이다.

제4편
민사특별법

제4편 민사특별법

본 편에서는 민법의 특별법 중에서 주택임대차보호법, 상가건물임대차보호법, 집합건물의 소유 및 관리에 관한 법률, 가등기담보에 관한 법률, 부동산 실권리자명의 등기에 관한 법률을 중심으로 부동산 관련 특정한 권리관계의 실질적 보호와 효율적 해결을 목적으로 하는 규범들을 학습한다.

제1장 주택임대차보호법

주택임대차보호법은 국민 주거생활의 안정을 위하여 임차인을 보호하는 특별법이다. 대항력, 우선변제권 등 임차인의 권리를 중심으로 그 적용 요건과 한계를 다룬다.

I. 서설

1. 입법 목적

「주택임대차보호법」은 **주거용 건물의 임대차에 관하여 민법의 특별법적 규정을 마련함**으로써 **국민의 주거생활의 안정을 보장**하기 위하여 제정된 법이다(제1조).

2. 법적 성격

(1) **민법에 대한 특별법**으로서, 주택임대차에 관하여는 일반법인 민법보다 우선하여 적용된다.
(2) **편면적 강행법규**로서, 주택임대차보호법의 규정에 위반된 약정 중 **임차인에게 불리한 내용은 효력이 없다**(제10조).

II. 적용 범위

1. 물적 적용범위

(1) 주택임대차보호법은 **주거용 건물의 전부 또는 일부의 임대차에 적용**된다.
(2) 임차주택의 일부가 주거 외의 목적으로 사용되더라도 **실제 주거용으로 사용되었다면 적용**된다.
(3) 그러나 비주거용 건물의 일부를 주거용으로 사용하는 경우에는 적용되지 않는다.
(4) **무허가·미등기건물도 적용** 대상이 된다.
(5) **등기되지 않은 전세계약에도 적용**되며, 이 경우 전세금은 **보증금으로 본다**(제12조).
(6) 소유자가 아니더라도 적법한 임대권한을 가진 자와 체결한 계약도 보호된다(예: 명의신탁자).
(7) **건축법상 용도와 무관하게 실제용도에 따라 주거용 여부를 판단한다.**[269]

(8) 계약 당시 주거용 구조가 아니었다면 계약 후 개조하여도 보호받지 못한다.[270]

2. 인적 적용범위

(1) **자연인만을 원칙적으로 보호**하고, **법인은 적용 제외**된다.
(2) 단, 다음의 법인은 예외적으로 보호된다.
   ① 「한국토지주택공사법」에 따른 **한국토지주택공사**,
   ② 「지방공기업법」에 따른 **주택사업 목적 지방공사**,
   ③ 「중소기업기본법」 제2조에 따른 **중소기업**이 **직원용 주거 목적**으로 임대한 경우.
(3) 재외국민 또는 외국인도 국내 등록·거소신고를 마쳤다면 적용 가능하다.[271]

3. 적용 제외 대상

(1) **일시사용의 임대차**(예: 수리기간·출장·단기 휴가 등).
(2) **실제 주거 목적 없이 우선변제권만을 노린 임대차**.[272]
(3) 법인이 임차인이며 직원 명의로 주민등록과 확정일자를 구비한 경우라도 일반적으로는 **보호되지 않는다**.[273]

III. 대항력

> 제3조【대항력 등】 ① 임대차는 그 등기가 없는 경우에도 임차인이 주택의 인도와 주민등록을 마친 때에는 그 다음 날부터 제3자에 대하여 효력이 생긴다. 이 경우 전입신고를 한 때에 주민등록이 된 것으로 본다.
> ④ 임차주택의 양수인은 임대인의 지위를 승계한 것으로 본다.

---

269) 대법원 1988.12.27. 선고 87다카2024 판결
270) 대법원 1986.1.21. 선고 85다카1367 판결
271) 대법원 2016.10.13. 선고 2015다14136 판결
272) 대법원 2003.7.22. 선고 2003다21445 판결
273) 대법원 1997.7.11. 선고 96다7236 판결

1. 의의

대항력이란, 임차인이 **주택을 인도**받고 **주민등록**을 마침으로써 **그 다음 날부터 제3자에게 임대차의 효력을 주장**할 수 있는 법적 지위를 말한다. 이는 등기를 요하지 않는다는 점에서 민법상 임대차와 구별된다.

2. 대항요건

(1) 요건 일반

임차인이 주택을 **인도**받고, 그 주택에 관하여 주민등록(전입신고)을 마친 경우, **그 다음 날 0시부터** 대항력이 발생한다(제3조 제1항).

이때 전입신고는 **행정청이 수리**하여야 효력이 있으며, 도달만으로는 효력이 발생하지 않는다.

(2) 주택의 인도

① **실제 점유를 통해 주택을 인도**받아야 한다.
② 전대차의 경우, 임차인이 적법하게 전대를 하고 **전차인이 입주한 경우에도 간접점유를 통해 대항력을 인정**받는다.

(3) 주민등록의 공시성 요건

① 주민등록은 **임차권의 존재를 제3자가 명백히 인식할 수 있어야** 한다.
② 건물의 동·호수가 잘못 기재되거나, **지번이 틀리게 표시**된 경우에는 공시방법으로서 효력이 없다.
③ **다가구주택**은 지번만으로 충분하나, **다세대주택은 동·호수까지 정확히 기재되어야** 한다.
④ 주민등록은 **임차인 본인뿐 아니라 배우자 및 자녀 등 가족의 등록으로도 가능**하다.

(4) 대항력의 발생시기

인도와 주민등록을 모두 갖춘 **다음 날 0시부터** 대항력이 발생한다.
- 예: 5월 1일에 인도 및 전입신고를 마친 경우, 5월 2일 0시부터 대항력이 발생한다.

3. 대항력의 유지

(1) 주민등록은 대항력의 존속요건으로, **계속 유지되어야** 한다.
① 주민등록이 **직권말소**된 경우 원칙적으로 대항력은 소멸한다.
② 다만, 이의신청 등을 통해 주민등록이 회복된 경우 **소급하여 대항력이 유지**된다고

본다.

(2) **일시 전출 시 효과**
① 임차인만 일시 전출하고 가족의 주민등록이 남아 있는 경우에는 대항력이 유지된다.
② 그러나 **세대원 전원이 전출한 경우에는 대항력이 소멸**된다.

4. 임차인의 지위와 임대인의 지위 승계

(1) 임차인이 대항요건을 갖춘 후 주택이 매매·증여·경매 등으로 양도된 경우, **양수인은 임대인의 지위를 승계**하며, 임차인은 그에게 사용·수익 및 보증금 반환을 청구할 수 있다(제3조 제4항).

(2) 임차보증금 반환채무도 **양수인에게 이전**되므로, 양도인은 면책된다. 다만, 임차인이 **지위승계를 원하지 않음을 이의제기한 경우에는 양도인도 보증금 반환 책임을 면하지 못한다.**

(3) 경매로 대지와 건물이 따로 매각된 경우, 임차인은 **대지의 환가대금**에서 우선변제를 받을 수 있다.

(4) **가압류 상태에서의 지위**
주택임대차보호법상 대항력을 갖춘 임차인의 임대차보증금반환채권이 가압류된 상태에서 임대주택이 양도된 경우, **양수인이 채권가압류의 제3채무자 지위를 승계**한다.[274]

(5) **계약 해제와의 관계**
매매계약의 이행으로 주택을 인도받아 그 임대권한을 명시적 또는 묵시적으로 부여받은 매수인으로부터 매매계약의 해제 전에 그 주택을 임차하여 주택임대차보호법상의 대항요건을 갖춘 임차인이, 매매계약의 해제에도 불구하고 자신의 임차권으로 매도인의 명도청구에 대항할 수 있다.[275]

5. 제3자와의 관계

(1) 임차인이 **저당권자보다 먼저 대항요건을 갖춘 경우**, 경매로 저당권이 소멸하더라도 경락인에게 대항할 수 있다.

---

[274] 대법원 2013.1.17. 선고 2011다49523 전원합의체 판결
[275] 대법원 2009.1.30. 선고 2008다65617 판결

(2) 반면, **저당권 설정일과 전입일이 같은 경우**, 임차인은 경락인에게 대항할 수 없다.

(3) 임차인이 대항요건을 갖춘 이후 **보증금을 증액**한 경우, **그 증액분에 대해서는 경락인에게 대항하지 못한다.**[276]

(4) **전세권과 병존할 경우**

임차인이 전세권자로서 우선변제를 청구하면, 임차인으로서의 권리는 행사할 수 없다. 반면, 전세권으로서 배당을 받지 못한 잔액에 대해 임차인으로서 대항력을 주장할 수 있다.

6. 관련 판례

(1) **건물 표시의 불일치로 인한 무효**

임차인이 현관문에 부착된 표시대로 주민등록을 한 결과 등기부상 실제 표시와 다르게 된 경우, 주택임대차보호법에 따른 대항력이 없다.[277]

(2) **임차인의 가족에 의한 대항력**

임차인이 일시적으로 퇴거하더라도 가족의 주민등록이 남아 있다면 대항력이 유지된다.[278]

(3) **전차인에 의한 대항력**

전차인이 입주하고 주민등록을 마치면, 임차인은 대항력을 취득한다. 다만, 실제 점유자인 전차인의 주민등록이 반드시 필요하다.[279]

(4) **매도인이 임차인이 되는 경우**

자기 주택을 매도하고 동시에 임차한 자는 **소유권이전등기가 완료된 다음 날부터** 대항력이 발생한다.[280]

---

276) 대법원 1990.8.24. 선고 90다카11377 판결
277) 대법원 1996.4.12. 선고 95다55474
278) 대법원 1996.1.26. 선고 95다30338 판결
279) 대법원 2001.1.19. 선고 2000다55645 판결
280) 대법원 2000.4.11. 선고 99다70556 판결

IV. 우선변제권

1. 의의

우선변제권이란 주택임대차에서 임차인이 <u>대항요건(주택의 인도와 주민등록)</u>을 갖추고, 임대차계약서에 <u>확정일자를 받은 경우</u>, 주택이 경매 또는 공매로 환가될 때 <u>후순위 권리자나 일반 채권자보다 우선하여 보증금을 변제받을 수 있는 권리</u>를 말한다. 이는 담보물권과 유사한 효력을 가지며, **보증금 회수를 위한 우선적 보호장치**로 기능한다.

2. 요건

(1) 대항요건의 구비

주택에 대한 <u>인도</u>와 <u>주민등록(전입신고)의 완료</u>가 필요하다.

(2) 확정일자의 부여

① 확정일자란 **계약서에 해당 일자에 작성된 사실을 증명하기 위한 공적 기재**로서, 주로 읍·면사무소, 동주민센터, 등기소, 공증인 등이 부여한다.

② 확정일자 부여기관은 임대차계약서의 여백에 **확정일자 번호, 부여일자, 부여기관명** 등을 표시한다.

③ 확정일자는 **사후 조작이나 소급 작성** 등을 방지하기 위한 장치로 기능한다.

3. 효력

(1) 우선변제를 받는 범위

① 건물과 대지 모두에 우선변제권이 미치며, 주택이 미등기된 경우에도 대지만 경매되는 경우 그 대지의 환가대금에서 우선변제가 가능하다.

② 그러나 <u>건물이 없는 상태에서 대지만에 저당권이 설정된 후 건물이 신축된 경우, 건물에 대해서는 우선변제를 받을 수 있으나 대지에 대해서는 받을 수 없다.</u>

(2) 보증금 증액의 경우

보증금이 **갱신** 등으로 **증액**된 경우, 새로운 확정일자를 받아야 하며, <u>기존 확정일자로는 증액분에 대한 우선변제권은 소급되지 않는다.</u>

4. 배당요구와 절차

(1) 배당요구의 요건
우선변제권을 행사하기 위해서는 **경매절차에서 '배당요구의 종기'까지 배당요구**를 하여야 한다. 이는 임대차계약의 해지 의사표시로 보며, 임대인에게 그 해지 통지가 도달하면 계약은 종료된다.

(2) 배당요구 시기
임대차계약의 **해지 전·후 모두 배당요구가 가능**하다.

(3) 우선변제권이 소멸하지 않기 위한 조건
주택의 인도와 주민등록은 배당요구의 종기(경락기일)까지 계속 유지되어야 한다.

5. 우선순위의 판단 기준
우선변제권의 순위는 **대항요건의 충족일 다음 날과 확정일자 부여일 중 늦은 날의 다음 날 0시**를 기준으로 판단한다.

- 예시로 다음과 같은 경우가 있다.
  ① 전입신고(5.1) - 확정일자(5.1) - 저당권 등기(5.1)
    → 기준일: 5.2. 임차인은 저당권자보다 후순위.
  ② 확정일자(5.1) - 전입신고(5.10) - 저당권 등기(5.10)
    → 기준일: 5.11. 임차인은 저당권자보다 후순위.
  ③ 전입신고(5.1) - 확정일자(5.10) - 저당권 등기(5.10)
    → 기준일: 5.10. 임차인은 저당권자와 동순위.

6. 대항력과의 선택 관계

(1) 겸유 가능
임차인은 대항요건과 확정일자를 모두 갖춘 경우, **대항력과 우선변제권을 동시에 갖게 되며, 이를 선택적으로 행사**할 수 있다.

(2) 선택에 따른 효과
주택임대차보호법상의 대항력과 우선변제권의 두 가지 권리를 겸유하고 있는 임차인이 먼저 우선변제권을 선택하여 임차주택에 대하여 진행되고 있는 경매절차에서 보증금 전액에 대하여 배당요구를 하였으나 그 순위에 따른 배당이 실시될 경우 **보증금 전액을 배당받을 수 없었던 때**에는 보증금 중 경매절차에서 배당받을 수 있었던 금액을 공제한 잔액에 관하여 경락인에게 대항하여 이를 반환받을 때까지 임대차관계의 존속을 주장할 수 있다.[281]

7. 우선변제권의 승계

(1) **은행 등 일정 금융기관**이 임차인의 보증금 반환채권을 양수한 경우, **우선변제권을 승계**할 수 있다(제3조의2 제7항).
(2) 단, 양수한 채권은 대항요건 및 우선변제요건이 상실된 경우 효력이 없다.
(3) 금융기관은 임차인을 **대리하거나 대위하여 임대차를 해지할 수 없다**(법 제3조의2 제9항).

V. 소액임차인의 최우선변제권

1. 의의

(1) **소액임차인의 최우선변제권**이란 주택임차인이 보증금 중 일정 금액에 대하여 **다른 담보물권자보다 우선적으로 변제를 받을 수 있는 권리**를 말한다. 이는 **경매 또는 공매**절차에서 말소기준권리보다 후순위인 임차권이라 하더라도 일정한 요건을 충족하면 **선순위 담보물권자보다 우선하여 변제**받을 수 있는 권리로, 실질적으로 임차인을 보호하기 위한 제도이다.
(2) 이러한 제도는 강학상 '최우선변제'라 불리며, **보증금이 사실상 임차인의 유일한 재산**일 수 있다는 점에서 특별한 보호를 부여하고자 한다.

2. 요건

(1) **소액임차인의 범위 및 최우선변제금액**
  ① 소액임차인의 기준 및 최우선변제금액은 **대통령령으로 정하며**, 지역별로 차등 적용된다.
  ② 지역별 기준(2023년 2월 21일 기준)은 다음과 같다(주택임대차보호법 시행령 제11조).

---

281) 대법원 2001.3.23. 선고 2000다30165 판결

지역	소액임차보증금	최우선변제금액 한도
서울특별시	1억 6천 5백만 원 이하	5천 5백만 원까지
과밀억제권역 (서울특별시 제외), 세종특별자치시, 용인시, 화성시, 김포시	1억 4천 5백만 원 이하	4천 8백만 원까지
광역시 (과밀억제권역과 군 지역은 제외), 안산시, 광주시, 파주시, 이천시 및 평택시	8천 5백만 원 이하	2천 8백만 원까지
그 밖의 지역	7천 5백만 원 이하	2천 5백만 원까지

③ 2023년 2월 21일 이전에 설정된 담보물권에 대하여는 **종전 기준이 적용**되며, 해당 시점에 따라 소액임차인으로 보호받지 못할 수도 있다.

(2) 대항요건 구비 및 유지

① 임차인이 최우선변제권을 취득하려면, 경매신청의 등기 전에 **주택의 인도와 주민등록(대항요건)**을 갖추어야 한다.

② 이 대항요건은 배당요구 종기일까지 유지되어야 하며, **확정일자는 요건이 아니다.**

(3) 배당요구 필요

소액임차인이 **최우선변제를 받기 위해서는 배당요구 종기까지 배당요구를 해야 하**며, 그렇지 않으면 배당에서 제외된다.

(4) 보증금이 일정액 이하일 것

보증금이 **지역별 기준 이하**인 경우에만 최우선변제권이 적용된다.

(5) 주택이 실제 경매절차에 들어갈 것

임차주택이 실제로 경매절차에 들어가야 최우선변제권이 작동하며, 가압류 등 단순한 채권집행만으로는 인정되지 않는다.

3. 보호금액의 제한

(1) 주택가액의 1/2 초과 시 제한

보증금 중 일정액이 **주택가액(대지 포함)의 2분의 1을 초과하면, 초과한 부분은 우선변제 대상이 되지 않는다.**

(2) 임차인이 2명 이상인 경우

각 임차인의 보증금을 합산하여 주택가액의 2분의 1을 초과하는 경우, **각 임차인의**

비율에 따라 배분하여 우선변제권을 인정한다.

(3) 가족 공동생활의 경우

동일 주택에 임차인이 2명 이상이며 **가족으로 공동생활을 하는 경우**, 이들을 1명의 **임차인으로 보아 보증금을 합산**하여 판단한다.

4. 효력

(1) **소액임차인의 보증금 중 일정액**은 다른 담보물권, 국세 및 지방세 등 일반 채권보다 **우선하여 변제**된다.
(2) **주택과 대지가 함께 경매되는 경우**, 대지와 건물의 비율에 따라 최우선변제 금액을 배분해야 한다.
(3) **대지만 경매되는 경우에도**, 해당 주택의 소액임차인은 대지의 환가대금에서 **최우선변제를 받을 수 있다**. 그러나 대지에 관한 저당권 설정 후 지상에 건물이 신축된 경우, 건물의 소액임차인에게 그 저당권 실행에 따른 환가대금에 대해서는 우선변제를 받을 수 없다.[282]
(4) 임차인이 배당요구를 하지 않아 <u>배당에서 제외된 경우, 후순위 채권자에 대해 **부당이득반환을 청구할 수 없다.**</u>

5. 관련 판례

(1) 용도변경 후 주거용 건물에 대한 보호 가능성

점포 및 사무실로 사용되던 건물에 근저당권이 설정된 후 그 건물이 주거용 건물로 용도 변경된 경우, 이를 임차한 소액임차인이 근저당권자에 대하여 우선하여 변제받을 권리가 있다.[283]

(2) 채권회수를 위한 임대차는 보호 대상 아님

임대차계약의 **주된 목적이 주거가 아니라 채권 회수**인 경우, 소액임차인으로 보호되지 않는다.[284]

---

282) 대법원 1999.7.23. 선고 99다25532 판결
283) 대법원 2009.8.20. 선고 2009다26879 판결
284) 대법원 2002.3.12. 선고 2000다24184, 24191 판결

(3) 보증금 감액 후 요건 충족한 경우 보호 가능

처음 임대차계약을 체결할 당시에는 보증금액이 많아 주택임대차보호법상 소액임차인에 해당하지 않았지만 그 후 **새로운 임대차계약에 의하여 정당하게 보증금을 감액하여 소액임차인에 해당하게 되었다면**, 그 임대차계약이 통정허위표시에 의한 계약이어서 무효라는 등의 특별한 사정이 없는 한 그러한 임차인은 같은 법상 **소액임차인으로 보호받을 수 있다.**[285]

(4) 경락인에게 최우선변제를 청구할 수 없음

임차주택의 경매절차에서 소액임차보증금의 지급을 받지 못한 임차인이 경락인에 대하여 별도로 최우선변제를 청구할 수는 없다.[286]

VI. 임차권등기명령제도

1. 제도의 의의 및 취지

(1) 임차인이 **임대차 종료 후 보증금을 반환받지 못한 상태에서 이사 또는 주민등록 전출**을 하게 되면, 대항력과 우선변제권이 상실되어 사실상 보증금을 반환받기 어려운 경우가 많았다.

(2) 이에 「**주택임대차보호법**」은 임차인을 보호하기 위하여 임차권등기명령제도를 도입하였다. 이 제도는 보증금 반환을 받지 못한 임차인이 법원에 임차권등기명령을 신청하고, 임차권등기를 마친 후 이사 또는 전출하더라도 대항력과 우선변제권을 유지할 수 있도록 하는 것이다.

2. 신청 요건 및 절차

(1) 신청자

① **임차인**: 임대차계약이 종료되었음에도 **보증금을 반환받지 못한 자**는 임차권등기명령을 신청할 수 있다.

② **금융기관 등**: 임차인의 권리를 대위한 금융기관 등도 신청 가능하며, 이 경우 「주택임대차보호법」상 임차인으로 본다.

---

285) 대법원 2008.5.15. 선고 2007다23203 판결
286) 대법원 1988.4.12. 선고 87다카844 판결

(2) 신청요건
  ① **임대차 종료**: 임대차계약이 종료된 상태일 것.
  ② **보증금 미반환**: 임차인이 임대인에게 보증금 반환을 요구하였음에도 **반환받지 못한 상태**일 것.
  ③ **관할 법원**: 임차주택의 **소재지를 관할**하는 지방법원, 지방법원지원 또는 시·군 법원에 신청한다.

(3) 신청서 기재사항
  ① 신청의 취지 및 이유
  ② 임대차 목적 주택(일부만 해당하는 경우에는 도면 첨부)
  ③ 임차권등기의 원인이 된 사실(대항력 또는 우선변제권 취득 여부 포함)
  ④ 기타 **대법원규칙으로 정하는 사항**

(4) 비용부담
  임차권등기명령의 신청 및 등기에 소요되는 비용은 **임대인에게 청구 가능**하다(법 제3조의3 제8항).

(5) 기각 시 항고
  임차권등기명령 신청이 **기각된 경우, 임차인은 항고할 수 있다.**

3. 임차권등기의 효력

(1) 대항력 및 우선변제권 취득
  ① 임차권등기를 마치면 **임차인은 대항력과 우선변제권을 취득**한다.
  ② 임차권등기 이전에 이미 대항력 또는 우선변제권을 취득한 경우에는, **임차권등기 이후 대항요건을 상실하더라도 해당 권리는 유지된다**(법 제3조의3 제5항).

(2) 후순위 임차인의 최우선변제권 배제
  해당 주택에 대해 임차권등기가 마쳐진 후 이를 임차한 임차인은 **소액보증금에 대한 최우선변제를 받을 수 없다**(법 제3조의3 제6항).

(3) 동시이행관계 아님
  임대인의 보증금 반환의무는 임차인의 주택임대차보호법 제3조의3 **임차권등기말소 의무보다 선이행되어야 하며**, 양자는 동시이행관계가 아니다.[287]

(4) 배당요구 불요
  임차권등기를 마친 임차인은 **별도의 배당요구 없이도 배당받을 수 있는 채권자에**

해당한다.

⟨임대차 등기와 임차권등기명령의 차이⟩

항목	임대차 등기	임차권등기명령
등기 목적	임대차 계약을 공시하여 대항력 부여	보증금을 반환받지 못한 임차인의 권리 보호
신청자	임대인과 임차인의 **합의 필요**	**임차인이 단독으로 신청 가능**
등기의 효력	대항력과 우선변제권 부여	대항력과 우선변제권 유지 및 강화를 목적
신청 시점	임대차 계약 체결 시	임대차 종료 후

VII. 존속기간

1. 최단기간

(1) 임대차 기간을 정하지 않거나 **2년 미만**으로 정한 경우, 그 기간은 법적으로 **2년으로 본다**(제4조 제1항).
(2) **예외**: 임차인은 2년 미만의 기간을 유효하다고 주장할 수 있지만, 임대인은 이를 주장할 수 없다.
 - 예: 임대차 계약에서 1년으로 계약을 체결했다면, 법적으로는 2년으로 간주되지만, **임차인이 1년으로 주장할 경우 그 주장은 유효**하다.

2. 임대차의 지속

(1) 임대차 기간이 끝난 경우에도, 임차인이 보증금을 반환받을 때까지는 **임대차 관계가 계속 유지되는 것으로 본다**(제4조 제2항).
(2) 이는 임차인의 주거 안정성을 보호하기 위한 규정이다. 임대인은 보증금을 반환하지 않는 한 임대차 관계를 종료시킬 수 없다.

---

287) 대법원 2005.6.9. 2005다4529 판결

VIII. 묵시적 갱신(법정갱신)

1. 묵시적 갱신의 의의 및 요건
(1) 묵시적 갱신(법정갱신)이란, **임대차 기간이 종료된 이후에도 당사자 일방이 갱신을 거절하거나 계약 조건을 변경하겠다는 의사표시 없이 임대차 관계가 존속되는 경우, 종전과 동일한 조건으로 계약이 갱신된 것으로 보는 제도**를 말한다(주택임대차보호법 제6조 제1항).
(2) 다음과 같은 요건이 모두 충족되면 묵시적 갱신이 인정된다.
  ① **임대인이 임대차 기간 종료 전 6개월 전부터 2개월 전까지의 기간 내에 계약을 갱신하지 않겠다는 통지, 또는 계약 조건을 변경하겠다는 통지**를 하지 않은 경우
  ② **임차인이 임대차 기간 종료 2개월 전까지 갱신을 거절한다는 의사를 통지하지 않은 경우**
(3) 이 경우, 종전 임대차와 **동일한 조건으로 다시 임대차한 것으로 간주**된다.

2. 묵시적 갱신의 존속기간
묵시적으로 갱신된 임대차의 **존속기간은 2년**으로 본다(법 제6조 제2항).

3. 묵시적 갱신 후 해지권 행사
(1) 묵시적으로 갱신된 임대차에서 **계약해지를 통지할 수 있는 자는 임차인뿐**이다. 임대인은 해지통지를 할 수 없다(법 제6조의2).
(2) **임차인이 계약 해지를 통지한 경우**, 그 통지를 임대인이 받은 날로부터 **3개월이 경과한 때**에 해지의 효력이 발생한다.
(3) 이는 **계약 갱신 후 언제든지 가능**하며, 해지 통지가 갱신된 계약의 시작 전이든 후든 관계없이 동일하게 적용된다.

4. 묵시적 갱신의 예외
(1) 다음과 같은 사유가 있는 경우에는 **묵시적 갱신이 인정되지 않는다**(법 제6조 제3항).
  ① **임차인이 2기에 해당하는 차임액을 연체**한 경우
  ② **임차인이 의무를 현저히 위반한 경우**
(2) 이러한 경우에는 임대인이 갱신 거절 통지를 하지 않더라도, **묵시적 갱신의 효력이**

발생하지 않는다.

IX. 계약갱신요구권

1. 계약갱신요구권의 개요
(1) 의의 및 행사 요건
① **주택임차인은** 임대차기간이 종료되기 **6개월 전부터 2개월 전까지** 임대인에게 **계약갱신을 요구할 수 있다**(주택임대차보호법 제6조의3 제1항).
② 이 경우 <u>임대인은 정당한 사유가 없는 한 이를 거절할 수 없으며</u>, 임대인의 갱신거절이 가능한 사유는 법에서 열거적으로 규정하고 있다.

(2) 임차인의 **갱신요구권의 행사 제한**
임차인은 <u>1회에 한하여 계약갱신요구권을 행사할 수 있으며</u>, 그로 인해 갱신되는 임대차의 **존속기간은 2년으로 본다**(동조 제2항).

2. 임대인의 갱신거절 사유
(1) 임차인이 다음 각 호 중 하나에 해당할 경우, 임대인은 **갱신요구를 거절할 수 있다**(동조 제1항 단서).
① 임차인이 **2기의 차임액에 해당하는 금액을 연체**한 경우
② 임차인이 **거짓이나 기타 부정한 방법으로 임대한** 경우
③ 임대인과 임차인이 **합의하여 상당한 보상을 받은** 경우
④ 임차인이 **임대인의 동의 없이 전대한** 경우
⑤ 임차인이 **주택의 전부 또는 일부를 고의 또는 중대한 과실로 파손한** 경우
⑥ **주택이 멸실되어** 임대차의 목적을 달성할 수 없게 된 경우
⑦ **철거 또는 재건축 등의 사유로** 임대인이 점유를 회복할 필요가 있는 경우
　(a) 계약 당시 **철거 또는 재건축 계획이 명확히 고지된** 경우
　(b) 건물이 **노후·훼손** 또는 일부 멸실되어 안전사고의 우려가 있는 경우
　(c) **법령에 따라 철거 또는 재건축이 요구되는** 경우
⑧ 임대인 또는 그의 **직계존속·직계비속이 주택에 실제 거주하려는** 경우
⑨ 그 외 임차인이 **의무를 현저히 위반하거나**, 계속적인 임대차 유지가 곤란한 중대한 사유가 있는 경우

(2) 관련 판례

임대차기간 종료 전 임대인의 지위를 승계한 임차주택의 양수인도 그 주택에 실제 거주하려는 경우 위 갱신거절 기간 내에 주택임대차보호법 제6조의3 제1항 단서 제8호에 따른 갱신거절 사유를 주장할 수 있다고 보아야 한다.[288]

3. 갱신의 효과

(1) **갱신된 임대차는 전 임대차와 동일한 조건으로 다시 계약된 것으로 본다**(제6조의3 제3항 본문).

(2) 다만, **차임 및 보증금**은 제7조의 범위 내에서 증감할 수 있다.
① **증감은 계약 체결 후 1년 이내에는 하지 못하며**,
② **증액 한도는 기존 금액의 5% 이내**이며,
③ **조례로 달리 정할 수 있다**.

4. 임차인의 해지 통지권

(1) 임차인은 계약갱신으로 인해 계약이 갱신된 경우, **언제든지 해지 통지를 할 수 있다**(제6조의3 제4항).

(2) 이 경우 **임대인이 해지통지를 받은 날부터 3개월 후에 해지의 효력이 발생**한다.

(3) 계약해지의 통지가 갱신된 임대차계약 기간이 개시되기 전에 임대인에게 도달한 경우, 그 효력이 발생하는 시점도 해지통지 후 3개월이 지난 때이다.[289]

5. 임대인의 기망적 갱신거절과 손해배상

(1) **손해배상 요건**

임대인이 제6조의3 제1항 제8호의 사유(실제 거주)를 들어 **갱신을 거절하였으나, 그 후 정당한 사유 없이 제3자에게 임대한 경우**, 갱신거절이 없었더라면 갱신된 기간이 만료되기 전에 이루어진 제3자 임대라면 임대인은 **임차인이 입은 손해를 배상해야 한다**(제6조의3 제5항).

---

[288] 대법원 2022.12.1. 선고 2021다266631 판결
[289] 대법원 2024.1.11. 선고 2023다258672 판결

(2) 손해배상액

임대인이 손해배상액의 예정에 관한 합의를 하지 않았다면, 아래 **3가지 중 큰 금액**을 배상하여야 한다(제6조의3 제6항).

① 갱신거절 당시 환산월차임의 3개월분
② 임대인이 제3자에게 임대하여 얻은 환산월차임과 갱신거절 당시 환산월차임 간의 차액의 2년분
③ 임차인이 입은 실제 손해액

X. 차임 및 보증금의 증감청구

1. 차임 및 보증금 증감청구권의 의의

임대차계약에 따라 약정된 차임(월세) 또는 보증금이 조세, 공과금 등 임차주택에 부과되는 부담의 증감이나 경제사정의 변동으로 인해 부적절하게 된 경우, 당사자는 장래를 향하여 차임 또는 보증금의 증감청구를 할 수 있다(주택임대차보호법 제7조 제1항).

2. 증액청구의 제한

(1) 1년 제한

차임 또는 보증금의 증액청구는 임대차계약 체결 또는 이전 증액이 있은 날로부터 1년이 지나기 전에는 할 수 없다(법 제7조 제1항 단서).

(2) 증액 한도의 제한

① 증액청구는 약정된 차임 또는 보증금의 20분의 1(5%)을 초과할 수 없다(법 제7조 제2항 본문).
② 다만, **특별시, 광역시, 특별자치시, 도 및 특별자치도**는 해당 지역의 임대차 시장 여건을 고려하여, 조례로 증액 상한을 달리 정할 수 있다(법 제7조 제2항 단서).

(3) **적용 범위 및 예외**

① 위 증액 제한 규정은 **묵시적 갱신** 또는 **계약갱신요구권** 행사로 갱신된 계약에도 적용된다.
② 그러나 다음의 경우에는 적용되지 않는다.
   (a) 계약이 종료된 이후 재계약을 체결한 경우
   (b) 임대차계약 종료 전, 당사자가 합의하여 차임 또는 보증금을 증액한 경우

3. 감액청구

임차인은 **경제사정의 변화나 임차주택 상태** 등에 따라 보증금이나 차임의 **감액을 청구할 수 있다**. 감액청구에는 **상한이나 횟수 제한이 없으므로**, 임차인은 **필요한 경우 언제든지** 감액을 요청할 수 있다.

4. 보증금의 월차임 전환 시 산정률 제한

(1) 보증금의 전부 또는 일부를 **월 단위의 차임으로 전환**할 경우에는, 다음의 두 비율 중 낮은 비율을 곱하여 산정한 금액을 초과할 수 없다(법 제7조의2).
  ① 「은행법」에 따른 은행의 **대출금리에 대통령령이 정하는 비율**(연 10%)
  ② **한국은행이 공시한 기준금리**에 대통령령이 정한 2%를 더한 비율
(2) 예를 들어, 기준금리가 2.5%인 경우(2025년 6월 4일 기준), 이를 기준으로 한 전환율은 2.5% + 2% = 4.5%이며, 이는 연 10%보다 낮으므로, **법정 전환율은 4.5%가 적용된다.**
(3) 임차인이 위 산정률을 초과하여 월차임을 지급한 경우, **초과한 금액의 반환을 청구할 수 있다**(법 제10조의2).

5. 초과 지급금의 반환청구

임차인이 법정 증액 비율을 초과하여 차임 또는 보증금을 지급하거나, 법정 월차임 산정률을 초과하여 월차임을 지급한 경우: **초과 지급분에 대해 반환 청구 가능**(법 제10조의2).

XI. 주택임차권의 승계

1. 제도의 취지

(1) 임차인이 사망한 경우, 일반적으로는 **민법상 상속 규정에 따라** 임차권이 상속인에게 승계된다. 그러나 법정상속인이 없는 경우나, 법정상속인이 임차인과 **가정 공동생활을 하지 않았던 경우**, 주택에 실제로 거주하던 사실혼 배우자나 친족이 **임차권을 상속받지 못할 위험**이 발생할 수 있다.
(2) 이에 따라 「**주택임대차보호법**」 제9조는 임차인의 **사망 시 주거 안정성을 보장**하기 위하여, 가정 공동생활을 하던 자에게 임차권을 승계할 수 있도록 하는 규정을 두고 있다.

2. 승계 요건 및 절차

(1) 법정상속인이 있는 경우
① 상속인이 임차인과 **가정 공동생활을 한 경우**, 상속인이 임차권을 **단독으로 승계**한다.
② 상속인이 임차인과 **가정 공동생활을 하지 않은 경우**, 해당 주택에서 가정 공동생활을 하던 **사실혼 배우자와 2촌 이내의 친족이 임차권을 공동으로 승계**한다(법 제9조 제2항).

(2) 법정상속인이 없는 경우
① 임차인이 **상속인 없이 사망**하고, 그 주택에서 **사실혼 배우자**가 임차인과 **가정 공동생활을 한 경우**, 사실혼 배우자가 **단독으로 임차권을 승계**한다(법 제9조 제1항).
② 상속인도 없고 사실혼 배우자도 가정 공동생활을 하지 않은 경우, 임차권은 **상속인이 없는 재산으로 간주되어 국고에 귀속**된다. 다만, **사실혼 배우자**는 민법 제1057조의2에 따른 **특별연고자**로서 가정법원에 청구하여 임차권을 포함한 **상속재산의 일부 또는 전부를 받을 수 있다.**

3. 가정 공동생활 여부의 판단 기준
가정 공동생활 여부는 임차인의 사망 당시를 기준으로 판단하며, 단순한 방문이나 일시적 거주는 가정 공동생활로 보지 않는다.

4. 승계의 효과

(1) **임차인의 권리와 의무를 포괄적으로 승계**하므로, 승계인은 다음과 같은 권리와 의무를 부담한다.
① 임차주택에 계속 거주할 **거주권**
② 임차인의 사망 이전에 발생한 **연체 차임, 손해배상채무** 등
③ 임대차 계약상 **보증금 반환청구권**

(2) **승계 포기**
임차인의 사망 이후 **1개월 이내에 임대인에게 반대의사를 표시**하면, 해당 자는 임차권을 승계하지 않는다(법 제9조 제3항). 이 기간 내에 반대의사를 표시하지 않으면, 법적으로 **자동 승계**되는 것으로 본다.

제2장 상가건물임대차보호법

상가건물임대차보호법은 영세 상인의 경영 안정과 권리 보호를 위해 제정된 법률이다. 대항력와 우선변제권, 임차인의 갱신요구권, 권리금 회수 기회 보장 등 특수한 제도를 중심으로 학습한다.

제1절 서설

I. 주택임대차보호법과의 비교

구분	주택임대차보호법	상가건물 임대차보호법
입법 목적	주거 안정 보장	영세 상인의 영업 안정 보장
적용 대상	주거용 건물의 임대차	사업용 건물(상가)의 임대차
적용 요건	주거용 건물에 실제로 거주	상가건물에 실제로 **사업자등록**을 하고 영업
대항력 요건	**주택 인도 + 주민등록**	**사업자등록 + 건물 점유**
대항력 발생 시점	전입신고 다음날 0시	사업자등록신청 다음날 0시
확정일자 요건	주민센터, 등기소 등에서 받는 확정일자 필요	사업자등록지 관할 세무서 등에서 받는 확정일자 필요
우선변제권 요건	**대항력 요건 + 확정일자** 갖추면 경매 등에서 후순위 권리자보다 우선변제 가능	**대항력 요건 + 확정일자 + 환산보증금 기준 이하**(보호대상 임차인)에 한해 우선변제권 인정
우선변제 보증금 보호 한도	보증금에 제한 없음	지역별 보호대상 보증금 기준을 초과하면 법률 보호를 받지 못함
계약갱신요구권	임차인의 **자동연장권**(묵시적 갱신) 인정 및 **계약갱신 요구권** 인정, 1회에 한해 2년까지	임차인의 **계약갱신 요구권** 인정. 총 계약기간 10년까지 보장
갱시거절 사유	임대인 및 직계존비속 거주 사유로 인한 갱신 거절 가능	임대인 및 직계존비속 거주 사유로 인한 갱신 거절 불가능
권리금 회수 보호	해당 없음	**권리금 회수 기회 보호 규정** 명시 (제10조의4 등)
임대차 기간 규정	최단기간 2년 (2년 미만은 2년으로 간주)	최단기간 1년 (1년 미만은 1년으로 간주)
해지	2기 연체	3기 연체

II. 입법 목적과 성질

1. 목적
(1) **상가건물임대차보호법**은 상가건물의 임대차에 관하여 **민법에 대한 특례를 규정**함으로써 **국민 경제생활의 안정을 도모**하는 데 목적이 있다.
(2) 이 법은 **민법상 임대차에 대한 특별법**으로서, 일반법보다 우선 적용된다.

2. 법적 성질
(1) 이 법은 **편면적 강행법규**의 성격을 가지므로, 임차인에게 불리한 약정은 그 효력을 인정받지 못한다(제15조).
(2) 법의 적용범위는 명시적으로 규정된 물적·인적 요건에 따라 제한되며, **일시사용 목적의 임대차**나 일부 **대규모점포 및 공공재산의 임대차**는 제외된다.

제2절 적용범위

I. 적용대상 건물

상가건물은 **주로 영업용으로 사용되는 건물**을 의미하며, 단순히 창고·공장 등으로 사용되더라도 수익을 목적으로 한 영업활동이 함께 이루어지는 경우에는 상가건물에 해당한다.

II. 환산보증금 기준

1. 적용 기준
(1) 보증금만 있는 경우에는 해당 금액,
(2) 보증금 외에 차임이 있는 경우에는 "**환산보증금 = 보증금 + (월차임 × 100)**"의 방식으로 계산하며, **대통령령이 정한 금액 이하인 경우에 한하여 본 법의 적용을 받는다.**

2. 지역별 환산보증금 상한

「상가건물 임대차보호법」이 적용되는 상가 임대차의 보증금액은 **지역별로 정해진 기준**에 따라 달라진다(법 제2조 제1항, 영 제2조 제1항).

〈지역별 적용대상 보증금액의 범위〉

지역 구분	법적용 보증금
서울특별시	9억 원 이하
「수도권정비계획법」에 따른 과밀억제권역 (서울특별시는 제외) 및 부산광역시	6억 9천만 원
광역시 (과밀억제권역에 포함된 지역과 군 지역, 부산광역시는 제외), 세종특별자치시, 파주시, 화성시, 안산시, 용인시, 김포시 및 광주시	5억 4천만 원
그 밖의 지역	3억 7천만 원

3. 예외적 적용

(1) 환산보증금 초과 시에도 다음 규정은 **적용된다**:
   ① **대항력**, ② **계약갱신요구권**, ③ **3기 차임연체 해지권**, ④ **권리금 보호규정**,
   ⑤ **표준계약서 사용 권장**

(2) 그러나 다음 규정은 **적용되지 않는다**.
   ① **우선변제권**, ② **임차권등기명령**, ③ **최단기간 보장**, ④ **법정갱신제도**, ⑤ **차임증액 상한(5%)**

III. 준용 및 기타

(1) 등기되지 않은 전세계약에도 본 법이 준용되며, 전세금은 보증금으로 본다.
(2) 법인도 보호 대상에 포함되며,
(3) 일시사용 임대차는 명백한 경우 제외된다.

제3절 대항력

I. 대항력의 요건

1. 발생요건
<u>건물의 인도</u>와 <u>사업자등록 신청</u>을 마친 경우, <u>그 다음날 0시부터</u> 대항력이 발생한다(제3조 제1항).

2. 사업자등록의 실질 요건
(1) 단순히 등록만 되어 있는 경우라도 실제 영업을 하지 않거나 폐업한 경우에는 대항력이 인정되지 않는다.
(2) 전차인이 실질적 영업을 하고 있다면 **전차인 명의로의 사업자등록이 필요**하다.[290]

II. 대항력의 효력

(1) 대항력 취득 후 건물의 소유권이 이전되면 **양수인은 임대인의 지위를 승계**하며,
(2) **보증금반환채무도 승계**된다.
(3) 단, 선순위 저당권 설정 후의 임차인은 대항력이 없다는 점에 유의해야 한다.

III. 존속 요건

사업자등록은 대항력 유지의 요건으로서, 배당요구 종기까지 존속하여야 한다.
<u>폐업 후 재등록하였다고 하더라도 기존 대항력 및 우선변제권은 상실된다</u>.

---

[290] 대법원 2006.1.13. 선고 2005다64002 판결

제4절 우선변제권 및 최우선변제권

I. 우선변제권

1. 요건(대항요건+확정일자)

(1) 임차인이 **대항요건**(건물의 인도 및 사업자등록 신청)을 갖추고, **임대차계약서에 확정일자를 받은 경우** 우선변제권을 취득한다. 이를 통해, 경매(「민사집행법」) 또는 공매(「국세징수법」)에서 임차건물(임대인 소유의 대지 포함)의 환가대금에서 **후순위 권리자 및 채권자보다 우선**하여 보증금을 변제받을 권리가 발생한다(법 제5조 제2항).

(2) 환산보증금 초과 세입자: 환산보증금이 법에서 정한 범위를 초과할 경우, 우선변제권이 없으므로 전세권 설정등기 또는 근저당 설정등기와 같은 안전장치를 마련해야 한다.

2. 효력

(1) 건물과 대지의 환가대금에서 변제를 받을 수 있으며,
(2) **건물을 인도하지 않으면 우선변제를 받을 수 없다**(제5조 제3항).
(3) 확정판결 등으로 임차인이 경매를 신청할 경우, 이행 제공이 없어도 강제집행이 가능하다(제5조 제1항).

3. 승계

은행 등 금융기관이 임차인의 보증금반환채권을 양수한 경우, 그 범위 내에서 우선변제권이 **승계된다**. 단, 대항요건이나 임차권등기 등이 **소멸되면 우선변제권 행사 불가**.

II. 최우선변제권

1. 요건

임차인은 경매 신청 등기 전에 **대항요건(건물 인도 및 사업자등록 신청)**을 갖추어야 한다(법 제14조 제1항).

2. 최우선변제 대상 보증금과 보호금액

(1) 대상 보증금 및 보호금액

지역 구분	소액임차보증금 (환산보증금)	최우선변제금액 한도
서울특별시	6천500만원 이하	2천200만원까지
수도권 과밀억제권역 (서울특별시 제외)	5천500만원 이하	1천900만원까지
광역시 (과밀억제권역과 군 지역 제외), 안산시, 용인시, 김포시 및 광주시	3천8백만원 이하	1천300만원까지
그 밖의 지역	3천만원 이하	1천만원까지

최우선변제를 받을 임차인은 보증금과 차임을 환산한 금액의 합계가 **대통령령으로 정한 금액** 이하여야 한다. 시행 이전에 임차건물에 대해 담보물권을 취득한 자에 대해서는 **종전 규정**이 적용된다.

(2) 최우선변제 대상

법에서 정한 환산보증금이 아닌 **순수보증금을 기준**으로 최우선변제 대상이 결정된다. 예를 들어, 서울 소재 상가에서 보증금이 1억 원, 월세가 100만 원인 경우, 환산보증금은 2억 원이 되어 상가건물 임대차보호법 적용 대상에 포함되지만, 최우선변제 대상은 순수보증금이 6,500만 원 이하인 경우만 해당된다.

(3) 보호범위 제한

① 보증금 중 일정액이 상가건물 가액의 **2분의 1을 초과하는 경우**, 가액의 2분의 1에 **해당하는 금액**까지만 보호된다.
② 하나의 상가건물에 **2인 이상의 임차인**이 있는 경우:
보증금 중 일정액의 합계가 건물 가액의 2분의 1을 초과하면, **각 임차인의 보증금 비율**에 따라 가액의 2분의 1에 해당하는 금액을 분할하여 보호한다(영 제7조 제3항).

제5절 계약갱신요구권 및 존속기간

I. 존속기간의 보장

1. 최단 존속기간의 강제 규정

(1) 임대차의 기간을 정하지 않았거나 1년 미만으로 정한 경우, 그 임대차기간은 1년으로 본다 (제9조 제1항). 단, **임차인은 1년 미만의 기간이 유효함을 주장할 수 있다.**

(2) 임대차가 종료된 경우에도 **임차인이 보증금을 반환받지 못한 상태에서는, 임대차관계는 존속하는 것으로 간주**된다(제9조 제2항).
이는 임차인의 보증금 반환을 실질적으로 보호하기 위한 취지이다.[291]

2. 존속 중 차임 지급의무

종료된 임대차가 보증금 반환 전까지 존속하는 경우, 임차인은 종전 계약에 따른 **차임을 계속 지급할 의무만 부담**하고, 시가에 따른 부당이득은 성립하지 않는다.

II. 계약갱신요구권

1. 요건 및 행사기간

임차인이 임대차기간이 만료되기 6개월 전부터 1개월 전까지 사이에 계약갱신을 요구하면, 임대인은 **정당한 사유 없이 이를 거절할 수 없다**(제10조 제1항).

2. 정당한 거절사유

다음 중 어느 하나에 해당하는 경우, 임대인은 갱신요구를 **거절할 수 있다**:
① 임차인이 **3기의 차임액을 연체**한 경우
② 임차인이 임대인의 동의 없이 목적물 전부 또는 **일부를 전대한 경우**
③ 임차인이 **건물을 고의 또는 중대한 과실로 파손**한 경우
④ 건물의 전부 또는 대부분을 철거·재건축할 필요가 있는 경우
　(a) 계약 당시 철거·재건축계획을 고지하고 그 계획대로 이행하는 경우

---

[291] 대법원 2023.11.9. 선고 2023다257600 판결

    ⓑ 건물이 **노후·훼손**되어 **안전사고 우려**가 있는 경우
    ⓒ **법령**에 따른 **철거·재건축**인 경우
⑤ 상호 합의로 임대인이 **상당한 보상을 제공**한 경우
⑥ 임차건물의 전부 또는 일부가 **멸실되어 목적 달성이 불가능**해진 경우
⑦ 임차인이 **거짓이나 부정한 방법으로 임대한** 경우
⑧ 임차인이 **현저한 의무위반**을 하여 계약 유지가 곤란한 경우

3. 행사기간의 제한

최초의 임대차기간을 포함한 전체 임대차기간이 <u>10년을 초과하지 않는 범위</u> 내에서만 계약갱신요구권을 행사할 수 있다(제10조 제2항).

4. 갱신의 효력

(1) 갱신된 임대차는 <u>전 임대차와 동일한 조건</u>으로 재계약된 것으로 본다.
(2) 단, **차임 및 보증금은 5% 범위 내에서 증감 청구 가능**하다(제10조 제3항).
(3) 임대인의 동의를 받고 전대차계약을 체결한 전차인은, **갱신요구권 행사기간 내에 임차인을 대위하여 갱신요구를 할 수 있다**(제13조 제2항).

III. 법정갱신(묵시적 갱신)

1. 성립 요건

임대인이 기간만료 **6개월 전부터 1개월 전까지** 갱신 거절 또는 조건 변경의 통지를 하지 않은 경우, 임대차는 전 임대차와 동일한 조건으로 다시 계약된 것으로 간주된다(제10조 제4항 제1문).

2. 존속기간

묵시적으로 갱신된 임대차의 존속기간은 <u>1년</u>으로 본다(제10조 제4항 제2문).

3. 해지 통고

<u>임차인은 **언제든지 계약해지를 통고**할 수 있으며, 임대인이 **통고를 받은 날부터 3개월이 경과하면 해지의 효력이 발생**</u>한다(제10조 제5항).

4. 관련 판례

(1) 상가임차인이 **1개월 전부터 만료일 사이에 갱신 거절 통지를 한 경우**, 해당 임대차계약은 **묵시적 갱신이 인정되지 않고 종료**된다. 상가건물 임대차보호법 제10조 제1항은 "임대인은 임차인이 임대차기간이 만료되기 6개월 전부터 1개월 전까지 사이에 계약갱신을 요구할 경우 정당한 사유 없이 거절하지 못한다."라고 정하여 임차인의 계약갱신 요구권을 인정할 뿐이고, 임차인이 갱신거절의 통지를 할 수 있는 기간은 제한하지 않았다. 따라서 임차인의 갱신거절 통지기간은 제한이 없다고 본다.[292]

(2) **10년 초과 제한 규정은 법정갱신에는 적용되지 않으며**, 따라서 임대차계약의 전체 기간이 10년을 초과하더라도 **법정갱신은 가능하다.**

---

292) 대법원 2024.6.27. 선고 2023다307024 판결

제6절 권리금 보호

I. 권리금의 개념 및 제정 취지

1. 권리금의 정의

권리금이란 상가건물에서 영업을 하거나 하려는 자가 **영업시설·비품·거래처·신용·노하우·입지에 따른 영업상 이점 등 유·무형의 재산적 가치에 대한 대가**로서, 임대인이나 임차인에게 **보증금과 차임 이외에 지급하는 금전 등**을 의미한다.

2. 권리금 계약의 정의

권리금 계약이란 신규 임차인이 되려는 자가 기존 임차인에게 권리금을 **지급하기로 하는 계약**을 말한다.

3. 제정 목적

과거에는 임차인이 형성한 영업상 가치가 임대인의 계약해지나 갱신거절로 인해 침해되는 사례가 빈번하였다. 이에 따라 **임차인의 권리금 회수기회를 보장**하고, **임대인의 방해행위 금지를 명문화**하여 영업상 가치를 보호하고자 하였다.

II. 권리금 회수기회의 보호

1. 방해행위의 금지

임대인은 임대차기간 **만료 6개월 전부터 종료 시까지**, 다음과 같은 행위를 하여 **임차인의 권리금 회수를 방해해서는 안 된다**(제10조의4).
① 임차인이 주선한 **신규임차인이 되려는 자에게 권리금을 요구하거나 수수하는 행위**
② 임차인이 주선한 신규임차인으로 하여금 기존 임차인에게 **권리금을 지급하지 못하게 하는 행위**
③ 임차인이 주선한 신규임차인에게 **현저히 고액의 보증금 또는 차임을 요구하는 행위**
④ **정당한 사유 없이 임차인이 주선한 신규임차인과 계약체결을 거절하는 행위**

2. 임대인이 거절할 수 있는 정당한 사유

① 임차인이 주선한 신규임차인이 **보증금 또는 차임을 지급할 자력이 없는 경우**
② 임차인이 주선한 신규임차인이 되려는 자가 **임차인으로서 의무 위반 우려가 있거나, 임대차 유지가 곤란한 사유가 있는 경우**
③ 임대차 목적물인 상가건물을 **1년 6개월 이상 영리목적으로 사용하지 않은 경우**
④ 임대인이 선택한 다른 신규임차인이 기존 임차인에게 **권리금을 지급한 경우**

3. 손해배상책임

임대인이 위 규정을 위반하여 **권리금 회수를 방해하여 손해를 발생시킨 경우, 손해를 배상할 책임이 있다**(제10조의7).

① 손해배상액은 **신규임차인이 지급하기로 한 권리금과 종료 당시 권리금 중 낮은 금액**을 초과할 수 없다.
② 손해배상청구는 임대차 종료일로부터 **3년 이내**에 행사하지 않으면 **소멸시효 완성**으로 소멸된다.

4. 관련 판례

(1) **전체 임대차기간이 10년을 초과한 경우에도** 임대인은 여전히 **권리금 회수기회 보호의무를 부담**한다.[293]
(2) 임차인의 **임차목적물 반환의무**와 임대인의 **권리금 방해로 인한 손해배상책임은 동시이행관계가 아니다.**[294]

5. 권리금 보호의 예외

다음에 해당하는 경우에는 **권리금 보호규정이 적용되지 않는다**.

① 「유통산업발전법」제2조의 **대규모점포 또는 준대규모점포**에 해당하는 상가건물(※ 전통시장은 제외)
② 「국유재산법」또는 「공유재산 및 물품관리법」에 따른 **국유·공유재산의 임대차**
③ **전대차 계약**

---

293) 대법원 2019.5.16. 선고 2017다225312, 225329 판결
294) 대법원 2019.7.10. 선고 2018다242727 판결

제7절 임차권등기명령제도

I. 입법 취지

임차인이 **보증금을 반환받지 못한 상태로 영업장을 이전**하면 대항력과 우선변제권을 상실하여 **보증금 회수가 곤란**해지는 현실을 반영하여, **임차권등기명령제도**를 도입하였다.

II. 제도 내용

1. 신청 및 효력

(1) 임대차 종료 후 보증금이 반환되지 않은 경우, 임차인은 임차건물 소재지를 관할하는 법원에 **임차권등기명령을 신청**할 수 있다(제6조 제1항).
(2) 임차권등기를 마치면 **대항력과 우선변제권을 새로 취득**하게 되며, 등기 이전에 이미 취득한 권리는 그대로 유지된다(제6조 제5항).
(3) 단, 임차권등기가 된 건물에 대해 **새로운 임차인은 최우선변제를 받을 수 없다**(제6조 제6항).

2. 비용의 청구

임차인은 임차권등기명령 및 등기와 관련하여 **소요된 비용을 임대인에게 청구**할 수 있다(제6조 제8항).

3. 민법 준용

이 제도는 **민법상의 임대차등기에 준하는 효력**을 가진다(제7조).

제8절 기타 규정

I. 차임 등의 증감청구권

1. 차임 또는 보증금의 증감 청구
당사자는 다음과 같은 사유가 있을 경우, 장래의 차임 또는 보증금의 증감을 청구할 수 있다.
① 임차건물에 관한 **조세·공과금** 등 부담의 변동
② **경제사정의 현저한 변동**
③ **감염병**으로 인한 피해(예: 제1급감염병으로 인한 매출감소 등)

2. 증액의 한도
증액 청구는 청구 당시 차임 또는 보증금의 <u>5%를 초과할 수 없다</u>(영 제4조).
단, <u>감염병 등으로 감액된 후 다시 증액하는 경우에는 감액 전 차임 등의 금액에 달할 때까지 증액 상한 적용이 없다.</u>

3. 청구시기 제한
증액이 있은 후에는 <u>1년 이내에는 재청구할 수 없다.</u>

4. 월차임 전환시 산정률
보증금을 월차임으로 전환할 때, **대통령령으로 정한 비율**(은행 대출금리와 기준금리의 4.5배 중 낮은 값)을 초과할 수 없다.

II. 감염병에 의한 특례

감염병 발생(예: 코로나19 등)으로 인해 <u>2020.9.29.부터 6개월 간 연체한 차임액은 연체로 보지 않는다.</u> 따라서 이로 인해 임대인이 **갱신을 거절할 수 없다.**

III. 표준계약서 작성 권장

1. 표준 상가건물임대차계약서
법무부장관은 국토교통부장관과 협의하여, 보증금, 차임, 임대차기간, 수선비 부담 등이 명시된 계약서를 마련하고 **사용을 권장**할 수 있다.

2. 표준 권리금계약서
임차인과 신규임차인이 사용할 수 있도록 국토교통부장관이 정한 **표준 권리금 계약서**도 존재한다.

제3장 집합건물의 소유 및 관리에 관한 법률

집합건물법은 아파트, 오피스텔 등 구분소유 건물의 효율적 관리와 소유자의 권리관계를 규율한다. 구분소유권, 공용부분의 관리, 관리단의 운영 등에 대해 실무적으로 설명한다.

제1절 서설

I. 입법 배경 및 법률의 성질

1. 입법 배경
(1) **민법 제215조**는 과거 소규모 건물의 세로 구분 소유에 기반한 규정으로, 현대의 아파트나 복합건물 등 대규모 집합건물에는 적용하기 어렵다.
(2) 이에 따라, **토지 이용의 고도화·입체화**라는 사회적 요청에 부응하여 「**집합건물의 소유 및 관리에 관한 법률**」이 제정·시행되었다.

2. 집합건물법의 성격
(1) **민법의 특별법**으로서, 집합건물에 대해서는 이 법이 우선 적용된다.
(2) **강행법규적 성질**을 가지며, 임의규정으로 변경할 수 없는 사항이 많다.

제2절 구분소유권

I. 구분소유권의 의의

1. 구분소유란
1동의 건물을 구조상 및 이용상 독립한 여러 부분으로 구분하여 **각 부분을 독립된 소유권의 객체로 삼는 것**을 말한다.

2. 전유부분과 공용부분
(1) **전유부분**: 구분소유권의 목적물이 되는 건물 부분. 구조상·이용상 독립성을 갖추고 단독 사용이 가능해야 하며, **등기 가능**하다.
(2) **공용부분**: 전유부분 이외의 부분 또는 부속물로서 구분소유자 전원 또는 일부의 공동 사용에 제공되는 부분을 말하며, **전유부분의 면적 비율**에 따른다.
  ① **법정공용부분**: 구조상 당연히 공용으로 사용되는 부분(복도, 계단 등). **등기 불요**.
  ② **규약공용부분**: 규약 또는 공정증서에 의해 공용으로 정한 부분(어린이집, 관리사무소 등). **표제부 등기 필요**.

II. 구분소유권의 성립요건

1. 구조상·이용상 독립성
구분소유권이 성립하려면 **1동의 건물 중 각 부분이 구조상 및 이용상 독립성**을 갖추어야 한다.

2. 구분의사와 구분행위
(1) 구분소유를 설정하려는 **소유자의 의사와 구분행위**가 있어야 하며, 반드시 등기나 등록을 요하지 않는다.
(2) 건축허가 신청이나 분양계약 등에서 **구분의사가 객관적으로 표시된 경우에는 아직 등기되지 않아도 구분소유가 성립**한다.[295]

---

295) 대법원 2019.11.15. 선고 2019두46763 판결

제3절 집합건물의 구성요소

I. 공용부분

1. 공용부분의 판단 기준
어느 부분이 공용인지 여부는 건물 구조에 따른 '객관적 용도'에 따라 판단한다.

2. 공용부분의 소유형태 및 제한
(1) 공용부분은 구분소유자 전원의 공유에 속하며, 일부 공용부분은 해당 구분소유자의 공유로 한다.
(2) 공용부분은 **전원의 합의가 있어도 분할할 수 없고, 전유부분과 분리하여 처분할 수 없다**(일체성 원칙).
(3) **공용부분에 관한 물권의 득실변경은 등기 없이 발생**하고, **취득시효의 대상이 되지 않는다.**

3. 공용부분의 사용 및 관리
(1) 각 공유자는 **용도에 따라**[296] 공용부분을 **사용·수익**할 수 있으며, **비용 부담은 지분비율**에 따른다. 구분소유자 일부가 공유부분을 무단점유하는 경우 부당이득반환의무가 있다.
(2) **보존행위**는 각 공유자가 단독으로 가능하며, **점유자에 대한 철거청구**는 각 구분소유자가 할 수 있다.
(3) **공용부분의 관리**는 통상의 경우 **관리단집회 결의**로 결정하며, **중요한 변경은 3분의 2 또는 5분의 4 이상의 결의**가 필요하다.
(4) **수선적립금**은 관리단이 계획 수립 및 집회 결의로 징수·적립·사용 가능하다.

4. 체납 관리비 승계
(1) 공용부분에 관한 체납 관리비는 **특별승계인에게 승계**되나, **연체료는 승계되지 않는다**.[297]

---

[296] **지분의 비율**에 따라 사용·수익하는 것이 **아니다.**

(2) 전유부분에 대한 체납 관리비는 **승계되지 않는다.**

II. 대지사용권

1. 의의
구분소유자가 전유부분을 소유하기 위해 건물의 대지에 대해 갖는 권리로서, **소유권, 지상권, 전세권, 임차권 등**이 가능하며, 이를 **대지권**이라 한다.

2. 법정대지와 규약대지
(1) **법정대지**: 전유부분이 속한 1동 건물이 소재하는 토지.
(2) **규약대지**: 통로, 주차장, 정원 등으로 규약이나 공정증서에 따라 건물과 일체로 사용되는 토지.

3. 일체성의 원칙
(1) 대지사용권은 전유부분과 분리처분할 수 없으며, 이를 위반한 처분은 **무효**이다.
(2) 단, **규약에 따라 분리 가능**하다고 정한 경우에는 분리처분이 가능하다.
(3) **경매절차**에서도 전유부분과 대지사용권은 **일체로 처분**되어야 하며, 별도 분할은 허용되지 않는다.

4. 분할금지 및 상속
(1) 대지가 구분건물에 속한 경우, 그 **사용에 필요한 범위의 대지는 분할청구가 금지**된다.
(2) 구분소유자가 **상속인 없이 사망한 경우**, 대지사용권은 다른 **구분소유자에게 귀속되지 않고 국가에 귀속**된다.

---

297) 대법원 2006.6.29. 선고 2004다3598,3604 판결

제4절 구분소유자의 권리·의무

I. 구분소유자의 기본의무

1. 공동의 이익을 해하는 행위 금지
건물 보존·관리와 관련하여 공동의 이익에 반하는 행위를 하여서는 안 된다.

2. 정지청구권 등
(1) **정지청구**: 공동의 이익에 반하는 행위가 있는 경우, 관리단결의를 통해 해당 행위의 **정지·제거·예방조치**를 청구할 수 있다.
(2) **사용금지청구**: 위반행위가 중대하여 공동생활의 유지가 어려운 경우, **소를 통해 일정 기간 사용금지를** 청구할 수 있으며, **4분의 3 이상의 결의**가 필요하다.
(3) **구분소유권의 경매청구**: 의무 위반이 심하여 공동생활 유지가 어려울 경우, **법원에 경매청구 가능**
(4) **점유자에 대한 인도청구**: 계약 해제 후 전유부분의 **인도청구 가능**

II. 하자담보책임

1. 책임 귀속 주체
최초 분양자가 아니라 **현재의 구분소유자**에게 귀속된다.

2. 담보책임의 내용
(1) **중대한 하자**: 목적 달성이 불가능한 경우에는 **분양계약 해제 가능**
(2) **경미한 하자**: 하자보수청구만 가능

3. 담보책임 행사 기간
(1) **공용부분**: 사용승인일 기준 **10년**
(2) **전유부분**: 인도일 기준 **5년 이내**
(3) 하자 발생 시 **손해배상청구권은 그 발생 시점부터 소멸시효 기산**

제5절 집합건물의 관리

I. 관리단

1. 관리단의 의의

구분소유 관계가 성립되면, **구분소유자 전원**은 법률상 당연히 관리단을 구성한다【법 제23조 제1항】.

이는 별도의 조직행위 없이 **법률의 규정에 의해 성립되는 단체**이며, 그 설립 목적은 **건물, 대지, 부속시설의 관리 및 이에 관련된 사업의 시행**이다.

이러한 관리단은 구분소유자 전원의 공동체로서 구성되며, 그 **결의는 반대한 구분소유자에게도 효력을 미친다**.[298]

2. 관리단의 성격

① 관리단은 법률상 **비법인사단**에 해당한다.
② 관리단은 **공용부분에 대한 관리비를 규약이 없더라도 부담자에게 청구할 수 있는 실체를 갖춘 단체**이다.[299]

3. 관리단의 법적 권한

공용부분의 불법 점유에 대한 방해제거청구, 손해배상청구 등은 원칙적으로 각 구분소유자가 공유지분권에 따라 개별적으로 행사할 수 있으나, 관리인이 선임되어 있는 경우에는 관리인이 관리단을 대표하여 권리를 행사할 수 있다.[300]

II. 관리인

1. 관리인의 선임

(1) 구분소유자가 <u>10인 이상일 경우</u>, 반드시 <u>관리단을 대표하고 사무를 집행할</u> 관리인을

---

[298] 대법원 1995.3.10. 선고 94다49687 판결
[299] 대법원 2009.7.9. 선고 2009다22266, 22273 판결
[300] 대법원 2003.6.24. 선고 2003다17774 판결

선임해야 한다【법 제24조 제1항】.
(2) 관리인은 **구분소유자일 필요는 없으며, 임차인 등 제3자도 될 수 있다.**
(3) 관리인의 임기는 **2년 이내**로, 이는 규약에 따라 정할 수 있다【법 제24조 제2항】.
(4) 관리인은 **관리단집회의 결의로 선임 또는 해임**되며, 규약에 따라 **관리위원회 결의로 선임 또는 해임**할 수 있다【법 제24조 제3항】.

2. 임시관리인의 선임

(1) 관리인이 없는 경우, 이해관계인(구분소유자, 분양자 등)은 **법원에 임시관리인의 선임을 청구**할 수 있다.
(2) 임시관리인은 **선임된 날로부터 6개월 이내**에 정식 관리인의 선임을 위한 집회를 소집해야 한다.
(3) 임시관리인의 임기는 **정식 관리인 선임 시까지**이나, 규약상 임기를 초과할 수 없다【법 제24조 제7항】.

3. 관리인의 권한【법 제25조 제1항】

(1) 공용부분의 보존
(2) 관리단집회의 결의에 따른 공용부분의 관리·변경
(3) 관리비 및 분담금의 청구·수령
(4) 재판상 및 재판 외에서의 관리단 대표
(5) 공동생활 침해행위에 대한 중지 요청, 분쟁 조정 등
(6) 규약에 정해진 기타 사무

4. 대표권의 제한

관리인의 **대표권은 제한할 수 있으나, 선의의 제3자에게는 대항할 수 없다**【법 제25조 제2항】.

5. 사무보고 의무

관리인은 **매년 1회 이상** 구분소유자 및 전유부분 점유자에게 사무에 관한 **보고의무**를 진다【법 제26조】.

6. 행정청에 대한 신고

전유부분이 **50개 이상**인 건물의 관리인은 관할 지방자치단체장에게 **선임 사실을 신고**해야 한다【법 제24조 제6항】.

III. 관리위원회

1. 설치 및 기능
(1) **규약에 의해 설치**될 수 있으며【법 제26조의3】
(2) 관리인의 **사무 집행을 감독**한다.
(3) 관리인은 일정한 행위를 하기 위해 **관리위원회의 결의를 거쳐야** 하며, 규약으로 달리 정할 수 있다.

2. 구성
(1) **구분소유자 중에서 관리단집회의 결의로 위원을 선출**하며
(2) 관리인은 규약에 따라 위원이 될 수 없으며, **위원의 임기는 2년 이내**로 규약으로 정한다.

IV. 규약

1. 규약의 보충성
법령에 규정이 없는 관리나 사용에 관한 사항은 **규약으로 보충**할 수 있다【법 제28조】.

2. 규약의 설정·변경·폐지
구분소유자 4분의 3 이상 및 의결권 4분의 3 이상의 찬성으로 가능하며, 일부 구분소유자의 권리에 중대한 영향을 미치는 경우에는 해당 구분소유자의 **승낙이 필요하다**【법 제29조】.

3. 규약의 보관 및 열람
(1) 규약은 관리인 또는 구분소유자 중 1인이 보관해야 하며
(2) **이해관계인은 열람**하거나 **사본을 청구**할 수 있다.

4. 규약의 효력

규약은 **특별승계인에게도 효력**이 미치며, 공용부분 침해에 관한 **방해제거청구의 주체**가 될 수 있다.[301]

V. 관리단집회

1. 집회의 의의

관리단집회는 구분소유자 전원으로 구성된 최고 의사결정기관으로서 정기 또는 임시로 소집된다【법 제32조, 제33조】.

2. 집회의 소집

(1) **정기집회**는 회계연도 종료 후 **3개월 이내** 소집
(2) **임시집회**는 필요시 또는 **5분의 1 이상** 구분소유자의 청구로 소집
(3) 집회소집은 **1주일 전까지** 목적사항을 **통지**해야 하며
(4) 전원의 동의가 있는 경우 소집절차 없이도 집회 가능

3. 집회의 의결

(1) 통지된 사항에 한하여 의결 가능하나, **전원 동의 시 통지 외 사항도 의결 가능**【법 제36조】
(2) 의결권은 전유부분의 **면적비율 또는 지분비율**에 따름
(3) 의사는 원칙적으로 **구분소유자 과반수 및 의결권 과반수**로 의결하며
(4) **서면·전자방법·대리인**을 통해 의결권 행사 가능
(5) 결의는 **특별승계인에게도 효력**이 있다【법 제42조】

---

301) 대법원 2003.6.24. 선고 2003다17774 판결

VI. 관리단의 채무에 대한 구분소유자의 책임

1. 채무부담
(1) 관리단이 재산으로 채무를 전부 변제할 수 없는 경우, 구분소유자는 **지분비율에 따라 책임**을 진다【법 제27조 제1항】.
(2) **규약으로 분담비율을 달리 정할 수 있다.**

2. 특별승계인의 책임
구분소유자의 특별승계인은 **승계 이전에 발생한 채무에 대해서도 책임을 진다**【법 제27조 제2항】.

제6절 재건축

I. 재건축의 의의 및 요건

1. 재건축의 개념

재건축이란 기존의 집합건물이 노후·훼손 또는 그 밖의 사정으로 사용·유지에 부적합하게 된 경우, 이를 철거하고 **새로운 건물로 다시 건축하는 것**을 말한다.

이에는 **건물의 용도변경을 수반하는 재건축도 포함**되며(예: 주거용 건물을 철거하고 상가용 건물을 신축), 이러한 재건축도 적법한 절차를 거친 결의에 의해 가능하다.[302]

2. 재건축 사유

(1) 건물이 훼손되거나 일부 멸실된 경우
(2) 유지·보수에 과도한 비용이 소요되는 경우
(3) 주변 토지이용 상황의 변화 등으로 **재건축 시 효용이 현저히 증대되는 경우**【법 제47조 제1항】

이러한 사유가 충족되면 **관리단 집회에서 재건축을 결의**할 수 있다.

II. 재건축 결의의 요건

1. 결의 정족수

(1) 일반 재건축: <u>**구분소유자 5분의 4 이상 및 의결권 5분의 4 이상의 결의 필요**</u>【법 제47조 제2항】
(2) 예외 －「관광진흥법」에 따른 **휴양콘도미니엄: 3분의 2 이상의 결의로 가능**
(3) 하나의 단지 내 여러 동의 건물을 일괄 재건축하는 경우:
　　각각의 건물마다 개별적으로 정족수를 충족해야 한다.[303]
　　일부 건물의 구분소유자가 재건축에 반대하더라도, 그 건물만을 대상으로 **우선 매도청구가 가능하다.**[304]

---

302) 대법원 2008.2.1. 선고 2006다32217 판결
303) 대법원 1998.3.13. 선고 97다41868 판결
304) 대법원 2005.6.24. 2003다55455 판결

2. 결의 내용 【법 제47조 제3항】

(1) 새 건물의 설계 개요
(2) 철거 및 신축에 필요한 비용의 개략적 산정
(3) 비용 분담에 관한 사항
(4) 새 건물의 구분소유권 귀속에 관한 사항

※ **재건축 비용 분담에 관한 사항을 정하지 않은 재건축결의는 무효다.**[305]

III. 재건축 결의의 효과 및 절차

1. 불참 구분소유자에 대한 최고 및 회답 【법 제48조 제1~3항】

(1) 결의가 있으면, 집회를 소집한 자는 결의에 찬성하지 않은 구분소유자(승계인 포함)에게 재건축 참가 여부에 대한 회답을 **서면으로 촉구(최고)**해야 한다.
(2) 촉구를 받은 구분소유자는 **2개월 이내에 회답**해야 하며,
(3) <u>이 기간 내 회답이 없으면, 참가하지 않겠다는 의사로 간주</u>한다.

2. 시가 매도청구권 【법 제48조 제4항】

최고기간 경과 후 2개월 이내에, 재건축에 찬성한 구분소유자들(또는 그 전원의 합의로 지정된 매수지정자)는 **참가를 거부한 구분소유자 또는 회답하지 않은 자에게 시가로 구분소유권 및 대지사용권의 매도를 청구할 수 있음**.

3. 권리 재취득을 위한 재매도청구권

재건축 결의일로부터 2년 이내 철거공사에 착수하지 않으면, 기존 권리를 매도한 자는 **6개월 이내에 대금을 반환하고 권리를 다시 매수할 수 있음**

4. 매수지정자의 지위

(1) 재건축 결의에 찬성한 구분소유자
(2) 재건축 참가 회답을 한 자 및 그 승계인

---

[305] 대법원 2005.4.29. 선고 2004다7002 판결

(3) 이들의 전원의 합의로 매수자로 지정된 자

IV. 재건축결의 내용의 변경

결의 변경 요건【법 제49조】 재건축결의 내용의 변경 역시 구분소유자 5분의 4 이상의 결의를 요하며, **서면결의도 가능**하다.[306]

V. 재건축 관련 분양자 및 시공자의 담보책임

1. 담보책임 일반
분양자 및 시공자는 구분소유자에게 다음의 담보책임을 진다.

2. 담보책임의 기간
(1) **건물 주요 구조부 및 지반공사**의 하자: **10년**
(2) 그 외 하자: **5년 이내**, 대통령령으로 정하는 바에 따른다.
(3) 기산일
  - **전유부분**: 구분소유자에게 인도된 날
  - **공용부분**: 사용검사일 또는 사용승인일

3. 하자담보추급권의 귀속
집합건물의 수분양자가 이를 양도한 경우, **양도인이 특별히 유보하지 않은 이상, 현재의 구분소유자에게 하자담보청구권이 귀속**된다.[307]

---

306) 대법원 2005.4.21. 선고 2003다4969 전원합의체 판결
307) 대법원 2004.1.27. 2001다24891 판결

제4장 가등기담보에 관한 법률

가등기담보법은 채권담보를 목적으로 가등기를 이용하는 법률관계를 명문화한 특별법이다. 본 장에서는 적용 요건, 가등기담보권의 효력, 담보권 실행 방식 등을 학습한다.

제1절 총설

I. 의의 및 입법취지

1. 가등기담보제도의 개념과 구조

가등기담보란 금전채권을 담보할 목적으로 부동산에 가등기를 설정하고, 채무불이행 시 채권자가 해당 부동산의 소유권을 취득함으로써 채권을 회수할 수 있도록 하는 제도를 말한다.

이는 **사적 실행방법에 의한 권리귀속형 청산방식(귀속청산)**과, **공적 실행방법에 의한 경매에 의한 처분형 청산방식(처분청산)** 중 **귀속청산만을 인정하는 특수한 담보제도**다.

2. 입법 목적

가등기담보에 관한 법률(2005년 제정)은 **비전형담보의 남용을 방지하고 채무자를 보호**하기 위해 제정되었다.

과거 **가등기담보와 양도담보**는 채권자가 담보가치를 초과하여 부당이익을 취하는 수단으로 이용되기도 하였고, **담보권 실행 시 청산금 지급 없이 부동산을 취득**하는 경우가 빈번하였다. 이에 따라 입법자는 **채무자의 재산권 보호와 담보실행의 적정 절차를 보장**하고자 하였다.

3. 가등기담보와 양도담보의 비교

(1) **가등기담보**는 채무자가 부동산의 소유권을 보유한 채 **가등기를 설정**하고, 불이행 시 **소유권이전등기**를 하는 방식이다.
(2) **양도담보는 애초에 채권자 명의로 소유권이전등기**가 이루어진다.

이는 사실상 담보를 위한 명의신탁이므로, 실질적으로 **소유권은 채무자에게 있다**고 본다.
(3) 양자 모두 가등기담보에 관한 법률의 적용 대상이 되며, 법의 적용 요건과 청산절차는 동일하게 적용된다.

제2절 적용 요건

I. 법 적용의 전제 조건

1. 담보부동산의 평가가액 요건

가등기담보법이 적용되기 위해서는 예약 당시 **담보 부동산의 평가가액(선순위 저당권 피담보채권액을 공제한 가액)이 피담보채권(대여금 + 약정이자)보다 높아야 한다.** 만일 담보 부동산이 저평가되어 피담보채권보다 낮은 가치라면, 해당 법률은 적용되지 않는다.

2. 담보 목적 채권의 범위

이 법은 **소비대차계약으로 인한 채권에만** 적용되며, 매매대금채권, 공사대금채권, 손해배상채권 등 비전형 채권을 담보하기 위해 설정된 가등기나 양도담보에는 적용되지 않는다.

3. 등기요건

법 적용을 위해서는 ① **가등기 또는 소유권이전등기가 실제로 이루어져야 하며,** ② 자동차·선박 등 등록 가능한 자산에도 적용되지만, **등록이 불가능한 동산(예: 고려청자)** 이나 기타 담보물권(전세권, 질권 등)에는 적용되지 않는다.

제3절 가등기담보권의 효력

I. 법적 성질과 권리 범위

1. 특수한 담보물권

가등기담보권은 저당권과 유사한 실체적 효력을 가지며, 우선변제권 및 물상대위성이 인정된다.

2. 피담보채권의 범위

피담보채권에는 다음 항목이 포함된다.
① 원금
② 이자
③ 위약금
④ 1년분에 한정된 손해배상금
⑤ 담보권 실행비용

3. 목적물의 범위

가등기담보는 **종물과 부합물**에 영향을 미치며, **양도담보의 경우에도 동일한 범위**가 인정된다.

II. 담보물 사용 및 소유 관계

(1) 담보물의 소유권은 여전히 채무자에게 있다. 가등기담보는 명의만 이전되는 것이 아니라 **실질적 소유권은 유지**된다.
(2) 점유·사용·수익권 역시 채무자에게 있다. 채권자는 **소유권자가 아님을 이유로 손해배상이나 부당이득반환청구를 할 수 없다.**
(3) 제3자 명의의 가등기 유효 여부
   특별한 사정이 있는 경우, **명의신탁 형식의 가등기담보도 유효**하다고 본다.
(4) 양도담보의 비용부담
   소유권이전등기 시, 별도의 약정이 없으면 **등기비용 및 취득세는 채권자 부담**이다.[308]

제4절 담보권 실행 방식

I. 선택 방식: 경매 또는 귀속청산

가등기담보권자(채권자)는 그 선택에 따라 **담보권을 사적으로 실행하여 담보 목적 부동산을 귀속받고 청산하는 방식(귀속형)** 과, 담보 목적 부동산의 **경매를 청구**하여 그 매각대금에서 우선변제를 받는 방식(경매형) 중 **택일하여** 권리를 행사할 수 있다 (처분청산은 허용하지 않는다).

경매는 저당권 실행과 동일한 효력을 갖고, 귀속청산은 일정한 절차를 거쳐 소유권을 취득한다.

II. 경매에 의한 실행

1. 의의

경매에 의한 실행은 공적 절차를 통해 권리를 실현하는 방법이다.

2. 가등기담보권의 경매절차상 지위

(1) 담보가등기에 기초한 경매가 이루어지는 경우, **가등기담보권은 저당권에 준하여 취급**된다. 이는 경매절차상 담보가등기를 저당권 설정등기로 간주한다는 의미이며, 가등기담보권자에게 **저당권자와 동일한 지위와 우선변제권**이 인정된다.

(2) 이에 따라, 가등기담보권자에게도 **저당권의 부종성, 수반성, 불가분성, 물상대위성**이 적용된다.

특히 담보 목적물의 가치가 손실되거나 변형된 경우에도 **그 대체물에 대한 권리가 인정된다.**

3. 우선변제권 및 순위

가등기담보권자는 경매절차에서 **다른 후순위 권리자보다 우선하여** 변제를 받을 수 있다. 이 경우, **담보가등기가 경료된 시점에 저당권 설정등기가 된 것으로 간주**되므로,

---

308) 대법원 1982.4.13. 선고 81다531 판결

그 시점을 기준으로 변제순위가 결정된다.

4. 가등기담보권의 소멸

(1) 가등기담보권이 설정된 부동산이 **경매절차에서 매각되면, 가등기담보권은 그 매각으로 인해 소멸한다.** 이는 저당권과 동일한 방식으로 소멸하는 것으로 이해된다.

(2) 또한, **담보가등기가 경료된 후** 제3자가 그 부동산을 경락받은 경우, **경락 이후에 본 등기를 경료한 경우에는 원인이 결여된 무효의 등기로 평가된다.**
이는 이미 담보가등기에 따라 담보권이 소멸되었기 때문이다.

5. 채권신고의 필요성

담보가등기권자는 경매 절차에서 배당을 받기 위해서는 **집행법원이 정한 기간 내에 채권신고를 해야 한다.** 만약 그 기간 내에 채권신고를 하지 않으면, **매각대금에 대한 배당을 받을 수 없게 된다.**

III. 귀속청산(소유권 취득에 의한 실행)

1. 청산금의 산정 및 통지

(1) 청산금이란

담보부동산의 평가액 − (선순위채권 + 가등기채권)
- 예: 시가 20억 − (선순위 5억 + 채권액 10억) = 청산금 5억

(2) 평가액 산정 시 포함 항목
① 선순위 저당권 및 가등기
② 가압류에 따른 구상권
③ 객관적 평가가 기준이나, 채권자의 주관적 평가도 청산절차 개시에는 유효하다(채권자는 통지한 청산금에 관해 다툴수 없다).

(3) 청산금 통지
① 통지 의무자: 채권자
② 통지 상대방: **채무자, 물상보증인, 후순위 취득자, 통지 상대방이 수인인 경우 모두에게 통지해야 함.**
③ 통지사항: 청산금(청산금이 없어도 통지해야 함), 평가액, 피담보채권액, 해당 부동

산별 정보
④ **통지를 누락하거나 불완전한 경우, 청산절차는 진행될 수 없다.**

2. 청산기간
(1) 청산기간은 **청산금 도달일로부터 2개월**이다. 2개월 경과 후 변제가 없을 경우 채권자는 본등기청구를 할 수 있다.
(2) 특약으로 청산기간을 단축 또는 생략하는 것은 불가능하며,309) 청산기간을 지키지 않은 본등기는 무효이다.

3. 청산금 지급 및 소유권 취득
(1) 채권자는 **청산금을 지급한 후 본등기를 통해 소유권을 취득**한다.
(2) 청산금 지급채무와 소유권 이전 등기 및 인도의무는 **동시이행관계**에 있다.
(3) 청산절차 없이 본등기를 한 경우 무효이나, **나중에 절차를 거치면 유효로 전환**된다.310)
(4) 채무자의 변제가 선이행의무이며, **청산금지급 전까지 언제든지 채무를 변제하면 가등기 및 본등기의 말소를 청구할 수 있다.**

4. 후순위 권리자의 보호
(1) 후순위권리자는 **청산금에 대해 권리를 행사할 수 있으며**, 채권자는 요청이 있는 경우 **청산금을 지급해야 한다.**
(2) 청산기간 이전의 처분은 **후순위권리자에게 대항할 수 없다.**
(3) 후순위권리자는 피담보채권의 변제기 도래 전이라도 **청산기간에 한하여 담보부동산의 경매를 청구**할 수 있다.

---

309) 대법원 2007.12.13. 선고 2007다49595 판결
310) 대법원 2002.6.11. 선고 99다41657 판결

제5장 부동산 실권리자명의 등기에 관한 법률

이 법은 명의신탁 등 부동산 거래에서의 실명제 원칙을 확립하여 거래의 투명성과 신뢰를 높이고자 제정되었다. 본 장에서는 명의신탁약정의 금지와 예외, 명의신탁의 효력 등에 대해 학습한다.

제1절 서설

1. 입법 배경

명의신탁은 **강제집행의 면탈, 조세포탈, 재산은닉 및 편법증여**의 수단으로 악용되어 왔다. 이러한 문제점을 해소하고 **부동산 거래의 투명성과 공정성**을 확보하기 위해 「**부동산 실권리자명의 등기에 관한 법률**」(이하 '부동산실명법')이 제정되었다.

2. 기존 민법 및 판례 태도

(1) **대내관계**에서는 명의신탁자(실권리자)가 진정한 소유자로 인정되며, 수탁자는 **타주점유자**로서 시효취득이 불가능하다.

(2) **대외관계**에서는 수탁자가 명의상 소유자이므로, 제3자가 수탁자로부터 부동산을 **선의·악의 불문하고 취득 가능**하다고 보아 왔다.[311]

---

311) 대법원 1977.8.23. 선고 77다246 판결

제2절 명의신탁약정의 금지

I. 명의신탁약정의 의의

1. 정의

명의신탁약정이란 부동산에 관한 소유권이나 기타 물권을 실질적으로 취득하거나 취득하려는 자(실권리자)가 대내적으로는 본인이 권리를 보유하기로 하면서, **등기는 타인의 명의로 하기로 하는 약정**을 말한다.

2. 적용 범위

부동산에 관한 **소유권** 외에도 **지상권, 전세권, 임차권** 등 부동산물권 전반에 적용되며, **본등기뿐 아니라 가등기**에도 동일하게 적용된다.

제3절 명의신탁의 예외 인정 사례

I. 예외적으로 유효한 명의신탁

1. 양도담보 및 가등기담보

채무변제를 담보하기 위한 **양도담보 및 담보가등기**는 명의신탁이 아니며, 이 법의 적용을 받지 않는다.

2. 신탁법 또는 금융투자법에 따른 신탁등기

「신탁법」 또는 「자본시장과 금융투자업에 관한 법률」에 따른 **정식 신탁등기**는 허용된다.

3. 상호명의신탁(구분소유적 공유관계)

(1) 2인 이상이 특정 부동산의 **위치와 면적을 특정**하여 구분소유하기로 하고, 이를 **지분등기로 공유등기**하는 경우 상호명의신탁 또는 **구분소유적 공유관계**라 한다.
(2) 이러한 경우 외부관계에서는 **공유관계**가 성립하며, 지분이전등기도 **전 필지에 대해 유효**하게 이전된다.
(3) 그러나 내부관계는 **구분소유적 성격**을 가지므로, 특정 부분을 소유한 자는 **공유물분할을 청구할 수 없다**.[312]
(4) **지분 등기명의인 일방**은 자신의 특정 부분에 대해 **명의신탁 해지를 원인으로 한 지분이전등기**를 구할 수 있다.[313]

4. 종중, 배우자, 종교단체 관련 명의신탁

다음의 경우 **조세포탈, 강제집행 회피, 법령상 제한 회피** 목적이 없는 경우에는 명의신탁이 유효하다.
① **종중**이 보유한 부동산을 종중 외의 자 명의로 등기한 경우
② **배우자 명의로 등기**한 경우
   (a) 법률상 배우자인 경우만 유효하며, **사실혼 관계는 무효**이다.

---

[312] 대법원 2010.5.27. 선고 2006다84171 판결
[313] 대법원 1993.6.8. 선고 92다18634 판결

        (b) 혼인 전 명의신탁은 혼인으로 인해 **소급하여 유효해지지 않는다.**
    ③ **종교단체 명의로** 등기한 경우

II. 유효한 명의신탁의 법률관계

1. 대내관계
(1) 내부적으로 실권리자(신탁자)는 **등기 없이도 소유권을 주장**할 수 있으며,
(2) 수탁자는 실권리자에게 자신이 소유자라고 주장할 수 없다.

2. 대외관계
(1) 제3자와의 관계에서는 **수탁자가 등기명의인이므로 소유자**로 인정된다.
(2) 실권리자는 제3자의 침해에 대하여 **수탁자를 대위하여 권리행사 가능**하나, **직접 물권적 청구권을 행사할 수는 없다.**
(3) 제3자가 명의수탁자에게 매수 또는 담보권 설정을 **적극적으로 유도**한 경우 등 **특별한 사정**이 없는 한, **선의·악의 불문하고 소유권을 취득**한다.

제4절 명의신탁의 효력

I. 명의신탁약정과 등기의 효력

1. 명의신탁약정의 무효

(1) 「부동산 실권리자명의 등기에 관한 법률」 제4조 제1항은 "명의신탁약정은 무효"라고 규정하고 있다. 이는 강행규정으로서, 명의신탁자는 수탁자에게 **약정의 이행을 청구할 수 없**고, 약정 불이행을 이유로 한 **채무불이행책임도 물을 수 없다**.

(2) 명의신탁약정은 **반사회적 법률행위는 아니므로**, **불법원인급여에 해당하지는 않는다**.

(3) 명의신탁약정의 무효는 **당사자 간 뿐 아니라 제3자에게도 대항할 수 없으며, 제3자의 선의·악의를 불문하고** 제3자는 유효하게 권리를 취득한다(다만, 배임행위에 적극 가담한 자는 예외로 무효).

2. 명의신탁에 따른 등기의 무효

(1) 명의신탁약정에 따른 **소유권이전등기 또는 가등기 등 모든 부동산 물권변동은 무효**이다.

(2) 다만, **계약명의신탁의 경우**로서 명의수탁자가 계약의 당사자이고, 상대방(매도인)이 명의신탁의 존재를 **몰랐던 경우에는** 등기에 의한 물권변동은 **유효**하다.

(3) 이 같은 **무효의 효력 또한 제3자에게 대항할 수 없으며**, <u>제3자가 선의든 악의든 소유권을 취득한다</u>(부동산실명법 제4조 제3항).

II. 명의신탁의 유형과 법률관계

1. 양자 간 등기명의신탁 (이전형 명의신탁)

(1) **정의**

실권리자(명의신탁자)가 수탁자와 명의신탁약정을 체결하고, 수탁자 명의로 소유권이전등기를 마치는 유형이다.

(2) **효력**

① 명의신탁약정 및 이에 따른 등기는 모두 **무효**이다.
② <u>소유권은 여전히 **명의신탁자에게 귀속**</u>된다.
③ 명의신탁자는 **신탁해지를** 원인으로 한 이전등기청구는 할 수 없고, 진정명의회복

또는 **소유권에 기한 등기말소청구**는 가능하다.

④ 명의신탁자는 수탁자에게 **부당이득반환청구를 할 수 없다**(소유권 손실이 없기 때문).

⑤ 수탁자가 다시 명의만 변경하여 차명 등기한 경우, 새로운 등기는 제3자가 아니라 **기존 수탁자의 연장**으로 본다.[314]

(3) 제3자와의 관계

① 제3자가 **수탁자 명의의 부동산을 매수한 경우**, 제3자의 선의·악의를 불문하고 유효하게 소유권을 취득한다.

② 단, 제3자가 수탁자의 **배임행위에 적극 가담한 경우**에는 사회질서에 반하는 행위로 **무효**가 된다.[315]

2. 3자간 등기명의신탁 (중간생략형 명의신탁)

(1) 정의

명의신탁자가 부동산을 직접 매수하면서도 **수탁자 명의로 소유권이전등기**를 마치는 유형이다. 계약당사자는 명의신탁자이며, 등기상 수탁자가 권리자로 나타난다.

(2) 효력

① 명의신탁약정과 그에 따른 수탁자 명의의 등기는 모두 **무효**이다.

② 소유권은 **매도인에게 남아 있으며**, 매도인은 **진정명의회복에 따른 등기말소청구**가 가능하다.

③ 명의신탁자는 매도인을 대위하여 수탁자 명의의 **등기를 말소 청구**한 다음, 매도인을 상대로 매매계약에 기한 이전등기를 청구할 수 있다.

④ 명의신탁자는 수탁자에게 **신탁해지나 부당이득반환을 원인으로 한 이전등기청구**를 할 수 없다.

(3) 제3자와의 관계

수탁자가 제3자에게 처분한 경우, 제3자의 선의·악의와 무관하게 소유권을 취득한다. 단, 사회질서 위반에 해당할 정도의 적극적 가담이 있는 경우에는 무효이다.

---

[314] 대법원 2004.8.30. 2002다48771 판결
[315] 대법원 2004.8.30. 2002다48771 판결

3. 계약명의신탁 (위임형 명의신탁)

(1) 정의
명의수탁자가 **계약의 당사자가 되며**, 실질적으로는 명의신탁자가 대금을 지급하고 **명의수탁자 앞으로 직접 등기**가 이뤄지는 경우이다.

(2) 효력
① 명의신탁약정은 **무효**이나, **매도인이 선의인 경우** 매매계약 및 등기는 **유효**하며, 명의수탁자가 **소유권을 취득**한다.
② 매도인이 악의인 경우, 계약과 등기는 **모두 무효**이며, 소유권은 매도인에게 **잔존**한다.
③ 이 경우, 수탁자는 매도인으로부터의 **대금 반환과 등기말소를 동시이행** 관계로 다툴 수 있다.

(3) 신탁자의 지위
① 신탁자는 **소유권에 기초한 이전등기청구권은 없으며**, 명의신탁이 무효이므로 신탁 **해지를 원인으로 한 이전등기청구도 불가**하다.
② 다만, 신탁자는 수탁자에 대해 **부당이득 반환청구는 가능**하며, 그 대상은 **매매대금**이다.
③ 따라서 부동산 자체에 대해 **유치권은 주장할 수 없다**.
④ 수탁자가 자의로 소유권을 이전해주는 경우에는 **그 등기는 유효**하다.

(4) 경매의 경우
① 신탁자가 매수자금을 제공하고 수탁자가 경매에서 낙찰받은 경우에도 **계약명의신탁으로 보며**, 수탁자가 **소유권을 취득**한다.
② 이 경우에도 **신탁자는 수탁자에게 부당이득 반환청구만 가능**하고, 진정한 등기명의 회복을 원인으로 한 소유권이전등기청구권을 행사할 수 없다.[316]

III. 관련 판례

1. 신탁자와 수탁자가 혼인한 경우
혼인 전 명의신탁은 소급 유효하지 않으며, **혼인한 시점부터 특례직 효력**이 발생한다.[317]

---

[316] 대법원 2012.11.15. 선고 2012다69197 판결

2. 불법원인급여의 문제

명의신탁약정은 **불법원인급여가 아니다**. 따라서 **수탁자에게 반환청구는 가능**하되, 소유권이전등기 자체는 청구할 수 없다는 것이 통설·판례의 입장이다.318)

---

317) 대법원 2002.10.25. 선고 2002다23840 판결
318) 대법원 2019.6.20. 선고 2013다218156 전원합의체 판결